21世纪高等院校财经管理系列实用规划教材

全新修订

国际贸易理论、政策与案例分析

主　编　冯　跃　夏　辉
参　编　孙　媛　时　光　解艳波

内 容 简 介

本书内容共分为9章，第1章介绍国际贸易的基本概念、分类以及产生与发展；第2章阐述国际分工与世界市场，介绍国际贸易产生的基础和开展的场所；第3章和第4章介绍传统的国际贸易理论和当代国际贸易理论的新发展；第5章和第6章分别进行国际贸易政策的理论分析和相关政策措施的介绍；第7章阐述国际要素流动中最活跃的资本流动，包括跨国公司和国际直接投资的理论与实践；第8章介绍区域经济一体化；第9章阐述国际服务贸易的理论与实践。

本书在理论介绍方面强调基础性和系统性，在政策和问题分析方面强调实用性和前沿性；注重案例分析，每一章后都有典型案例和阅读材料，案例贴近实际，引导学生思考。本书既可作为高等院校国际贸易课程的教学用书，也可供实际工作部门的相关人员以及有兴趣的读者参考。

图书在版编目(CIP)数据

国际贸易理论、政策与案例分析/冯跃，夏辉主编. —北京：北京大学出版社，2012.8

(21世纪高等院校财经管理系列实用规划教材)

ISBN 978-7-301-20978-3

Ⅰ. ①国… Ⅱ. ①冯…②夏… Ⅲ. ①国际贸易理论—高等学校—教材②国际贸易政策—高等学校—教材 Ⅳ. ①F74

中国版本图书馆CIP数据核字(2012)第163287号

书　　名：国际贸易理论、政策与案例分析
著作责任者：冯 跃 夏 辉 主编
策 划 编 辑：王显超 李 虎
责 任 编 辑：魏红梅
标 准 书 号：ISBN 978-7-301-20978-3/F・3258
出　版　者：北京大学出版社
地　　址：北京市海淀区成府路205号 100871
网　　址：http://www.pup.cn http://www.pup6.cn
电　　话：邮购部010-62752015 发行部010-62750672 编辑部010-62750667
电 子 邮 箱：编辑部pup6@pup.cn 总编室zpup@pup.cn
印　刷　者：北京虎彩文化传播有限公司
发　行　者：北京大学出版社
经　销　者：新华书店
787毫米×1092毫米 16开本 22印张 504千字
2012年8月第1版 2023年5月修订 2024年7月第13次印刷
定　　价：42.00元

前　言

当今世界经济进入空前全球化的时代，各国相互依存日益加深。在此背景下，商品与要素的国际流动、新的贸易保护主义、全球化与区域性集团、产品与服务外包、汇率和危机、新兴市场和发展中国家在全球经济中举足轻重的地位等，成为国际贸易领域理论研究和实践创新的主题。

为了适应时代发展的需要，同时满足应用型本科对教材“广基础，重应用”的要求，特编写本书。本书的特点在于，既介绍国际贸易的基本理论和政策，又强调时代特点，尤其是后金融危机时代世界经济贸易的发展变化，专注于现实经济贸易问题的理解和探讨，力求做到理论与实践、经典与热点相结合。

在结构上，本书按照理论、政策、贸易实践的逻辑思路，全面系统地介绍了国际贸易的相关内容，基本上反映了当今国际贸易理论与政策的全貌；在内容上，本书力求对传统内容进行深入浅出的讲解，又增加实时新观察、新探索。尤其每章中穿插的“知识链接”、“贸易实践”、“拓展阅读”和“案例分析”等部分，充分体现了本书的“应用型”特色，其通过大量的知识拓展和实践案例分析，有助于培养学生的创造性思维及理论联系实际的能力。同时，本书在相关章节增加与中国经济贸易发展相关的内容，有助于学生运用所学的知识，观察和分析中国的现实经济。

本书由冯跃、夏辉担任主编，对全书进行整体设计和拟定各章写作大纲，并负责统稿和定稿工作。具体章节编写分工如下：第 1 章、第 3 章由孙媛编写，第 2 章、第 4 章由时光编写，第 5 章、第 6 章由夏辉编写，第 7 章由冯跃编写，第 8 章、第 9 章由解艳波编写。

编者尽最大的努力，在遵循国际贸易学理论与实践的一般构架的基础上，使本书在结构上和内容上趋于时代性、应用性和灵活性，但由于编者水平有限，书中难免存在疏漏和不足之处，敬请同行专家和读者提出宝贵的意见和建议。本书参阅、使用和引证了大量的文献资料，谨对其作者、编者和出版社表示诚挚的谢意！

本书适合国际经济与贸易专业以及其他经济类或管理类专业本科生使用。针对国贸专业及经管类非国贸专业开设国际贸易课程，本书的学时安排如下表所示。

	国贸专业（通常为 48 学时）	非国贸专业（通常为 32 学时）
第 1 章　绪论	√	√
第 2 章　国际分工与世界市场	√	√
第 3 章　传统国际贸易理论	√	仅介绍各理论的基本内容
第 4 章　当代国际贸易理论	√	仅介绍各理论的基本内容

续表

	国贸专业 （通常为48学时）	非国贸专业 （通常为32学时）
第5章　国际贸易政策		
5.1 国际贸易政策概述	√	√
5.2 国际贸易政策的理论依据	√	
5.3 国际贸易政策的历史实践	√	√
第6章　国际贸易政策措施	√	√
第7章　跨国公司与国际直接投资		
7.1 跨国公司	√	√
7.2 国际直接投资概述	√	√
7.3 国际直接投资理论	√	
7.4 国际直接投资的经济效应及评价	√	
第8章　区域经济一体化		
8.1 区域经济一体化概述	√	√
8.2 区域经济一体化的基本理论	√	
8.3 世界主要区域经济一体化组织	√	√
8.4 区域经济一体化进程中的中国	√	√
第9章　国际服务贸易	根据课时选择	根据课时选择

无论哪种授课对象，课后的练习和阅读是必不可少的。为了配合教学需要，本书配套有教学课件及习题参考答案，若需要可与出版社联系或与本书主编联系，联系方式为：fengyue@njit.edu.cn 或 xiahui0319@yahoo.com.cn。

编　者

2012年5月

目　录

第 1 章 绪论

教学目标

本章是全书的导论，在学习具体的国际贸易理论与政策之前，通过本章的学习，理解国际贸易学的基本概念，掌握国际贸易的分类，了解国际贸易的产生和发展趋势以及中国的对外贸易进程，了解国际贸易与国内贸易的异同。

教学要求

知识要点	能力要求	相关知识
国际贸易的基本概念	(1) 理解主要贸易统计指标 (2) 能够运用外贸依存度和贸易条件 (3) 能够分析贸易商品结构 (4) 运用基本概念分析国际贸易有关问题 (5) 了解国际贸易与国内贸易的相同点与差别	(1) 主要贸易指标的概念和计算方式 (2) 外贸依存度和贸易条件的含义与运用 (3) 贸易商品结构的含义与运用 (4) 国际贸易与国内贸易的相同点与差别
国际贸易的分类和特点	(1) 掌握国际贸易分类方式 (2) 理解和掌握主要贸易方式	(1) 国际贸易的分类方式 (2) 主要贸易方式的概念
国际贸易的产生和发展	(1) 理解国际贸易产生基础 (2) 了解国际贸易发展历程 (3) 掌握当代国际贸易现状 (4) 理解对国际贸易重要性	(1) 国际贸易产生的基础 (2) 国际贸易发展的主要阶段 (3) 当代国际贸易现状
中国对外贸易进程	(1) 了解中国对外贸易发展历程 (2) 掌握当代中国对外贸易现状	(1) 中国不同历史时期的对外贸易状况 (2) 中国对外贸易的建立和发展

在当今极为不平等的世界中，主要的失败者不是那些过度地暴露于全球化的国家，而是那些置身于全球化之外的国家。

——科菲·安南

国际贸易 对外贸易 贸易额 贸易量 贸易差额 对外贸易依存度 贸易条件 有形贸易 无形贸易 转口贸易 总贸易 专门贸易 水平贸易 垂直贸易

导入案例

美国次贷危机与全国经济

2007 年 4 月，美国新世纪金融公司申请破产，这标志着美国次贷危机正式爆发。很快，次贷危机就产生了多米诺骨牌效应，开始波及整个美国经济领域。美国部分金融机构经营陷入困境，金融市场几近崩溃，金融体系遭受重创。作为全球最大的经济体，这场由次级贷款引发的美国国内经济危机也开始向全球蔓延，引发了全球范围内百年未遇的金融危机。2008 年 9 月，雷曼兄弟公司陷入严重财务危机，并宣布申请破产保护后，金融危机迅速蔓延到实体经济，全球经济急剧萎缩。为了缓解次贷危机，一些国家央行向金融系统紧急注入流动性资金，上演了一场全球范围的救赎行动。应对危机成为国际社会最热门、最紧迫的议题，更多的国家和组织纷纷加入救助危机的行动。这次危机也对我国的经济产生了显著的负面冲击，许多外贸出口企业面临利润率下降、裁员等问题，一些企业更在此次危机中宣告倒闭。

当今世界，几乎已经没有哪个国家能够在经济与世隔绝的状态下生存(除了极少数受到经济制裁的国家被动地忍受与世隔绝)，每个国家在经济上不同程度地影响别国和受别国影响。各国间经济的相互依存性既是世界政治经济秩序历史演进的结果，也是人类生产社会化发展的必然。在经济全球化的今天，这种各国间经济的相互依存性表现越来越明显，而这种影响和被影响的相互依靠现象则正是通过国际贸易这个“传递”渠道得以实现的。各国在整体经济活动中对国际贸易的依赖程度不断提高。世界各国的经济关系已经不再是单纯的进出口买卖关系，而是从商品的进出口演变到了劳务的输出输入，商品贸易、技术贸易、服务贸易多头并进，由满足物质享受的商品到满足精神享受的旅游，商品结构、贸易方式都发生了很大的变化，国际贸易在国际经济关系中有着十分重要的地位。

1.1 国际贸易的基本概念

1.1.1 国际贸易、对外贸易与海外贸易

国际贸易(international trade)即世界贸易，是指世界各国或地区之间进行的商品和服务的交换活动。它是国际分工的表现形式，是国际政治与经济关系的基础。国际贸易由世界

各国或地区的对外贸易构成，是世界各国对外贸易的总和。

对外贸易(foreign trade)，是从某个国家或地区的角度来看该国或地区与其他国家或地区的商品和服务的交换活动。有些海岛国家或地区，如英国、日本等，其对外贸易常被称为海外贸易(oversea trade)。

1.1.2 国际贸易与国内贸易的主要统计分析指标

1. 贸易额与贸易量

贸易额又叫贸易值(value of trade)是一个用货币单位表示或反映贸易规模的指标。贸易额有对外贸易额和国际贸易额之分，一国的对外贸易额是一个国家在一定时期(如一年)出口贸易额与进口贸易额的总和，可以用本国货币表示，但是为了便于国际比较，许多国家也常用美元计算。国际贸易额是指全世界各国在一定时期内出口贸易额的总和。由于一国的出口就是他国的进口，所以为了避免重复计算，国际贸易额是一定时期(通常是一年)内世界各国出口商品用离岸价格计算之和。

贸易量(quantum of trade)是一个用计量单位表示或反映贸易规模的指标。由于世界各国的货币价值不断波动，因而单纯用货币表示的贸易值不能准确地反映出国际贸易的实际规模。例如，一国实际进出口商品量是上升的，但由于进出口商品价格下跌，该国的进出口贸易值反而下降；或者一国实际进出口商品量增加不多，但由于进出口商品价格大涨，该国的进出口贸易值却呈现出很高的增长率。因此贸易量可以准确地反映实际贸易情况。

商品的计量单位各不相同，难以得出一个总的贸易量，于是人们使用一个替代办法，即以某年的价格为不变价格，计算出各年的进出口商品价格指数，用各年的进出口贸易值除以该年的进出口商品价格指数，就得到以不变价格计算的贸易量，它可以近似地代替贸易量。其计算公式为

$$贸易量=贸易额/价格指数$$

贸易量有对外贸易量与国际贸易量之分。对外贸易量是指一国一定时间进口贸易量与出口贸易量的总和。其计算公式为

$$对外贸易量=对外贸易额/进出口价格指数$$

国际贸易量是指一定时期内，世界各国出口贸易量的总和，其计算公式为

$$国际贸易量=国际贸易额/出口价格指数$$

例如，某国出口值 1999 年为 2 800 亿美元，2007 年为 11 736 亿美元。出口价格指数 1999 年为 100，2007 年为 265。如果按出口值直接计算，那么 2007 年与 1999 年相比，贸易增加了 3.2 倍。如果按照贸易量计算，则 2007 年的贸易量为 4 429 亿美元(11736/2.65)，同基期 1999 年相比，国际贸易实际规模只增加了 58%。

贸易实践

表 1-1 2010 年世界各国家(地区)货物进出口额排名

国家和地区	排 名	出口额(亿美元)	进口额(亿美元)	进出口总额(亿美元)
美国	1	12 781	19 681	32 462
中国	2	15 778	13 951	29 729

续表

国家和地区	排　名	出口额(亿美元)	进口额(亿美元)	进出口总额(亿美元)
德国	3	12 681	10 664	23 345
日本	4	7 698	6 926	14 625
法国	5	5 204	6 057	11 261
荷兰	6	5 720	5 166	10 887
英国	7	4 043	5 571	9 614
意大利	8	4 474	4 838	9 313
韩国	9	4 664	4 252	8 916

2. *贸易差额*

贸易差额(balance of trade)是指一个国家(或地区)在一定时期(如一年)内，出口额与进口额之间的差额。贸易差额有以下三种情况：

贸易出超(trade surplus)或贸易顺差(favorable balance of trade)，是指在一定时期内的出口额大于进口额，其差额称为净出口额(net export)。

贸易入超(trade deficit)或贸易逆差(unfavorable balance of trade)，是指在一定时期内进口额大于出口额，其差额称为净进口额(net import)。

贸易平衡是指在一定时期内的出口额等于进口额。

显然，贸易差额是衡量一国对外贸易状况乃至国民经济状况的重要指标。贸易逆差表明该国当年对外贸易处于较为不利的地位，因为大量逆差将导致国内资源外流，对外债务增加，进而影响国民经济正常运行。贸易顺差表明该国当年对外贸易处于一个相对较有利的地位。但是，这并不意味着一国必须去追求长期大量的对外贸易顺差，原因有以下三点。

第一，一国长期大量的贸易顺差很容易引起与贸易伙伴国之间的摩擦。例如，美、日两国双边关系时常发生波动，主要原因之一就是日方长期处于巨额顺差状况。

第二，大量外汇盈余通常会致使一国市场上本币投放量随之增长，因而很可能引起通货膨胀压力，不利于国民经济持续、健康发展。

第三，如果在生产不能相应扩大的条件下盲目增加出口，必然会抑制国内需求的满足，影响本国人民物质文化生活的需要。

因此，观察对外贸易不能只看数量，还要分析外贸结构。从出口角度看，如果以过多地增加原材料和初级产品的出口量来实现贸易顺差，不仅对国内其他产业推动力较小，而且会失去国内深加工的机会，那么这样的顺差是得不偿失的；反之，若增加高附加值产品，如汽车的出口，不仅会引起汽车工业投资的增加，而且由于产业间的连锁关系，还会导致机械、钢铁、橡胶等产业的投资和收入增加，这样的贸易顺差显然更可取。从进口角度看，假如进口商品多属先进的机器设备，那么，虽然可能导致某一时期出现贸易逆差，但是这种逆差可以缓解国内某些产品的短缺，而且可以提高国内生产的效率，扩大产出能力，可见这种逆差并不是坏事；相反，如果进口的多属于消费品特别是那些高档的奢侈品，那就不仅不能很好地促进国内生产的增长，反而消耗大量的外汇，助长国内不正常的消费欲望和水平，这样的逆差就是一国政府应该尽力去避免的。事实证明，发展中国家在较长时期出现一定规模的入超，是实行开放发展模式必然带来的现象，在一定程度上是有益的。从市场经济运行的角度看，发展中国家经济生活中的主要矛盾是供给不足。保持一定的入超，实际上就是利用外部资源在国内搞建设。当然，若出现严重的国际收支失衡，则会对国民经济的运行产生巨大冲击，妨碍经济的持续发展。因此，入超的规模也不能太大。

总之，贸易顺差和逆差的好坏并不是绝对的。美国20世纪80年代以来贸易逆差不断扩大，但其经济并未受太大影响，而日本经济进入20世纪70年代后持续多年贸易顺差，但其在经济上分别经历了80年代后期的严重经济“泡沫”，90年代的“泡沫”经济破灭，金融危机严重，经济回升乏力，已失去了赶超美国欧盟的势头，可谓问题多多。这说明，在经济全球化条件下，不能简单用贸易顺差或逆差来衡量从贸易中获得了多少静态利益，而应看贸易顺差或逆差是否有利于整个国民经济长期健康发展。只有当贸易差额太大，以至影响到国民经济的长期健康发展时，国家才通过调节汇率和有关税率，以及其他手段使贸易差额趋向于平衡。

贸易实践

日美贸易失衡导致的贸易摩擦

日美贸易摩擦从20世纪50年代中期开始以来，就未曾间断过，而且愈演愈烈。战后初期美国控制日本出口97.4%、进口74.8%。从60年代中期日本对美贸易开始出现顺差，此后日本对美国贸易顺差额时升时降，比率总的趋势是下降的，但从没有间断过，而且贸易摩擦的领域不断扩大。

日美贸易摩擦从纤维产品开始，逐渐由钢铁、大米等低级产品向汽车、航空材料、电信等高级产品扩大。

纤维制品摩擦：日本的纤维制品从20世纪50年代中期开始出口到美国，随着出口数量的不断增加，不断引起美国企业和政府的不满，并遭到美国国内反倾销的诉讼。经过两国政府的谈判，于1957年签订了《日美棉织品协议》。60年代以后，日本合成纤维工业迅速发展。从此，日美贸易摩擦正式开始。

钢铁制品摩擦：日本钢铁的产量在战后初期，只有50万吨，1953年增至700万吨，1961年超过美国，1964年超过德国，达到世界一流水平。20世纪60年代，日本出口到美国的钢铁离岸价比美国厂家的价格低15%～40%，且源源不断地出口到美国。1967年，美国从日本进口的钢铁占美国钢铁总需求量的15%，1969年，这一比率迅速升至42%。这就引起美国企业的恐慌不安，为了控制对日本钢铁的进口，美国政府一方面向日本政府施加压力，进行交涉；另一方面，大力推进美国钢铁的现代化、大型化，降低成本，对抗日本企业的“入侵”。交涉的结果是双方在1985年达成协议，禁止日本9种钢铁商品进入美国市场。从此，日本钢材出口到美国的数量暂时得到控制，但也导致美国钢材的价格高于日本钢材价格的15%～30%。

汽车摩擦：日本的汽车行业在战后得到了迅速的发展。1955年，日本的轿车年产量只有3万辆，1965年则增至70万辆，1967年日本轿车年产量猛增至315万辆，跃居世界第二位。1980年，超过美国而居世界第一位，年产量达到700万辆。而同年，美国年产量为630万辆，联邦德国为350万辆，法国为290万辆。在日本对美的贸易顺差中，汽车的比率始终居高不下，1989年占40.5%，到1994年猛增到60%，金额为370亿美元。从日美汽车贸易摩擦开始，日美的谈判就几乎没有间断过。1979年谈判的结果，日本同意自动限制对美汽车出口量。1993年，克林顿在《美日框架协议》中，要求日本进一步开放汽车市场，并为减少贸易顺差确定数字指标。1995年6月，双方终于达成《美日汽车及零部件协议》，日本将放宽对汽车配件市场的管制，增加购买美国国产汽车配件数量。美国放弃过去一贯坚持对日出口汽车、零部件及日本的车检制度等设定的数值目标的要求。但这没有从根本上解决日美汽车的贸易摩擦。

彩色电视机摩擦：从60年代开始，日本的彩色电视机企业迅速地发展起来并开始出口。1968年，出口额仅为9.6亿美元，1980年出口额达到50亿美元。其中对美出口增加迅速，日对美出口彩色电视机最高时曾达到占美进口彩电数的90%，占据美国彩电市场的30%以上的份额。在日对美彩电出口不断增加的同时，日美之间的彩电摩擦不断发生，直到日美签订《维持市场秩序协定》后，日本才被迫采取对美出口的自动限制措施，日美彩电摩擦才平息下来。

电子通信产品摩擦：日美电子产品的摩擦最早开始于半导体。美国的半导体产业曾经在世界占有领先的地位，但到了20世纪70年代以后，受到了日本企业的挑战，日本产品逐渐占领了美国的市场，并不断地取得国际市场的份额。随着日本通信事业的迅速发展，日本电子产品从产品质量到技术都达到世界一流水平，产品开始畅销国际市场。在对美出口的过程中，与美国发生尖锐的贸易摩擦，双方摩擦时而激烈时而缓和，但一直没有中断过。

除以上几个领域外，日美贸易摩擦的领域还在逐渐扩大。目前，已经从20世纪80年代的汽车、钢铁、彩电、电子、航空、港湾转向大米、大型计算机、汽车零部件及燃料、玻璃等领域。日美的贸易摩擦不仅是经济问题，而且已经成为政治问题。

3. 对外贸易依存度

对外贸易依存度(ratio of dependence on foreign trade)是指一个国家(或地区)对外贸易额在该国国内生产总值(gross domestic product，GDP)中所占的比重。若以E表示出口，M表示进口，则

$$对外贸易依存度=(E+M)/GDP\times 100\%$$

一个国家(或地区)对外贸易依存度等于出口依存度与进口依存度之和。二者的计算公式为

$$进口贸易依存度=M/GDP\times 100\%$$

$$出口贸易依存度=E/GDP\times 100\%$$

由于经济发展水平、对外贸易政策、国内市场规模及发展程度的不同，导致世界各国对外贸易依存度存在很大差别。通常来讲，国内市场发展程度高的国家，其对外贸易依存度较低；国内市场发展程度低的国家，其对外贸易依存度较高。从事低层次加工贸易国家的对外贸易依存度高于从事高层次加工贸易国家。

贸易实践

国家统计局发布的数据显示，我国2009年GDP总量约为4.985万亿美元，全年进出口总额2.207万亿美元，其中出口总额1.201 7万亿美元，进口总额1.005 6万亿美元，对外贸易依存度为44.27%，进口依存度为20.17%，出口依存度为24.11%。2010年，我国GDP达到397 983亿元人民币，按平均汇率折算达到5.879万亿美元，超过日本，成为仅次于美国的世界第二大经济体。我国2010年的进出口总额达2.973万亿美元，其中进口总额为1.394 8万亿美元，出口总额为1.577 9万亿美元，我国2010年的对外贸易依存度、进口依存度和出口依存度分别为50.6%、23.8%和26.8%，比2009年均有所增长。

4. 国际贸易条件

贸易条件(term of trade，TOT)是指出口一单位商品可以换回多少单位的外国商品。这

一指标的变化可以在一定程度上反映一国的价格优势和竞争力的变化。目标贸易条件一般以一定时期出口价格指数和进口价格指数之比来表示，其公式为

$$TOT=Px/Pm\times 100$$

式中，Px 表示出口价格指数，Pm 表示进口价格指数。

TOT 的计算值有三种情况：①*TOT* 大于 100，即贸易条件好转，既定的出口可以换回更多的进口商品；②*TOT* 小于 100，即贸易条件恶化，既定的出口可以换回的进口商品减少；③*TOT* 等于 100，说明贸易条件没有变化。

例如，以 2009 年为基期，某国进出口价格指数均为 100，2010 年底进口价格上涨 4%，出口价格下降 7%，则该国进口价格指数为 104%，出口价格指数为 93%，贸易条件为

$$(93/104)\times 100=89.42$$

这表明与 2009 年相比，该国的贸易条件恶化了。

一般来说，在 *TOT* 小于 100 的情况下，出口越多越不利。针对这种情况，政府应积极采取措施，调整出口商品结构，以改变对外贸易的不利状况。但是，孤立地考察贸易条件并不能很好地计量本国福利或贸易利益变动。例如，在出口价格下降而进口价格相对不变的情况下，只有当生产出口商品的劳动生产率在没有一定程度提高的情况下，才能判断出贸易对本国福利的不利影响。假设美国找到一种成本更低的种植小麦的方法，则美国供给出口的小麦增多，降低了小麦价格和美国的贸易条件。这就不能认为美国的经济状况变坏了或是美国从贸易中获得的利益减少了，因为美国可以从出口成本的降低中获得更多的利益。

贸易条件恶化论及其主要观点

贸易条件恶化论是阿根廷经济学家劳尔·普雷维什针对 1929 年大危机后拉丁美洲国家初级产品的贸易条件不断恶化，在 1949 年 5 月向联合国拉丁美洲经济委员会提交的一份题为《拉丁美洲的经济发展及其主要问题》中提出来的。

第二次世界大战后，传统贸易理论所面临的最重要的挑战之一就是对贸易条件的争论。劳尔·普雷维什经研究得出结论，发展中国家的贸易条件处于长期恶化之中。他认为，发展中国家贸易条件恶化主要有以下两方面原因。

首先，技术进步的利益不能平均分配。从理论上讲，如果发达国家和处于劣势地位的发展中国家的收入能根据各自生产率增长的比率而增加，那么，初级产品和制成品的相对价格就会依生产率增长的不同比例而调整。但是，实际上两者的价格并不是严格地按照生产率的变动而变化的，当技术进步实现后，制成品的价格不一定下降，如果企业家和生产要素的收入增加幅度大于生产率的增长幅度，则制成品价格反而会上升。而在发展中国家，其收入增长低于生产率增长，所以，初级产品在国际市场上的相对价格呈下降趋势。

其次，制成品市场结构的垄断性。由于国际市场制成品具有垄断性，在世界经济繁荣时期，制成品价格的下降幅度比初级产品低得多，致使两者的相对价格即贸易条件向不同的方向变化。制成品的贸易条件上升，而发展中国家的主要产品——初级产品的贸易条件则不可避免地恶化。

在劳尔·普雷维什提出这一理论后，汉斯·辛格根据发展中国家的实际情况，拓展了这一理论的应用领域。他注意到发展中国家越来越多出口制成品的事实，开始将贸易条件恶化论拓展为以下三方面的内容：一是发展中国家初级产品贸易条件的恶化比率高于发达国家初级产品贸易条件恶化的比率；二是发展中国家出口制成品的价格比发达国家出口制成品的价格下降得更快；三是初级产品占发展中国家出口产品的较高比重意味着初级产品贸易条件恶化对它们的影响更甚于发达国家。

这样，汉斯·辛格认为，发展中国家以出口劳动密集型制成品代替出口初级产品，实行出口导向战略，其结果只能是转换了贸易条件恶化的内容，而不能从根本上解决发展中国家贸易条件长期恶化的问题。

5. 贸易商品结构

贸易商品结构(trade by commodities)是指各类商品的贸易额在总贸易额中所占的比重。它分为国际贸易商品结构和对外贸易商品结构。国际贸易商品结构是各类产品的贸易额在国际贸易中所占的比重，而对外贸易商品结构则是一国各类产品的贸易额在该国的对外贸易总额中所占的比重。

国际贸易商品分为出口商品结构和进口商品结构。一国出口商品构成取决于该国国民经济状况、自然资源以及对外经济政策等因素。一国出口制成品所占的比重越大，反映该国的生产力水平越高。

贸易实践

表 1-2 中国 2010 年主要进出口商品及比上年增长速度

主要出口商品			主要进口商品		
商 品 名 称	金额(亿美元)	增长速度	商 品 名 称	金额(亿美元)	增长速度
煤	23	−5.2%	谷物及谷物粉	15	70.1%
钢材	368	65.3%	大豆	251	33.5%
纺织纱线、织物及制品	771	28.4%	食用植物油	60	2.2%
服装及衣着附件	1 295	20.9%	铁矿砂及其精矿	794	58.4%
鞋类	356	27.1%	氧化铝	15	14.9%
家具及其零件	330	30.3%	原油	1 352	51.4%
自动数据处理设备及其部件	1 640	34.0%	成品油	223	31.3%
手持或车载无线电话	467	18.2%	初级形状的塑料	436	25.2%
集装箱	72	274.9%	纸浆	88	28.8%
液晶显示板	265	37.7%	钢材	201	3.3%
汽车(包括整套散件)	62	32.1%	未锻造的铜及铜材	327	44.4%

6. 贸易地理方向

国际贸易地理方向(direction of international trade)是指国际贸易额的国别或地区分布状况，用以表明世界各洲、各国或各个区域集团在国际贸易中所占的地位。一般用一国或地区的对外贸易额在世界贸易总额中所占的比例来表示。国际贸易地理方向反映了各国或地区参加国际商品流通的水平及该国或地区在世界贸易中所占的地位。

对外贸易地理方向(direction of foreign trade)又称对外贸易地区分布或国别构成，指一定时期内各个国家或国家集团在一国对外贸易中所占有的地位，通常以它们在该国进、出口额或进出口总额中的比重来表示。把商品结构和地理方向的研究结合起来，可以查明一国出口中不同类别商品的去向和进口中不同类别商品的来源，具有重要意义。

一国的对外贸易地理方向通常受经济互补性、国际分工的形式与贸易政策的影响。比较集中的对外贸易地理方向有助于国内企业凭借对传统市场的熟悉而节省市场开拓费用，降低交易成本，便于出口厂商的信息交流，扩大出口商品在进口国的影响，但同时也存在如果出口国厂商协调不力、产品差异化小，从而造成出口商之间的恶性竞争、影响收益、受制于人的风险，比较分散的对外贸易地理方向有利于降低一国在对外贸易中的经济和政治风险；避免厂商间的恶性竞争，但是市场分散可能加大交易成本。

贸易实践

表1-3　2010年中国对主要国家和地区货物进出口额及其增长速度

国家和地区	出口额(亿美元)	比上年增长	进口额(亿美元)	比上年增长
欧盟	3 112	31.8%	1 685	31.9%
美国	2 833	28.3%	1 020	31.7%
东盟	1 382	30.1%	1 546	44.8%
日本	1 211	23.7%	1 767	35.0%
韩国	688	28.1%	1 384	35.0%
印度	409	38.0%	208	51.8%
俄罗斯	296	69.0%	258	21.7%

7. 国际贸易的特点

1) 国际贸易与国内贸易的相同点

(1) 在社会再生产中的地位相同。国际贸易和国内贸易都是商品和服务的交换活动，都处于社会再生产过程中的交换环节，只是活动发生的地域范围不同。

(2) 有共同的商品交易方式。商品流通运动方式完全一样，即 *G*（货币）—*W*(商品)—G(货币)；商品交易程序基本相同，都要进行交易磋商、签订和履行合同等；商品交易的具体形式基本相同，如经销、代理、招标、拍卖、期货交易、加工贸易等，国际贸易和国内贸易都可以运用。

(3) 目的和基本规律相同。国际贸易与国内贸易的经营目的，都是通过交换获得更多的经营利润或经济效益。同时，两者都受商品经济规律的影响和制约，如价值规律、供求规律、节约流通时间规律等。只要从事贸易活动，就必须遵循这些经济规律。

2) 国际贸易与国内贸易的差别

国际贸易与国内贸易的差别主要表现在经营的困难程度、复杂程度和风险性三大方面。

(1) 国际贸易的困难大于国内贸易。

① 语言不同。世界各国语言差别很大，为了使国际贸易顺利进行，必须采用一种共同的语言。虽然国际贸易中通行的商业语言是英文，但英文在有些地区使用还不普遍。因此，除了非英语国家的国际贸易人员要学习、掌握英文外，与尚未普及英文使用的地区打交道，还要掌握该地区的语言。

② 风俗习惯不同。各贸易国家的风俗习惯、宗教信仰并不完全一致，有的差别很大，这些都给国际贸易的顺利进行造成了很大的困难。

③ 法律、政策不同。要使国际贸易顺利开展，必须熟悉有关各国的商业法律、政府政策，但这些法律、政策各不相同，这就大大增加了掌握、运用法律、政策的难度。同时，因缺乏国际贸易共同法规，一旦出现贸易纠纷，不易顺利解决。

④ 市场环境不同。对外贸易要进入国外市场，必须进行市场调研，掌握市场动态，了解贸易对象和合作伙伴。但各国的市场环境包括需求结构、消费习惯、供销渠道等各不相同，收集和分析信息资料比国内贸易困难得多。

⑤ 商业习惯、思维方式不同。国际贸易必须与国外贸易对象进行接洽、交易，许多场合还要与国外合作伙伴共同工作，而不同国家商人的商业习惯、思维方式不同，不易相互沟通、理解和协调，因而接洽、交易的困难要大得多。

(2) 国际贸易比国内贸易复杂。

① 计价与结算货币的选择。由于各国都有自己的货币，采用何种货币计价、何种货币结算、各种货币如何兑换等就成了国际贸易必须解决的复杂问题。

② 海关制度。国际贸易一般都要经过海关。海关对于货物进出口有许多规定，了解这些规定，履行报关手续，是国际贸易必须做的复杂事务。

③ 国际汇兑。国际贸易货款的收付是跨越国界的，要经过有关国家经营国际汇兑的银行进行。支付工具、支付方式和承办银行的选择是复杂的决策过程，汇价波动也是本国货币没有的复杂问题，还要了解有关国家的外汇管理制度和其他金融制度，从而使国际汇兑相当复杂。

④ 货物的运输与保险。国际贸易的运输，由于要跨越国界，而且大多数采用海运，一般运输环节多、周期长、影响因素多，还要办理运输保险，因此手续繁多，工作复杂。

(3) 国际贸易比国内贸易风险更大。

① 信用风险。信用风险主要是指在交易期间买卖双方的财务经营发生变化，影响顺利履约甚至危及履约的情况。由于前面所述的国际贸易的困难和复杂性，出现信用风险的可能性增加，而了解对方信用又比较难，因此信用风险比国内贸易更大。

② 商业风险。由于国际贸易环节多、周期长、涉及因素多，贸易纠纷又不易解决，进口商不能顺利收到货物，出口商不能顺利结清货款的商业风险比国内贸易大得多。

③ 汇兑风险。国际汇兑环节较多，不论哪个环节出了问题，都会影响正常汇兑。而且交易双方至少有一方要用外币计价和结算，外汇汇率的不断变化也增加了汇兑风险。

④ 运输风险。与前几个风险类似，国际贸易环节多、周期长、影响因素多，另外海运更容易受到自然灾害的影响，运输风险增多增大。

⑤ 价格风险。价格风险是指贸易双方签约后，货价上下波动对买卖双方造成的风险。

因为国际贸易一般周期较长，价格波动的可能性更大，加上国际贸易的货物许多是大宗交易，故价格风险更大。

⑥ 政治风险。一些国家因政治变动，修改甚至完全改变政策法律，常常给贸易商带来风险。有些国家由于外交关系恶化，或者由于战争造成的政治风险，对国际贸易的威胁更大。

1.2 国际贸易的分类

在对国际贸易的研究中，人们经常会用到一些与国际贸易分类等方面有关的概念，这些概念对于了解国际贸易的情况是十分必要的，也是对有关国际贸易问题进一步分析研究的基础。国际贸易的范围十分广泛，类别相当繁多，从不同角度可以划分成不同类型。

1.2.1 按交易标的物的特征划分

按交易标的物的特征，国际贸易可划分为有形贸易和无形贸易两类。

(1) 有形贸易(visible trade 或 tangible trade)又称货物贸易。这种贸易的标的物是物质产品，如粮食、原材料、机器、车辆、船舶、飞机等。它们具有可触摸、可看见、外在的物理特性。传统意义上的国际贸易就是指这类贸易。海关对进出口的监管和征税措施也是针对这类贸易的。现在报刊上发布某国对外贸易增长多少或下降多少，如果没有其他特别的说明，通常也是指有形贸易。

(2) 无形贸易(invisible trade 或 intangible trade)是指没有实物形态的技术和服务的进出口，主要包括服务贸易和技术贸易。其中服务贸易是无形贸易中最重要和最主要的部分。无形贸易标的(如技术转让、旅游、保险等)不具有可看见和可触摸的外在物理特性。对无形贸易的统计数据不容易做到精确，各国海关统计通常不包括这类贸易。不过，随着生产力的发展，第三产业在整个经济中的比重不断提高，无形贸易在现代国际经济关系中的地位也不断上升。因此 1995 年世界贸易组织(以下简称世贸组织)正式成立之后，把国际服务贸易也纳入到其管辖范围之中。

贸易实践

表 1-4　2010 年世界服务贸易排名

排　名	国家或地区	出口额(亿美元)	进口额(亿美元)	进出口总额(亿美元)
0	世界	36 639	35 027	71 666
1	美国	5 150	3 579	8 729
2	德国	2 299	2 563	4 861
3	英国	2 272	1 564	3 836
4	中国	1 702	1 922	3 624
5	日本	1 376	1 552	2 928
6	法国	1 400	1 257	2 657
7	印度	1 095	1 169	2 264
8	荷兰	1 113	1 089	2 201

续表

排　名	国家或地区	出口额(亿美元)	进口额(亿美元)	进出口总额(亿美元)
9	新加坡	1 117	961	2 078
10	西班牙	1 208	855	2 063
11	意大利	970	1 082	2 052
12	爱尔兰	951	1 060	2 011
13	韩国	816	930	1 745
14	比利时	808	755	1 563

1.2.2 按商品移动方向划分

按商品移动方向，国际贸易可划分为进口贸易、出口贸易、过境贸易、复进口贸易、复出口贸易五类。

1. 出口贸易与进口贸易

出口贸易(export trade)是指把本国或本地区生产的商品销往其他国家或地区。运出境外供驻外使领馆使用的物品及旅客个人携带的自用物品不列入出口贸易统计。进口贸易(import trade)指购入外国或其他地区生产的商品。外国使领馆运进供自用的物品及旅客个人携带的自用物品一般不列入进口贸易。

净出口(net export)是指一定时期内，某类产品的出口贸易量大于进口贸易量的差额。净进口(net import)是指一定时期内，某类产品的进口贸易量大于出口贸易量的差额。

2. 复出口贸易与复进口贸易

复出口(re-export trade)是指输入本国或本地区的商品未经加工就出口的情况。这是和转口贸易密切相关的一种现象。复进口(re-Import trade)是指输出国外或其地区的本国产品未经加工又进口的情况。复进口多数是因为偶然原因所造成，如出口后的退货、未售掉的寄售商品的退回等情况。

3. 过境贸易

过境贸易(transit trade)是指当出口国须经过第三国国境把货物运往进口国时，这批经过第三国运往进口国的货物，对第三国而言，便是过境贸易。过境贸易通常发生在不彼此相邻的内陆国家之间。例如，我国与东欧国家之间的贸易，通常通过大陆桥运输。由于铁路横跨亚欧大陆，货物由我国运往东欧国家时，必定经过俄罗斯等国。这些经过俄罗斯等国运往东欧国家货物的贸易，对俄罗斯等国而言，便是过境贸易。

过境贸易可分为直接过境贸易和间接过境贸易两种。

(1) 直接过境贸易是指外国商品纯系转运性质经过本国，并不存放在本国海关仓库，在海关监督下，从一个港口通过国内航线装运到另一个港口再输出国外，在同一港口内从这艘船装到另一艘船，或在同一车站从这列火车转装到另一列火车后离开国境。

(2) 间接过境贸易是指外国商品运到国境后，先存放在海关保税仓库，以后未经加工改制，又从海关保税仓库提出，再运出国境。根据专门贸易体系，这种商品移动作为过境贸易处理，不计入对外贸易额内。

1.2.3 按有无第三者参与划分

按有无第三者参与，国际贸易可划分为直接贸易、间接贸易、转口贸易三类。

直接贸易是指货物的生产国(出口国)与货物的消费国(进口国)直接进行交易，不通过第三国转手的贸易方式。

间接贸易是指货物在生产国和消费国之间经由第三国转手进行买卖的贸易方式。对于生产国和消费国来说，这是间接贸易。

间接贸易对中转国来说就是转口贸易。交易的货物可以由出口国运往第三国，在第三国不经过加工(改换包装、分类、挑选、整理等不算作加工)再销往消费国；也可以不通过第三国而直接由生产国运往消费国，但生产国与消费国之间并不发生交易关系，而是由中转国分别同生产国和消费国发生交易。

转口贸易的发生，主要是有些国家或地区由于地理、历史、政治或经济的原因，其所处的位置适合于作为货物的销售中心。这些国家或地区输入大量货物，除了部分供本国或本地区消费外，又再出口到邻近国家或地区。例如，新加坡、香港、伦敦、鹿特丹等，都是国际著名的中转地，拥有数量很大的转口贸易。这些国家和地区通过转口贸易除了可以得到可观的转口利润和仓储、运输、装卸、税收等收入外，同时也推动了当地金融、交通、电信等行业的发展。

特别提示

转口贸易和过境贸易的区别：商品的所有权在转口贸易中先从生产国出口者手中转到第三国或地区商人手中，再从第三国或地区商人手中转到最终消费该商品的进口国商人手中。而在过境贸易中，商品所有权无需向第三国商人转移。

转口贸易与复出口贸易的区别：复出口贸易的范围比较广，如参展展品、租赁设备到期、经过维修的设备、进料加工、来件装配等都属于进口货物复出口。转口贸易只是复出口贸易的一种形式。

贸易实践

中国香港的转口贸易

中国香港的转口贸易具有悠久的历史，长期以来一直是香港经济的支柱。1949—1950 年，转口贸易曾占香港总出口值的 90%。近 40 年来，香港转口贸易地位的沉浮充分反映了内地与香港这种密切联系。1951 年联合国对我国实行禁运，使香港的转口贸易地位急剧下降，20 世纪 60 年代初，转口贸易仅占香港出口总值的两成左右。60 年代始，香港经济开始起飞，制造业迅速发展，从而使港产出口逐年上升，经济转为出口主导型。到 1970 年，港产品出口已占总出口的八成以上。70 年代后期，在 1978—1987 年间，转口贸易值以年均 33.9%速度增长，1988 年增幅更达 50.6%，转口贸易增长幅度远超过港产品出口(1978—1987 年港产品出口平均年增长率为 17.6%)。1988 年转口贸易值超过港产品出口值，出口主导型经济复转为转口主导型。1989 年转口贸易值已占香港总出口值的 61%。

1.2.4 按货物运输方式划分

按货物运输方式，国际贸易可划分为海运贸易、陆运贸易、空运贸易、邮购贸易、国际多式联运五类。

(1) 海运贸易(trade by seaway)是指利用海洋运输工具(主要是船舶)来运输货物的国际贸易方式。海洋运输是当前国际贸易的主要运输方式，原因是其通过能力大、运输能力强且运费低廉。目前，在国际货物运输总量中，80%的货物是通过海上运输完成的，其中，位于世界首位的美国海运贸易量占其货物贸易总量的比例达95%，我国为85%。

(2) 陆运贸易(trade by roadway)是指利用陆路运输工具(火车、汽车等)来运输货物的国际贸易方式。陆运贸易主要发生在领土相邻的国家之间。其中铁路运输的使用量仅次于海洋运输。其特点是准确性和连续性强，几乎不受气候影响，一年四季可以不分昼夜地进行定期、有规律、准确地运转。这种运输方式的缺点是投资高、建设周期长。公路运输是一种机动灵活、简捷方便的运输方式，在短途货物集散运转上，它比铁路、航空运输具有更大的优越性，尤其在实现“门到门”的运输中，其重要性更为显著。尽管其他各种运输方式各有特点和优势，但或多或少都要依赖公路运输来完成最终两端的运输任务。例如铁路车站、水运港口码头和航空机场的货物集散运输都离不开公路运输。但公路运输也具有一定的局限性，如载重量小，不适宜装载重件、大件货物，不适宜走长途运输，车辆运行中振动较大，易造成货损、货差事故，同时，运输成本费用较水运和铁路高。

(3) 空运贸易(trade by airway)是指利用航空工具(如飞机)来运输货物的国际贸易方式。空运贸易方式的优点包括高速直达性(因为空中较少受自然地理条件限制，航线一般取两点间的最短距离)、安全性能高、经济性良好，使用年限较长、包装要求低。缺点是容易受气候条件的限制、航空港设施的建设成本与维护费用高、运输能力小、运输费用和能耗高。目前，这种运输方式适用于贵重、数量少或时间性强的商品，如鲜花、鲜活食品、贵重商品和紧急商品等。

(4) 邮购贸易(trade by mail order)是指通过邮局寄送商品的一种简便运输方式，具有手续简便、费用低的特点，比较适用于运输量轻、体积小的商品，如精密仪器、药品和急需物品等。

(5) 国际多式联运(international multimodal transport)简称多式联运，是在集装箱运输的基础上产生和发展起来的，是指按照多式联运合同，以至少两种不同的运输方式，由多式联运经营人将货物从一国境内的接管地点运至另一国境内指定交付地点的货物运输。国际多式联运适用于水路、公路、铁路和航空多种运输方式。这种运输方式的优点是责任统一、手续简便、降低运营成本、加速货运周转。

1.2.5 按统计标准划分

按统计标准，国际贸易可划分为总贸易和专门贸易两类。

(1) 总贸易(general trade)是指以国境为标准划分的进出口贸易。凡进入国境的商品一律列为总进口；凡离开国境的商品一律列为总出口。在总出口中又包括本国产品的出口和未经加工的进口商品的出口。总进口额加总出口额就是一国的总贸易额。美国、日本、英国、加拿大、澳大利亚、中国、东欧等90多个国或地区采用这种划分标准。

(2) 专门贸易(special trade)是指以关境为标准划分的进出口贸易，是“总贸易”的对称。只有从外国进入关境的商品以及从保税仓库存提出进入关境的商品才列为专门进口。当外国商品进入国境后，暂时存放在保税仓库，未进入关境，不列为专门进口。从国内运出关境的本国产品以及进口后经加工又运出关境的商品，则列为专门出口。专门进口额加专门出口额称为专门贸易额。德国、意大利等80多国或地区采用这种划分标准。

1.2.6 按清偿工具划分

按清偿工具，国际贸易可划分为现汇贸易和易货贸易两类。

现汇贸易(cash-liquidation trade)又称自由结汇贸易，是指用国际货币进行商品或劳务价款结算的一种贸易方式。买卖双方按国际市场价格水平议价，按国际贸易惯例议定具体交易条件。交货完毕以后，买方按双方商定的国际货币付款。表现在买卖行为是各自独立的单向贸易。它非常方便，是国际贸易中使用最多、最普遍的贸易方式。在当今的国际贸易中，能作为清偿工具的货币主要有美元、日元、欧元、英镑等。

现汇贸易的价款结算主要有两种方式。

(1) 有证支付：即卖方在货物发运以前要以收到对方通过银行开出的符合合同规定要求的信用证或保函为前提，银行起中间保证作用。

(2) 无证支付：即无需金融机构从中作保，完全凭交易双方的信用；价款结算虽然也通过银行，但银行只是受委托，代表有关交易方面办理货款支付。

不论是有证支付还是无证支付，在办理货款结算时，都必须凭规定的装运单证。在支付时间上可以有预付、即付和延付之别。

中国对西方国家的贸易，主要采用现汇贸易，有时也适当采用其他收汇和付汇方式。

易货贸易(barter trade)是指在换货的基础上，把等值的出口货物和进口货物直接结合起来的贸易方式。易货贸易在实际做法上比较灵活，例如，在交货时间上，可以进口与出口同时成交，也可以有先有后；在支付办法上，可用现汇支付，也可以通过账户记账，从账户上相互冲抵；在成交对象上，进口对象可以是一个人，而出口对象则是由进口人指定的另一个人等。

易货在国际贸易实践中主要表现为下列两种形式。

(1) 直接易货又称为一般易货。从严格的法律意义上来讲，易货就是指以货换货。这种直接易货形式，往往要求进口和出口同时成交，一笔交易一般只签订一个包括双方交付相互抵偿货物的合同，而且不涉及第三方。它是最普遍也是目前应用最广泛的易货形式。对于需要通过运输运送货物的交易方来说，由于这种易货形式一般要求进出口同时进行，因此，应用中存在困难。于是在实际业务中，就产生了一些变通的做法，最常见的即为通过对开信用证的方式进行易货贸易。在采用对开信用证进行易货时，交易双方先签订换货合同，双方商定彼此承诺在一定时间购买对方一定数量的货物，各自出口的商品按约定的货币计价，总金额一致或基本一致，货款通过开立对开信用证的方式进行结算，即双方都以对方为受益人，开立金额相等或基本相等的信用证。由于交货时间的差异，双方开立信用证的时间也就有先有后，先进口开证的一方为了使对方也履行开证义务，一般都在信用证内规定该证以对方按规定开出信用证为生效条件，或规定该证的金额只能用来作为对方开立回头证之用，以此控制对方。

(2) 综合易货多用于两国之间根据记账或支付(清算)协定而进行的交易。由两国政府根据签订的支付协定，在双方银行互设账户，双方政府各自提出在一定时期(通常为一年)提供给对方的商品种类、进出口金额基本相等，经双方协商同意后签订易货协定书，然后根据协定书的有关规定，由各自的对外贸易专业公司签订具体的进出口合同，分别交货。商品出口后，由双方银行凭装运单证进行结汇并在对方国家在本行开立的账户进行记账，然后由银行按约定的期限结算。应注意的是，一定时期终了时，双方账户如果出现余额，只要不超过约定的幅度，即通常所说的“摆动额”，原则上顺差方不得要求对方用自己外汇支付，而只能以货物抵冲，即通过调整交货速度，或由逆差方增交货物予以平衡。

易货贸易本来是一种古老的贸易方式，在货币出现以前被广泛采用。近些年易货贸易又有重新兴盛的趋势，其原因主要是很多国家外汇短缺；国际性的债务危机；某些发达国家为了减少外贸逆差等。

1.2.7 按经济发展水平划分

按经济发展水平，国际贸易可分为水平贸易和垂直贸易两类。

(1) 水平贸易(horizontal trade)是指经济发展水平比较接近的国家之间开展的贸易活动。例如，北北之间、南南之间以及区域性集团内的国际贸易，一般都是水平贸易。各发达国家之间的生产力发展水平尽管很接近，但仍存在各种差异，如技术水平各有短长，各国工业部门发展不平衡，资源供应也各不相同。这些国家通过国际贸易来取长补短，弥补不足。各发展中国家之间存在的水平贸易，则是在相互支持、相互弥补民族工业部门的短缺和在与不平等的南北分工状况的斗争中形成的。

(2) 垂直贸易(vertical trade)是指经济发展水平不同的国家之间开展的贸易。这两类国家在国际分工中所处的地位相差甚远，其贸易往来有着许多与水平贸易大不一样的特点。发达国家与发展中国家之间所进行的贸易，大多属于这种类型。发达国家从发展中国家进口农产品和工业原料，并向其出口工业制成品。这主要是由生产力水平上的差距造成的。

1.3 国际贸易的产生和发展趋势

1.3.1 国际贸易产生的必要条件

国际贸易是在人类社会生产力发展到一定的阶段时才产生和发展起来的，它是一个历史范畴。国际贸易的产生必须具备两个基本的条件，一是要有社会经济实体(即国家)的存在，二是剩余产品和国际分工的存在，而国际分工只有在社会分工和私有制的基础上才可能形成。这些条件不是人类社会一产生就有的，而是随着社会生产力的不断发展和社会分工的不断扩大而逐渐形成的。

在原始社会初期，生产力水平极度低下，劳动成果仅能维持群体最基本的生存需要，没有剩余产品用以交换，因此谈不上有对外贸易。

人类历史的第一次社会大分工，即畜牧业和农业的分工，促进了原始社会生产力的发展，出现了少量的剩余产品。氏族或部落之间出现了用剩余产品进行原始的、偶然发生的物物交换。

随着社会生产力的继续发展，人类社会出现了第二次大分工，手工业从农业中分离出来成为独立的部门，产生了直接以交换为目的的商品生产，商品交换逐渐成为一种经常性的活动。随着商品生产和商品交换的扩大，出现了一般等价物，于是商品交换就变成了以一般等价物为媒介的商品流通，这进一步促使私有制和阶级的形成。由于商品交换的日益频繁和交换的地域范围不断扩大，又产生了专门从事贸易的商人阶层。第三次社会大分工使商品生产和商品流通更加频繁和广泛。在原始社会末期和奴隶社会初期，随着阶级和国家的出现，商品交换超出了国界，国家之间的贸易便产生了。可见，在社会生产力和社会分工发展的基础上，商品生产和商品交换的扩大，以及国家的形成，是国际贸易产生的必要条件。

1.3.2 国际贸易的发展历程

1. 资本主义社会以前的国际贸易

1) 奴隶社会的国际贸易

在奴隶社会，自然经济占主导地位，其特点是自给自足，生产的目的主要是为了消费，而不是为了交换。奴隶社会虽然出现了手工业和商品生产，但在一国整个社会生产中显得微不足道，进入流通的商品数量很少。同时，由于社会生产力水平低下和生产技术落后，交通工具简陋，道路条件恶劣，严重阻碍了人与物的交流，对外贸易局限在很小的范围内，其规模和内容都受到很大的限制。

在奴隶社会，奴隶主拥有财富的重要标志是其占有奴隶的数量，因此奴隶社会国际贸易中的主要商品是奴隶。据记载，古希腊的雅典就曾经是一个贩卖奴隶的中心。此外，粮食、酒及其他专供奴隶主阶级享用的奢侈品，如宝石、香料和各种织物等也都是当时国际贸易中的重要商品。

奴隶社会时期从事国际贸易的国家主要有腓尼基、古希腊、古罗马等，这些国家在地中海东部和黑海沿岸地区主要从事贩运贸易。我国在夏商时代进入奴隶社会，贸易集中在黄河流域沿岸各国。

虽然对外贸易在奴隶社会经济中不占有重要的地位，但是它促进了手工业的发展，奴隶贸易成为奴隶主经常补充奴隶的重要来源。

2) 封建社会的国际贸易

在封建社会早期，国际贸易仍然受到自然经济的影响，进入流通领域的商品并不多，贸易产品集中于奢侈品，国际贸易的发展受到一定的局限。到了封建社会晚期，随着城市手工业和商品经济迅速发展，交通工具的改善和货币信用的发展，国际贸易也得到了极大发展。具体表现为参加国际贸易的国家不断增加，贸易地区和市场范围不断扩大，形成了许多国际贸易中心，陆上的贸易线以西欧至东方、南欧至北欧为两条主线；海上贸易线以地中海沿岸至北欧、中东和远东为主。

在封建社会，国际贸易的范围明显扩大。亚洲各国之间的贸易由近海逐渐扩展到远洋。早在西汉时期，我国就开辟了从长安(今陕西省西安市)经中亚通往西亚和欧洲的陆路商路——丝绸之路，把我国的丝绸、茶叶等商品输往西方各国，换回良马、种子、药材和饰品等。

西方的贸易中心在封建社会曾发生过多次转移。在欧洲封建社会的早期阶段，国际贸易主要集中在地中海东部。在东罗马帝国时期，君士坦丁堡是当时最大的国际贸易中心。7—8 世纪，阿拉伯人控制了地中海的贸易，通过贩运非洲的象牙、中国的丝绸、远东的香料和宝石，成为欧、亚、非三大洲的贸易中间商。11 世纪以后，随着意大利北部和波罗的海沿岸城市的兴起，国际贸易的范围逐步扩大到整个地中海以及北海、波罗的海和黑海沿岸地区。当时，南欧的贸易中心是意大利的一些城市，如威尼斯、热那亚等；北欧的贸易中心是汉萨同盟的一些城市，如汉堡、卢卑克等。

总之，在资本主义社会以前，由于受到生产方式和交通条件的限制，商品生产和流通的主要目的是为了满足剥削阶级奢侈生活的需要，贸易主要局限于各洲之内和欧亚大陆之间，国际贸易在奴隶社会和封建社会经济中都不占有重要的地位，贸易的范围和商品品种都有很大的局限性，贸易活动也不经常发生。直到 15 世纪的“地理大发现”及由此产生的欧洲各国的殖民扩张才大大发展了各洲之间的贸易，从而开始了真正意义上的“世界贸易”，而到了资本主义社会国际贸易才获得了广泛的发展。

2. 资本主义时期的国际贸易

资本主义生产方式发展到 20 世纪中叶，先后经历了三个时期：资本主义生产方式的准备时期、资本主义的自由竞争时期和垄断资本主义时期。国际贸易在这些不同的时期中表现出了不同的特点。

1) 资本主义准备时期的国际贸易

资本主义生产方式准备时期，是指 16 世纪至 18 世纪中叶的资本原始积累和工场手工业大发展时期。这一时期的国际贸易既表现出了开拓性，也表现出了掠夺性。

欧洲国家为了发展与东方国家的贸易和开拓新市场，不断派出航海家和探险家去寻找一条通往东方的新航线。由此引出了 15 世纪末至 16 世纪初的“地理大发现”和新航线的开辟。之后，欧洲人沿着通往亚洲和美洲的新航线大力开展掠夺性的海外贸易，把这些新发现的地区都卷入了国际贸易的行列。

当时欧洲的几个主要强国为了争夺海上贸易霸权，相互间进行过多次商业战争，世界贸易中心也因此在它们中间进行过多次转移。西班牙和葡萄牙是发现新航线的主要促成者和初期受益者。凭借经济实力和军事势力，西班牙垄断了美洲、欧洲的贸易，而葡萄牙则独占了非洲和亚洲的市场。此时的伊比利亚半岛诸城市成为了世界贸易中心。17 世纪初，荷兰成为世界头号海上强国，拥有的商船队总吨数相当于当时西班牙、葡萄牙、英国、法国四国拥有量的总和，承担了世界贸易中大部分的航运业务，有“海上马车夫”之称。此时的世界贸易中心城市是安特卫普和阿姆斯特丹。然而，随着英国的兴起，伦敦又逐渐取得了世界贸易中心的地位。特别是通过三次英荷战争，英国夺走了荷兰的制海权，并击败了西班牙舰队，巩固了自己的海上霸主地位和世界贸易中心国地位。

为了开发美洲资源，欧洲列强们以经济手段和非经济强制的手段展开了以贩运奴隶为典型特征的“三角贸易”：欧洲国家把自己生产的工业品销向非洲和美洲；从非洲购买黑奴贩运到美洲开垦种植园和开掘矿产资源；把美洲生产的烟草、棉花、咖啡及各种农作物和矿产品运回欧洲。在这段血与火的历史中，欧洲列强通过国际贸易的方式，以垄断性贸易和不等价交换的手段，大肆对殖民地和落后国家的人民进行掠夺，为资本主义经济的发展积累着物质财富和货币资本。以英国为例，在17世纪末，其贸易所得中，有近1/3来自于其殖民贸易。

从整体来讲，这一时期资本主义机器大工业还未建立，交通、通信还不发达，这使国际贸易的范围、贸易商品的品种和贸易量等受到一定局限。

2) 资本主义自由竞争时期的国际贸易

18世纪60年代至19世纪60年代是资本主义的自由竞争时期。这一时期欧洲主要国家先后发生了产业革命和资产阶级革命，建立了资本主义大机器工业，资本主义生产方式得到确立。大机器工业的建立使社会生产力得到迅猛提高，社会产品快速增加，为国际贸易的发展提供了丰富的物质基础。

1760—1870年，英国以纺织机的发明和蒸汽机的改良应用为标志，完成了人类历史上的第一次工业革命，把手工业工场时代推入了大机器工业时代。到1860年前后，英国工业发展达到鼎盛时期，国内外贸易迅速扩大，确立了“世界工厂”地位和世界贸易中心地位。除了三大支柱产业之外，英国的机器制造业、航运业、银行业和保险业等也取得了世界霸主地位。在19世纪的前70年里，仅占世界人口2%左右的英国却占据了世界贸易的1/5～1/4。继英国之后，美国、法国、德国、日本等国也相继完成了产业革命，并在世界市场上展开了激烈的竞争。

产业革命在各主要资本主义国家的完成，使国际贸易向纵深层次发展有了更大的必要性和可能性。从必要性看，由于各工业国经济的快速发展，使产品大量地被生产出来，仅靠本国和本地区市场已容纳不下，必须向海外寻找新的消费市场；同时，工业的大发展也需要充足和多样化的原材料来维持，而这更需要从海外寻求新的原材料供应地。这些都需要通过国际贸易的渠道来解决。从可能性看，各国的产业革命推出了运量更大、速度更快的海上运输船只，加之铁路的通行和电报的使用，为国际贸易在更大的范围里开展提供了便利条件。

随着资本主义经济的快速发展，这一时期的国际贸易表现出以下几个特点：①国际贸易量显著增长。1800—1870年国际贸易额增长了10倍多。国际贸易的年均增长率，从1780—1800年的0.27%增加到1860—1870年的5.53%。②英国在国际贸易中占有垄断地位。由于英国工业革命完成最早，其机器制造业处于明显的优势地位，其炼铁、采煤、棉布等产品占世界产量的一半左右。1870年，英国在世界贸易中的比重为25%，相当于法国、德国、美国三国的总和。英国在世界工业生产和贸易中的垄断地位，奠定了伦敦作为国际金融中心和英镑作为世界货币的基础。③商品结构变化较大。18世纪以前国际贸易中的大宗商品主要是咖啡、香料、丝绸等，18世纪后这些商品在国际贸易中的比重明显下降，而随产业革命发展起来的棉布和毛纺织品成为了大宗出口产品。谷物由于运输条件的改善和运费的降低，也成为了大宗出口产品。此外，机器、钢铁、石油制品在国际贸易中的地位也愈来愈重要。④ 从事国际贸易的组织形式有了进步。16—17 世纪从事国际贸易的是一些“特权公司”，即由各国政府发给特许证的垄断性海外贸易公司。18—19 世纪，这种特权公司让位给了股份制公司。国际贸易组织趋向于专业化，如专门的销售公司、运输公司、保险公司及金融公司等，这一时期还出现了许多专业交易所，如商品交易所、租船交易所、证券交易所等。这些组织形式都有利于国际贸易的进一步发展。⑤国际贸易方式有了较大的进步，出现了来样订货、期货等交易方式以及信贷和票据等新贸易支付手段。⑥政府的对外贸易政策有了改变。与资本主义自由竞争的特点相适应，英国开始实行自由贸易政策，政府对具体经营的干预很少。而美国、德国等后起的资本主义国家则采取贸易保护政策，当本国工业发展起来以后，就又转向自由贸易政策。

3) 资本主义垄断时期的国际贸易

从 19 世纪 70 年代开始，自由竞争的资本主义向垄断资本主义(即帝国主义)阶段过渡。到 20 世纪初，在资本主义工业发达国家中各种垄断组织普遍出现，资本主义发展到了垄断时期。

继第一次产业革命之后，19 世纪末又发生了以电力的发明与运用为标志的第二次产业革命。产业革命推动了经济增长，而经济增长又带动了国际贸易增长。同时，运输业的大发展也是这一时期国际贸易迅速增长的重要原因之一。全世界的铁路长度由 1870 年的 21 万公里增至 1913 年的 110.4 万公里。全世界的商船吨位由 1870 年的 1680 万吨增至 1910 年的 3 460 万吨，同期商船的航运速度平均提高一倍左右，运费则降低一半以上。1869 年通航的苏伊士运河大大缩短了欧亚之间的航程，1914 年通航的巴拿马运河更是极大地缩短了大西洋与太平洋间的航程，使各大洲之间的贸易往来更加便利。

这一时期，一方面，国际贸易领域中的垄断因素加重，强国之间的竞争也在加剧。英国长期独霸和垄断国际贸易的地位受到极大削弱，而德国和美国等国的地位则在快速上升。1870 年统一之后的德国，在国际贸易领域后来居上。德国农业资源贫乏，但煤、铁等资源丰富，有利于工业的发展。在德国经济学家李斯特“幼稚工业保护论”的思想指导下，大力扶植发展民族工业，进口农产品，出口工业品，使工业有了突飞猛进的增长。到 20 世纪初，德国的工业生产水平已赶上了英国，在产品出口方面的增长速度也超过了英国。1870—1913 年的美国，无论是经济发展速度还是对外贸易额的增长速度都远快于英国。同期英国的工业生产增长了 13 倍，美国增长了 81 倍；对外贸易额英国增长了 89%，美国增长了 160%。

另一方面，一些经济落后的国家由于加入了国际分工体系，或者是由于受跨国公司或殖民体系的影响，对外贸易发展也比较快。例如，1860—1900 年，亚洲经济落后国家出口值在国民生产总值中所占的比重从1%提高到4.6%，南美洲经济落后国家的这一比重从10%提高到 18%。

两次世界大战使世界经济和国际贸易的发展受到很大的冲击。发生于 1929—1933 年的世界性资本主义经济大危机更是破坏广泛、影响深远，使各主要资本主义国家的经济和贸易陷入了普遍的衰退和萧条之中。1913—1938 年，世界贸易量的年均增长率仅为 0.7%，世界贸易值反而减少了 32%。1929—1940 年，美国的出口额减少了 0.2%，进口额减少了 15.2%。可见，战争与经济危机影响了这一时期国际贸易的正常发展，这种状态一直持续到第二次世界大战结束后才得到改变。

3. 二战后的国际贸易

二战结束以来的半个多世纪中，虽然还不断爆发地区性的局部战争，但总体上看，世界进入了一个相对稳定的和平与发展时期。这期间尽管也规律性地出现世界性经济危机，但其破坏性已大大低于20世纪30年代大危机，国际贸易再次出现了飞速发展。在这种背景下，国际贸易的发展出现了新的特点。

1) 战后国际贸易发展迅速，但不稳定

二战后，国际贸易再次出现了飞速增长，其速度和规模都远远超过19世纪工业革命以后的贸易增长。从1950—2000年的50年中，全世界商品出口总值从约610亿美元增加到61 328亿美元，增长了近100倍，并且出现了世界贸易发展速度高于国内生产年均增长率的现象，各国的对外贸易依存度在不断提高，但是二战后国际贸易的发展并不稳定，在不同阶段，国际贸易增长速度呈现出重大差异。

第一阶段：二战后到1973年是国际贸易迅速发展阶段。1950—1973年，国际贸易额从607亿美元增加到5 740亿美元，增长了9倍多，年均增长速度超过10%，高于之前任何一个时期，也高于同期世界工业生产增长率5.2%。

第二阶段：1973—1990年是国际贸易缓慢发展阶段。1975—1980年，世界贸易出口量年均增长率仅为4%，远远低于20世纪六七十年代的水平。进入80年代后半期，国际贸易增长逐步恢复，整个80年代，世界贸易出口量年均达到5%。

第三阶段：1990年以后。国际贸易重新进入快速增长时期。20世纪90年代以后，国际贸易增长波动很大，但总的来说是一个快速发展期，多数年份增长率超过4%，截至2003年，除2001年外，其他年份的增长速度都超过世界GDP的增长速度。这一阶段的增长归功于发达国家经济整体的复苏和东亚经济的高速增长，多边贸易体制和区域性经济贸易集团的发展也对世界贸易的增长做出贡献。

战后世界贸易飞速发展的主要原因

1. 战后较长的和平时期为生产力的发展提供了良好环境

经过两次世界大战，西方各主要工业国家都饱受战乱之苦，都不再愿意轻易卷入大规模的战争。战后各国通过建立联合国以及各种多国政治经济和军事联盟以减少世界大战的危险。尽管在战后仍然存在着东西方长达40年的冷战，但这两大阵营的对峙毕竟不像军事战争那样对经济产生直接的破坏作用。东西方各有一个经济集团，双方的经济竞争在某种意义上说对经济发展有一定的推动作用。从20世纪50—80年代，西方工业国家的出口在世界总产值中的比重从7.7%增加到26.8%，苏联及东欧国家的比重也从4.6%增加到9.3%。90年代初冷战结束后，各国之间的政治经济关系进一步得到缓和，有利于经济与贸易的发展。

2. 战后科技革命和20世纪90年代信息产业革命的积极影响

二战后，以美国为先导出现了以原子能、电子、合成材料、航天技术和生物技术为代表的新的技术革命。这场新的科技革命又产生了一系列新的产业，包括原子能工业、半导体工业、石油工业、化学工业、电子工业、宇航工业、生物工业等。从某种意义上说，这也是一次新的产业革命。

科技革命引起各种新部门、新工艺不断问世，导致世界各国的产业结构发生巨大变化，一些传统部门在发达国家逐渐衰退而不得不转移到发展中国家寻求生存，并使产品返销回本国；新兴的工业部门在发达国家迅速崛起，各种高新技术产品大量地涌入了世界各国市场，引发了进出口贸易的快速增长。因经济发展水平不同，国家产业部门之间的分工进一步深化，从而国际贸易更加必要。发达国家的经济增长通过国际贸易的形式也带动了其他国家的经济增长。此外，科技革命的发展也推动了国际技术贸易的繁荣。

进入 20 世纪 90 年代以后，以互联网为代表的现代信息技术革命又进一步推动了这场规模大、范围广、影响深的技术革命。信息技术革命不仅创造了另一个新的产业，还为现代贸易提供了新的信息交流和交易方式。

3. 经济发展带来的收入增长促进了消费结构的变化

战后的和平环境和科技革命使世界经济出现了空前迅速的发展。经济快速增长不仅反映了一国生产能力的增加，也表现为人们收入的增加。从战后到 20 世纪末，大多数工业国家和新兴工业国家的人均收入成倍增长。而收入的增长又促进了人们消费结构的变化。在满足了基本生活品以外，人们对制造品包括耐用消费品等的需求欲望和购买能力都大大提高。对高质量和不同品种的新产品的需求也大大刺激了各国之间的贸易尤其是工业制成品贸易。

4. 战后国际经济秩序的改善

从 19 世纪末开始到二战，西方各国为了争夺资源保护，国内利益集团纷纷实行贸易保护主义。不断出现的关税战、汇率战和贸易战不仅大大影响了经济与贸易的发展，还最终导致战争。战后各国痛定思痛，决心建立国际经济新秩序。1948 年 1 月 1 日开始实施的“关税与贸易总协定”，高举自由贸易的大旗把世界各国聚拢来，共同协商如何分期分批地削减缔约国各种商品的关税和限制各种非关税壁垒，使大家共同朝着贸易自由化的方向迈进。1993 年 12 月结束的关贸总协定第八轮谈判“乌拉圭回合”的协议中，又在服务贸易、保护知识产权、与贸易有关的投资措施三个方面提出了协调各国行为的新措施，这些都有利于国际贸易的发展。1995 年 1 月 1 日建立的“世界贸易组织”在更深的程度上和更大的范围中协调各国的对外贸易政策。此外，战后布雷顿货币体系确立的以美元为中心的固定汇率制，保证了各国货币币值的相对稳定，为国际贸易的顺利发展提供了有利的条件。

另外，各国政府的出口鼓励政策、二战后世界人口迅速发展、经济全球化趋势、全球投资自由化等因素也大大推进了世界贸易。

5. 跨国公司的发展

跨国公司虽然已有悠久的发展历史，但其在二战之后的发展尤其迅速。从 1993 年的 35 000 家增加到 2001 年的 65 000 家，全球有子公司 850 000 家，雇员数量达到 54 000 万。目前，世界原料和燃料贸易的绝大部分，全球生产的 40%左右，国际贸易的 50%～60%，国际技术贸易的 60%～70%，科研与开发的 80%～90%，国际投资额的 90%，都被跨国公司所控制。作为世界市场的微观主体，跨国公司参与贸易全球化的广度、深度甚至超过了某些国家，使世界市场上跨国公司间的竞争几乎决定了某一行业中国家之间的竞争，跨国公司在贸易竞争关系中扮演着越来越重要的角色，成为了战后国际贸易快速增长的重要原因之一。跨国公司不仅促进了国际贸易的发展而且在不断改变着世界商品生产和流通的格局。

6. 发展中国家的崛起

战后各发展中国家都把发展民族经济作为首要任务来抓，各殖民地和半殖民地国家也纷纷取得了政治和经济上的独立。这些国家一方面依靠本国的自然资源与发达国家的工业制成品进行垂直贸易，另一方面引进发达国家的技术设备发展自己的民族工业，用自己的以劳动密集型产品为标志的工业制成品与其他发展中国家的工业制成品进行水平贸易。一些从发展中国家里脱颖而出的新兴工业化国家和地区，如韩国、新加坡、巴西等，把自己生产的高新技术产品打入了世界市场，与发达国家共同分享着这类技术密集型产品的市场。发展中国家在繁荣世界市场中的这些出色表现，有力地推动了国际贸易的发展。

2) 战后国际贸易商品结构趋向高级化

在二战以前，初级产品一直在国际贸易中占据较大份额；二战后，国际贸易结构趋向高级化，技术贸易与服务贸易发展迅速。经济全球化引发了各国间产业结构和经济结构的调整，这种调整导致国际贸易结构发生变化，这种变化突出表现在三个方面。

(1) 货物贸易中工业制成品贸易所占比重不断上升，农产品和初级产品贸易比重持续下降。1937 年，初级产品在国际贸易中所占比重为 63.3%，制成品所占比重不足 40%，1990 年制成品所占比重上升到 70%，1995 年后保持在 80%以上。其中，高新技术产品贸易在制成品贸易中的地位越来越重要。1990 年，全球高新技术产品出口额占工业制成品出口额的比重仅为 17.4%，目前已经占 1/4 左右。

导致这一变化的原因在于：①战后诸多缺粮的发展中国家重视发展农业以稳定国民经济的基础，通过“土地改革”、“绿色革命”等途径努力提高粮食的自给率，逐渐减少粮食进口。1937 年的世界贸易结构中，食品占 22.8%，到 1989 年下降为 11%。②发展中国家在大力发展农业的同时，也在积极发展本国的工业，特别是加工工业。加工工业的发展使很多发展中国家在一定程度上减少了矿产品的直接出口，而改为出口有一定加工程度的材料和半成品。发展中国家这样做的直接目的是为了改善贸易条件，多出口附加值高的产品，其结果是减少了原材料的出口。1937 年，原材料占世界贸易的比重为 30%，1989 年下降到 9.5%。③工业发达国家的科学技术进步较快，不断推出各类合成代用品，如合成纤维、合成橡胶等，这就大大减少了从发展中国家进口天然原材料的数量。

(2) 初级产品和工业制成品内部结构出现变化。世界初级产品贸易结构的变化主要表现为燃料在初级产品贸易中所占比重急剧上升，从 1952 年的 22.2%上升到 1987 年的 39.9%。产生这种变化的原因主要有两个：①燃料特别是石油已成为工业生产发展的主要动力和润滑剂，战后世界工业的飞速发展，极大地推动了石油工业的成长和石油贸易的成长。②石油大多被垄断在少数发展中国家手中，这些国家为保护民族利益和生存权益而不得已以石油为武器与西方发达国家相抗衡，特别是在 20 世纪 70 年代的两次石油危机中，石油价格急剧提高，加大了燃料在初级产品贸易中的份额。

工业制成品内部结构的变化，主要表现在机电产品和化工产品的比重上升，而纺织品、服装的比重则相对下降。造成这一变化的原因：①战后各国大力推行工业化战略，对生产资料特别是机械设备的需求增加。②各国内部贸易的发展和对外贸易的发展，对轮船、汽车、飞机等各种运输设备的需求增加。③各国消费水平的普遍提高，对各类家用电器的需求快速增长，促进了该类产品的国际贸易。④战后第三次产业革命引发的各种新材料、新能源的出现以及石油工业在战后的大发展，都在推动着化学工业的发展和化学品的国际贸易。

(3) 服务贸易所占比重不断上升，服务外包成为跨国投资的主流。为了应对全球市场竞争，跨国公司不断调整资源配置和公司经营战略，按照成本和收益原则剥离非核心的后勤与生产服务业务，增强了服务产品的可贸易性，服务贸易增长异军突起，服务产品的生产也成为国际投资的重要领域。从 1980—2003 年，国际服务贸易增长速度总体上快于货物贸易增长速度，同期服务贸易规模从 3 643 亿美元增加到 17 626 亿美元，增长了 3.8 倍，在国际贸易中的比重已超过 19%。

3) 参加世界市场的国家类型日益广泛，地区布局发生变化

二战后，世界经济格局发生了一系列变化，美国的经济地位有所下降，西欧和日本的力量不断地增强，亚洲、非洲、拉丁美洲许多国家先后独立，这些国家在世界经济中的地位和作用也在不断增长。各种不同类型国家经济实力的此消彼长，世界经济呈现出不同类型的国家在世界市场里相互依存、相互竞争的经济格局，影响着国际贸易的发展。

(1) 发达国家仍然是国际贸易的主体，发达国家之间的贸易成为国际贸易的主要流向。在世界货物贸易中，发达国家所占比重为 1950 年 60.7%、1960 年 65.9%、1970 年 71.5%、1985 年 65.5%、1990 年 71.4%，发达国家仍然是国际贸易的主体，而且除 20 世纪 70 年代由于石油价格猛涨，比重稍微下降外，其余大多数年份都呈上升趋势，发展中国家所占比重相对下降。在世界服务贸易中也是如此，发达国家 2000 年在世界商业服务出口中所占比重达到 73.3%。发达国家之间的相互贸易在世界贸易中的地位十分重要，在 50 年代，发达国家与发展中国家之间的贸易在世界贸易总额中占 60%，而发达国家之间的贸易仅占 40%。到了 60 年代以后，发达国家之间的贸易量已上升到占世界贸易总量的 2/3 以上，成为国际贸易中的主要部分。1974 年与 1958 年相比，发达国家相互间的贸易增长了 37.5 倍，而发达国家与发展中国家间的贸易只增长了 6.5 倍。

(2) 各发达国家对外贸易发展不平衡。战后以来，各发达国家对外贸易发展不平衡，其在世界贸易中的地位也发生了很大变化。美国走过了战后 20 多年的外贸辉煌期后，地位每况愈下，而日本和西欧则快速成长，打破了美国一统天下的局面，形成了国际贸易领域美、日、欧三足鼎立的阵势。

战后初期，美国由于发了战争财，经济急剧膨胀，1947 年其出口占世界出口额比重为 32.5%，居世界各国之首。当时的联邦德国及日本分别仅占 0.5%和 0.4%。20 世纪 50 年代以后，由于美国商品在世界市场的竞争力日趋削弱，其在世界贸易的比重不断下降。而联邦德国和日本，随着经济的恢复和迅速增长，其商品的竞争力增强，对外贸易随之迅速发展，贸易增长速度一直超过美国，在世界贸易的比重不断上升。至 1979 年，联邦德国和日本在世界贸易的比重分别升至 11%和 6.6%，美国则下降至 11.4%。联邦德国和美国在世界贸易中的比重基本持平，且在世界市场的地位也不相上下。

进入 20 世纪 80 年代，这种趋势继续发展，但在 1985 年以前，美国仍一直保持着世界最大的贸易国的地位。至 1986 年，情况发生变化，美国在世界贸易的比重下降至 11.1%，而联邦德国所占比重则上升至 12.2%。战后美国一直保持了长达 40 年的出口大国的地位，终于为联邦德国取代。从 1986 年至 1988 年，联邦德国一连三年一直占据世界最大出口国的宝座。至 1989 年，由于美国农产品出口大幅度增加，其出口总值在世界出口贸易的比重上升至 11.7%，再超过联邦德国，恢复其世界最大出口国的地位，而且近几年来比重有所上升，1992 年美国在世界进出口贸易总值的比重为 13.3%，而德国是 11.1%；1993 年美国所占比重再上升至 14.2%，德国是 9.6%，日本是 8%，三国之间的差距再次拉大。

二战以来，日本的对外贸易发展迅速。战后的日本提出了“贸易立国”的经济发展战略，对外贸易的发展对战后日本创造的“经济奇迹”起着积极的促进作用。1955—1989 年，

日本的出口贸易增加了33.8倍，年均增长率达到11%，并由此促成了这30多年中经济增长率年均达6.8%的骄人成绩。日本对外贸易自1965年起，长期保持顺差状态。1993年日本的外贸顺差高达1 204亿美元，出口额占全世界出口总额的比重由1979年的7%升至9.8%。

欧盟国家的对外贸易也一直处于上升的发展势头。1950—1992年，欧盟的出口贸易年均增长率为11.9%。欧盟的出口额占世界出口总额的比重从1960年的33.2%提高到1992年的39.4%。

战后，发达国家对外贸易收支严重失衡，也是这些国家在世界贸易地位变化的反映。美国自1971年上半年出现了自1878年以来首次贸易逆差后，逆差额逐年扩大。进入20世纪80年代后情况更严重。1979年逆差额为300亿美元，1987年高达1 700亿美元，以后虽稍有减少，但大多数年份逆差额都超过1 000亿美元。联邦德国和日本的情况则相反。联邦德国从1952年起，对外贸易一直是顺差，而且顺差额不断扩大。1970年顺差额是44亿美元，1978年已跃升至214亿美元，1989年更高达714亿美元。联邦德国和民主德国合并后，贸易顺差额有所减少，1992年顺差额为210亿美元，1993年为310亿美元。日本战后的对外贸易大多数年份是顺差，特别是80年代以来，顺差额大幅度增加。1986年顺差额高达832亿美元，1992年增加到1 070亿美元，1993年再增至1 190亿美元，顺差额为德国的3倍多，是世界头号贸易顺差国。

贸易实践

美国巨额贸易逆差及影响

近年来，以美国经常项目收支逆差为表现形式的全球经济失衡空前严重，中国是全球最大贸易顺差国之一，也是美方统计的美国最大贸易逆差来源国。1893—1970年间，美国货物贸易是顺差，其后大部分时间一直是逆差。1971—2006年间，除1973年、1975年和1997年之外，其余年份美国货物贸易均为逆差，且逆差规模增长迅速，2007年达8 193.73亿美元，2008年为8 402亿美元(美国商务部统计)。与此同时，中美贸易差额的地位日益突出。按美方统计，中国从2000年开始成为美国最大贸易逆差来源地，2000—2007年美对华贸易逆差分别为838亿美元、840亿美元、1 031亿美元、1 240亿美元、1 620亿美元、2 016亿美元、2 326亿美元和2 563亿美元，2008年为2 263亿美元；2006年、2007年和2008年，美对华贸易逆差分别占同期货物贸易逆差总额的27.7%、31.3%和26.9%。

2010年5月24日，第二轮中美战略与经济对话在北京展开，在此次对话中，中美之间的贸易平衡问题备受关注。按照奥巴马政府提出的“国家出口倡议”战略，到2015年之前，美国的出口额要翻番，并且要创造出200万个就业岗位。那么在金融危机导致各国购买力下降的情况下，中国无疑成为美国扩大出口的重要对象。但美国一直以来都对中国实行出口管制，这无疑影响了中美两国之间的贸易平衡。

根据目前的形势可以判断，美国政府实施反倾销、反补贴、质量检验、产品认证等技术贸易壁垒的频率、范围和规模都将提高，中国和其他发展中国家对美国的出口前景不容乐观。

(3) 新兴工业化国家和地区的对外贸易增长较快，开始成为国际贸易中的重要力量。新兴工业化国家和地区主要是指战后尤其是20世纪60年代以来经济高速增长、各项经济指标快速与发达国家接近的部分发展中国家和地区。比较典型的是中国、韩国、新加坡和巴西、墨西哥等，其中的韩国在外贸领域中的表现尤为突出。

贸易实践

战后韩国的对外贸易发展

韩国在20世纪50年代推行进口替代战略，用贸易保护政策限制进口，努力发展民族工业，力图以自己生产的工农业消费品来代替进口产品。这种战略取得了一些成绩，使韩国经济能在战争的废墟上得以恢复并稳定下来。但这种战略并不有利于对外贸易的发展：1954—1960年，韩国的出口总额仅为0.225亿美元，进口总额为3.483亿美元，外贸逆差为3.258亿美元。进入60年代后的韩国开始实施出口导向战略。这一战略的推出，从时间上看，正好赶上了世界产业结构调整中出现的一次机遇。当时，日本等发达国家由于工资水平增长较快，劳动力成本大幅度上升，劳动密集型产品在国际市场上已逐渐失去了竞争力，开始将此类产业渐次地向发展中国家转移。转移的方式，一是到发展中国家投资生产此类使用劳动力较多的产品，二是减少此类产品的国内生产量，改由国外进口。韩国政府抓住并充分利用了这次机遇，使本国的劳动密集型产业和对外贸易在60年代得以较快发展。1962年韩国的出口额仅为0.55亿美元，1971年猛升到10.68亿美元，年均增长率高达39.1%。外贸的发展带动了整个国民经济的发展，1962—1971年韩国的年均经济增长率达到8.8%。

进入20世纪70年代，韩国的对外贸易继续保持着较快的发展势头，韩国的贸易增长速度远远超过世界贸易的平均增长速度。韩国的出口商品中，制成品占绝对优势，达92%，其中，又以重化产品为主，约占57%，以电子、钢铁、汽车、船舶等为多。进口商品中制成品比重为67%，如一般机械、电子配件、钢铁制品等约占40%，矿物燃料和农林产品等占30%左右。美国和日本是韩国的两个最大贸易伙伴，中国已成为韩国的第三大贸易国。近年来，韩国与东盟国家的贸易发展很快，与朝鲜的贸易额也在逐年增加。

4) 区域性贸易迅速发展

随着世界经济区域集团化的产生，国际贸易区域集团化在20世纪50年代已出现。欧洲经济共同体作为一个经济贸易集团是战后国际贸易区域集团化的标志。50年代和60年代涌现了一大批经济贸易集团；80年代以来，越来越多的国家卷入到经济贸易区域集团化的潮流中；90年代后，随着世界两极格局的结束，多极化的形成，世界经济区域集团化已成为一种全球趋势，遍布欧洲、北美、拉美、非洲、大洋洲和亚洲，至今已有20多个，包括约120个国家和地区，几乎所有的世贸组织成员方都参加了一个或多个区域性自由贸易协定。欧洲经济共同体区内贸易比重1958年为34.1%，1990年上升至59.1%，1999年又上升到62.6%，2004年，欧盟实现东扩，成员国达到25个，区内贸易已经升至对外贸易总额的80%。亚太经合组织内部贸易比例1980年为57.6%，2000年达到72.6%，同期，北美自由贸易区内部贸易比例从33.6%升至54.9%。

国际贸易区域集团化的建立和发展，成员之间相互削减甚至取消关税和非关税壁垒，这无疑对世界贸易的增长起重要作用。国际贸易区域集团化的加强，区域集团对外的排他性，既抑制集团与非集团国的贸易，又势必加剧集团间贸易的矛盾、摩擦和对抗，甚至会导致原来国家之间的正常贸易关系的破坏，并可能使国家之间的贸易战转为集团之间的贸易战，这又不可避免地影响世界贸易的正常发展。但也应该看到，区域集团间的对抗，并不等于区域集团的封闭，而各经济集团之间相互交流、渗透的趋势将继续发展并日趋加强。因此。只要集团之间相互取消贸易壁垒， 并对其他集团或集团外国家不增设贸易壁垒，总体上就有利于世界贸易的发展。

全球的区域化发展

区域化是指在一定的区域范围内，地理相邻的国家建立经贸合作组织，通过契约或协定，促使资本、技术、劳动、信息、劳务和商品的自由流动和有效配置，维护共同的经济利益的动态过程。同时也是国家间在经济上进行不同程度的联合或合作，在特定领域内实现跨国性的统一过程。二战后，区域化浪潮不断高涨，欧洲、美洲、拉丁美洲、非洲、东南亚都纷纷走上了区域一体化的道路，而区域一体化最集中的表现和组织形式就是区域性国际组织的迅速发展。西欧国家走在了区域一体化的前列，二战结束后，为了实现经济复苏，共同分享资源，西欧国家走上了联合，建立欧洲煤钢联合体，后来成立欧洲经济共同体，又发展成为欧洲国家联盟。冷战期间，欧洲各国为避免成为美苏争霸的牺牲品，又逐步由经济向政治、军事、安全防务等方面加深合作，谋求独立的政治、外交政策。冷战结束后，欧盟为成为世界的一极与美国相抗衡，加快了一体化的进程。1993 年，欧共体改称欧盟后，成员国达到 15 个，到 2004 年年底，成员国扩大到 25 个，货币也实现了统一，2004 年 11 月，欧盟 25 个新老成员国在意大利罗马签署欧盟宪法条约，欧洲一体化再进一步，逐渐向超国家政治实体过渡。

面对欧盟在政治、经济上一体化的强劲势头，美国感到霸权地位受到威胁，于是积极推进美洲地区的区域一体化。1989 年美国、加拿大和墨西哥成立了北美自由贸易区，并努力将其向南美洲扩张。

与此同时，第三世界国家无论是美洲、非洲还是亚洲，为了在国际社会占据有利地位，抵制发达国家对本地区的冲击，也谋求成立区域一体化，建立了各自的区域性国际组织。1991 年阿根廷、巴西、乌拉圭和巴拉圭四国在巴拉圭的亚松森签署合作协定，宣布正式成立南方共同市场，并于 1995 年 1 月 1 日投入运转，迅速发展，正式成为国际经济舞台上的重要力量之一。

1967 年东南亚国家联盟成立，1999 年接纳柬埔寨为该组织第十个成员国，实现“东南亚 10 国共同体”构想，2004 年 12 月第 10 次东盟首脑万象会议决定于 2005 年在马来西亚吉隆坡举行首届东亚峰会，这是东亚朝着一体化方向发展的一个重要举措，表明了东亚地区也要打造自己的共同体。

非盟也有 5 个国家，其合作也在不断加深。目前还有一些人口不超过 1000 万的小国，为扩大自己在国际社会中的影响，成立小国国际组织。新加坡组织了小国论坛、瓦努阿图组织了以发展与环境问题为主的小岛国联盟、加勒比海小国组建了加勒比共同体。这些论坛为小国提供了交换看法与信息的机会，且能帮助小国竞选进入联合国的重要机构，如安理会或经济与社会理事会。

5) 各种类型国家经济发展对贸易的依存度都在提高

1965—1997 年，世界 GDP 年均增长率为 3.2%，同期世界商品和服务出口年均增长率为 5.7%，由此导致世界贸易占世界国民生产总值(gross national product，GNP)的比率迅速提高，从 1970 年的 28%上升到目前的 40%以上，其中，低收入国家对外贸易依存度，即对外贸易额占 GNP 或 GDP 的比率从 18%提高到 40%，中等收入国家从 25%提高到 50%，高收入国家从 29%提高到 41%。根据世界贸易组织 2001 年度报告，1990—2000 年，世界货物出口量年均增长 6.8%，同期世界 GNP 年均增长率仅为 2.3%，对外贸易依存度在继续提高，对外贸易对各国经济的影响力在不断地提升。

6) 国际贸易方式的多样化

贸易方式是指国际贸易中采用的各种办法。随着国际贸易的发展，贸易方式亦日趋多样化，除采用逐笔售定的方式外，还有包销、代理、寄售、拍卖、招标与投标。二战后，由于大多数发展中国家对外支付能力明显下降，保护主义重新抬头，易货、补偿贸易、来料加工、来件装配等新型方式的应用也日益普遍。

1.4 中国的对外贸易进程

中国对外贸易的发展历史大体可以分为三个阶段：奴隶社会和封建社会阶段、从鸦片战争爆发到中华人民共和国成立以前的半封建半殖民地阶段和中华人民共和国成立以后至今的社会主义阶段。

1.4.1 中国奴隶社会阶段的对外贸易

在古代，我国人民不仅创造了灿烂的文化，开拓了辽阔的疆域，而且对外贸易也很发达。古代的对外贸易促进了古代中国与世界经济的交流，对人类生产发展和文明进步作出了重大贡献。

据史料记载，我国在夏朝、商朝、周朝(春秋)时期，除了主宗夏、商、周之外，国土上还存在许多分宗诸侯国。各诸侯国在行政、经济、文化等方面实行与主宗有别的管理方式，各诸侯国可以说基本上是一个独自为政的社会实体。除了诸侯国之外，在四周还存在其他“国家”，如东边的夷族国家、南边的蛮族国家、西边的戎族国家、北边的狄族国家。主宗、诸侯国、四周的其他“国家”之间所发生的贸易往来，就成了我国古代对外贸易的初始状态。根据《史记》记载，当时有名的“跨国”商人有陶朱公(春秋时越国大将范蠡)、端木赐(孔子学生子贡)、猗顿(鲁国人，曾专门向范蠡请教经商术)、吕不韦等。

1.4.2 中国封建社会不同阶段的对外贸易

1. 汉代的对外贸易

中国的丝和丝织品运到安息(现伊朗和两河流域)，再从安息运到西亚和欧洲的大秦(东罗马帝国)，丝绸之路形成。中国的铁器、铜器、丝帛传往日本。越南的象牙、犀牛、玳瑁、珍珠等不断输往中国。张骞通西域后，大量丝帛锦绣沿着通道不断西运；西域各国的珍奇异物也陆续输入中国。

2. 三国两晋南北朝的对外贸易

中国与朝鲜半岛诸国、日本、中亚、西亚、南亚及地中海沿岸诸国，都有商业往来。番禺是最主要的外贸口岸。官府收入相当可观，以至出现“广州刺史但经城门一过，便得三千万”的描述。

3. 唐朝的对外贸易

唐朝对外贸易繁荣。唐朝政府在广州设置市舶使，管理对外贸易。对外交通有陆路和海路。与朝鲜、波斯(伊朗)、大食(阿拉伯)贸易频繁。唐朝和朝鲜的贸易往来繁盛，朝鲜输入唐朝的有牛、马、麻、人参，唐朝输入朝鲜的有丝绸、茶叶、瓷器、药材、书籍等。中亚、波斯商人足迹遍及各地，他们把胡椒、波斯枣、药品、香料、珠宝等输入中国，中国的丝绸、瓷器、纸张等也源源不断运往波斯，并从那里运销西方。

4. 两宋时期的对外贸易

北宋政府在广州、杭州等地设置“市舶司”，负责管理对外贸易事务，征收商税；南宋海外贸易的重要港口有广州、泉州、明州等，泉州是当时世界上最大的国际贸易港，南宋政府采取鼓励外贸的政策，在一些港口设有番坊，有外商长期在此居住。同南宋通商的国家众多，对外贸易东达日本、朝鲜，西至非洲一些国家，商人以阿拉伯人最多。辽、金与高丽通过使节贸易保持联系，并在边境设榷场，互通有无。日本、波斯、大食等国也同辽、金有贸易关系。这一时期，中国的丝织品、瓷器、茶叶等远销日本、东南亚等地，输入商品以香料、珠宝为主。

5. 元朝的对外贸易

泉州是当时最大的对外贸易港口，经常停泊着数百艘海船，大量货物在此汇集和起运。高丽的土特产人参、水獭和虎豹皮在我国受到欢迎。我国的植棉、棉纺织和火药技术在此时传入高丽。

6. 明朝的对外贸易

郑和下西洋与亚非 30 多个国家和地区直接贸易，最远到达非洲东海岸和红海沿岸地区。明朝著名的对外贸易港口有广州、泉州、宁波、福州。

7. 清朝前期(1840 年鸦片战争以前)的对外贸易

由于统治者的短视和无知，较稳定的自给自足的自然经济以及为了防止中外反清势力的联系和西方殖民主义的渗透，清朝政府实行闭关锁国政策，一方面禁止国人出海贸易，另一方面限制外商来华贸易。只开放广州一地对外贸易，还几次下令实行海禁。在正当的中外贸易中，我国处于出超地位，出现贸易顺差。闭关锁国政策使得中国出口商品数量少，对外贸易在整个经济中的份额极小，难以促进工商业的发展，阻碍了中外经济文化交流，也造成我国由于长期与世隔绝，逐渐落在世界潮流后面。

知识链接

中国封建社会对外贸易的基本特点

1. 对外贸易带有朝贡性质

封建社会时期，我国的对外贸易主要以朝贡贸易的方式进行，通过朝贡与赏赐完成的交易占重要地位，贸易目的不在于获取最大的经济效益，而是要宣扬国威，加强与海外各国的联系，满足统治者对异域珍宝特产的需求。民间的对外贸易虽有所发展，但一直不是主流。

2. 官府禁榷制度

所谓禁榷制度，就是用法律、政策形式把销售量最大、利润最高的一些工商业完全垄断在官府手中，实行官营，禁止私营，防止私商迅速发财致富。西汉政府首先实行盐铁专卖，后来又扩大到酒、茶、矾、香药宝货等。

3. 后期出现了“闭关锁国”政策

由于担心统治地位的不稳固，自明朝初期开始，统治阶级实行对外贸易的“海禁”。所谓“海禁”，是指明朝政府禁阻私人出洋从事海外贸易的政策，又称洋禁，始于明初，直至明末，未曾撤销，清朝延续了这一政策。清朝前期(1840 年鸦片战争以前)，清朝统治阶级更是将“海禁”发展为“闭关锁国”。所谓“闭关锁国”政策是指清朝严格限制和禁止对外交往和贸易的政策。该政策阻碍了我国与外国的商品交流，失去了对外贸易的主动权，阻碍了国内工商业的发展。

1.4.3 中国半殖民地半封建时期的对外贸易

1840 年，英国为打开中国市场，将中国变为其商品市场和原料产地，发动了第一次鸦片战争。腐朽的清政府战败求和，被迫签订了《南京条约》，使中国开始沦为半殖民地半封建社会。鸦片战争打开了中国的大门，以鸦片战争为起点，中西方关系发生了根本性变化，中国的政治主权和经济主权受到严重破坏，中国的对外经济交往往往处在非自愿、被强迫的地位，总是遭到不平等的待遇，忍受不等价的交换。

1937—1949 年，中国陷于长期战争状态。在这段时期，中国的对外贸易被帝国主义和官僚资产阶级控制和垄断，帝国主义列强于 1843 年取得了协定关税特权，1845 年起又侵占了中国海关的行政管理权，甚至连海关总关长都由英国人担任几十年，大宗商品的对外贸易完全掌控在列强手中。中国国内的封建官僚、官僚资产阶级与列强勾结，使得民营对外贸易只能在他们的统治之下，开展一些微不足道的小额对外贸易。中国的进出口商品结构完全是为了适应帝国主义掠夺资源、倾销商品的需要。对外贸易的商品类别、贸易定价、货款结算等事关经济利益的事项，完全操控在列强手中。列强为追求自己的贸易利益，完全不遵循等价交换的原则，根本不考虑中国的贸易利益。1943—1947 年，每年进口的机器设备都不到进口总额的 10%，洋纱、洋布、洋油等洋货充斥中国市场，严重打击了民族经济的发展。中国当时的贸易对象主要集中于英、日、美、德、法、俄少数帝国主义国家。鸦片战争到甲午战争期间，英国在中国对外贸易中占 80%以上。一战后，日、美跃居第一和第二位。二战后，美国居垄断地位，中国从美国进口占进口总额的 51.2%，向美国出口占出口总额的 57.2%。自 1877 年到 1949 年，中国对外贸易长期入超，总额达 64 亿美元。

1.4.4 中国对外贸易的建立和发展

中华人民共和国成立初期，人民政府废除了帝国主义在中国的一切特权，重新构建了对外经济贸易体系，包括建立了新海关，成立了专营外贸的各级进出口公司。随着国民经济的恢复和发展，对外贸易也得到了恢复和一定的发展。国民经济恢复时期的 1950 年到 1952 年，贸易总额增长 30.8%；1956 年，第一次出现贸易顺差；1957 年开始举办首届中国进出口商品交易会(即广州交易会)。从 1950 年到 1959 年，中国的对外出口从 5.5 亿美元增加到 22.6 亿美元，贸易总额从 11.3 亿美元增加到 43.8 亿美元，贸易总额和进出口总额的增长速度均快于世界贸易的增长速度，形成了一次发展高潮。

由于二战后尤其是朝鲜战争爆发以后，以美国为首的西方国家对我国实行了长期的经济封锁和贸易禁运，在 20 世纪 50 年代，我国的主要贸易伙伴是苏联和其他东欧社会主义国家，与社会主义国家的贸易约占我国对外贸易的 70%左右。同时，我国也和一些亚非拉国家建立了经济贸易关系。但当时对外贸易的主要指导思想是“互通有无，调节余缺”，整个贸易量并不很大。

20 世纪 60 年代初，中苏关系恶化使得中国的对外贸易受到严重打击，1960 年中国与苏东各国的贸易额都下降了近 70%或更多。加上三年严重困难的影响，对外贸易出现了第一次严重下降。到 1962 年，贸易总额连续三年下滑至“谷底”时，仅有 26.6 亿美元。

1963 年后，国民经济经过调整，工农业生产出现好转，对外贸易有了较大恢复。但是 1966 年后，对外贸易出现第二次严重下降，直到 1971 年才有所好转。两次严重下降，使得从 1959 年到 1969 年的 10 年中，中国的年出口总额从 22.6 亿美元降到 22.0 亿美元，年贸易总额从 43.8 亿美元减少到 40.3 亿美元。与此同时，世界年出口总额则从 1 145 亿美元增加到 2 742 亿美元，中国出口在世界上的比重从 1.9%下跌到 0.8%。

20 世纪 70 年代初，中国对外关系取得重大突破，同时国民经济经过整顿和调整，扭转了下滑的趋势，对外贸易和经济技术交流有了比较快的发展，引进了一批技术先进的机器设备，出口额也成倍增长。但中国的对外贸易发展与世界贸易相比，还是落后很多。1978 年，占世界人口将近 1/4 的中国，出口额只有 97.5 亿美元，在世界出口总额中的比重进一步跌到 0.74%。

1.4.5 改革开放以来外贸的新发展

1978 年改革开放以后，中国的对外贸易开始了一个迅速增长的阶段。从 1978 年到 2001 年这短短的 24 年中，中国的年对外贸易总额从 206.4 亿美元增加到 5 097.7 亿美元，年平均增长率超过 15%。其中出口总额从 97.5 亿美元增长到 2 661.5 亿美元，相当于改革开放前 28 年总和的 28 倍。1995 年对外贸易总额的世界排名也由 1976 年的第 34 位上升到第 6 位。2000 年，我国出口总额占世界出口总额的比重已超过 4%。

贸易方式不断创新。在一般贸易发展的基础上，采用了“三来一补”、进料加工、对销贸易、边境贸易等灵活多样的贸易方式。其中，加工贸易的发展最为突出。1981 年加工贸易只占我国进出口总值的 6%，1998 年最高上升到 53.4%，2008 年回归到 41.1%。

2001 年，中国加入了世贸组织，整个国家的对外开放进入了新阶段。中国利用“入世”带来的机遇，积极参与经济全球化进程，充分利用全球产业转移和分工，优化产业结构，成功应对各种挑战，对外贸易进入了历史上最好最快的发展时期。2001 年中国进出口总值为 5 097 亿美元，2002 年突破 6 000 亿美元大关，2004 年突破 1 万亿美元大关(达到 11 548 亿美元)，超过日本居世界第三位(仅次于美国与德国)，2007 年再破 2 万亿美元大关，2008 年达到 25 616 亿美元，比 2001 年增长了四倍多，比 1978 年增长了 123 倍。

对外贸易顺差大幅增加。2005 年一举突破 1 000 亿美元，2007 年突破 2 000 亿美元，2008 年接近 3 000 亿美元。

2001 年中国出口总值 2001 年列世界第六位，2004—2006 年稳居第三位，2007—2008 年上升到第二位。2007 年，中国出口额占世界出口总额的比重提高到 8.8%。国际社会认为，中国已经成为世界贸易增长的重要动力。

在贸易规模增长的同时，进出口商品结构也在不断地得到优化。2008 年，初级产品和工业制成品所占比重分别为5.4%和94.6%，机电产品出口占出口总额的比重达57.6%，高新技术产品出口占出口总额的比重为29.1%。机电产品和高技术产品在中国出口贸易中的主导地位日益明显，2007年中国机电产品出口已位居世界第二。出口市场也逐步多元化，目前机电产品出口已覆盖220多个国家和地区。机电产品和高新技术产品也逐渐成为我国进口的主要商品。机电产品、高新产品进口的快速增长，不仅弥补了国内经济建设资源和技术的不足，也为产业结构调整和升级创造了条件。

服务贸易也有较快发展。服务贸易进出口总额由2001年的726.1亿美元上升到2005年的1 582.0亿美元，2008年已超过3 000亿美元。其中，服务贸易出口的世界排名由第七位上升至第五位。

2008年下半年开始，世界金融危机使中国的进出口不可避免地受到严重冲击。金融危机造成外需疲弱、订单萎缩，引发贸易保护主义抬头，以及促使贸易风险进一步增大，给我国对外贸易造成了巨大困难。

面对金融危机，中国政府积极应对，及时采取有力对策，保持了经济平稳发展，创造了抑制外贸持续大幅下滑的环境条件；出口企业纷纷采取措施，通过加快结构调整、强化内部管理，有效缓解了严峻环境的影响。中国领先全球经济复苏，在全球贸易下降22%的情况下，中国进口、出口额只比2007年下降了11.2%和16%，取代德国成为世界第二大进口国和第一大出口国，对遏制全球贸易急剧下滑起到了举足轻重的作用，极大地提振了稳定与恢复全球经济的信心。根据联合国最新发表的报告预测，2009年中国对全球经济增长的贡献率将超过50%，成为带动全球经济复苏最强大的引擎。

中国虽然已成为贸易大国，但要实现向贸易强国的转变仍然任重道远。中国依靠数量增长的粗放型贸易增长方式还没有根本扭转，这种方式造成我国资源的巨大浪费与低效利用，成为经济可持续发展与环境保护的重大障碍。此外，这种方式的外贸增长，也很容易引起贸易摩擦。大量贸易顺差，人民币升值也使中国外贸增长面临越来越大的压力。这次国际金融危机，让我们更清楚地认识到转变贸易增长方式的必要性。

本 章 小 结

国际贸易与国内贸易相比，既具有共同性，又存在明显的差别。国际贸易与国内贸易的共同性主要有：在社会再生产中的地位相同、有共同的商品交易方式、目的和基本规律相同。国际贸易与国内贸易的差别，主要可归结为国际贸易在经营的困难程度、复杂程度和风险性三大方面，都大于国内贸易。

贸易是在一定历史条件下产生的，即剩余产品的出现和国家的形成。真正的对外贸易产生于原始社会末期。封建社会的对外贸易虽然比奴隶社会有了一定的发展，但自给自足的自然经济仍然占主导地位，贸易的范围和规模均很有限。资本主义形成和发展时期，国际贸易开始获得巨大发展。工业革命对世界贸易产生了及其深远的影响。二战之后，现代国际贸易出现了飞速增长。21世纪，国际贸易得到继续发展，但近年来金融危机的影响，使世界贸易的增速大幅放缓。

我国的对外贸易发展较早。中国经济在世界上一直是较为发达和开放的，对外贸易也保持繁荣。近代的落后和闭关自守，使对外贸易与欧美国家的差距越拉越大。中华人民共和国成立后，对外贸易的发展经过了复杂、曲折的历程。改革开放以后，中国的对外贸易开始了一个迅速增长的阶段。中国是经济全球化、世贸组织体系的受益者，同时中国经济对世界经济的贡献也在不断增长。我国虽然已成为贸易大国，要实现向贸易强国的转变仍然任重道远。

习　题

一、单项选择题

1. 贸易顺差是(　　)。
   A. 商品进口额大于出口额　　B. 商品出口额大于商品进口额
   C. 国际收入大于国际支出　　D. 某种商品的进口大于出口

2. 转口贸易是商品生产国与商品消费国通过第三国进行的贸易。转口贸易的商品从生产国运往消费国(　　)。
   A. 只能采取直接运输　　B. 只能采取间接运输
   C. 既可直接运输，又可间接运输　　D. 各国有不同规定

3. 输出到国外商品再进口时，称为(　　)。
   A. 复出口　　B. 复进口　　C. 出口转内销　　D. 专门贸易

4. 可以反映出整个世界产业结构状况的是(　　)。
   A. 国际贸易地理方向　　B. 国际贸易商品结构
   C. 对外贸易商品结构　　D. 对外贸易条件

5. 假设甲乙两个国家结成关税同盟，则甲乙两个国家的关境(　　)。
   A. 大于国境　　B. 小于国境　　C. 等于国境　　D. 没有关系

6. 真正能够反映一个国家对外贸易实际规模的指标是(　　)。
   A. 对外贸易量　　B. 对外贸易额　　C. 对外贸易依存度　　D. 对外贸易值

7. 贸易条件的计算公式为(　　)。
   A. 出口价格/进口价格×100　　B. 进口价格/出口价格×100
   C. 进口价格指数/出口价格指数×100　　D. 出口价格指数/进口价格指数×100

8. 以一定时期为基期，贸易条件为 100，若比较期的进出口价格比率大于 100，则比较期的贸易条件比基期的贸易条件(　　)。
   A. 不利(恶化)　　B. 有利　　C. 无关系　　D. 不变

9. 货物通过国境作为统计进出口的标准称(　　)。
   A. 对外贸易额　　B. 总贸易　　C. 对外贸易量　　D. 对外贸易值

二、判断题

1. 三个或三个以上国家作为一个整体，相互间保持贸易收支平衡的贸易成为三角贸易。(　　)

2．世界各国一般用 FOB 价格计算出口额，而以 CIF 价格计算进口额，因此世界进口总额总是小于出口总额。（ ）

3．通常从事低层次加工贸易国家的对外贸易依存度高于从事高层次加工贸易的国家。（ ）

4．国际贸易是指一个国家或地区同其他国家或地区所进行商品与劳务的交换活动。（ ）

5．一国对外贸易依存度大，说明该国的经济外向性强。（ ）

三、问答题

1．对外贸易商品结构的含义及该指标的意义是什么？

2．对外贸易条件是指什么？

3．国际贸易的研究对象和内容是什么？

4．国际贸易额与国际贸易量如何计算？

5．总贸易体系与专门贸易体系的区别与联系是什么？

6．过境贸易和转口贸易的区别是什么？

四、计算题

已知某国 GDP 为 40 000 亿美元，货物出口贸易额为 1 600 亿美元，货物进口额为 1 400 亿美元，试计算该国的对外贸易依存度、出口依存度和进口依存度。

五、案例应用分析

金砖四国(BRICs)与展望五国(VISTA)——前景与问题

2003 年，美国高盛公司在一份题为《与 BRICs 一起梦想》的全球经济报告中第一次提出了“金砖四国”的概念，指出巴西、俄罗斯、印度、中国四国正成为最具潜力的经济增长国。从而奏响了“金砖四国”迅猛发展的奏鸣曲。2005 年，西方七国集团(G7)财长会议首次邀请了“金砖四国”代表列席；2008 年 5 月在俄罗斯叶卡捷琳堡举行了首次“金砖四国”外长会议。“金砖四国”在国际上的地位已经广泛被各国接受。在“金砖四国”方兴未艾之时，日本学者门仓贵史又提出了一个“展望五国(VISTA)”的概念，“VISTA”是越南、印尼、南非、土耳其和阿根廷五国英文名称首个字母的组合，该词在英文中有“展望”之意。“展望五国”被称作“金砖四国”之后的经济新秀。“BRICS”和“VISTA”两个词颇能反映当今世界经济出现的新变化、新特点，因而引起普遍的关注和认可。

据统计，新兴国家 GDP 占全球 GDP 的比重已从 1990 年的 39.7%跃升至 2006 年的 48%，全球经济版图已发生相当的变化。新兴国家中，“金砖四国”和“展望五国”又属佼佼者。“金砖四国”2006 年的经济增长率平均达到 8.3%，远高于世界平均水平，“展望五国”近年的经济增长也不遑多让。报道称，根据经济学家对“金砖四国”经济研究所作的推算，从 2005—2050 年，西方七大工业国的经济规模以美元计算的话与现在相比最多扩大到 2.5 倍，“金砖四国”扩大到 20 倍，“展望五国”预计可扩大到 28 倍，因此“展望五国”是最具发展潜力的新兴国家。

按日本学者门仓贵史的说法，新兴经济国家要具有五大条件：丰富的自然资源，增长的年轻劳动人口，国内政经稳定，积极引进外资，消费人群扩大。综观“金砖四国”和“展望五国”的情况，大体具备全部或其中的四项条件。

在经济全球化的条件下，经济要素的流动性大大加强，出现了某种“溢流”效应，资金、技术等经济要素寻找低成本、高增长的实现场所。一些发展中国家恰恰具备了必要的社会、文化或资源条件，从而成为接纳全球产业转移的合适场所。与此同时，这些国家内部也出现了社会生产和社会需求的良性互动，经济获得了内在动力，开始了增长的循环。

从上述国家的情况看，“金砖四国”均是人口、幅员大国，“展望五国”也是较大的国家。这些国家进入经济快速发展轨道，对世界经济版图会有格局性影响。不过，上述国家还有一个特点，它们都不属于西方文化圈，或不属于西方文化圈的中心地区，从而形成了工业化进程以来世界文化的大变局，可能会促进世界政治多极、文化多元的演进。

从发展模式上看，上述国家大体采用了政府主导的市场经济模式，和以前的东南亚国家类似，反映了这种模式在发展中国家的普遍适用性。这一模式与早期西方国家的“完全自由市场经济”有别，具有更强的“他组织”色彩。在这些国家中，只有依据自身的历史文化条件较好地完成社会组织的重建，才可能有效地推进经济组织的建设。

当前，新兴经济体在制造业上呈现出较好的发展势头，但在高端产业和金融业上仍处弱势，内在机制也还有待健全完善。1997 年的亚洲金融风暴，就一度中止了一些东南亚国家的发展势头。当前，也有人质疑新兴国家承受经济危机的能力，这的确是新兴经济体面临的大挑战。但从总的趋势看，即使出现了危机、中断或曲折，新兴国家的发展势头也是挡不住的。这也是让世界更趋均衡，让人类共享更好的发展。

问题：

(1) 分析“金砖四国”与“展望五国”的不同点。

(2) 分析“金砖四国”和“展望五国”在当前经济形式下所面临的发展挑战。

阅读材料 1-1

中国“入世”十年　服务贸易始终逆差

与货物贸易不同，中国加入世贸组织十多年来，服务贸易一直处于逆差状态，且有逐年扩大的趋势，而美国已成为中国服务贸易的最大逆差来源地。

在 2011 年举行的纪念中国加入世贸组织十周年研讨会上，广东外语外贸大学教授李晓峰为中国加入世贸组织以来服务贸易的表现下了三句“评语”：一是增长迅速但一直处于逆差状态，二是产业结构较为传统和单一，三是有望成为中国经济新一轮发展的引擎。

据海关总署、商务部等部门统计，2010 年，中国服务贸易进出口额达 3 624 亿美元，是 2001 年的五倍，十年间平均增速高达 19.1%。2001—2007 年，中国服务贸易逆差波动幅度较小。但受 2008 年下半年爆发的国际金融危机影响，中国服务贸易出口出现较大幅度下降，而进口平衡发展，导致贸易逆差大幅增长。2008—2010年三年间的逆差分别达115亿美元、295亿美元和219亿美元。

李晓峰认为，服务贸易连续十年出现逆差，既有中国加入世贸组织后扩大开放、进口增加的原因，也反映出比较服务贸易竞争力，中国与主要发达经济体间存在着明显差距。以美国为例，2010年，中美服务贸易达296.6亿美元，其中中国对美出口96.3亿美元，进口200.6亿美元，贸易逆差达104.4亿美元，为2009年的1.4倍。

服务贸易竞争力弱又主要来自相关产业结构的比较劣势。当前，金融、保险、计算机和信息服务、咨询、专有权利使用费和特许费等现代服务业贸易，占全球服务贸易比重已接近一半，而2010年，中国服务贸易出口仍有约一半集中在运输、旅游等传统服务业领域，而金融、保险、计算机和信息服务、通信服务等四类高附加值和高技术含量的服务贸易仅占出口总额的7.6%。

李晓峰分析认为，较之于货物贸易，服务贸易具有能源消耗低、碳排放污染少、附加值较高、知识和人才较为密集等优点，具有巨大的发展潜力。因此，努力扩大服务贸易在对外贸易中的比重，缩小与世界水平的差距，特别是大力发展现代服务贸易，应当成为中国今后发展服务贸易的重点。

来自世贸组织的统计显示，近30年来，世界服务贸易年均增速为7.88%，高于同期货物贸易增速，服务贸易占全球贸易总额的比重已从1980年的15.7%上升到2009年的20.4%。从国别看，2009年，英国服务贸易占本国对外贸易比重达32.5%，欧盟为23.4%，美国为23.1%，印度为28.7%。与印度同为发展中国家，中国这一比例多年来徘徊在10%左右，发展潜力显而易见。

阅读材料1-2

拓展国际市场——海尔的国际化经营

海尔集团是原青岛电冰箱总厂于1984年引进德国利勃海尔电冰箱生产技术基础上发展起来的一家国有大型企业。创业初期全厂只有一种产品，职工人数不足800人，然而经过十多年的努力，通过技术开发、精细化管理、资本运营，以及兼并控股国际化发展，现企业发展成为拥有42大门类8 600余规格品种产品，2万多职工，在东南亚、欧洲等地投资设厂，成套家电技术向欧美发达国家出口的一个集团。在发展过程中，海尔集团积极拓展国际市场，开展国际贸易，参与国际分工：以现有白色家电的核心能力为基础，实施国际化和多元化战略，创海尔国际品牌，把海尔集团发展成为一个具有较强核心能力的大型的跨国公司。

为了实现这一目标，海尔一方面在美国和德国建立以研究开发、技术转让为主要目的的海尔子公司或合资企业，为信息技术产品的开发奠定基础；另一方面积极开拓销售渠道，首先将白色家电产品打入包括发达国家在内的国际市场，再逐步延伸到黑色家电及其他信息产业的产品。1996年12月，海尔在印度尼西亚雅加达成立海尔莎保罗有限公司。1997年6月，又在菲律宾成立海尔LKG电器有限公司。1997年8月，在马来西亚开办海尔工业(亚细安)有限公司。1999年又到伊朗投资设厂。1999年2月，海尔中东有限公司成立。2000年，海尔将资金投入到美国和北非地区。在发展中国家投资设厂，充分利用当地较为廉价的劳动力和其他资源，同时向外辐射，在周边发达国家销售其产品。

目前，海尔除在国外直接投资之外，为开拓市场，也与当地的经销商实行战略合作，利用他们成熟的销售网络，现已在海外发展了62个经销商，销售网点辐射3万多个，产品出口到100多个国家和地区，在中东的迪拜和欧洲的德国分别建立保证各国经销商及时供货的“国际物流中心”。在已建立的海外市场中，欧美地区占60%，东南亚地区占16%。出口市场的多元化使得海尔成功地回避了东南亚金融危机。

为了使海尔产品能够成功打入海外市场，巩固在世界市场的竞争地位，海尔建立了海外信息中心产品设计分部，根据当地市场需求设计产品。1994年10月，海尔首家海外产品设计分部日本东京产品设计分部成立。其后美国洛杉矶和硅谷、法国里昂、荷兰阿姆斯特丹、加拿大蒙特利尔又先后成立海尔的产品设计分部。在积极开展产品研发，提高产品质量，改善售后服务的同时，海尔还通过参加各种展览会，宣传自己的品牌，如通过参加科隆博览会、法国Confortec展、英国ERS展览会、意大利米兰制冷展、美国芝加哥博览会、巴西拉丁美洲国际家电展等国际大型家电博览会，在国际上树立起了海尔品牌的知名度。2004年6月28日世界品牌价值权威评估机构“世界品牌实验室(world brand lab，WBL)”评估，海尔以612.37亿元成为中国最有价值品牌。

十分显然，海尔已经成功地进入了国际市场，在国际市场上获得了一席之地，获得了参与国际分工和世界市场带来的发展利益。

第2章 国际分工与世界市场

教学目标

通过本章的学习，了解国际分工的产生及发展历程、世界市场的发展阶段；理解影响国际分工的因素、国际分工和国际贸易的关系、当代世界市场的主要特征、世界市场的交易方式；掌握国际分工的类型、世界市场的构成因素。

教学要求

知识要点	能力要求	相关知识
国际分工	(1) 判断国际分工的类型 (2) 了解国际分工的产生发展过程 (3) 了解影响国际分工的因素 (4) 理解国际分工和国际贸易的关系	(1) 国际分工的类型 (2) 国际分工的产生与发展 (3) 国际分工的影响因素 (4) 国际分工对国际贸易的影响
世界市场	(1) 了解世界市场的产生发展 (2) 掌握世界市场的构成因素 (3) 理解世界市场的交易方式 (4) 了解当代世界市场的特点	(1) 世界市场的产生和发展过程 (2) 世界市场的构成 (3) 世界市场的交易方式 (4) 当代世界市场的特点

关税通常会减少所有国家包括征收关税国家的福利。

——彼得·林德特

垂直型国际分工　水平型国际分工　混合型国际分工　世界市场　补偿贸易　加工贸易　招投标

苹果公司的生产模式

苹果公司总部位于美国加利福尼亚州库比提诺，主要从事计算机、移动通信和传播设备、便携式音乐播放器及相关软件等产品的设计、制造和销售，在设计和开发自己的操作系统、硬件、应用软件和服务领域形成了核心能力。根据苹果公司2010年年报披露的情况，所有产品及其零部件均由第三方企业制造，产品运输和后勤管理也采用外购方式。公司最终产品组装目前分布在美国加利福尼亚州、得克萨斯州和中国、捷克、韩国。关键部件制造和供应分布在美国、中国、德国、爱尔兰、以色列、日本、韩国、马来西亚、荷兰、菲律宾、泰国和新加坡，其中苹果计算机、iPhones、iPads和iPods装配在中国完成。iPod播放器在发达国家市场的零售价是299美元，其中160美元为苹果公司所得，中国的组装厂仅赚取每台4美元加工费。

点评：占据分工的顶端，获取最大利益

当代国际分工的主要形式是产业内分工，发达国家一般在分工中从事设计研发、销售和关键零部件的制造等环节；发展中国家一般从事加工装配环节。在这种分工格局中，利益分配是非常不公平的，发达国家攫取了大部分利益，发展中国家只分得少部分。

2.1 国际分工

劳动分工是指劳动者从事各种不同的而又相互联系的工作。劳动分工对提高劳动生产率有着重要的作用。人类社会的经济发展史就是一部社会分工的发展史。社会分工是指社会不同部门之间和各部门内部的劳动分工。在历史上，曾经出现过三次社会大分工。第一次社会大分工使畜牧业从农业中分离出来；第二次社会大分工使手工业逐渐从农业中分离出来；第三次社会大分工造就了一个不从事生产只从事商品交换的阶层——商人。劳动分工使劳动者专门从事其擅长的劳动，提高了劳动生产率。当国家产生和社会生产力发展到一定水平后，部门之间和部门内部的社会分工扩展到国家之间的分工，从而形成了国际分工。

国际分工是国际贸易和世界市场的基础，世界市场是国际贸易的活动场所，是国际贸易的实现手段。

2.1.1 国际分工的类型

国际分工的形式有垂直型的国际分工、水平型的国际分工和混合型的国际分工三种。

1. 垂直型的国际分工

垂直型的国际分工是指经济发展水平和经济结构不同的国家之间所进行的分工。在贸易上的表现则是出口原料、进口制成品或出口制成品、进口原料。发达国家与发展中国家之间的分工就属于此种形式的分工：前者向后者出口制成品，从后者进口矿物原料和农业原料，后者是前者的原料供应地和商品销售市场。在这种形式的分工中，前者是主动的，后者是被动的，前者得益多于后者。

自国际分工产生至二战结束之前，先进的工业制成品生产国和落后的农矿产品供应国之间的分工就属于垂直型分工。日本是参与垂直型国际分工的典型。过去日本的进口中原材料进口占80%以上，而出口产品中制成品占90%以上。日本出口的钢铁和钢铁制品、汽车、船只、日用电器等制成品所用的原材料绝大部分是靠进口的。

2. 水平型的国际分工

水平型的国际分工是指经济发展水平相同或接近的国家之间的国际分工，即指工业科技发展水平差不多的国家之间的分工。

水平分工可分为产业内与产业间水平分工。前者又称为“差异产品分工”，是指同一产业内不同厂商生产的产品虽有相同或相近的技术程度，但其外观设计、内在质量、规格、品种、商标、牌号或价格有所差异，从而产生的分工和相互交换，它反映了寡头企业的竞争和消费者偏好的多样化。随着科学技术和经济的发展，工业部门内部专业化生产程度越来越高，部门内部的分工、产品零部件的分工、各种加工工艺间的分工越来越细。这种部门内水平分工不仅存在于国内，而且广泛地存在于国与国之间。后者则是指不同产业所生产的制成品之间的分工。由于发达资本主义国家的工业发展有先有后，侧重的工业部门有所不同，各国技术水平和发展状况存在差别，因此，各类工业部门生产方面的分工日趋重要。各国以其重点工业部门的产品去换取非重点工业部门的产品。工业制成品生产之间的分工不断向纵深发展，由此形成水平型分工。

水平型的国际分工是建立在零部件专业化，进而协作生产基础上的国际分工，是国内零部件专业化分工跨越国界发展的结果。许多发达国家的飞机、汽车、电器产品制造等产业，已广泛实现了国际的零部件分工协作关系。

贸易实践

电视机行业的水平分工

为了提高成本竞争力，不少电视厂商相继采用水平分工经营模式。其中最为成功的是利用中国台湾地区的EMS(专业电子制造服务)能力，在北美电视市场崭露头角的VIZIO公司。东芝公司步VIZIO公司后尘或将继续成功。同时，作为全球最大的电视厂商，三星公司的电视业务已经采取了接近水平分工的经营模式。三星公司旗下拥有强大的显示屏业务和半导体业务，表面上看起来是地道的垂直分工经营模式。但实际上，三星生产的电视所使用的显示屏有一半都是从外地采购的。这种水平分工的经营模式在未来竞争不断激化的新兴市场上是不可或缺的。

3. 混合型的国际分工

混合型的国际分工是指兼有垂直型和水平型分工特征的国际分工形式。发达国家和少部分新兴工业化国家参加世界分工多属此种形式。例如，德国对发展中国家采取垂直型分工，以利用这些国家的廉价劳动力和廉价资源，而对发达国家常采取水平型分工，进口各种机器设备的配套和备用零件、部件和配件，特别是在同欧洲共同体范围内其他各国之间，建立了生产联合化和专业化基础上的平行经济联系，以利用这些发达国家的先进技术和知识。

2.1.2 国际分工的产生与发展

国际分工的产生和发展经历了四个历史阶段，即国际分工的萌芽阶段、形成阶段、发展阶段和深化阶段。

1. 国际分工的萌芽阶段(16世纪—18世纪中叶)

国际分工的萌芽阶段，出现了宗主国和殖民地之间最初的分工形式。国际分工萌芽于16世纪。15世纪末至16世纪中的“地理大发现”后，西欧殖民主义者用暴力手段，在亚洲、非洲、拉丁美洲进行大肆掠夺。十六、七世纪，手工业向工场手工业过渡，资产阶级进入资本原始积累时期，西欧国家推行殖民政策，在殖民地开采矿山、建立种植园，生产和提供本国不能生产的原料和农产品，并扩大本国工业品的生产和出口，出现了宗主国和殖民地之间最初的分工形式。

2. 国际分工的形成阶段(18世纪60年代—19世纪60年代)

国际分工在形成阶段形成了以英国为中心，以自然资源为基础的工业品生产国与初级产品生产国之间的分工。这一时期，英国等国家建立了机器大工业，生产能力和生产规模迅速扩大。源源不断地生产出来的大批制成品使国内市场饱和，需要寻求新的销售市场，生产的膨胀又引起对原料的大量需求，要求开辟新的廉价的原料来源。大机器工业生产的物美价廉的商品成为英国征服海外市场的武器，也是破坏其它国家的手工业生产，从而强迫其变为英国的原料产地的武器。最终这些国家按照英国生产和消费的需要来改变自己的产业结构，成为原料产地和工业产品销售市场。

历史的画卷显示的是这样的情景：在产业革命以前，一个国家的工业主要是加工本国的原料。例如，英国纺织工业加工的是本国所生产的羊毛，德国加工本国的麻，法国加工自己的丝和麻，印度加工本土所生产的棉花。产业革命后，印度已成为英国生产棉花、羊毛、亚麻、黄麻、蓝靛的地方，澳大利亚变为英国的羊毛殖民地。正如资产阶级使乡村屈服于城市的统治一样，它也使亚洲、非洲和拉丁美洲国家从属于西方。

同时，大机器工业还改变了运输方式，提供了电报等现代化的通信工具，把原料生产国和工业品生产国联系在一起，使国际分工更容易、更方便。这一时期的国际分工主要是以英国为中心展开的。马克思说：“英国是农业世界伟大的中心，是工业太阳，日益增多的生产谷物和棉花的卫星都围着它运转。”英国的商船队几乎垄断了世界的航运，英镑是当时的世界货币。

英国的国际分工

英国经济学家史丹莱·杰温斯这样描写：“在实质上，世界的五分之一是我们自愿的进贡者，北美大平原和俄国是我们的谷物种植园，芝加哥和敖德萨是我们的谷仓；加拿大和波罗的海诸国是我们的森林；我们的羊群的牧场在澳大利亚，我们的牛群在美洲：秘鲁把它的白银提供给我们；加利福尼亚和澳大利亚把自己的黄金提供给我们；中国人为我们种茶；印度把咖啡、茶叶和香料运到我们的海岸；法国和西班牙是我们的葡萄园；地中海沿岸是我们的果园；我们从北美合众国以及其他国家获得棉花。”

这是英国在国际分工体系中处于最高峰时期的情况。

随着国际分工的发展，在这个阶段，世界市场上交换的商品也由满足贵族和商人需要的奢侈品转变为小麦、棉花、羊毛、咖啡、铜、木材等大宗商品。

3. 国际分工的发展阶段(19世纪中叶至二战)

国际分工的发展阶段，形成了以一组国家为中心，以自然资源为基础的工业品生产国与初级产品生产国之间的国际分工新体系。这一时期资本主义世界出现了第二次产业革命，机械电气工业发展迅速，石油、汽车、电力、电器工业的建立，交通运输工具的发展，特别是苏伊士运河(1869年)和巴拿马运河(1913年)的建成，电报、电缆的出现，都大大促进了资本主义生产的迅速发展，一批欧美国家赶上了英国，也促进了国际分工体系的迅速发展。这时候的国际分工，既有宗主国与殖民地的分工，即工业制成品生产国与初级产品生产国之间的分工，也有发达国家之间的分工。这种分工日益加深，形成了一个国际分工体系。在这个体系中，世界各国对国际分工的依赖性加深。

罗萨·卢森堡曾就德国对其他国家在经济上的依赖，作了以下的描述：“德国的产品大部分是输往其他国家及其他大陆，以供他国居民需要，且其数额逐年不断增大。德国铁制品不仅销售到欧洲邻近诸国，而且远达南美与澳大利亚。皮革及革制品由德国输往所有欧洲国家；玻璃制品、砂糖、手套输往英国；皮革输往法国、英国和奥一匈；……麦酒、人工蓝靛、氨基苯及其他柏油制颜料、药品、纤维胶、金属品、煤气焰罩、棉制品和毛织品，以及衣服、铁轨，几乎行销全世界所有经商的国家。另一方面，德国国民不管在生产上或日常消费上，每一步都免不掉依赖其他国家的产品。如我们吃俄国谷物制成的面包，匈牙利、丹麦及俄国家畜的肉类；我们消费的米，是从东印度及北美运来的：烟草是从荷属东印度群岛及巴西运来的；我们还从西非获得可可豆；从印度获得胡椒；从美国获得猪油；从中国买到茶叶；从意大利、西班牙、美国买到水果；从巴西、中美、荷领东印度群岛买到咖啡……”

在这个阶段，广大亚非拉国家的经济畸形发展，成为片面的单一经济。这些国家的主要作物和出口商品只限于一两种或两三种产品，而且这些产品绝大多数又都是向工业发达国家出口的。这就造成了亚非拉国家对世界市场，特别是对工业发达国家市场的高度依赖。

在这一国际分工体系中，分工的中心由英国一个国家变为一组国家。它们之间也形成了以经济部门为主的国际分工关系。例如，挪威专门生产铅，比利时专门生产铁和钢，芬兰专门生产木材加工产品，美国则成为农产品生产和出口大国。

4. 国际分工的深化阶段(二战后)

二战后，第三次科技革命的兴起，殖民体系的瓦解，跨国公司的迅速发展，以及经济一体化趋势的加强使国际分工得到了深入发展并出现了新的特点。

1) 发达国家之间的分工占主导地位

在国际分工的形成和发展的过程中发达国家一直处于主导地位。二战后，国际分工出现多样化趋势，但发达国家由于一直处于生产力发展的最高水平，其国际分工中的主导地位没有改变，表现在如下几个方面：发达国家处于科技发展的领先地位；发达国家产业结构的纵深发展使社会分工向广化和深化发展；以发达国家为母国的跨国公司成为当代国际分工的营造者，跨国公司通过直接投资建立的全球生产体系和销售体系，把世界各国纳入这些体系中；发达国家是经济全球化的引领者，这源于发达国家是世界经济火车头，是世界科技、贸易、金融、信息中心；以发达国家为主和中心的地区经济贸易集团在众多的地区经济贸易集团中效果最为显著、影响也最大，其内部的分工又影响着国际分工。

体现在世界贸易上，发达国家之间的贸易发展很快，在世界贸易中所占比重增大，而发展中国家与发达国家间的贸易额却相对下降。2002 年，美国、日本、欧盟三大经济体的贸易量占世界商品贸易总量的 55%，全部发达国家占世界贸易总量的 71.4%，占世界服务贸易出口的 73.7%和进口的 71.1%；发展中经济体占世界商品出口的 29.5%，服务贸易出口的 22.5%，其中 49 个最不发达国家仅占世界商品贸易的 0.6%和服务贸易的 0.4%。

2) 国际分工形式多样化

二战以前的国际分工主要集中在工业国和农业国、矿业国之间，主要是一种以自然资源为基础的垂直分工，发达国家之间、发展中国家之间的水平分工和垂直分工虽然存在，但不占主导地位。二战后，随着科学技术的飞速发展，国际分工的形式呈现出水平分工、垂直分工、混合分工同时大发展的格局，形成了以产业内分工为主，多种形式分工并存的格局，同时出现了外包型和网状型等新形式的分工。

垂直分工在二战后，随着发展中国家经济的发展，这种类型的分工有所削弱，但仍然是发达国家与新兴工业国家以外的发展中国家之间的一种主要的分工。2003 年初级产品占整个发展中国家出口的比重为 28.6%。但同年，非洲 55 个发展中国家初级产品占出口比重高达 70.2%(燃料为 49.7%)，同年制成品占进口比重为 74.7%。

水平分工在二战前，主要表现为产业间的分工，二战后，由于科学技术的迅猛发展和产业的迅速发展，水平分工深化到产业内部，形成了国际间工业部门内部的分工， 其表现形式如下。

(1) 不同型号、规格产品的分工。一般来说，同样产品往往具有不同的规格型号，不同国家对同一类产品按不同的规格或型号进行分工，从事专业化生产，以适应国内外市场的需要。例如，对于拖拉机，美国着重发展大功率的轮式和履带式拖拉机，英国发展中型轮式拖拉机，德国生产小功率的轮式拖拉机。

(2) 零配件和部件生产的分工。由于各国科技和工艺水平的差异，一国对某一种零配件或部件的生产具有优势，别国对另一种零配件或部件的生产具有优势，由此就产生了零配件和部件生产的专业化。二战结束以来，这种形式的专业化生产，在许多产品的生产中得到广泛的发展。例如，在喷气式飞机、原子能发电站设备、电子计算机、汽车、拖拉机、收音机、电视机等大批量生产时所需的各种零部件或部件往往在不同国家中进行专业化生产。

(3) 工艺过程的分工。这种分工是指不同国家对生产过程的不同阶段进行专业化生产。例如，在化学工业方面，某国一些工厂专门生产半成品，然后出口这些半成品供给设在其他国家的化工厂去生产各种化学制成品。举世闻名的德国拜耳公司将其所生产的中间产品提供给世界各地上万家化工厂，制造各种化学成品。就属于工艺过程的专业化。

水平型国际分工成为主流型的国际分工形式， 参加这种分工的国家除了发达国家，还有一些新兴的国家。

混合型国际分工是指垂直型与水平型混合。德国是混合型分工的典型代表。其对第三世界是垂直型的，从发展中国家进口原料，出口工业品，而对发达国家则是水平型的。在进口中，主要是机器设备和零配件，其对外投资主要集中在西欧发达的资本主义国家。

外包型国际分工是公司将某些业务从内部分离出来跨越国界的分工。这种形式的分工正在全球兴起。其具体形式表现如下。

(1) 生产企业从自制零部件到外购。为了竞争，一些大型企业从自制产品零部件到外购。相对于企业自制零部件，外购零部件可以使企业将资源集中在核心业务上，达到内部资源盈利率的最大化；还可以充分利用供应商在这方面的优势；另外产品技术的标准化和基于互联网管理信息系统的建立，成品生产企业和零部件生产企业可以高度协同。例如，在汽车行业，欧洲的福特公司只生产其 Fresta 车型 45%价值的零部件，其余 55%价值的零部件来源于独立供应商；在运动鞋行业，耐克和锐步公司不再参与生产过程，所有生产在外寻找源头，从低工资的国家寻找制造商。

当代金字塔形的国际分工

当代国际分工格局大致呈金字塔形：美国处于这个金字塔的最顶端，其他各个发达国家构成了金字塔塔身的顶部，而包括中国在内的广大发展中国家则处于金字塔的底部。其实质是由美国等发达国家组成创新中心和设计中心，主要从事技术密集型和资本密集型的生产，而广大发展中国家则组成了制造中心，主要从事劳动密集型生产。以耐克运动鞋的生产过程为例，其产品的研发与设计阶段主要集中于美国，鞋品元件的制造在中国和韩国，鞋品的组合在中国、泰国、马来西亚和菲律宾等国家和地区。至于最后的营销和配送，则以北美和西欧为主。

(2) 非核心业务离岸外包。为降低成本和提高效率，大量企业将非核心业务分包给外国公司。电信和通讯技术的迅速发展，促进了国际外包业务的发展。发达国家越来越多的企业选择从事核心活动，而将一系列从属性业务外包给能够更加有效和以更低成本提供服务的发展中国家企业。典型的外包业务包括低端的客户咨询中心，数据输入业务，远程市场销售和基本技术支持，到中间段的处理资金过户，再到高端的专业服务。许多发展中国家成为外包业务的承担者，2008年，发展中国家单就通信技术带动的外包服务，每年可获益600亿美元。

网状型分工是跨国公司通过直接投资，进行全球性生产和经营所形成的网状国际分工体系。它随着跨国公司国际分工的发展而发展，其作用在不断加强，呈现以下特点。

(1) 以直接投资的方式进行国际分工，在投资过程中，充分考虑东道国本身的比较优势和特长。

(2) 通过世界范围内的直接投资，在世界经济的各个领域，全面地进行资本、商品、人才、技术、管理和信息等交易活动。这种“一揽子活动”是在母公司控制之下进行的，其子公司也像外国企业一样参加当地的生产和经营。

(3) 母公司和子公司的经济和贸易活动是有组织、有计划地进行的。一方面子公司受制于母公司，另一方面母公司和子公司的业务在分工合作的基础上融为一体，相辅相成。

(4) 许多经济贸易活动通过所设立的全球性生产和销售体系进行，通过转移价格进行公司内部的交易运作，通过“限制性商业惯例” 维护网络分工体系。

(5) 跨国公司通过网状分工体系，获取各种分工利益，实现利润最大化。

知识链接

微笑曲线

任何产业都可以从横向分为研发产业、制造产业和营销产业。当前发达国家与发展中国家的国际分工实质上是附加值高的研发产业和营销产业与附加值低的制造产业的分工。施正荣(现任无锡尚德电力控股有限公司董事长兼首席执行官，是中国太阳能光伏产业的领军人物)提出了微笑曲线(见图2.1)，纵坐标表示附加值，横坐标表示研发、制造、营销。微笑曲线两端朝上，在产业链中，设计和销售的附加值最高，处于中间环节的制造附加值最低。

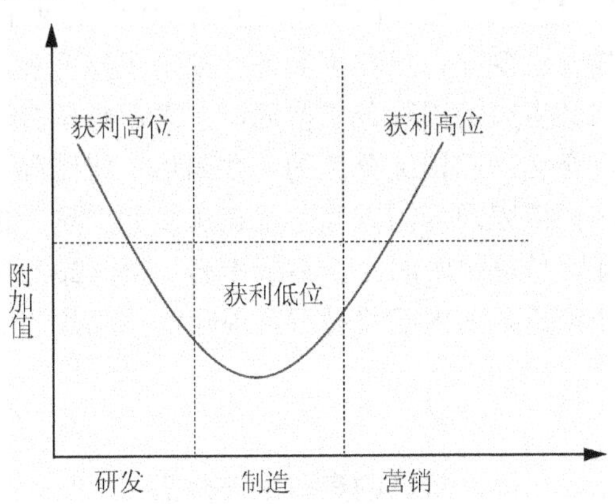

图2.1 微笑曲线

微笑曲线中间是制造，左边是研发，属于全球性的竞争，右边是营销，主要是当地性的竞争。当前制造产生的利润低，全球制造也已供过于求，但是研发与营销的附加价值高，因此产业未来应朝微笑曲线的两端发展，也就是在左边加强研发创造智慧财产权，在右边加强客户导向的营销与服务。

3) 区域性经济贸易集团内部分工趋势加强

在二战后经济全球化趋势下，区域性经济贸易集团风起云涌，欧盟、北美自由贸易区、东盟和亚太经济合作组织，在区域的贸易和投资一体化中起着重要的作用。一般来说，这些经贸集团不同程度的存在着内向性和排他性。对内逐步降低和取消关税，减少或撤除非关税壁垒措施，促进集团内成员国之间商品贸易、服务贸易与投资的自由化，对外继续采取关税与非关税排他性措施，在不同程度上阻碍着经贸集团与非成员国之间分工与贸易的发展，其结果导致了经济贸易集团内部成员国之间分工和贸易发展趋势的加强。

欧盟内部贸易占整个对外贸易的比重从1980年的60.9%提高到2004年的67%。同期，东盟该比重从17.4%提高到22%，亚太经济合作组织从57.9%提高到72.2%。

4) 国际分工领域从货物扩展到服务领域并相互融合

二战后随着科技进步，各国服务业迅速发展，服务业几乎渗透到社会再生产过程的各个领域，促进了生产国际化和服务国际化交织发展，出现了商品生产的国际分工和服务业的国际分工相互结合、相互渗透的趋势。这个趋势又推进了整个国际分工进一步深化发展。在20世纪后半期，发达国家的服务供应作为经济活动的主要形式取代了商品的生产，服务业目前占总就业人数的60%～75%，另外，过去20年来迅速发展的服务业所创造的就业岗位大约占新创造就业的2/3。

由于各国经济发展不平衡和服务要素的差异，发达国家知识、技术密集型服务业发展迅速，并以高技术、资本密集型服务参加服务业的国际分工，如商业性服务、通信服务、运输服务、金融保险服务等；发展中国家劳动密集型服务业发展较快，因而以建筑工程承包、劳务输出等劳动密集型服务参加服务业国际分工。

5) 跨国公司的内部分工成为国际分工的重要组成部分

二战后，跨国公司迅速发展。其中发达国家集中了跨国公司对外直接投资的75%以上，这使得发达国家之间的分工和协作不断加强，并促进了它们之间贸易的发展。另外，跨国公司除了在发达国家大举对新兴工业部门投资的同时，还向发展中国家大量转移夕阳产业，使发展中国家的产业结构发生变化，虽然主要是劳动密集型产业，但仍使发展中国家摆脱了二战前完全依赖初级产品生产的国际分工格局。总之，跨国公司通过在其母国以外的国家和地区设立生产基地，充当新的国际分工的主要角色，将国际分工从产业之间、产业内部发展至跨国公司内部，直接表现为国家间分工在深度和广度上的扩展，以此发展起来的公司内部贸易在战后国际贸易总额中的比重不断提高。据《2002年世界投资报告》统计，在20世纪90年代后半期跨国公司内部贸易占到国际贸易总额的2/3。

贸易实践

福特的汽车生产分工

福特汽车公司的汽车底盘和车身在法国生产，发动机在英国生产，轮胎和汽车用玻璃在荷兰生产，车锁、方向盘、油箱及前轮在德国生产，输油管在挪威生产，传动皮带在丹麦生产，散热器和供暖系统在奥地利生产，车轴和挡风玻璃在日本生产，迈速表在瑞士生产，一般汽车用玻璃和汽缸在意大利生产，空气滤清器、电池和后视镜在西班牙生产，汽车音响系统在加拿大生产，美国自己只生产后轮和雨刷，最后在英国的哈利伍德组装。这种高度的企业内分工和国际分工紧密结合起来，使国际分工成为企业内分工的附属，企业生产本身实现了国际化。

6) 知识经济成为新型国际分工的基础

经济合作与发展组织于1996年发表了《以知识为基础的经济》的报告。报告认为，该组织各国的经济发展越来越建立在知识和信息的基础之上。该报告将“知识经济”定义为以知识和信息的生产、分配、传播和应用为基础的经济。知识的分布状况成为新型国际分工的基础。一个国家在国际分工中的地位，将取决于这个国家拥有的知识和技术的多寡。知识、技术存量和创造力高的国家，将在国际分工中居中心地位。信息技术及其产业化的发展为新型国际分工奠定了坚实的技术和物质基础。这种以知识为中心的新型的国际分工具有与以往国际分工不尽相同的特征。

(1) 发达国家与发展中国家之间资本密集型与劳动密集型产业的分工日益向知识、技术密集型和资本密集型产业之间的分工过渡。二三十年前，西方国家开始向发展中国家转移生产时，主要是转移劳动密集型和污染较严重的产业，而近年来西方跨国公司的投资项目发生了变化，越来越多地把汽车和家用电器等资本密集型的产品转移到发展中国家去生产。1996年，日本制造商在海外生产的彩色电视机数量首次超过本土的产量。

(2) 国际分工中出现了“大脑—手脚”型的分工模式。所谓“大脑—手脚”型分工，是指专门从事管理和创造技术、知识等核心资产的企业和子产业，与其他企业或子产业之间形成的分工关系。在这种分工模式中，凭借着对核心资产的掌握，这些企业和子产业在一定程度上可以操纵和控制其他企业和子产业的行为，这就犹如大脑与手脚的分工，故将其称为“大脑—手脚”型分工。

这种分工在企业和产业两个不同层次上都有所体现。例如，以生产运动鞋而闻名于世的耐克(Nike)公司，其本身并不拥有传统意义上的生产手段，而仅拥有耐克这个品牌和专门从事设计、研究和营销的研究管理人员。公司将与知识有关的核心部分(如产品的设计和市场营销)留在英国，而将与知识相关程度较低的生产活动以特许生产的方式分配到全球各地其他公司，这就是公司层次上的“大脑”和“手脚”的分工。再如，在计算机制造业，美国集中精力生产计算机的核心部分——操作软件和微处理器，而将其他硬件和配件的生产让其他国家(如东亚国家和地区)来完成。这便是产业层次上的“大脑”和“手脚”的分工。

7) 国际分工的机制发生了显著变化，国际经济组织对国际分工的影响增强

二战以前，国际分工形成与发展的机制：一是殖民统治；二是垄断与资本输出；三是价值规律下的市场自发力量。二战后，随着殖民体系的瓦解和跨国公司在世界经济中地位的加强，国际分工机制发生了较大的变化。一是殖民统治力量大大削弱，二是跨国公司的作用大大加强，三是国际经济组织对国际分工的影响越来越大。国际货币基金组织、世界银行和世贸组织是当前最有影响力的三大经济组织，它们通过资金注入，提供经济改革与调整方案和制定贸易投资自由化规则等协调方式改变和形成国际分工的新格局。

总之，二战后国际分工发生了重大变化，以自然资源为基础的分工已逐步让位给以现代化工艺和科技为基础的分工；工业部门之间的分工逐步让位给工业内部的分工；非经贸

集团国家之间的分工开始转向经贸集团内部的分工；工业国和农矿业国之间的分工逐步转向不同层次工业部门的分工；纵向的垂直型分工逐步过渡到横向的水平型分工等。这一切都表明国际分工的发展已进入一个新阶段。

2.1.3 影响国际分工的因素

国际分工受到各种因素的影响和制约。影响和制约国际分工的因素主要有社会生产力发展水平、自然条件、各国在国际分工中的地位和所执行的政策等。

1. 社会生产力是国际分工形成和发展的决定性因素

(1) 国际分工是生产力发展的必然结果。生产力的提高是社会分工的前提条件。一切分工，包括国际分工，都是社会生产力发展的结果。它突出地表现为科学技术的重要作用。迄今为止出现的三次科学技术革命，都深刻地改变了许多生产领域。各个生产领域不断地改善生产技术、工艺过程和生产过程，使社会分工和国际分工随之发生变革，从三次产业革命对国际分工的影响便可见其一斑。

(2) 各国的生产力水平决定了其在国际分工中的地位。历史上，英国最早完成产业革命，生产力得到巨大发展，成为“世界工厂”，英国在国际分工中便居于主导地位。继英国之后，欧美资本主义国家产业革命相继完成，生产力迅速发展，这些国家便与英国一道成为国际分工的中心与支配力量。二战后，原来的殖民地半殖民地国家在政治上取得独立，努力发展民族经济，生产力得到较快的发展。一些新兴的工业化国家经济发展迅速，过去在国际分工中的不利地位正在逐步改善。

(3) 生产力的发展对国际分工的形式、广度和深度有着决定性的作用。随着生产力的发展，各种经济类型的国家都加入到国际分工行列，国际分工已把各国紧密地结合在一起，形成了世界性的分工。随着生产力的发展，各国参加国际分工的形式从垂直型向水平型过渡，出现了多类型、多层次的分工形式。

(4) 生产力的发展决定了国际分工的产品内容。 随着生产力的发展，国际贸易中的工业制成品、高精尖产品不断增多，中间产品、技术贸易大量出现，服务部门分工也出现在国际分工中。

2. 自然条件是国际分工产生和发展的基础

自然条件是一切经济活动的基础，没有一定的自然条件，进行任何经济活动都是困难的，如矿产品只能在拥有大量矿藏的国家生产和出口。当然，自然条件是多方面的，如地理条件、地质条件、资源状况、气候、国土面积等，这些都对国际分工起着十分重要的作用，如热带作物一般只能在热带地区种植。

但值得注意的一点是，随着生产力的发展，自然条件对国际分工的作用正在逐渐减弱。因此，自然条件只提供国际分工的可能性，不提供现实性，要把可能性变成现实性，需要一定的生产力条件。但是，不能过分强调自然条件对于国际分工的作用。马克思说过，有些地方的自然禀赋是虚假的，以西印度(指现在的美洲)为例：许多人以为生产咖啡和蔗糖是西印度的自然禀赋，其实，二百年以前，西印度连一棵咖啡树、一株甘蔗也没有生长出来。这表明，自然禀赋不是一成不变的，有的自然禀赋是可以再造的。可见，自然禀赋只为某些国际分工提供了可能性。因而，在生产力水平和自然条件之间，前者居于主导地位。

3. 人口、劳动规模和市场制约着国际分工的发展

(1) 人口分布的不均衡，会使分工和贸易成为一种需要。人口稀少、土地广阔的国家往往偏重发展农业、牧业、矿业等产业，而人口多、资源贫乏的国家往往大力发展劳动密集型产业。于是，在国家间就有分工和交换产品，进行国际分工和国际贸易的必要。

(2) 劳动规模或生产规模也制约和影响着国际分工。现代大规模的生产，使分工成为必要的条件，这种分工跨越了国界，就产生了国际分工。随着劳动规模越来越大，分工就越来越细，任何一个国家都不可能包揽所有的生产，必须参与国际分工。

(3) 国际分工的实现还要受制于国际商品市场的规模。国际分工的发展史是同国际商品交换的发展史齐头并进的。生产力发展较快、分工比较细密的国家，总是国际商品市场的中心。国际商品交换市场的规模取决于投入交换的商品数量、有支付能力的人口密度及交换距离。在一个国家和地区，人口愈是稠密，每个人的支付能力愈高，市场就愈大，从而分工的实现程度就愈高。同样，交换距离也制约着世界市场规模，间接地影响着国际分工。交换距离如果太远，一则使易坏易碎的商品难以到达市场，再则体积大而价值小的商品负担不起运费。反之。如果距离很近，那么几乎所有商品都能进入市场。在商品交换的其他条件相同的情况下，一个国家和地区的运输条件越好，交换距离越近，运费越低，市场规模就越大，该国参与国际分工和发展国际分工的可能性也就越大。

4. 资本国际化是国际分工深入发展的重要条件

资本国际化促进了国际分工的迅速发展。首先，与贸易相联系的融资活动大大提高了落后国家和地区的购买力，从而使国际分工的范围相应扩大；其次，直接投资活动加深了工业先进国家与落后国家之间的生产直接联系，使分工和专业化生产有了更为稳固的基础。

国际资本流动对国际分工的影响，突出表现在二战之后。作为资本流动的一种重要方式，跨国公司在战后呈现出空前的发展。为了实现规模经济，降低生产成本，扩大产品销路，跨国公司大规模推行全球性的专业化生产与协作，在许多国家形成了独立于整体行业而专门生产零部件的行业，从而直接推动了工业部门内部分工的发展。同时，由于拥有雄厚的资金实力，跨国公司一直是从事先进工艺开发和推动产品异质化、多样化发展的重要实体，因而也是不同型号、不同规格的同类产品的专业化生产与交换的推动者。从另一个角度看，国际资本流动的大规模发展，也使一大批资本短缺的发展中国家有机会利用外国资本来加快本国的技术进步和经济开发，并且多层次、多类型地参与国际分工。

5. 政府和国际组织可以推进和延缓国际分工的形成和发展

政府和国际组织对国际分工的促进作用主要表现在：建立超国家的经济组织，协调各国的经济贸易政策，促进国际分工的发展；制定自由贸易政策、法令，推行自由贸易，加快国际分工的步伐；通过殖民统治，强迫殖民地建立符合国际分工的经济结构；发动商业战争，签订不平等条约，使战败国接受自由贸易政策。

政府和国际组织对国际分工也可起延缓作用，如制定保护贸易政策、闭关锁国等，则会阻碍国际分工的发展。另外，通过建立关税同盟、共同市场、经济联盟等经济集团，加强内部分工的做法，也在不同程度上延缓世界性国际分工的发展。

2.1.4 国际分工对国际贸易的影响

从最一般的意义上来说，国际分工和国际贸易的关系是分工与交换的相互关系。没有分工，就没有交换，也就没有市场。交换的深度、广度和方式都取决于生产的发展，也取决于分工的发展水平。同样，国际分工也是国际贸易和世界市场的基础。在国际商品交换的背后，隐藏着各国商品生产者之间的分工。如果没有国际分工，就没有国际贸易。国际贸易是随着国际分工的发展而发展的。反之，如果没有交换，分工后的劳动者生产的商品的价值就无法实现，分工就不能存在和发展。因此，国际贸易不仅是国际分工的体现，同时也影响着国际分工的发展。国际分工与国际贸易是互为条件、互为促进的两个方面。

具体地说，国际分工从下面几方面影响着国际贸易。

1. 国际分工影响国际贸易的发展速度

从国际贸易发展来看，在国际分工快速发展的时期，国际贸易发展也快；相反，在国际分工缓慢发展时期，国际贸易发展也较慢或处于停滞状态。因此，国际分工是当代国际贸易发展的主动力。在资本主义自由竞争时期，由于形成了以英国为中心的国际分工体系，国际贸易得到了迅速发展。从贸易量来看，世界贸易年均增长率，从1780—1800年的0.27%增加到1860—1870年的5.53%。相反，1913—1938年间，世界生产发展缓慢，国际分工处于停滞状态，国际贸易在这个时期年平均增长率只有0.7%。二战后，国际分工又有了飞速的发展，国际贸易的发展速度也加快了，并快于以前各个时期。1950—1991年，世界贸易年均增长率为11.3%。

2. 国际分工影响着国际贸易的地区分布

国际分工发展的过程表明，在国际分工中处于中心地位的国家，在国际贸易中也占据主要地位。从18世纪到19世纪末，英国一直处于国际分工中心国家的地位，在资本主义国家的对外贸易中一直独占鳌头。英国在资本主义国家的对外贸易总额中所占比重1820年为18%，1870年上升到22%。随着其他国家在国际分工中地位的提高，英国的地位在逐步下降，但直到1925年其在国际贸易中仍占15%。19世纪末以来，发达资本主义国家成为国际分工的中心国家，在国际贸易中一直居于支配地位。发达资本主义国家在世界出口中所占比重1950年为60.8%，1985年为69.9%，1991年又上升到72.4%。

3. 国际分工影响着国际贸易的地理方向

各个国家的对外贸易地理方向是与其经济发展及在国际分工中所处的地位分不开的。第一次科技革命后，形成了以英国为核心的国际分工。这种国际分工的结果是英国对世界贸易的垄断。这次科技革命在欧美各国完成后，英、法、德、美四国在国际贸易中的地位显著提高。这四个国家在世界贸易中所占的比重从1750年的34%提高到1860年的54%。

二战后，由于第三次科技革命，发达国家之间工业部门内部分工成为国际分工的主导形式。因而，西方工业发达国家的对外贸易得到了迅速发展，对外贸易增长速度超过了发展中国家，在世界贸易中占主导地位。

4. 国际分工影响着国际贸易的商品结构

国际贸易商品结构即各类商品在国际贸易中的构成及其在总的商品贸易中所占的比重。国际贸易中商品结构的变化是由国际分工的发展决定的。资本主义生产方式确立之后的 19 世纪，国际分工的基本格局是世界分化为工业国和农业国。英国和其他西方发达工业国家成为世界的城市国、中心国，其他国家则沦为农村国、边缘国。由于国际分工发展的作用，国际贸易商品结构不断地发生变化，尤其是二战后，国际分工的深化发展和扩大，使国际贸易商品结构发生了显著的变化。工业制成品在国际贸易中的比重，从 19 世纪 50 年代初起开始超过初级产品。随着发达国家与发展中国家分工形式的变化，发展中国家出口中的工业制成品不断增加；随着国际分工的深化和跨国公司在国际分工中的地位和作用的加强，新商品大量出现，如电子计算机、彩色电视机、火箭航天技术、原子能电站设备、各种化工工艺设备、自动化仪表等产业内贸易、中间性机械产品贸易的比重不断提高，服务贸易、技术贸易得到了迅速发展。国际服务贸易总额从 1967 年的 700 亿美元剧增到 1997 年的 12 950 亿美元。

5. 国际分工影响各个国家对外贸易政策的制定

一个国家对外贸易政策的制定，不仅取决于工业发展水平及其在世界市场上的竞争地位，而且还取决于其在国际分工中所处的地位。各国由于工业发展水平不同，在世界市场上和国际分工中所处的地位不同，因而也就采取了不同的对外贸易政策。第一次科技革命后，英国工业水平很高，其商品具有很强的竞争力，且需要以工业制成品的出口来换取原料和粮食的进口，所以实行自由贸易政策。而美国和西欧的一些国家工业发展水平落后于英国，为了保护本国的幼稚工业，避免遭到英国竞争的冲击，便采取了保护贸易政策。第二次科技革命后，资本主义从自由竞争阶段过渡到垄断阶段。帝国主义通过资本输出把殖民地半殖民地卷入资本主义生产中，使后者成为前者的商品销售市场、投资场所和原料来源地，使国际分工进一步深化。在对外贸易政策上，便由自由贸易政策和保护贸易政策过渡到帝国主义的超保护贸易政策。这种政策具有更大的侵略性和扩张性。战后西方工业国家虽然继续实行超保护贸易政策，其表现形式却发生了变化，即从 20 世纪 70 年代中期以前的贸易自由化到 70 年代中期以后的贸易保护主义抬头。西方国家之所以采取这种形式的贸易政策，原因是多方面的，其中一个重要原因是和战后国际分工进一步向纵深发展分不开的。

6. 国际分工影响着国际贸易利益

国际分工可以扩大整个国际社会劳动的范围，发展社会劳动力，使贸易参加国扬长避短、优势互补，有利于世界资源的合理配置，可以节约全世界的劳动时间，从而提高国际社会生产力水平。

自国际分工产生与发展以来，西方经济学家提出了许多国际分工学说，分析国际分工的依据及其利益。亚当·斯密是资产阶级经济学古典学派的主要奠基人之一，也是国际分工和国际贸易理论的创始者。亚当·斯密认为分工可以提高劳动生产率。原因是分工能提高劳动的熟练程度；分工使每个人专门从事某项作业，可以节省与其生产没有直接关系的时间；分工有利于发明创造和改进工具。如果各国都按照各自的有利的生产条件进行分工和交换，使各国的资源、劳动力和资本得到最有效的利用，将会大大提高劳动生产率和增加物质财富。

各国在国际分工中的地位也决定着从国际贸易中获取利益的多少。在以英国为核心的工业国和农矿业国的分工中，农矿业国仅获取少量的国际贸易利益，大部分利益为工业国所攫取，造成了这些殖民地和半殖民地国家的贫穷和经济结构的单一。二战后新的国际分工格局中，发展中国家虽然参与了产业内分工，但居于产业链末端，大量利益仍为把持技术、资金的发达国家所获取。

2.2 世界市场

2.2.1 世界市场概述

1. 世界市场的概念

世界市场是世界各国交换商品、服务、科技的场所，是由世界范围内通过国际分工联系起来的各个国家以及各国内部之间的市场综合组成。世界市场是与交换过程有关的全部条件和交换结果，包括商品、技术转让、货币、运输、保险等业务，其中商品是主体，其他业务是为商品交换服务的。其发达程度取决于参加国际交换国家的数目、商品交换的数量、规模、营销信息网络的机制等。同时，世界市场是由相互关联的各个部分构成复杂的、多层次的有机体系。它不仅仅是一个地域分布的概念，还包含着商品的销售、资本的融通、技术和劳务的交流等各种经济关系。

2. 世界市场的产生和发展

世界市场是随着地理大发现而萌芽，随着第一次产业革命的胜利而迅速发展，随着第二次产业革命的进展而最终形成的。

1) 世界市场的萌芽时期

这个时期包括16—18世纪的大部分年份。在前资本主义时期，还没有世界市场，只有欧洲区域性市场，国际贸易主要集中于地中海沿岸。到了15世纪末16世纪初，地理大发现扩大了区域性市场的地理领域，并引起了商业、航海和陆路交通工具的大发展，为世界市场的形成奠定了基础。新的世界市场不仅包括欧洲原有的区域性市场，而且把亚洲、美洲、大洋洲和非洲的许多国家和地区吸引进来。流通中的商品种类增多了，国际贸易额急剧增加，欧洲的贸易中心开始转移，大西洋沿岸的城市成为世界市场的中心。但因当时生产力的发展受到手工业生产的限制，缺乏大量的商品和便捷的交通、通信手段，世界市场还只处于萌芽状态。

2) 世界市场的迅速发展时期

18 世纪 60 年代到 19 世纪 70 年代，英、法等国先后完成了第一次产业革命，建立起机器大工业，资本主义生产方式成为占统治地位的生产方式，世界市场进入迅速发展的时期。

机器大工业对于世界市场的发展和形成起了决定性的作用。机器大工业需要一个不断扩大的市场。机器大工业只有在经常扩大生产、不断夺取新市场的条件下，才能生存。机器大工业的发展取决于市场的规模，资本家为了追求高额利润，经常要超越已有的市场范围，到国外去寻找、开辟新市场，这也为大工业的发展开拓了更广阔的领域。机器大工业不仅需要一个不断扩大的世界销售市场，也需要日益扩大的原料供应来源。这使市场交换的商品种类日益增多。资本主义机器大工业的发展使工业和人口不断地向城市聚集，形成许多机器大工业中心和大的商品销售市场。资本主义机器大工业的发展和世界人口的移动，扩大了世界劳动力市场，加强了对人口稀少地区的资源开发。机器大工业的发展促进了铁路、轮船、通信事业的发展，为扩大各国国内市场和世界市场，加强国内和国际间经常性的经济联系所需要的交通运输提供了物质技术基础，使各国的市场真正有效地联系在一起。

3) 世界市场的形成时期

世界市场的形成开始于 19 世纪 80 年代，结束于 20 世纪初。这个时期，垄断代替了竞争。发生了第二次产业革命，资本主义生产力得到飞跃性的发展，资本输出成为夺取世界市场的一个重要手段，国际分工进一步发展，形成了统一的无所不包的世界市场。世界市场形成的标志如下。

(1) 多边贸易、多边支付体系的形成。多边贸易是指两国间贸易在进出口相抵后总有余额，用对某些国家的出超支付对另一些国家的入超，在若干国家之间进行多边支付与结算的贸易。

由于国际分工的发展，世界城市和农村的出现，西欧大陆和北美一些经济发达国家和地区从经济不发达的初级产品生产国购买了越来越多的原料和食品，出现了大量的贸易逆差。与此同时，英国继续实行自由贸易政策，从西欧大陆和北美的新兴工业国输入的工业品持续增长，贸易呈现大量的逆差。且英国又是经济不发达国家工业品的主要供应国，呈现大量的贸易顺差。这样，英国就用其对经济不发达国家的贸易顺差所取得的收入来支付对其他经济发达国家的贸易逆差。而经济不发达国家，又用对西欧大陆和北美的贸易顺差来弥补对英国的贸易逆差。英国此时成为多边支付体系中心。

(2) 国际金本位制度的建立与世界货币的形成。在这一时期建立了国际金本位制度，也是世界多边贸易、多边支付体系发挥作用的货币制度。这个制度的作用主要有两个：一是为世界市场上各种货币的价值提供了一个互相比较的尺度，使各国货币间的比价(汇价)保持稳定；二是为世界市场上各国的商品价格提供了一个互相比较的尺度，从而使各国相同商品的价格保持一致，把各国的价格联系在一起。

(3) 各种经济规律制约着世界市场的发展。市场中的各种固有的规律，诸如基本经济规律、平衡规律、价值规律等在世界市场上居于主导地位，制约着世界市场的发展。

(4) 形成了比较健全、固定的销售渠道。此时，大型固定的商品交易所、国际拍卖市场、博览会形成了；航运、保险、银行和各种专业机构建立健全了；比较固定的航线、港口、码头建立了。这一切都使世界市场有机地结合在一起。

3. 世界市场的类别

1) 按照交易国家区分

(1) 发达国家市场。发达国家一般是指那些生产力高度发达，具有成熟的市场经验的国家，这些国家拥有9.7亿人口，占当年世界人口的13.9%，其国土面积总和为3 247万平方公里，占世界面积的23.9%。2005年这些国家的国内生产总值为33.3万亿美元，占当年世界国内生产总值的75%。其中，农业占39%，工业占24.9%，服务业占73.5%。2004年人均国内生产总值为33 052美元，为世界人均国内生产总值(6 411美元)的5.2倍。2006年其国际贸易额占当年世界国际贸易额的59.2%。

以上特点决定发达国家市场是世界市场的主导市场。

(2) 发展中国家市场。发展中国家通常是指那些过去长期遭受帝国主义国家殖民统治和剥削，二战后取得政治独立，但经济发展相对落后，面临经济发展问题的国家。发展中国家有170多个，分布在亚洲、非洲和拉丁美洲。

二战后，发展中国家在经济上有所发展，但发展很不平衡。按出口产品划分，有主要石油出口国(21国)、主要制成品出口国家和地区(12个)以及其余国家(共包括50个最不发达国家)。2006年，整个发展中国家拥有人口52.8亿人口，占世界总人口的75.9%，土地面积为8 083万平方公里，占世界土地面积的59.4%。2005年其国内生产总值为9.9万亿美元，其中农业占10.5%，工业占37.8%，服务业占51.7%。2004年人均国内生产总值为1 648美元，相当于世界人均国内生产总值(6 411美元)的22.3%。2006年其出口贸易额占当年世界出口贸易额的36.8%。

以上特点决定发展中国家市场是世界市场中的次要市场。

2) 按照交易内容区分

(1) 货物市场。按加工程度划分，货物市场分为：①初级产品。其中包括农业产品(粮食、咖啡、水果等)、农业原料(天然橡胶、木材、棉花等)、燃料(石油、煤、天然气)、金属矿产品(铜、铁矿砂等)。②工业制成品。其中包括化工产品、机械产品、纺织品和服装及其他。

(2) 服务市场。服务贸易指无形商品的国际贸易，也称为无形贸易。服务贸易包括12个部门，即商业、通信、建筑、销售、教育、环境、金融、卫生、旅游、娱乐、运输及其他。

(3) 要素市场。要素市场包括国际货币市场、国际证券市场、国际技术贸易等。

此外，按对市场集中和控制的程度，世界市场可分自由竞争市场、不完全竞争市场、垄断市场和寡头市场。按供求关系区分，在供大于求时，形成买方市场；反之，在供小于求时，会出现卖方市场。

2.2.2 当代世界市场的构成

1. 国家与地区

按照经济发展类别，参加世界市场活动的国家和地区可以分为三个主要类组：发达国家、发展中国家、经济转型国家。按照主要出口商品类别，发展中国家又分为三个类型，即主要石油出口国家、主要制成品出口国家以及其余的国家和地区。按照主要特征的不同，发展中国家又可分为最不发达国家、内陆国家和负债沉重的穷国。按照人均国民生产总值，世界又可分为高收入国家(20 000 美元以上)、中等收入国家(4 500～20 000 美元之间)和低收入国家(4 500 美元以下)。

由于发达国家占有国际货物贸易、服务贸易和要素流动的绝大部分，因此成为世界市场的主体，在世界市场中起着主导作用。

2. 贸易企业

按照活动的目的和性质不同，可以将世界市场的订约人分为三类：公司、企业主联合会、国家机关(政府各部委和各主管部门)和机构。公司是指那些追求商业目的的订约人，是在工业、贸易、建筑、运输、农业、服务等方面以营利为目的而进行经济活动的企业。企业主联合会是企业家集团的联合组织，与公司的区别是其活动目的不是获取利润，而是以协会、联盟、代表会议等形式参与政府的决策活动，为企业扩大出口、开拓世界市场服务。国家机关和机构是世界市场上的第三类订约人，只有在得到政府授权后才能进入世界市场，从事外贸业务活动，但不以营利为目的。

3. 交易的商品

世界市场上交易的商品包括货物、服务和资本要素等。货物按《联合国国际贸易标准分类》共分为 10 大类、63 章、223 组、786 个分组和 1 924 个基本项目。服务性产品按世贸组织划分为 12 大项，即服务、通信服务、建筑服务、销售服务、教育服务、环境服务、金融服务、卫生服务、旅游服务、娱乐服务、运输服务和其他服务；资本有直接投资和间接投资等。

4. 市场载体

(1) 有固定组织形态的国际市场。有固定组织形态的国际商品市场，是指在固定场所按照事先规定好的原则和规章进行商品交易的市场，这种市场主要包括商品交易所、拍卖会、集市、博览会和展销会等。

(2) 没有固定组织形态的国际市场。除了有固定组织形态的国际市场外，通过其他方式进行的国际商品交易，都可以纳入没有固定组织形态的国际市场。这种市场可以大致分为两大类：一类是单纯的商品购销；另一类则是与其他因素结合的商品购销形式，如“三来一补”、投标与招标、易货贸易、租赁贸易等。

(3) 商品销售渠道。销售渠道是指商品从生产者到消费者手中所经过的环节，其作用主要是沟通生产与销售，节约企业推销商品所需的人力和时间，为贸易各方提供各种方便，化解企业商品生产后的风险及满足消费者的不同需要。

世界市场上的销售渠道通常由三个部分构成：第一部分是出口国的销售渠道，包括生产企业或贸易公司本身；第二部分是出口国和进口国之间的销售，包括贸易双方的中间商；第三部分是进口国国内的销售渠道，包括经销商、批发商和零售商等。

(4) 运输和信息媒体网络。运输网络由铁路运输、公路运输、水上运输、航空运输、管道运输组成，承担着世界市场上的各种运输服务。

信息媒体网络由国际电话、电视、广播、报刊、通讯卫星、计算机网络组成，承担着世界市场中的信息传播和通信。

(5) 国际物流。国际物流是指物流活动超越国家疆界的限制，延伸到其他国家和地区，其目的是降低运输费用，提高商品周转速度和竞争力，获取销售效益。是把商品制造、运输和销售有机结合，集采购、生产、运输、保管、信息和管理于一体的世界市场活动。

21世纪国际物流进入大发展的时代，呈现信息化、网络化、智能化、柔性化、标准化和整体化的特点。如果世界市场交换的商品是“血液”，则国际物流则是世界市场肌体中的“血管”。

5. 市场管理者

市场管理者包括世界市场中各种管理组织和机构，如世贸组织、国际货币基金组织、世界银行、国际商会、仲裁机构、各种认证机构、国际标准化组织等。通过这些组织机构的运作，保证世界市场有序和健康地运行。

2.2.3 世界市场交易形式

世界市场上的商品由一国生产领域进入他国消费领域所采取的购销形式，称为世界市场的交易形式。分为有固定组织形式的市场和无固定组织形式的市场两种。

1. 有固定组织形式的世界商品市场

有固定组织形式的世界商品市场是指在特定地点，按照一定的原则、规章和程序进行商品交易活动的市场。这种市场主要包括商品交易所、国际拍卖、国际博览会和展销会等。

1) 商品交易所

商品交易所是专门从事大宗商品交易的固定场所。是由特定的人员(会员或经纪人)在一定时间或地点，按照一定的规章和方法进行特定商品买卖的有组织的市场。在交易所进行交易的商品主要是初级产品，如棉花、粮食、羊毛、可可、有色金属等。这些交易所大部分设在发达国家，并往往为垄断集团所控制。

商品交易所的交易方式分为现货交易和期货交易两种。

(1) 现货交易又称实物交易，与一般商品买卖相同，都是实际商品的即期交割。交易所的作用仅是提供交易场所和合同格式，并帮助解决纠纷等。现货交易在交易所业务中所占比例不大。

(2) 期货交易是指对正处于运输途中，或者需经一定时间后才能进行实际装运货物的期货合同进行的交易。现货交易的特点是进行实际商品买卖活动，合同的执行是以卖方交货、买方收货付款来进行的。而期货交易绝大多数只是期货合同的倒手，因此人们又把这种交易称为纸合同交易。目前，商品交易所进行的交易中约80%是期货交易。

目前主要通过交易所进行交易的商品大约有50多种，占世界商品流通额的15%～20%，而且各类主要商品分别集中于不同的交易所进行交易。例如，谷物主要是在芝加哥、伦敦、利物浦、温尼伯、鹿特丹等谷物交易所进行交易；天然橡胶的交易则主要集中在新加坡、伦敦、纽约和吉隆坡；有色金属的交易则主要是在纽约、伦敦和新加坡的商品交易所进行。

贸易实践

伦敦金属交易所

伦敦金属交易所是世界上最大的有色金属交易所，它的价格和库存对世界范围的有色金属生产和销售有着重要的影响。在19世纪中期，英国曾是世界上最大的锡和铜的生产国。随着时间的推移，工业需求不断增长，英国又迫切地需要从国外的矿山大量进口工业原料。在当时的条件下，由于穿越大洋运送矿砂的货轮抵达时间没有规律，所以金属的价格起伏波动很大，金属商人和消费者要面对巨大的风险。1877年，一些金属交易商人成立了伦敦金属交易所并建立了规范化的交易方式。从20世纪初起，伦敦金属交易所开始公开发布其成交价格并被广泛作为世界金属贸易的基准价格。世界上全部铜生产量的70%是按照伦敦金属交易所公布的正式牌价为基准进行贸易的。

每周工作日内，伦敦金属交易所有色金属交易时间程序如下：格林尼治时间11:40，开始早晨场内交易，每个交易品种轮流交易各五分钟。12:20，八种金属全部顺次交易之后，休息10分钟；12:30，开始早晨第二场交易，每个品种仍是按顺序交易五分钟。因为早晨第二场场内交易决定当天的官方结算价，所以意义特殊。官方结算价报出之后，即13:15左右，场外价开始交易，一直持续到13:30。这期间，八个金属品种同时交易。早晨场内交易在场外价收市之后结束，交易转入室内进行。伦敦金属交易所全天第二场交易于15:10开始。下午的场内交易同上午的交易方式类似，在16:35结束之后，随即进行场外交易，一直到17:00，共持续25分钟。早晨同下午场内交易的区别是下午的场内交易没有官方宣布结算价这一重要的程序。

2) 国际拍卖

国际拍卖是由专营拍卖业务的拍卖行接受货主的委托，在一定的时间和地点，按照一定的章程和规则，以公开叫价竞购的方法，最后由拍卖人把货物卖给出价最高的买主的一种现货交易方式。以拍卖方式进入世界市场的商品大多数是一些品质不易标准化的，不能长期保存的，或历史上有拍卖习惯的商品，如皮毛、烟叶、香料、水果、花卉、古玩、珍贵艺术品等。一些外国政府在处理库存物资或海关及其他机构处理罚没的货物时，也常采用这种交易方式。在实际交易中，拍卖具有以下特点。

(1) 在拍卖中，买卖双方并不直接洽商，而是通过专营拍卖业务的拍卖行来进行。拍卖行设有专门的拍卖场所、配备专业人员和设备。

(2) 拍卖是一种单批、实物的现货交易，只有当场公开竞购、一次确定成交的性质。拍卖物须事先运至拍卖地，并由参加竞购者验看，拍卖后卖方或拍卖举办人对货物的品质一般不负赔偿责任。

贸易实践

荷兰的鲜花拍卖市场

荷兰最大的鲜花拍卖市场——阿斯米尔鲜花拍卖市场(Flower Auction Alsmeer)，也是世界上最大的鲜花交易市场。世界上有80%的花卉产品是来自于阿斯米尔鲜花拍卖市场的交易，对许多花商而言，阿斯米尔(Alsmeer)可以说是花卉王国的首都城市。阿斯米尔鲜花拍卖市场的商业大楼也是世界上最大的建筑物。

这里每天平均拍卖 1 400 万朵的鲜花和 100 万株的盆栽植物，相当于 8 000 个苗圃每年共生产约 30 亿朵鲜花与四亿株的盆栽植物。

先进的拍卖过程、先进的高科技与有效率的拍卖方式，是使得荷兰鲜花交易如此蓬勃的原因。除了荷兰本身的花农外，国外超过 1 500 家的花农现在也将他们的产品通过荷兰销售到世界各地。所以，在荷兰交易的鲜花与盆栽植物，有超过75%都是出口到其他国家的。荷兰鲜花拍卖的过程相当独特、有趣，拍卖钟的指针会持续地由较高的价钱开始往低价格旋转，直到有买家按下按钮，指针停止的价格即是销售的价格，然后，得标的买家通过麦克风告知所需要的数量。所有的花卉产品中，以玫瑰的交易量最大，其次当然是郁金香，再次之是菊花。

3) 国际贸易博览会、展览会

国际贸易博览会又称国际集市，是指在一定的地点定期举办的有众多国家、厂商参加，展、销结合的国际市场。是由区域性的集市发展演变成一种定期定点的展销市场，是开展国际贸易和经济交流的重要场所。举办博览会的目的是使参加者展示科技成就、商品样式，以便进行宣传，发展业务联系，促进贸易。而展览会一般是不定期举办的，它与博览会的区别在于只展不销，通过展览会促成会后的交易。

从商品范围来看，博览会和展览会大致可分为以下几种。

(1) 综合性国际博览会。是有许多国家和厂商参加的，包括工、农、林、牧、服务业等各方面产品均可参展并洽谈交易的博览会，如历史悠久的米兰、莱比锡、巴黎等地的国际博览会。著名的国际博览会，一般多属综合性的博览会。这种博览会规模较大，产品齐全，且会期较长。

(2) 样品国际博览会。这是一种看样成交的集市。参展国家、厂商，以参展样品达成交易。国际上较大的莱比锡博览会、里昂博览会的正式名称就是样品集市。

(3) 主要工业部门产品国际博览会。这类博览会规模较大，是各种新技术、新产品荟萃展销的市场。每年在世界各地举办的航空航天、汽车、电子、自动化设备等博览会都属于这种博览会。

(4) 一般工业部门产品展销会和集市。这类博览会规模可大可小，展品多属衣帽鞋类、玩具、照相用品等。

(5) 专业性国际博览会。是指仅限于某类专业性产品参展和交易的博览会，其规模较小，会期也较短。比较著名的专业性国际博览会，如科隆博览会，每年举行两次，一次展销纺织品，一次展销五金制品。再如计算机代理分销业展览会(computer dealer’s expo，COMDEX)，创办于 1979 年，每年秋季在美国拉斯维加斯举办，已有 20 多年历史。COMDEX 展会是目前世界上规模较大，影响力较强的 IT 展会，COMDEX 的组织者以其领先的技术产品、良好的组织运作和优质的服务展示活动，每年都吸引着数以千计来自世界各地的参展企业，已成为世界性的专业品牌展览会。

(6) 国别展览、展销会。这是指一个国家在另一个国家举办的综合性展览、展销会或各行业各类产品的展览、展销会。

(7) 独家公司展览、展销会。这是指大企业跨国公司专门为本企业的产品举办的展览、展销会。

中国广交会

中国出口商品展览会(中国出口商品交易会的前身)于1956年秋季在广州应运而生。首届交易会于1957年春在原中苏友好大厦举办，展馆面积18 000平方米，参展交易团13个，参展商品12 000余种，来自19个国家和地区的客商共1 223人次到会洽谈，成交1 754万美元。现在广交会展馆面积达17万多平方米，参展交易团47个，参展企业4 000多家，展品10余万种。2001年第89届就有181个国家和地区的客商111 886人到会，成交额逾157.7亿美元。广交会是目前中国历史最长、规模最大、层次最高、到会客商最多、成交效果最好，具有综合性、多功能的国际贸易盛会。

2. 没有固定组织形式的国际市场

除了有固定组织形式的国际市场外，通过其他方式进行的国际商品交易，都可以纳入没有固定组织形式的国际市场。这种市场大致上分为两大类：一类是单纯的商品购销形式；另一类是与其他因素结合的商品购销形式，如“三来一补”、投标招标、易货贸易、租赁贸易等。

1) 单纯的商品购销形式

单纯的商品购销形式是指交易双方不通过固定市场而进行的商品买卖活动。它是通过单次洽商而进行的。这种方式的一般原则为买卖双方自由选择成交对象，对商品的品质、规格、数量、价格、支付、商检、装运、保险、索赔、仲裁等方面都要进行谈判，在相互意见一致的基础上签订合同成交。单纯购销形式是世界上最基本、最普遍的国际商品交换方式。

2) 补偿贸易

补偿贸易是买方利用贷款进口机器设备、技术、劳务，然后用买卖双方商定的产品或劳务去清偿进口货款的一种贸易方式。补偿贸易是一国在缺乏外汇的情况下，利用外资引进技术及设备，发展外向型经济的方式之一。

根据偿还贷款方式的不同，补偿贸易有两种基本形式。

(1) 产品返销，即买方以进口技术、进口设备生产出来的产品或有关产品直接用来抵偿进口技术、设备的价款。

(2) 回购，也称互购，即买方不是以进口技术、设备生产出来的直接产品还款，而是以双方商定的其他产品或劳务——间接产品，去分期偿付进口货款。

3) 加工贸易

加工贸易是一国通过各种方式进口原材料，零部件，利用本国加工生产能力，加工成成品后再出口，从而获取加工费收入。目前的主要做法有以下几种。

(1) 来料加工。这是指加工一方按照对方的要求，把对方提供的原辅料加工成制成品交与对方以收取加工费。

(2) 来样加工。对方只提出各方面要求并提供样品，加工方全部采用国产原辅料加工，成品交对方。

(3) 来件装配。是指对方提供零部件或元器件，加工方进行装配并将成品交与对方。

(4) 进料加工。是指加工方自己进口原辅料进行加工，成品销往国外，这种情况又称“以进养出”。

开展上述各种形式的加工装配业务，对加工方具有积极的意义：有利于发挥和挖掘国内现有技术、设备的生产潜力，特别是对那些开工不足的企业更具有现实意义；有利于学习国外先进技术，提高产品质量；有利于扩大就业，为国家创汇和积累资金等。

贸易实践

中国的加工贸易

从1978年在我国广东省的珠海出现了第一单加工贸易的外贸协议，30多年过去了，加工贸易这个舞台越来越大。据统计，加工贸易进出口额从1980年的16.7亿美元增长到2008年的9 860亿美元，在对外贸易中的比重从4.4%提高到45.4%。其生产模式从早期的简单加工装配发展到具有复杂的生产程序，包含有相当的科技含量的现代化生产活动。产品结构从早期低附加值的劳动密集型产品为主转变为资本技术密集型产品为主。产业链从成品组装向上游零部件和下游服务产业两个方向延伸。地域分布从最初的珠江三角洲地区扩展到长江三角洲地区和环渤海湾地区，而且正在向内陆地区扩展。

4) 租赁贸易

租赁贸易是指工商企业通过租赁市场(通常是与金融机构有联系的租赁公司)获得购置所需的生产资料，如机械设备、交通工具、办公用品等货物的一种融资贸易方式。它是一种把信贷和贸易联系起来的新贸易方式。其具体做法：承租人选择需要的商品，确定品名、规格和日期，与制造商或租赁公司接洽；租赁公司出资购买商品，再与承租人签订合同，承租人支付租金。租金一般相当于租赁商品的销价加上租赁期的利息再加上佣金(手续费)；制造商(或租赁公司)按照合同向承租人发货，承租人仅享有租赁设备的使用权，所有权归出租人所有，租赁期满后，承租人视其需要继续租用、按处理价格收归已有，或将商品退回租赁公司。

贸易实践

空客公司的租赁贸易战略

目前正在全球运营的飞机当中，有6 800架飞机是通过租赁方式进行运行的，大概占全球飞机的42%。过去10年空中客车交付给租赁公司的数量，按每年来算占了35%～40%的市场份额，由此可见，租赁公司为介入全球的租赁业做出了巨大的贡献。10年前在欧洲，在空客公司，针对制造厂商和租赁公司关系的定位，曾经有过非常热烈的辩论。的确，租赁公司和制造商面对的几乎是共同的客户，有时候利益会相冲突，但是如果站在更高的高度来看这种关系，可以轻易的得出这样一个结论，就是制造商和租赁公司是一种相互依存、互为发展的关系，两个功能是不一样，空客的战略定位就是主营业务在于飞机的设计、制造、销售和资源。租赁公司对制造商的意义是什么呢？第一，租赁公司是制造商额外投放到市场的渠道，通过租赁公司可以增加市场份额赢得新的客户，在过去的10年当中，空客公司2/3的市场份额，是通过租赁公司的合作来实现和完成的，这是非常重要的贡献。第二，全球的租赁公司往往都是空客最大的客户，在这些租赁公司的背后，往往都是庞大的、实力很强的金融机构。所以它给制造商带来了大量的现金，同时帮助制造商降低风险。

5) 招标与投标

招标是招标人按事先规定的条件公开征求应征人，选择最优者成交；投标是投标人根据招标人提出的要求，提出自己相应的价格和条件，通过竞争，争取为招标者选中成交，即中标。招、投标的具体过程包括招标、投标和开标三个环节。招标人在政府公报或有关报纸、刊物上发表招标公告，投标人填好标书等文件后，采用密封递价办法，在规定的投标截止期前寄交招标人或其代理。开标有公开和非公开两种办法。公开开标是指投标人监督开标。非公开开标是指招标人在没有投标人参加的情况下自行选择中标人，这时决定中标的因素就不完全取决于经济因素。发出采购意向书，然后正式签订合同，中标人也要缴纳约为合同金额10%的履约保证金。

在国际市场上，一些国家的政府机构、公用事业单位的采购和工程、国际经济组织的援建项目，大多要通过招投标确定承包人。

6) 电子商务

随着信息技术，特别是网络通信与计算机技术在国际经贸领域的运用，传统的国际贸易交易方式日益受到挑战，电子商务作为一种新兴的交易方式在国际贸易领域越来越显示出优势。电子商务是指企业运用现代信息技术从事商务和经营的活动。通过电子商务，逐步使国际贸易活动实现网络化、信息化、无纸化。在商务往来中，运用电子数据交换(electronic data interchange，EDI)，把各种贸易数据按标准格式处理，并把这些数据通过计算机网络，在各自的电子计算机应用系统之间进行交换和自动处理。EDI借助电子手段，能够迅速地完成复杂的贸易流程，使市场机制在全球范围内更有效地发挥作用，从而大大提高了国际贸易的效率。

贸易实践

阿里巴巴

阿里巴巴在1999年成立于浙江杭州，通过旗下三个交易市场协助世界各地数以百万计的买家和供应商从事网上生意。三个网上交易市场包括集中服务全球进出口商的国际交易市场、集中国内贸易的中国交易市场，以及通过一家联营公司经营，促进日本外销及内销的日本交易市场。此外，阿里巴巴也在国际交易市场上设有一个全球批发交易平台，为规模较小、需要小批量货物快速付运的买家提供服务。所有交易市场形成一个拥有来自240多个国家和地区超过6 100万名注册用户的网上社区。

2.2.4 当代世界市场的主要特征

1. 世界市场容量不断扩大

二战后，世界市场发展的规模空前扩大，世界出口贸易额迅速增加。世界国际贸易额1980年为20 320亿美元，1990年为34 785亿美元，2000年为64 441亿美元，2006年为

119 829 亿美元。出口贸易额的年均增长速度不断加快，从 20 世纪 80—90 年代的个位数字提高到 21 世纪初的两位数字。与此同时，世界服务出口贸易额增加也很快。世界服务出口贸易额 1980 年为 3 910 亿美元，1990 年为 8 308 亿美元，2000 年为 15 293 亿英元，2006 年为 27 356 亿美元。

世界市场的规模日益扩大，但是，其发展也不是一帆风顺的。有的时候发展得比较快，有的时候发展得比较慢，起伏不定，这是与战后的科技发展和世界政治经济形势的变化分不开的。二战后第三次科技革命的深入、国际分工的深化、资本国际化进程的加快、交通和通信工具的进步和各种新的贸易方式的出现都促进了世界市场的扩大。但与此相反，世界性的经济危机、金融危机、能源危机的频繁爆发和世界性的政治事件和军事行动，如 1979 年苏联出兵阿富汗，1991 年伊拉克入侵科威特，20 世纪 90 年代初苏联解体、东欧剧变，1995 年墨西哥金融危机，1997 年东南亚金融危机，2001 年“9・11”美国世贸中心被毁的恐怖事件等都引起了世界市场的动荡，使世界市场发生波动与萎缩。

2. 国内外市场融合加速

20 世纪 90 年代以后，世界各国国内市场与世界市场的融合不断加速。其融合途径表现在以下几方面。

(1) 市场经济体制逐步趋同。20 世纪 80 年代以来，首先是印度，然后是中国逐步摆脱计划经济体制；90 年代，东欧和中亚的前社会主义国家摆脱计划经济体制转向市场经济体制。

(2) 贸易壁垒在下降。关税税率不断下降，非关税壁垒受到约束和规范，扩大服务贸易的市场准入。

(3) 资本自由化。绝大多国家从限制外资转变为欢迎外资，给外资以各种优惠待遇。

(4) 在跨国公司作用下，形成了世界性的生产网络和销售网络，出现了“无国界经济”。

(5) 在科技革命作用下，世界的通信、运输、物流网络不断完善，把各国市场有机地结合起来。

(6) 世贸组织取代 1947 年的关税与贸易总协定成为多边贸易体制的组织和法律基础。世贸组织成员根据世贸组织负责实施管理的协定与协议修正本国的贸易规则。

(7) 地区经济贸易集团大量出现，通过内部的自由化，加速成员之间市场的融合。

融合的成果是世界贸易的增长速度高于世界生产的增长速度。世界出口贸易额占世界国内生产总值的比重，从 20 世纪的 10%提高到 2005 年的 23.4%，表明国内外市场不断扩大融合度。

3. 国际贸易商品结构发生了重大变化

1) 工业制成品在国际贸易中所占的比重超过初级产品

二战前，初级产品在世界贸易中所占比重超过工业制成品。二战后，这种状况发生了变化，工业制成品在世界贸易中所占的比重逐步上升，而初级产品所占比重逐步下降，见表 2-1。

表 2-1 初级产品和工业制成品在世界出口贸易中的比重

项目 \ 年份	1937	1955	1963	1975	1987	1995	2000	2006
初级产品	63.3%	51%	42.3%	46.2%	47.8%	22.5%	21%	25.2%
工业制成品	36.7%	49%	55.9%	52.1%	68.8%	74.7%	76.2%	71.5%
其他			1.8%	1.7%	3.7%	2.8%	2.8%	3.3%

(资料来源：P. L 耶茨《对外贸易四十年》；联合国贸易与发展会议：《国际贸易发展和统计手册》1995，1996，2007。)

2) 燃料在初级产品贸易中所占比重急剧上升

二战后，在世界初级产品贸易中，燃料所占比重一直呈上升趋势，从 1955 年的 22.2% 上升到 1970 年的 27.6%，1987 年更进一步上升到 39.9%，1994 年虽有所下降但仍占 34.2%，2000 年又上升至 47.3%，2006 年该比重为 54.9%。其原因主要是战后能源结构的变化和石化工业的发展，合成材料代替了天然原料及 1973 年以后石油价格的急剧提高。

3) 机械产品比重迅速增长

在制成品贸易中，机械产品在各大类商品中增长最快，在世界出口贸易中所占比重不断提高。1953 年机械产品(包括运输设备)在世界出口总值中所占的比重为 17.4%，1975 年上升到 27.9%，1984 年达到 29.4%，1994 年更高达 37.7%，2000 年该比重为 40.8%，2006 年为 36%。造成这种现象的主要原因：在战后世界工业结构中，石化工业和金属制成品工业的重要性加大；中间性机械产品在国际贸易中迅速增加；新机械产品的大量出现；居民对耐用消费品需求的急剧增加。

4) 服务贸易发展迅速

二战后，由于世界经济尤其是发达国家第三产业的兴起，各种生产要素在国家间流动的加快，使服务在世界范围内正经历着国际化和互相渗透、互相依赖的过程。它导致世界服务贸易的迅速发展。1980—2005 年的 25 年间，世界服务贸易出口额从 3 650 亿美元扩大到 24 147 亿美元，增长了 5.7 倍，占世界贸易出口的比重从 1/7 增长到近 1/5。2005 年世界服务贸易出口增速为 11%。

4. 垄断与竞争加剧

1) 世界市场向区域集团化方向发展，加强了贸易集团的对外竞争能力

欧洲共同体已于 1992 年建立统一了大市场，实现共同体内部商品、劳务、资本和人员的自由流动，提高了西欧在世界市场中的竞争地位。经过东扩和南下，到 2007 年 1 月，欧盟已成为一个涵盖 27 个国家的区域一体化集团。北美自由贸易区协议于 1994 年 1 月 1 日起正式生效。亚太地区于 1989 年组建了一个由 12 个国家参加的亚太地区经济合作组织(Asia-Pacific Econmic Cooperation，APEC)。另外，在亚洲地区，东盟—中国自由贸易区已于 2011 年 1 月 1 日正式成立。

国家集团化的特点是集团内部实行贸易自由化，对外统一排斥、限制外国商品的进入，并与某些集团外的国家结成特殊伙伴关系，如欧盟和非洲、加勒比和太平洋地区的发展中国家集团的关系。这种集团化使后来者被排斥于平等交易之外，在世界市场竞争中处于不利地位。

贸易实践

欧盟贸易保护让巴黎车展失去“中国身影”

2010年10月2—17日，世界五大车展之一的巴黎车展在凡尔赛门展览中心召开。共有19个国家248个汽车品牌的参展。然而令人不解的是，尽管150欧元/平方米的参展费用低于北京车展，尽管具备电动车试驾跑道和电动卡丁车大赛等新项目，但巴黎车展中却没有一家中国企业，要知道2008年巴黎车展时，还有华晨和双环踊跃参展。

欧盟的贸易保护主义是中国车企放弃欧盟市场的主要原因。首先，欧盟严苛的认证法规让中国车企的产品不容易过关。其次，在欧盟的认证碰撞测试中，很难保证欧盟国家不会带着偏见，华晨汽车在德国的两次碰撞测试结果差别很大，就说明了这个问题。一位业内人士表示：“在德国，像日本车这样做工精致的车型都很难被接纳，更不用说中国车了。以数据为例，2008年德国市场销售了德产品牌汽车2 004 959辆，但日本品牌汽车只有291 514辆，相差近10倍。”

2) 跨国公司的活动加剧了世界市场的垄断与竞争

在经济贸易集团分割市场的情况下，一些发达国家通过跨国公司进行大规模资本输出，绕过他国的关税和非关税壁垒，从跨国公司内部控制市场。跨国公司利用其雄厚的资本、先进的科学技术、强大的科研和发展能力、遍及世界的销售网和信息网、高超的组织管理技能，通过横向和纵向垄断、限制性商业惯例、内部定价等办法进行竞争，使其在国际贸易中的垄断地位不断加强。

3) 利用对外贸易政策措施干预世界市场的活动

二战后发达国家垄断资本主义的长足发展，使其在对国内社会经济生活进行干预的同时，开始对对外经济贸易关系进行调节。这些国家一方面以诸如一体化、多边协定、国际贸易组织、政府首脑定期会谈等形式为商品交换、资本和劳动力的流动创造较为有利的外部条件；同时又以国家的力量制定和执行奖出限入的各种政策措施，如通过资本输出、出口补贴、出口信贷、外汇倾销、商品倾销等措施来加强本国商品在世界市场上的竞争能力，并通过关税和非关税壁垒来限制外国商品的进入，增加本国产品的竞争能力等。

4) 从价格竞争转向非价格竞争

价格竞争是指企业通过降低产品的生产成本，以低于国际市场或别国同类产品的价格，在国外市场上打击和排挤竞争对手，扩大商品销路。非价格竞争是指企业通过提高产品的品质性能，改进产品的设计和包装装潢，更新花色品种，保证及时交货和做好售前与售后服务等办法来扩大商品的销路。当代世界市场的竞争是两种竞争形式并存，非传统的非价格竞争起着越来越重要的作用。

5. 市场利益分配仍不公平

在当今世界市场，参与世界市场活动的国家和地区所获得的利益是不平等的。

(1) 在世界市场上，货物、劳动力、知识产权和资本运行中的主导权仍然掌握在发达国家手中。它们既是经济发展传递的中心，同时也是经济波动或衰退的发源地。发达国家处于主动地位，而其他处于外围的国家将要承担更大的风险和伤害。

(2) 世界市场协调机制是通过谈判和规则来进行的，在谈判和各种规则制定的过程中，发达国家由于其经济实力强大，处于决策地位，而发展中国家由于经济实力较弱，处于弱势地位，参与规则制定的话语权很小。

(3) 在世界市场的运行规则中，发展中国家经过努力，争取到一些特殊待遇条款，但由于发展上的差距，无力把这些优惠待遇变成现实。

由于上述原因，导致世界市场带来的利益，不是平等地在发达国家和发展中国家分配，在世界市场运作的“双赢”中，发达国家获得的利益远远多于发展中国家。

贸易实践

国际分工陷阱

在新一轮全球并购高潮中，发达国家实际上是在强化其在原有贸易格局中的既得利益，而发展中国家则被更加牢固地锁定在国际分工链条的末端，进而掉入“国际分工陷阱”。在美国市场，中国出口玩具“芭比娃娃”的零售价为9.99美元，在美国海关的进口价仅为2美元，两者相差的8美元作为“智力附加值”被美方拿走。在剩下的2美元中，1美元是运输和管理费，65美分支付原材料进口的成本，中方只得到区区35美分的加工费。由此可见，包括中国在内的发展中国家在国际分工链条中处于明显的劣势和低端，而发达国家则成为最大的赢家。这样的例子在发展中国家与发达国家的贸易中并不鲜见。随着信息和通信技术的迅猛进步，不同国家或经济体之间，在获得接入信息和通信技术的机会与利用互联网进行各种业务活动方面，出现了明显的“数字鸿沟”。这类现象一旦被固定化和普遍化，那么，发展中国家的产业结构就有可能永远地被锁定在国际分工链条的末端，进而掉入“国际分工陷阱”。在这种情况下，发展中国家面临两难抉择。一方面，加入到全球资本主义体系中，被迫或自愿地接受发达国家制定的于己不利的规则，必将不可避免地付出惨痛的代价。另一方面，如果拒绝接受现行的国际经济规则似乎没有其他出路。即使闭门造车成为可能，其结果往往也是事倍功半，因为各国的比较优势必须在国际分工中才能得以实现。

2.2.5 世界市场上的商品价格

世界市场价格是商品国际价值的货币表现，是商品在世界市场上实际交换的依据。在世界市场上，价格机制是资源配置的主要手段。了解世界市场价格的决定和影响因素以及世界市场价格的调节作用是非常重要的。

1. 世界市场价格的决定

马克思的国际价值论认为，商品的国际价值和国别价值一样，在本质上是一般人类劳动的凝结物，但是在数量方面，则存在差异。国别价值由该国生产该商品的社会必要劳动时间所决定。国际价值由“世界劳动的平均单位”所决定。

按照马克思的劳动价值论，商品的价值量不是由个别劳动者的劳动时间决定的个别价值，而是由社会必要劳动时间决定的国别价值。社会必要劳动时间是指在现有的社会正常的生产条件下，在社会平均的劳动熟练程度和劳动强度下制造某种使用价值所需要的劳动时间。在国内市场中，社会平均的劳动熟练程度和劳动强度，即中等的劳动强度条件下生产某种使用价值的劳动时间成为衡量一国该行业价值量的尺度。在国际市场上，商品的价值必须由国际必要劳动时间决定，不能由国别必要劳动时间决定。而在世界市场上，“国家不同，劳动的中等强度也不同，有些国家高些，有些低些，于是各国的平均数形成一个阶梯，商品价值量的计量单位是世界劳动的平均单位”。这个“平均的劳动单位”就是在世界经济的一般条件下生产某种商品时所需要的特殊的社会必要劳动时间。

2. 世界市场价格的影响因素

1) 世界市场的供求关系

商品的国际市场价格受供求关系影响围绕着国际价值上下波动。商品的国际价值是商品价格变动的中心，但并不意味着在每一次商品交换时，国际市场价格都是和国际价值相一致。当商品的供给超过需求时，国际市场价格会低于国际价值；反之，当商品供不应求时，前者会高于后者。但是，价格本身的变动，又会反过来影响供给和需求的变化，使之逐渐趋向于平衡，从而使国际市场价格接近国际价值。当某种商品的国际市场价格上涨时，许多国家商品生产者为较高的利润所吸引，就会增加这种商品的生产，这一商品的供给于是逐渐增加，从而阻止国际市场价格的进一步上涨而转为下落。相反，当某种商品的国际市场价格下落，许多国家的商品生产者会无利可图或利润较少，就会减少这一商品的生产，这一商品的供给于是逐渐减少，从而阻止国际市场价格的进一步下降而转为上升。在世界市场中，商品的价格时而高于其价值，时而低于其价值，但不能长久、过分地背离价值。

2) 市场结构和价格之间的关系

市场结构反映的是市场垄断程度的高低，涉及到市场上买主与卖主的数量和分布规模、买卖各方彼此之间的合作程度以及产品品质的差异程度等。具体到国际市场上，市场结构主要通过经营某种商品的进出口商的数量、他们之间的合作程度以及在国际市场上所售商品的差异程度等反映国际市场的垄断程度。

很明显，如果市场上存在着大量的买主和卖主，买卖双方都不可能获得对市场价格的控制能力，市场的垄断程度就较低，价格是在众多的买主和卖主彼此之间的竞争而形成的。相反，如果市场中存在着大量的买主，而商品的销售却控制在一个卖主的手中，这种情况下卖方就有控制市场价格的能力，市场就是垄断性的。

3) 世界经济发展周期和世界市场价格

经济周期一般经过四个阶段，即危机、萧条、复苏和高涨。商品的市场价格和市场利润都随着这些阶段而变化。在危机期间，生产猛然下降，大批商品找不到销路，存货积压，价格会下跌。危机过后，生产逐渐上升，对各种产品的需求增加，价格又开始上涨。在世界各国经济联系越来越紧密的情况下，无论是全球出现经济萧条或高涨，还是各国国内经济波动对其他国家的影响，都会影响到国际商品市场的价格。

4) 汇率和世界市场价格

汇率是不同国家货币之间的比价，外汇供给和需求的变动会引起汇率波动。汇率的变动会对一国的进出口贸易产生重要的影响。具体来说，一国货币对外贬值，会使以外币表示的本国出口产品价格下降，导致本国的出口供给增加；以本币表示的进口商品价格上升，导致进口需求减少。相反，如果一国货币对外升值，会使以外币表示的本国产品价格上升，导致该国的出口供给减少；以本国货币表示的进口商品价格下降，导致进口需求增加。汇率的波动对国际商品价格的影响主要体现在世界主要货币的汇率波动上，如美元、欧元的汇率波动。因为在进行国际交换中大部分商品大都以主要货币标价和结算。

5) 通货膨胀与世界市场价格

商品价格的变动，不仅受商品价值和供求变动的制约，还受到货币因素的影响。通货膨胀使物价上涨，通货紧缩使物价下降。币值变化对商品价格的影响总是和经济周期、垄断因素等相互作用。例如，在经济高涨阶段，出现了通货膨胀，对于一种处于卖方垄断地位的商品的价格将出现物价飞涨的现象。

6) 政府政策和世界市场价格

各国政府采取了许多政策措施，如支持价格政策、出口补贴政策、进出口管制政策、外汇政策、税收政策、战略物资收购及抛售政策等，对世界市场的价格产生很大的影响。

7) 跨国公司和世界市场价格

跨国公司是国际商品交易的主要载体，其与外部其他经济交易主体的交易价格，以及跨国公司内部的调拨价格都是国际商品市场价格重要组成部分，从而跨国公司对国际商品市场价格起着重要的影响作用。

8) 投机活动

投机活动是加速国际商品市场价格波动的重要因素。在市场前景不利的情况下，市场投机性抛售会使已经下降的价格近一步下降。相反，在价格上升、需求旺盛的时候，投机商的做多行为会使已经上升的价格进一步上升。

10) 临时性突发事件

临时性突发事件会加剧国际商品市场价格的波动。一些不确定因素仍将影响国际商品市场的价格水平，如天气、自然灾害、地缘政治、恐怖活动、罢工及美元汇率走势等。由于这些事件容易引起人们对市场供应减少或中断的担心，价格出现激涨现象并不断在高位徘徊。

另外，商品销售中的各种因素也可能影响商品的价格。例如，付款条件的难易、运输交货的适时、销售季节的赶前与错后、是否名牌、使用的货币、成交数量的多少、客户的爱好、地理位置的远近、广告宣传的效果、服务质量等。

贸易实践

国际铜价的影响因素

(1) 供给需求因素的影响：跟踪伦敦、纽约及上海三大交易所的库存变化情况。

(2) 经济、政治因素的影响：经济形势和经济政策的影响。铜为战略物资背景，所以战争对于铜价影响较为明显。

(3) 相关政策因素的影响：如进出口政策，尤其是关税政策，目前我国铜原料的进口关税为零，出口关税 5%。

(4) 基金的影响：美国商品期货交易委员会(CFTC)持仓情况。

(5) 周边市场影响：美元指数、伦敦金属交易所的影响、相关商品——石油和铝的影响。

(6) 生产成本的影响：生产成本是衡量商品价格水平的基础。铜的生产成本包括冶炼成本和精炼成本。

3. 世界市场价格的种类

商品国际市场价格按其形成条件、变化特征可分为两大类，一类为世界“自由市场”价格，另一类为世界“封闭市场”价格。

1) 世界“自由市场”价格

世界“自由市场”价格是指在国际间不受垄断或国家垄断力量干扰的条件下，由独立经营的买者和卖者之间进行交易的价格，国际供求关系是这种价格形成的客观基础。“自由市场”是由较多的买主和卖主集中在固定的地点，按一定的规则，在规定的时间进行的交易。尽管这种市场也会受到国际垄断和国家干预的影响，但是，由于商品价格在这里是通过买卖双方公开竞争而形成的，所以，常常较客观地反映了商品供求。羊毛(阿根廷)的英国到岸价格，大米(泰国)的曼谷离岸价格，咖啡的纽约港交货价格等36种初级产品的价格列为世界“自由市场”价格。

2) 世界“封闭市场”价格

“封闭市场”价格是买卖双方在一定的约束关系下形成的价格。商品在国际间的供求关系，一般对其不会产生实质性的影响。世界“封闭市场”价格一般包括以下几种：

(1) 调拨价格。调拨价格又称转移价格，是指跨国公司以全球战略为中心，为了最大限度地减轻税负，逃避东道国的外汇管制等目的，在公司内部的母公司与子公司、子公司与子公司之间进行国际贸易时所规定的交换价格。

(2) 垄断价格。垄断价格是指国际垄断组织利用其经济力量和市场控制力量决定的价格。在世界市场上，国际垄断价格有两种：一种是卖方垄断价格；另一种是买方垄断价格。前者是高于商品的国际价格的价格；后者是低于商品的国际价格的价格。在两种垄断价格下，均可取得垄断超额利润。此外，在世界市场上，由于各国政府通过各种途径对价格进行干预，所以出现了国家垄断价格或管理价格。

(3) 区域性经济贸易集团内的价格。第二次世界大战后，成立了许多区域性的经济贸易集团。在这些经济贸易集团内部，形成了区域性经济贸易集团内价格。例如，欧洲经济共同体的共同农业政策中的共同价格，即对许多农产品实行统一价格来支持农场主的收入并通过规定最低的进口价格来保证农产品价格稳定。

(4) 国际商品协定下的协定价格。商品协定通常采用最低价格和最高价格等办法来稳定商品价格。当有关商品价格降到最低价格以下时，就减少出口，或用缓冲基金收购商品；当市场价格超过最高价格时，则扩大出口或抛售缓冲存货。

本章小结

本章主要介绍了国际分工和世界市场，国际分工是国际贸易和世界市场的基础，世界市场是国际贸易的活动场所，是国际贸易的实现手段。

国际分工的形式主要有三种，即水平型、垂直型和混合型。国际分工萌芽于16—18世纪，主要是宗主国和殖民地之间的分工；到了18—19世纪，国际分工开始形成了以英国为中心的,以自然资源为基础的工业品生产国与初级产品生产国之间的分工；到二战前形成了以一组国家为中心的，以自然资源为基础的工业品生产国和初级产品生产国之间的国际分工新体系；二战后国际分工深入发展，呈现出新的特点。影响国际分工的因素很多，主要有社会生产力的发展，各国的自然条件和人口劳动力规模，资本的国际化和政府国际组织的影响。国际分工影响着国际贸易的发展速度、地理分布、商品结构，国际贸易政策的制定和国际贸易利益的分配。

世界市场是世界各国交换商品、服务、科技的场所。世界市场是随着地理大发现而萌芽，随着第一次产业革命的胜利而迅速发展，随着第二次产业革命的进展而最终形成的。世界市场是由国家地区、贸易企业、交易的商品、市场载体和市场管理者构成。世界市场的交易形式主要分为有固定交易场所的交易和没有固定组织形式的国际市场。二战后，世界市场呈现新的发展特征，市场容量不断扩大，国内外市场融合加剧，市场商品结构发生重大变化，竞争和垄断加剧，但利益分配仍不公平。

习　题

一、单项选择题

1. 在19世纪形成的英国和殖民地之间的国际分工属于(　　)。
   A. 水平型　　B. 垂直型　　C. 混合型　　D. 不确定
2. 国际分工形成和发展的决定性因素是(　　)。
   A. 自然条件　　B. 社会生产力
   C. 政府政策　　D. 劳动力分布
3. 国际分工萌芽阶段，形成了(　　)之间的分工。
   A. 发达国家和发展中国家　　B. 农业国与工业国
   C. 宗主国和殖民地　　D. 农矿业国和工业制成品生产国
4. 国际分工的深化发展是在(　　)。
   A. 二战后　　B. 16到18世纪中叶
   C. 18世纪60年代到19世纪60年代　　D. 19世纪中叶到二战前
5. 统一的世界市场形成于(　　)。
   A. 15世纪末到16世纪初　　B. 18世纪末到19世纪初
   C. 19世纪末到20世纪初　　D. 20世纪末到21世纪初

二、多项选择题

1. 国际分工是(　　)。
   A. 国际贸易的基础　　B. 世界市场的基础
   C. 国际贸易的产物　　D. 世界市场的产物
2. 当代世界市场形成的标志有(　　)。
   A. 多边支付体系的建立　　B. 金本位制
   C. 纸币制　　D. 完善的商品购销渠道
3. 下列各项属于有固定组织形态的国际市场的有(　　)。
   A. 招投标　　B. 期货交易　　C. 国际展览会　　D. 加工贸易

三、判断题

1．二战后，发达国家和发展中国家之间的分工居于国际分工的主导地位。 ( )
2．一国在国际分工中的地位决定该国在国际贸易利益分配中的地位。 ( )
3．跨国公司的内部分工已经成为当前国际分工的一种重要形式。 ( )
4．美国企业生产电脑芯片，中国企业组装电脑，日本企业负责销售，这属于垂直型国际分工。 ( )
5．物流活动是世界市场的载体之一。 ( )

四、问答题

1．国际分工如何影响国际贸易？
2．简述世界市场的构成。
3．二战后国际分工的发展有何特点？
4．影响国际分工的因素有哪些？
5．当代世界市场有何特点？
6．世界市场的交易方式有哪些？

五、案例应用分析

阅读材料 2-1

芭比娃娃，中国制造贬值了吗

中国经济在经历国际化的冲击之后，已经从过去简单的产品竞争进入到了前所未有的产业链竞争。

中美双方的玩具贸易争执曾经闹得很大，美国政府对中国不断地实施制裁。按照美国商务部所公布的数据，我国企业制造芭比娃娃的价值是 1 美元，最后在美国的沃尔玛卖出去的价格是 9.99 美元。从一开始的制造到终端的零售整个价值的创造是接近 10 美元，可是中国制造业只创造了 1 美元的价值。其他的近 9 美元的价值是怎么创造的呢？包括产品设计、原料采购、仓储运输、定单处理、批发以及零售，整条大物流的产业链，基本上都操控在欧美各国的手中。而这个所谓的软性的大物流概念是从产品设计开始一直到零售。

在整个产业链的分工当中，中国被分到了价值最低的制造业。那么，制造业为什么会放在中国？因为制造业的本质基本上就是破坏环境、浪费资源、剥削劳工，所以欧美厂商都在选择其他国家，而避开自己的国土。同时，可以在制造业的后端环节中创造更多的价值。以芭比娃娃为例，当中国的制造业创造出 100 元的价值之后，美国通过上述这种大物流的软环节，自动地创造出 900 元的价值。之所以穷国越穷，富国越富，因为各国所掌握的产业链的本质不一样，这就是所谓的产业链竞争时代。

对于我国企业而言，产业链的竞争极其残酷，因为我国目前定位的就是价值最低的制造业。这种国际分工的定位，将给我国的企业造成进一步的打击。

以电脑的 OEM 和 ODM 为例，做电脑代工看起来风风火火，但价值创造也是最低的。当这些代工企业也想从事上游的原材料研发等高附加值的业务时，却发现极其艰难。这也是中国很多电脑代工业尝试转型却走不下去的原因，因为真正有价值的产业链基本上是掌控在欧美各国的手中，我们没有主动权。

如果现在还有人把中国看作是制造业大国的话，那就把欧美看得太简单了。如果以价值来论，真正的制造业大国应该是美国，他们掌握着制造业最重要的部分，也就是高附加值的部分，或者说是软性大物流环节。这给中国造成莫大的冲击。

问题:

(1) 请从此案例分析出一些当代国际分工的特点。

(2) 面对目前分工格局，中国企业有何突围之策?

阅读材料 2-2

世界黄金市场

早在 19 世纪初期，世界上就已经出现了较为健全的国际黄金市场。当时处于金本位制时期，西方国家的黄金市场都是自由交易、自由输出入。后来，随着金本位制的崩溃，各国政府纷纷实行外汇管制，黄金交易受到很大程度的限制。例如,规定黄金一般要出售给官方外汇管理机构或指定的银行，至于工业和其他用途的黄金，也需向外汇管理机构或指定的银行购买。但是，国际黄金市场没有因为黄金已不再是货币材料而萎缩。二战后，各国对黄金管制有所放松，黄金市场得到进一步发展，交易量也明显增多。进入 20 世纪 70 年代以后，国际黄金市场又有了新的发展变化，主要表现在以下几个方面。

(1) 市场规模进一步扩大。一些国家和地区相继开放黄金市场或放松对黄金输出入的管制。例如，加拿大温尼伯期货交易所于 1972 年 11 月开业进行黄金买卖；美国于 1975 年宣布允许居民持有和买卖黄金。此外，澳大利亚、新加坡也先后于 1978 年 4 月和 11 月设立了黄金期货市场。这样，加上原有的伦敦、巴黎和苏黎世黄金市场等，黄金市场几乎遍布世界各地，而且黄金交易量也迅猛增加，最终导致巨大的国际黄金市场的形成。

(2) 各黄金市场金价波动剧烈，投机活动越来越频繁。自从布雷顿森林体系崩溃以后，国际黄金市场的金价一直动荡不定。例如，1980 年 1 月黄金价格曾达到 850 美元/盎司的破纪录的高峰，然而仅到当年 3 月，又迅速下跌至 470 美元/盎司。波动幅度高达近 80%。与此紧密相连，国际黄金市场中“买空卖空”的投机活动日益盛行，而这种投机活动又进一步加剧了金价的波动。

(3) 期货市场发展迅速。自 1947 年美国解除黄金禁令，开办了黄金期货市场以来，纽约期货交易所、芝加哥期货交易所的发展速度十分惊人。受此影响，不仅新加坡、澳大利亚相继开辟了期货市场，就连一贯以黄金现货交易著称的伦敦市场也于 1981 年开办了期货市场，使国际黄金市场的结构和布局发生了重大的变化。由于各地黄金市场对金价波动的敏感性进一步增强，黄金价格的差距也随之趋于缩小。此外，期货交易的性质也较以前有了重大变化。过去对黄金的期货交易通常是为了使买卖双方免受金价波动的影响，而近年来对黄金的期货交易在很大程度上是为投机服务，期货交易双方到期后，大多数并不实际交割，而只是支付金价波动的差额。

(4) 国际黄金市场的参加者。作为卖方出现的参加者主要有产金国生产黄金的企业；拥有黄金需要出售的集团或个人；为解决外汇短缺和支付困难的各国中央银行；预测金价下跌做“空头”的投机商等。作为买方出现的参加者主要有为增加官方储备的各国中央银行；为投机或投资的购买者；预测金价上涨做“多头”的投机商；以黄金作为工业用途的工商企业等。此外，一些国际金融机构，如国际清算银行和国际货币基金组织等也参与黄金市场的买卖活动。

从事黄金买卖的交易所都有一种特色，即使是一家小小的交易公司，里面也是情绪高昂、喧闹异常。

由于政治和经济情况的变化都会引起金价的升跌，交易商必须随时收听有关世界各地政治与经济情况的报道。无论是中东杂志所做的有关石油价格的评论，或者南非金市的销售量等消息，对现代的黄金交易商而言都是同等重要的消息。

国际黄金市场的交易方式主要有现货交易和期货交易两种方式。

(1) 黄金现货交易及其特点。国际黄金市场上黄金现货交易的价格较为特殊。在伦敦国际黄金市场上的黄金现货交易价格，分为定价交易和报价交易两种。

定价交易的特点是提供客户单一交易价，即无买卖差价，按所提供的单一价格，客户均可自由买卖，金商只收取少量的佣金。定价交易只在规定的时间里有效。短则一分钟，长则一个多小时，具体时间视供求情况而定。

报价交易的特点就是有买、卖价之分。一般是在定价交易以外的时间进行报价交易，如伦敦国际黄金市场，每日进行两次定价交易，第一次为 10: 30，第二次为 15: 00。定价交易在英国最大金商洛希尔父子公司的交易厅里进行，该公司担任首席代表，其他各金商均选一名代表参加。在定价交易前，市场的交易活动要停止片刻，这时各金商对外均不报价，由首席代表根据市场金价动态定出开盘价，并随时根据其他代表从电话里收到的订购业务调整价格。若定价交易开盘后没有买卖，则定价交易结束。若有买卖，首席代表就不能结束定价交易活动。订购业务完成时的金价即为黄金现货买卖的成交价格。定价交易是世界黄金行市的“晴雨表”，世界各黄金市场均以此调整各自的金价。定价交易结束后，即恢复正常的黄金买卖报价活动。

(2) 黄金期货交易及特点。在国际黄金市场上进行的期货交易，又分保值交易和投机交易两种。

保值交易是指人们为了避免通货膨胀或政治动乱，出于寻求资产价值“庇护所”的意图，而购买黄金的活动。当然，也有的是以避免由于金价变动而遭受损失为目的而进行黄金买卖的。一般地说，套期交易是保值的理想办法。对套期交易者来说，期货市场是最方便的购销场所。

国际黄金市场上的投机交易，则是利用市场金价波动，通过预测金价在未来时期的涨跌趋势，买空或卖空，从中牟取投机利润。在进行期货投机时，当投机者预测市场金价将会下跌时，便卖出期货，即所谓的做“空头”或“卖空”。如果届时金价果然下跌，他就可以按跌落后的价格买入黄金，以履行卖出期货的义务，从而赚取先贵卖后贱买的差额投机利润。但在一般情况下，他并不必购买黄金现货来履行卖出期货的义务，而只是收进价格之间的差额。反之，当投机者预测未来市场金价趋涨时，买进期货，即所谓的做“多头”或“买空”。期货到期后，如果金价真的上涨，他可以将原来低价买入的期货，再按上涨后的价格卖出，从中赚取先贱买后贵卖的差额利润。同样，一般情况下也不需要在买卖时交割实际黄金，而只由投机者收取金价差额即可。当然，投机者可以一面做“空头”，又可另一面做“多头”。例如，当投机者预计 1 个月后金价会上升，但到 3 个月后金价又会下降，那么，他可以一面做购进 1 个月的远期黄金合约，另一面出售 3 个月的远期黄金合约。在国际黄金市场上，那些实力雄厚的银行和垄断企业，往往在一定程度上主宰市场的投机活动，制造市场金价的大起大落，而在价格起落之前，购之于先或抛之于先，以从中牟取暴利。

(3) 黄金的交割方式。在国际黄金市场上，所交易的黄金，不论是期货还是现货，其大宗交易，特别是在国际金融机构、国家之间，以及大的垄断金融机构之间的黄金买卖，一般是采用账面划拨方式，把存放于某金库的属于某一国家或集团的寄存黄金改变一下标签即可，很少采用直接以黄金实物进行交割的方式。

问题：

(1) 结合该案例分析世界黄金市场的构成和交易方式。

(2) 影响国际黄金价格的因素有哪些？

第3章 传统国际贸易理论

教学目标

通过本章的学习，了解重商主义、绝对优势理论、相对优势理论和新古典贸易理论等传统贸易理论的产生背景和假设前提；掌握重商主义、绝对优势理论、相对优势理论和新古典贸易理论的核心观点；理解传统贸易理论的价值和缺陷；学会分析传统贸易理论对当今世界经济的影响并能适当运用这些理论。

教学要求

知识要点	能力要求	相关知识
重商主义理论	(1) 理解重商主义产生历史的背景 (2) 掌握重商主义的内容 (3) 分析重商主义对当今各国政策的影响	(1) 重商主义产生的历史背景 (2) 重商主义的发展阶段 (3) 重商主义的理论价值 (4) 重商主义的缺陷
绝对优势理论	(1) 理解绝对优势理论产生的背景 (2) 理解绝对优势理论的价值和缺陷 (3) 能够运用绝对优势理论	(1) 绝对优势理论的产生背景 (2) 绝对优势理论的内容 (3) 绝对优势理论的价值和缺陷
比较优势理论	(1) 理解比较优势理论产生的背景 (2) 理解比较优势理论的价值和缺陷 (3) 能够运用比较优势理论	(1) 比较优势理论的产生背景 (2) 比较优势理论的内容 (3) 比较优势理论的价值和缺陷
新古典贸易理论	(1) 掌握 H-O 模型假设的前提和理论内容 (2) 掌握 H-O-S 模型假设的前提和理论内容 (3) 理解里昂惕夫之谜的含义及其解释 (4) 评价与运用新古典贸易理论	(1) H-O 模型假设前提和理论内容 (2) H-O-S 模型假设前提和理论内容 (3) 里昂惕夫之谜及其解释

名人名言

比较优势是这样一个最佳的例子，即一个经济学原理无疑是正确的但对聪明人而言却并非是显而易见的。

——保罗·萨缪尔森

基本概念

重商主义　绝对优势　比较优势　要素禀赋　要素充裕度　要素密集型产品　要素密集度　里昂惕夫之谜　要素密集逆转

导入案例

生产还是进口？

拿起任何一件制造品，你很可能会发现它是一件许多国家间的贸易品。以滑雪板为例。2005 年，美国以每块平均批发价 44 美元进口了 134 万块滑雪板，所以，滑雪板的进口总额是 5 900 万美元。美国从 20 个不同国家进口了这些滑雪板。表 3-1 列出了美国海关进口数据，显示了对美国出口滑雪板金额最大的 9 个国家或地区。

表 3-1　2005 年美国的滑雪板进口

排名	国家或地区	进口额(百万美元)	滑雪板数量(千块)	均价(美元/块)
1	中国	18.1	355	51
2	奥地利	17.8	186	95
3	加拿大	9.1	123	74
4	墨西哥	5.0	565	9
5	西班牙	2.2	25	84
6	波兰	1.9	25	74
7	突尼斯	1.3	7	163
8	法国	1.1	9	118
9	德国	1.0	8	119

从表中可以看出，向美国出口滑雪板最多的是中国，价值超过 1 800 万美元的滑雪板，其次是奥地利，出口略少于 1 800 万美元。这两个国家的出口大大超过了由加拿大和墨西哥组成的第二集团，它们分别向美国出口了约 900 万美元和 500 万美元。然后是一个主要由欧洲国家——西班牙、波兰、法国和德国组成的大集团，它们每个国家向美国出口了 100 万～200 万美元。其他国家或地区各出口了不到 100 万美元。

案例思考：

美国完全拥有制造所有滑雪板的能力，为什么还要从这些国家或地区进口呢？

二战后，人们常常以“美国打一个喷嚏，其他国家就要感冒”来形容已成为世界上政治和经济头号强国的美国对于世界经济的巨大影响力。直到目前为止，仍然有许多国家对于美国的经济数据关心备至。这当然是因为美国的经济表现与其切身利益休戚相关。然而，对于不同的国家，这种经济依存度是不同的。与美国相比，欧洲和日本对国外能源和材料的依存度相对较强。另一方面，发展中国家的经济生活也在很大程度上依赖于工业国的出口。而且，世界经济的相互依存性是复杂的、不均衡的。但是，无论如何，在经济全球化的今天，这种各国间经济的相互依存性表现越来越明显，各国经济在整体经济活动中对国际贸易的依赖程度不断提高。如今，已经没有多少产品可以仅仅依靠国内资源获取生产的竞争优势了。世界贸易中的生产分享到底达到了什么程度呢？研究人员通过计算机零部件在世界贸易中所占份额来估计生产分享的程度。得出的结论是，在制造业产品中，全球性生产分享大约占世界贸易的 30%。此外，零部件贸易的增长明显快于制成品贸易的增长，这证明国际性生产和贸易强化了国际间的相互依存性。那么，如何从理论上解释，国家间为什么进行贸易呢？为什么有的人赞成国际贸易而有的人反对呢？这就需要了解国际贸易理论。

总的来说，国际贸易理论要回答这样几个问题：①各国间为什么要进行国际贸易？更准确地说，到底是什么决定了一国出口某种产品，而又进口某种产品？②贸易究竟会如何影响各国的生产和消费？③贸易会如何影响各国的福利水平？或者说，如何判断一国从贸易中受益或受损？④贸易如何影响经济福利或收入在一国之内不同集团之间的分配？能不能具体确定哪些集团从贸易中受益，哪些集团从贸易中受损？当然，对于这些问题的说明在历史上并不是由一个人或者一个学派来完成的，而是随着国际贸易理论的不断发展与深化，逐步完善的。

3.1 重商主义理论

3.1.1 重商主义产生的历史背景

重商主义是资产阶级最初的经济学说，盛行于 16—18 世纪由封建制度向资本主义制度过渡时期(资本原始积累时期)的西欧。重商主义的产生与流行是和民族国家的兴起相伴随的。在中世纪后期的西欧，发生了一系列削弱封建制度的变革，流动性货币资金的大量使用，经济体内部对交易的更大程度的依赖，清教徒反对罗马教廷的宗教改革运动，关注人类短期福利的人道主义的兴起，技术的变革(尤其是农业技术进步和耕作方法的改进)，地理大发现极大地刺激了航海业，工业和贸易的扩张、圈地运动与农业的商业化经营等，都为新的商业阶级的兴起和商业资本的扩张准备了条件，同时，一种新型的政治统治形式和政治单位——民族国家出现了。民族国家开始在全国范围内而非在以前的城镇水平上进行管理和控制，对内建立全国性的统一市场，整合整个国家领土范围内的资源，为国家的对外竞争提供力量。欧洲国家为争夺对贸易的垄断权而经常发动战争，而扩张领土、开辟殖民地和进行奴隶贸易正是重商主义时代的典型特征。在这个时代，以英法为首的欧洲国家已经建立起了自己的制造业(如英国的棉纺织业等)，尽管其规模和效率都无法与后来以工厂制度为核心的制造体系相提并论，但已经逐步具备了现代工业的雏形。系统的重商主义的思想和实践正是在此种背景之下出现并得到发展，重商主义分为早期的重商主义和晚期的重商主义两种，早期重商主义以“货币差额论”为中心；晚期重商主义以“贸易差额论”为中心。

3.1.2 重商主义的发展阶段

重商主义的发展分为两个阶段。从15世纪到16世纪中叶为早期重商主义，16世纪下半期到18世纪为晚期重商主义。无论早期还是晚期重商主义，都把贵金属(货币)看做是财富的唯一形态，都把货币的多寡作为衡量一国财富的标准。因此，要使国家变得富强，就应尽量使出口大于进口，因为贸易出超才会导致贵金属的净流入。一国拥有的贵金属越多，就会越富有、越强大。因此，政府应该竭力鼓励出口，不主张甚至限制商品(尤其是奢侈品)进口。由于不可能所有贸易参加国同时出超，而且任一时点上的金银总量是固定的，所以一国的获利总是基于其他国家的损失，各国在贸易中的利弊得失是完全相反的，即国际贸易是一种“零和游戏”。重商主义认为国内贸易的结果只是社会财富在国内不同集团之间的再分配，整个社会财富的总量并没有增加，而对外贸易可以改变一国的货币总量。一国可以通过出口本国产品从国外获取货币从而使国家变富，但同时也会由于进口外国产品造成货币输出从而使国家丧失财富。因此，重商主义对贸易的研究主要集中在如何进行贸易，具体来说，怎样通过鼓励商品输出、限制商品进口以增加货币的流入从而增加社会财富。重商主义者的这些思想实际上只是反映了商人的目标，或者说只是从商人眼光来看待国际贸易的利益，因此，这种经济思想被称为“重商主义”。

早期重商主义强调绝对的贸易顺差，即出口大于进口，主张多卖少买或不买，主张采取行政手段，控制商品进口，禁止货币输出以积累货币财富。恩格斯曾形象地指出，这个时期的重商主义者“就像守财奴一样，双手抱住他心爱的钱袋，用嫉妒和猜疑的目光打量着自己的邻居”。早期重商主义者的这种思想被称为货币平衡论，杰出代表者之一是英国的斯塔福(1554—1612)，其代表作有《对我国同胞某些控诉的评述》。

晚期重商主义者与早期重商主义者不同，晚期重商主义者认识到货币运动与商品运动之间的内在联系，认为货币贮藏起来不会增值，只有把货币投入流通领域，才能实现财富增长，因此主张不仅要多卖，而且应该多买；国家不应禁止金银输出，而应放手让金银出口，以便在国外大量购买商品。他们的信条是“货币产生贸易，贸易增加货币”，但要遵循如下原则：购买外国商品的货币总额不能多于出售本国商品所获得的货币总额即可实现出超，这样输出金银从事对外贸易，就会增加国家的财富。晚期重商主义重视的是长期的贸易顺差和总体的贸易顺差。从长远的观点看，认为在一定时期内的外贸逆差是允许的，只要最终的贸易结果能保证顺差，保证货币最终流回国内就可以。因此，晚期重商主义的思想被称为贸易平衡论。晚期重商主义者为了鼓励输出实现顺差，积极主张国家干预贸易，提出了一系列政策以鼓励本国商品出口限制外国商品进口。晚期重商主义者还积极鼓励扩大出口商品的生产，扶植和保护本国工场手工业的发展。杰出代表者之一是英国的托马斯·孟。他在1621年出版的著作《英国得自对外贸易的财富》中，全面系统地阐述了重商主义的思想。

3.1.3 重商主义的理论价值与缺陷

在国际贸易理论发展的历史上，重商主义的贸易观反映了当时对国际贸易的认识水平。其重要的启示意义在于，将贸易政策的制定置于一定的理论基础上。这种理论及其政策主张在历史上曾起到一定的积极作用。在西欧，如英法等国由于实行了重商主义政策，积累了大量货币资本，促进了商品经济和资本主义工场手工业的发展，为资本主义生产方式的成长创造了必要的前提。在今天，重商主义的国家干预经济的思想，被称为原始的国家干预主义，成为凯恩斯经济政策思想的先导。同时，我国发展社会主义市场经济及西方发展垄断资本主义经济，仍必须考虑到国家在经济生活中的作用。重商主义对发展顺差外贸和转口贸易的重视及在外贸中运用保护关税政策以促进本国商品出口的思想，对实行市场经济的国家，仍有很大的借鉴作用，要发展市场经济，无疑应重视对外贸易的作用，以此推动经济向外向型发展。

1. 重商主义贸易观的理论价值

重商主义是西方最早的国际贸易理论，也是最早从外贸学说史的角度分析对外贸易对一国经济的影响的理论。这种理论及其政策主张促进了资本的原始积累，推动了资本主义生产方式的发展，因而在历史上曾起到一定的积极作用。

(1) 重商主义提出的许多重要概念为后人研究国际贸易理论与政策打下了基础，尤其是关于贸易的顺差逆差进一步发展到后来的“贸易平衡”、“收支平衡”概念。

(2) 重商主义关于进出口对国家财富的影响，对后来凯恩斯的国民收入决定模型亦有启发。

(3) 重商主义已经开始把整个经济作为一个系统，而把对外贸易看成为这一系统非常重要的一个组成部分。

2. 重商主义贸易观的缺陷

尽管重商主义的贸易思想有很大的理论价值，但是该理论的局限性也是非常明显的。

(1) 重商主义在理论上还不成熟，还没有形成系统的理论。而且重商主义的理论带有强烈的经济民族主义色彩，认为对外贸易对增加一国财富有很大的作用，并把国际贸易看成是一种零和博弈，即一国的获益就是另一国的损失，这种理论观点代表了资本原始积累时期处于上升阶段的商业资本的利益。

(2) 贸易差额论只研究如何从贸易中获得金银而没有去探讨国际贸易产生的原因，以及能否给本国及他国带来实际利益。

贸易差额论认为对外贸易的目的就是从国外获得金银，而金银有限，所以重商主义把国际贸易视为一场零和博弈——一国的收益来自于他国的损失，因为国际贸易中一国的盈余必定是其他国家的赤字。它没有认识到国际贸易有促进各国经济发展的重要意义。

(3) 狭隘的金银货币财富观和片面的贸易保护主义。18 世纪中叶，古典经济学家批判了重商主义的两大缺陷——金银货币财富观和贸易保护主义。英国经济学家大卫·休谟指出：在金本位制度下，金银货币的流入会增加一国的货币供应量，在不考虑货币储存的条件下，如果该国的商品供给没有增加，国内的物价水平就会上升，出口商品的价格提高，结果该国的出口就会减少；相反，进口商品价格相对低廉，因而该国的进口就会增加。如果进口大于出口，该国就要向外国支付金银货币，金银货币就会流出。大卫·休谟的“价格—铸币流动机制”说明，金银货币会随着各国贸易收支的变化呈反方向变动，而不会在一个国家永远停留下去。

重商主义的另一个重大缺陷是由著名的英国经济学家亚当·斯密指出的。亚当·斯密在《国民财富的性质和原因的研究》中指出：一国的实际财富不是金银货币的存量。金银货币只是获得物质财富的手段或媒介，真正的财富是该国国民所能消费的本国和外国的商品数量和种类。因此，金银货币的增减变动，并不代表财富的增减。各国进行贸易的目的不是获得金银货币，而是获得物质财富。出口是为了取得收入从而获得进口的支付手段，进口则是为了扩大本国消费商品的范围和规模。

18世纪后期，随着亚当·斯密和其他古典经济学家的论点胜出，重商主义的信仰开始衰弱。重商主义作为对资本主义生产方式进行了最初的理论考察，反映的是当时商业资本的利益和要求，受到后来很多经济学家的批判，但其影响及于20世纪甚至今天的“全球化”时代，正如英国经济思想史家埃里克·罗尔所言：“……但是先前的重商主义思想并没有消逝。直到今天，它们都时不时地披着不同的外衣再出现，甚至有时这种重新发现的古代真理被认为是出奇地符合现代情况而大受欢迎。”现在，重商主义作为一个整体被所有严肃经济学家所拒绝，但是一些元素还是被看好的。事实上，除了英国在1815—1924年间，没有哪一个西方国家完全摆脱了重商主义思想。2007年开始，一波又一波的全球金融风暴冲击下，世界经济陷入衰退，各国都在寻求限制进口，刺激国内生产和就业的途径，新重商主义似乎复活了。我们常常可以从即便是最为标榜自由主义的美国的经济政策中看到重商主义的幽灵。

贸易实践

美国贸易政策中的重商主义色彩

在当今全球化背景下，重商主义的基本思想与核心理念也并未被抛弃，而是因各国国情和政策差异形成了不同的新重商主义范式。20世纪90年代以后，美国虽被看作是其有史以来最开放的年代，但如果从贸易政策发展的角度看，美国却有着多年的贸易保护传统。80年代以来，伴随着美国贸易逆差的逐年飙升，美国奉行的“新重商主义”在国际贸易中产生了重要影响。它的特征之一就是国家利益仍然是美国考虑的首要问题，因而不可能放弃政府干预。

2009年下半年开始，以美国白宫经济顾问萨默斯的“出口牌”、克鲁格曼的“汇率牌”、希拉里的“重返亚洲牌”以及奥巴马的“低碳牌”为代表的4牌连奏，掀起了新的一轮美国重商主义浪潮。

2010年1月27日，美国总统奥巴马在国会发表首次国情咨文演讲时为美国出口提出新目标，即在未来五年内使出口翻一番，为美国创造200万个就业机会。奥巴马说：“我们需要出口更多商品，因为我们制造和销售给其他国家的产品越多，就会在美国支持更多就业。”为达到这一目标，奥巴马提出“全国出口倡议”，以帮助农民和小企业提高出口，并改革出口管制政策，使之符合国家安全。奥巴马说：“我们必须像我们的竞争者一样，积极寻找新市场。”

2011 年 1 月，奥巴马在第二次国情咨文指出要帮助企业向海外输出更多产品，美国已经定下目标，截至 2014 年出口额翻一番，因为扩大出口可以为国内创造更多的就业机会。

美国奥巴马政府不断向外界发出信号，强调“美国不会继续充当全球最后的消费国和进口国，必须从消费型经济转为出口导向型经济，必须从依赖金融活动转向发展实业”，这样出口导向型增长模式就成为主流思想。按照熊彼特的说法，出口垄断、外汇管制、贸易余额三个命题，特别是贸易余额的学说，通常被认为是传统教义的重商主义的核心。那么美国经济战略的这一重大转变无疑是带有浓厚的重商主义色彩的，而且会对我国的对外贸易产生重大影响。这种影响，仅仅从 2010 年的部分数据就可看出。

1 月 5 日，美国商务部初步裁定对从中国进口的钢丝层板征收最高达 289%的反倾销关税，这是 2010 年美国政府对华贸易限制的第一项裁决。

3 月 4 日，美国商务部初步裁定，对中国和墨西哥产镁碳砖采取反倾销措施。根据裁定，中国产镁碳砖将被征收 132.74%～349%不等的临时反倾销税，墨西哥产镁碳砖将被征收 54.73%的临时反倾销税。

5 月 3 日,美国国际贸易委员会(ITC)投票批准对中国产钢管征收至多 99.14%的反倾销进口关税。ITC 认为，进口中国产钢管对美国钢管制造商的利益造成了实质性损害或构成威胁。

5 月 6 日，美国商务部做出初裁，对从中国和墨西哥进口的无缝精炼铜管材征收反倾销税，其中针对中国的税率为 10.26%～60.50%。

5 月 17 日，美国商务部宣布一项最终裁定，对来自中国的进口混凝土结构用钢筋征收反倾销和反补贴关税。计划对该项进口征收 42.97%～193.55%的反倾销税，另外还将征收 8.85%～45.85%的反补贴关税，以报复中国对建筑用钢筋的补贴政策。

5 月 25 日，美国商务部最终裁定，对从中国进口的钾磷酸盐征收 69.58%～95.4%的反倾销关税，以及 109.11%的反补贴关税。

6 月 8 日，美国国际贸易委员会发布公告，对原产于中国、泰国和马来西亚的聚乙烯零售塑料袋作出反倾销产业损害终裁，根据该肯定性裁决，对涉案产品的现行反倾销措施将继续有效。

6 月 25 日，美国国际贸易委员认为美国国内钢格板生产受到中国产品侵害，中国钢制滤栅接受中国政府补贴，低于市场价格的不正当销售造成倾销。美国商务部将对亚洲国家相关进口产品征收反倾销和反补贴税。

6 月 28 日，美国商务部发布公告，对原产于中国的编织电热毯作出反倾销终裁。反倾销税率高达 77.75%～174.85%。

7 月 14 日，美国商务部公布了一项最终裁定，将向中国输美的织带征收反倾销关税。美国商务部对来自中国的织带征收的反倾销关税最高达 247.65%。

3.2 亚当·斯密的绝对优势理论

3.2.1 绝对优势理论产生的背景

18 世纪英国资本主义正处于成长时期，第一次工业革命出现，英国工场手工业正在开始向机器大工业过渡。当时的英国呈现出的是，新技术发明不断出现，国内生产规模的进一步扩大；“圈地运动”使得农民破产，农村人口不断涌向城市，城市人口倍增，资本主义的工业拥有了广大的廉价劳动力来源；工场手工业中的分工日益发达，家庭手工业相继沦为资本主义大工业的附庸，这些因素使得相对狭小的国内市场无法满足资本扩张的需求，资产阶级强烈需要进一步开拓国际市场，扩大对外贸易。当时在英国实行的重商主义政策限制了自由贸易，无法适应资产阶级扩张市场的要求。绝对优势理论正是在这样的历史背景下产生的。

1776年，英国著名的经济学家亚当·斯密出版了经济学家巨著《国民财富的性质与原因的研究》(简称《国富论》)，书中用了大量篇幅批判了重商主义，首次提出绝对优势原理，有力地论证了自由贸易的合理性与可行性。这本巨著标志着自由贸易理论(the theory of absolute advantage)的诞生，亚当·斯密也因此被世人公认为自由贸易理论的先驱。由于亚当·斯密在该书中首次全面而系统地论述了市场机制的基本机理，故被人们称为现代经济学的奠基人，《国富论》也被世人誉为经济学的“圣经”。

《国富论》对重商主义思想着重作了四点批评。

(1) 关于财富的定义。亚当·斯密认为，金银不是一个国家真实的财富，真正的财富是以其所生产的商品和劳务来衡量的。

(2) 关于国家干预与增强国家实力的关系。亚当·斯密认为政府应该减少对经济的干预，只有这样国民经济才能迅速发展，国家才能强大。因为在自由放任政策下，个人各自追求自己的利益，其结果会不自觉地符合了社会最大的利益。

(3) 企业通过持续顺差为本国积累金银的政策在亚当·斯密看来是枉费心机，原因在于持续顺差将会导致通货膨胀，削弱出口能力，金银流入减少；同时进口增加，为支付进口，金银又要大量流出。

(4) 对外贸易的目的。亚当·斯密认为对外贸易的目的不在于求得顺差，而是贸易双方可以取得两种不同的利益，即出口国卖掉了不需要的商品，进口国得到了本国所需要的商品。

知识链接

亚当·斯密和他的《国富论》

亚当·斯密是西方经济学的主要创立者。早年求学于家乡苏格兰，在格拉斯哥大学完成了拉丁语、希腊语、数学和伦理学等课程。1740—1746年，赴牛津大学学习。1750—1764年在格拉斯哥大学担任逻辑学和道德哲学教授，同时负责学校行政事务。

亚当·斯密（1723-1790）

1768年，亚当·斯密开始着手《国富论》一书的写作，该书于1776年3月出版，引起了大众的广泛讨论，其影响波及到欧洲大陆和美洲。亚当·斯密因此被世人尊称为“现代经济学之父”和“自由企业的守护神”。

《国富论》从国家财富的源泉—劳动，说到增进劳动生产力的手段—劳动分工，由分工引起交换，继而论及作为交换媒介的货币，探究了商品价格以及价格的构成成分——工资、地租和利润。《国富论》对当时各个资本主义国家发展进行了总结，对当时的重要经济理论进行了批判吸收，也对整个国民经济的运动过程进行了系统描述，被誉为“第一部系统的伟大的经济著作”。

亚当·斯密在《国富论》中提出的反对政府干涉商业和商业事务、赞成低关税和自由贸易的观点对整个19世纪资本主义国家政府决策产生了决定性的影响。

3.2.2 绝对优势理论的基本假设

亚当·斯密的绝对优势理论是建立在以下一些前提假定基础之上的。

(1) 世界上是有两个国家的，各自只能生产两种产品，劳动是构成生产成本的唯一要素，即2×2×1模型。

(2) 交易对象是最终产品，采用物物交换形式进行贸易。

(3) 劳动力在国内是充分就业的，在两国之间不能流动，但在一国范围内可以流动，即劳动力可以从国内一个部门转移到另一个部门，且机会成本不变。

(4) 两国资源都已得到了充分利用，一国某个部门资源的增加就意味着另一个部门资源的减少。

(5) 生产和交换在完全竞争的条件下进行。

(6) 没有运输或其他贸易成本，政策取向应该是自由贸易，产品可以在两国间自由流动。

(7) 进出口的价值相等。

3.2.3 绝对优势理论的基本内容

1. 分工可以提高劳动效率

亚当·斯密认为，分工可以提高劳动生产率，进而增加国家财富。原因：分工可以提高劳动者的劳动熟练程度；分工使得每个人专门从事某项作业，从而节省与生产没有直接关系的时间(如从一台机器走向另一台机器的时间)；分工有利于发明创造和工具的改进，因为人们的注意力可以全部集中到单一目标上。为了说明这一观点，亚当·斯密以制针业为例：在没有分工的情况下，一个粗工每天最多能生产20枚针，在分工之后，平均每人每天可以生产4 800枚针，劳动效率提高了数百倍。

2. 分工是按照绝对优势进行的

亚当·斯密指出："如果一件东西在购买时所花费的代价比在家里生产时所花费的代价低，就永远不会想要在家里生产，这是每一个精明的家长都知道的格言。裁缝不想制作他自己的鞋子，而是向鞋匠购买；鞋匠不想制作他自己的衣服，而是雇佣裁缝裁制；农民不想缝衣，也不想制鞋，而宁愿雇佣不同的工匠去做，他们都认识到，如果把自己全部的劳动时间用于生产一种产品，并且用这种产品来交换自己所需要的其他产品，那是有利的。"

3. 分工是以有利的自然禀赋(自然优势)或后天有利条件(获得性优势)为基础的

不同的国家拥有不同的自然禀赋或后天有利条件，这使得不同国家在某种产品的生产上成本会不同。拥有有利的自然禀赋或后天条件的国家成本低，因此在该产品的生产和交换上处于绝对有利的地位。亚当·斯密也指出："在每个私人家庭处事中的精明行为，在一个大国里这样处事，也不会是愚蠢的。如果外国供应的商品比我们自己生产这些商品要便宜一些，那么我们最好用自己具有优势的产业生产的部分产品去购买外国产品。"也就是说，如果外国产品比自己国内生产的便宜，那么最好是输出本国在有利条件下生产的产品去交换外国产品，而不是自己生产。这就是所谓的绝对优势理论。

亚当・斯密举例说，在苏格兰，人们可以利用温室种植葡萄，一样可以酿造上等的葡萄酒，但是由于苏格兰缺乏葡萄酒原料的优良自然条件，其成本就会很高。如果苏格兰人真这么做，那是十分愚蠢的行为。为了说明这一理论，亚当・斯密做出了进一步分析。

假定英国、葡萄牙两国都生产葡萄酒和毛呢两种产品，假定两国的生产状况如表 3-2 所示。

表 3-2　两国生产状况

国家	酒产量(单位)	所需劳动投入(人/年)	毛呢产量(单位)	所需劳动投入(人/年)
英国	1	120	1	70
葡萄牙	1	80	1	110

从表中 3-2 可以看出，英国在毛呢的生产上成本低，具有绝对优势；葡萄牙在葡萄酒的生产上成本低，具有绝对优势，如果两个国家按照绝对优势进行国际分工，英国只生产毛呢，葡萄牙只生产葡萄酒，那么情况将如表 3-3 所示。

表 3-3　国际分工后两国生产状况

国家	酒产量(单位)	所需劳动投入(人/年)	毛呢产量(单位)	所需劳动投入(人/年)
英国	—	—	2.7	190
葡萄牙	2.375	190	—	—

从表 3-3 中可以看出，分工之后，两个国家各自投入的劳动和分工前是相同的——190 人/年，但是两种产品的总产量发生了变化：毛呢总产量由 2 单位增加到 2.7 单位，葡萄酒的总产量由 2 单位增加到 2.375 单位，其原因是分工使得各国资源得到了最有效的利用。如果在分工之后，两个国家按照 1 单位毛呢：1 单位葡萄酒的比例再进行国际交换，那么交换后的情况见表 3-4。

表 3-4　交换后情况

国家	酒产量(单位)	所需劳动投入(人/年)	毛呢产量(单位)	所需劳动投入(人/年)
英国	1	—	1.7	190
葡萄牙	1.375	190	1	—

可以看出，和分工交换前相比，英国可以多享受 0.7 单位的毛呢，葡萄牙可以多享受 0.375 单位的葡萄酒，也就是说两个国家的国民财富都增加了。

亚当・斯密的绝对成本优势论的基本内容可以概括为，由于各国的地理条件、自然禀赋以及后天生产条件上的差异，形成了同一商品生产成本的绝对差异，一国可集中资本和劳动生产具有绝对成本优势的产品，同另一国具有绝对成本优势的产品相交换，这样贸易双方都可获得最大的利益。而要取得最大利益，只有在自由贸易的条件下才能实现。

3.2.4 绝对优势理论的评价

绝对优势说是科学成分与非科学成分的混合，应当肯定的是这一理论深刻指出了分工对提高劳动生产率的巨大意义，在历史上首次阐明了国际贸易可以是贸易双方都得益的正和博弈的观点，并为国际贸易的实践找到了理论依据。绝对优势理论对国际贸易的发展无疑具有开拓性的历史贡献。

开放贸易带来的不仅仅是从新的交换中获得好处，还会影响人们究竟准备用他们的劳动生产什么产品的决策。国际贸易所引起的需求的变化，会使得每个国家在决定生产什么的时候都以自己的绝对优势为原则。也就是说，各个国家会使自己的生产专业化。但是这种专业化的生产调整究竟会在何时终止呢？它们将以什么价格持续地进行交易呢？哪个国家从贸易中受益更大呢？亚当·斯密并没有回答这些问题。尤其重要的是，在现实生活中，很少有国家完全专业化地生产一种或者几种产品而不生产其他产品，也很少有国际贸易是在各国间仅仅具有绝对优势时才发生的。如果一国没有任何绝对优势怎么办？它有没有必要参加国际贸易与国际分工？在现实世界，广大发展中国家可能在所有产品生产上的劳动生产率都比不上发达国家，但仍然在进行国际贸易，也未因此而使这些国家产业走向衰亡，这又是什么原因呢？要回答这些问题，亚当·斯密的绝对优势理论就无能为力了。

了解了亚当·斯密的绝对优势理论以后，再来思考一下本章开头的那个例子。现在许多人可能会认为美国从德国进口滑雪板的主要理由是德国拥有世界上最好的滑雪板生产技术。事实上，在生产许多产品(如化工产品、机器工具、汽车和钢材)的方法上，德国被认为是世界领先者。当一个国家拥有生产某种产品的最佳技术时，它在该产品的生产上就具有绝对优势。但是，如果德国在生产滑雪板上具有绝对优势，为什么美国还从大多数产业所使用的技术都比德国落后的中国进口了比德国多 40 几倍的滑雪板呢?况且，尽管德国在许多技术上是世界领先者，美国也同样如此。所以，为什么美国非得完全从德国或中国进口滑雪板呢？为什么美国就不利用其技术和生产要素生产它需要的所有滑雪板呢?

继斯密的绝对优势理论之后出现的另一些贸易理论可以帮我们更好地找到这些问题的答案。

3.3 大卫·李嘉图的比较优势理论

亚当·斯密的绝对优势理论暗含着一个假定前提，即贸易双方至少有一种绝对低成本的商品，假如一国连一种生产成本绝对低的产品也没有，还能不能参加国际分工和贸易呢？即使有国际贸易，双方还能分享贸易利益吗？这是绝对优势理论所没有解决的问题，后来大卫·李嘉图对这一问题做出了回答。

3.3.1 比较优势理论产生的背景

从 1789 年法国大革命初期到 1815 年拿破仑滑铁卢战败这一段时期，英国几乎一直和法国处于战争状态。战争影响了英国的贸易：私掠船(战时获外国政府批准的海盗船)袭击英国货船，法国也企图封锁英国的物品供应。

战后英国的粮食价格下跌。1815年英国政府为维护土地贵族阶级利益而修订实行了“谷物法”。“谷物法”颁布后，英国粮价上涨，地租猛增。“谷物法”对地主贵族有利，而严重地损害了产业资产阶级的利益。使工人货币工资被迫提高，成本增加，利润减少，削弱了工业品的竞争能力；同时，昂贵的谷物，也扩大了英国各阶层的吃粮开支，而减少了对工业品的消费。“谷物法”还招致外国以高关税阻止英国工业品对其出口。为了废除“谷物法”，工业资产阶级采取了多种手段，鼓吹谷物自由贸易的好处。而地主贵族阶级则千方百计维护“谷物法”，他们认为，英国能够自己生产粮食，根本不需要从国外进口，反对在谷物上自由贸易。

这时，工业资产阶级迫切需要找到谷物自由贸易的理论依据。大卫·李嘉图适时而出，他在1817年出版的《政治经济学及赋税原理》，提出了著名的比较优势原理(law of comparative advantage)。这是一项最重要的、至今仍然没有受到挑战的经济学的普遍原理，具有很强的实用价值和经济解释力。他认为，英国不仅要从外国进口粮食，而且要大量进口，因为英国在纺织品生产上所占的优势比在粮食生产上的优势还大。故英国应专门发展纺织品生产，以其出口换取粮食，取得比较利益，提高商品生产数量。大卫·李嘉图的比较优势理论(the theory of comparative advantage)无疑是带有政治色彩的。大卫·李嘉图在实际上代表了某一个集团的利益时，强调的却是整个国家的收益。这是一个聪明十足的现代策略，他是将经济学理论作为一种政治工具来使用的先驱。

大卫·李嘉图以比较优势原理补充与发展了亚当·斯密的自由贸易学说，故人们将他同亚当·斯密并称为自由贸易学说的奠基人。

知识链接

大卫·李嘉图和他的《政治经济学及赋税原理》

大卫·李嘉图出生于英国伦敦一个资产阶级犹太移民家庭，童年时受教育很少，只接受了两年商业教育，14岁时开始跟随父亲从事证券交易活动，16岁就成了英国金融界的知名人物。他开始接触经济学是因为在1799年偶然看到亚当·斯密的《国富论》，这使他对政治经济学产生了兴趣并对经济问题进行研究。1809年，他发表著名的论文《黄金价格》，文章讨论了黄金价格这一当时英国突出的经济问题。1817年，他又出版了《政治经济学及赋税原理》，直到1819年达到经济学巅峰。

大卫·李嘉图是英国产业革命高潮时期的资产阶级经济学家。他继承和发展了亚当·斯密经济理论中的精华，使古典政治经济学达到了最高峰，是英国资产阶级古典政治经济学的杰出代表和完成者。

《政治经济学及赋税原理》是继《国富论》之后的第二部著名的经济学著作。大卫·李嘉图在书中批判地继承了亚当·斯密的劳动价值论，并以劳动价值论为基础，论述了工资、利润和地租，说明了工资和利润、利润和地租的对立。这本著作还论述了货币理论、对外贸易的比较优势学说、赋税的一般原理和原则，使英国古典经济学达到了完成阶段。

3.3.2 比较优势理论的基本假设

比较优势理论产生的年代,经济学正处在艰难的成长阶段，经济分析工具与方法远不及今天的发达，因此亚当·斯密与大卫·李嘉图的原始分析并没有明确界定其理论假设与分析模型，只是或明或隐地包含在其论述中，而由其后的经济学家挖掘、提炼出来。依据学术界公认的标准,这些理论假设概括如下。

(1) 两个国家、两种产品模型，即只考虑两个国家、两种产品，劳动是构成生产成本的唯一要素，即 2×2×1 的理论分析模型。

(2) 每个劳动完全相同，彼此没有差别，即所有劳动都是同质的，且各国劳动力总量固定不变。

(3) 生产成本不变。假设贸易各国的生产技术均为规模报酬不变的，即产出与投入按同一速率增加；贸易各国生产商品的边际成本是不会随着产出的变化而变化的，这意味着每一个贸易参与国可以通过自由贸易实现完全的专业化，即可将资源全部投入某一种产品的生产。这在经济上是合理的，在技术上是可行的。

(4) 交易成本不存在。假设国际贸易得以实现所必需的交易成本，即信息成本和运输成本均不存在。前者的不存在来自完全竞争市场上信息是完全的这一假设，后者的不存在是为了将生产成本或商品价格的国际差异完全固定在劳动生产率的国际差异上。

(5) 作为唯一生产要素的劳动的使用是充分的(即完全就业)，而且可以在国内各部门自由流动，但在国际间不可以自由流动即不存在跨国移民现象，这意味着各国的劳动需求不能超过自身的劳动供给。

(6) 自由贸易与完全竞争的政策取向。假设贸易各国的政府对私人合法的跨国商品交易均采取自由放任的政策，即国际贸易属自由贸易；各国的商品市场和生产要素市场为完全竞争型的，各国生产者与交易者均为市场价格的接受者，他们无力通过产出的控制来操纵价格，进而影响贸易条件——两种商品交换的比率。这表明各国的商品价格等于平均成本。

(7) 收入分配不因分工和自由贸易而发生变化。

(8) 模型只假定在物物交换条件下进行，没有考虑复杂的商品流通，而且假定一个单位的 X 产品和一个单位的 Y 产品等价(但生产成本不等)。

(9) 两国在生产中使用相同的技术，给定两国不同的生产技术水平(这是两国劳动生产率不同的唯一原因)，不存在技术进步，国际经济是静态的，不发生其他影响分工和经济变化的因素。

3.3.3 比较优势理论的基本内容

大卫·李嘉图的比较优势理论是在亚当·斯密的绝对优势理论的基础上发展起来的。根据亚当·斯密的观点，国际分工应按地域、自然条件及绝对的成本差异进行，即一个国家输出的商品一定是生产上具有绝对优势，生产成本绝对低于他国的商品。大卫·李嘉图认为，一国在两种商品生产上较之另一国均处于绝对劣势，但只要处于劣势的国家在两种商品生产上劣势的程度不同，处于优势的国家在两种商品生产上优势的程度不同，则处于劣势的国家在劣势较轻的商品生产方面具有比较优势，处于优势的国家则在优势较大的商品生产方面具有比较优势。也就是说，在各种产品的生产上都占有绝对优势的国家，应集中资源生产优势相对更大的产品，而在各种产品的生产上都居绝对劣势的国家，应集中资源生产劣势更小的产品，然后通过国际贸易，对各国均有利。即“两利相权取其重，两害相权取其轻”的思想在比较优势理论中的体现。

为了说明这一理论，大卫·李嘉图引用了亚当·斯密的例子。但对其中的条件作了一些变化，如表3-5所示。

表3-5　英国与葡萄牙的比较优势分析

	国家	酒产量(单位)	所需劳动投入(人/年)	毛呢产量(单位)	所需劳动投入(人/年)
分工前	英国	1	120	1	100
	葡萄牙	1	80	1	90
分工后	英国	—	—	2.2	220
	葡萄牙	2.125	170	—	—
国际交换	英国	1		1.2	220
	葡萄牙	1.125	170	1	

从表中可以看出，葡萄牙生产酒和毛呢，所需劳动人数均少于英国，从而英国在这两种产品的生产上都处于不利地位。根据亚当·斯密的绝对优势理论，两国之间不会进行国际分工。而大卫·李嘉图认为，葡萄牙生产酒所需劳动比英国少40人/年，即1/3；生产毛呢所需劳动比英国少10人/年，即1/10。显然，葡萄牙在酒的生产上优势更大一些。相反的，英国在两种产品的生产上都处于劣势，但在毛呢生产上劣势较小一些，即葡萄牙应选择优势更大的酒来生产，英国应选择劣势较小的毛呢来生产。按这种原则进行国际分工，在投入的劳动没有发生变化的条件下，两国仍然以1单位毛呢∶1单位葡萄酒的比例进行国际贸易，其结果如同表中显示的那样：英国可以多获得0.2单位毛呢，葡萄牙可以多获得0.125单位葡萄酒，两国的国民福利都提高了。

大卫·李嘉图认为，在资本劳动力在国际间不能自由流动的情况下，按照比较优势理论的原则进行国际分工，可使劳动配置更合理，增加生产总额，对贸易各国均有利。但其前提必须是完全的自由贸易。

事实上，中国战国时期“田忌赛马”的故事也反映了这一比较优势原理。田忌所代表的一方的上、中、下三匹马，每个层次的质量都劣于齐王的马。但是，田忌用完全没有优势的下等马对齐王有完全优势的上等马，再用拥有相对比较优势上、中等马对付齐王的中、下等马，结果稳赢。

贸易实践

比较优势可以创造吗

在大卫·李嘉图所举的葡萄牙与英国之间进行的葡萄酒和毛呢贸易的例子中，英国由于缺乏适宜的自然条件，无法在葡萄酒的生产上获得优势，但生产毛呢不是很难，因此在毛呢的生产上具有比较优势，并最终选择生产毛呢与葡萄牙进行贸易。那么，如果英国拥有了新技术来生产高品质的葡萄和葡萄酒，和葡萄牙的贸易又会出现什么变化呢？一个现实生活中的例子可以给我们一些启示。

例如 20 世纪 50 年代末,日本小汽车的生产成本为美国的 8.5 倍，按照比较优势理论的原则,日本不应该发展小汽车,但日本选择小汽车作为产业的发展方向。到 70 年代后期，日本小汽车的生产成本只有美国的 2/3，成为日本出口的支柱产业之一。所以，在制定对外经济发展的长期战略时应该灵活运用比较优势理论,目前的劣势可以转化为将来的优势。

同样，纵观美国历史，在不同时期美国都能抓住当时的主导产业，引领世界发展潮流，掌握优势。在两次世界大战期间，美国着重发展军工产业，逐渐成为世界霸主。二战后，美国曾主要依靠航空航天工业有效地维持了国际收支平衡和庞大的就业需求，确立了超强的经济和军事大国地位。从冷战后期到 20 世纪末，美国逐渐转变为以计算机和互联网为主导产业而居于世界经济发展的领先地位。21 世纪来临后，一方面经济全球化进一步削弱了美国在传统制造业包括航空业领域的既有优势，另一方面电子通信技术的发展却又凸显出美国在电影、电视、录音录像、电脑软件等文化产品出口领域的巨大优势。因此，美国似乎不太关心中低端制造业部门的贸易逆差，而是逐渐将注意力转向了高新技术产业和服务业，侧重于在这些领域实现“出口垄断”和贸易顺差。

3.3.4 比较优势理论的评价

1. 比较优势理论的主要贡献

比较优势理论在历史上起过进步作用，为自由贸易政策提供了理论基础，推动了当时英国的资本积累和生产力的发展。在这个理论影响下，“谷物法”废除了。这是 19 世纪英国自由贸易政策所取得的最伟大的胜利。实践检验的结果也为这一理论提供了有力的证据。例如，迈克道尔以 1937 年为例，通过考察美国与英国各行业的出口绩效与劳动生产率之间的关系，基本上可以验证得出，对于美国劳动生产率(根据工资差异加以调整后的)相对高于英国的产业而言，美国在这些行业的出口也相对高于英国这些行业的出口。斯特恩比较了 1950 年和 1959 年两个年份美国、英国劳动生产率与出口绩效之间的关系，根据分析，1950 年在所观察的 39 个部门中有 33 个部门支持了假设检验，但到 1959 年，这一关系有所削弱。

整体来看，比较优势理论在加速社会经济发展方面所起的作用是不容置疑的。其对国际贸易理论的最大贡献是，克服了绝对优势理论的缺陷，阐述了国际贸易的互利性的普遍适用性，即任何国家都能从国际贸易中获得利益，从而成为“分析巨大‘贸易利益’来源的基本方法”，首次为自由贸易提供了有力证据，并从劳动生产率差异的角度成功地解释了国际贸易发生的一个重要起因。直到今天，这一理论仍然是许多国家，尤其是发展中国家制订对外经济贸易战略的理论依据。

2. 比较优势理论存在的不足之处

(1) 该理论的分析方法属于静态分析方法。大卫·李嘉图把多变的经济状况抽象为静态的、凝固的状态，所揭示的国际贸易利益是一种短期利益即静态效应，短期利益有时往往和动态的长远利益相矛盾。现在生产和出口某种商品处于比较不利的地位，但随着环境条件的改变,将来有可能会处于比较有利的地位。例如，二战前，北美洲的石油资源已被大量勘探和开采，那里占有当时世界石油探明储量的大部分，而亚洲、非洲和拉丁美洲广大地区的石油资源基本上还处于未经勘探的状况。在当时，亚非拉地区在石油贸易中并没有优势。但是在20世纪60年代后，世界石油探明储量在地区分布上发生了很大的变化，亚非拉地区探明的石油储量猛增，尤其是波斯湾地区集中了世界石油探明储量的60%，波斯湾地区产油国在石油贸易中的优势也凸显出来。

(2) 现实中，完全的专业化生产难以实现。现实中，难以找到一个国家在国际贸易中进行完全的专业化生产。一般来说，各国都会生产一些与进口商品相替代的产品。根据该理论进行推导，两国比较优势差距越大，则贸易的空间越大。那么，当前的国际贸易应该主要发生在发达国家与发展中国家之间。但现实的情况却是，国际贸易主要发生在发达国家之间。不过，该理论对国际经济发展的作用仍然是不可低估的，其所提出的比较优势原理，在现实经济中有着重要的意义。

(3) 大卫·李嘉图解释了劳动生产率差异如何引起国际贸易，但没有进一步解释造成各国劳动生产率差异的原因。

比较优势理论只提出国际分工的一个依据。未能揭示出国际分工形成和发展的主要原因。成本、自然条件等因素对国际分工的形成有一定的影响，但不是唯一的和根本的因素。实际上，生产力、科学技术、社会条件等都对国际分工有重要的影响。

(4) 理论分析上存在“死角”。这是因为，在大卫·李嘉图的理论分析中，比较优势之所以能够成立，全然取决于两国间两种商品生产成本对比上“度”的差异。但是，如果只是考察经过高度抽象的“2×2 贸易模型”，势必存在这样一种情况，即两国间在两种商品生产成本对比上不存在“度”的差异。一旦出现此种等优势或等劣势的情况，大卫·李嘉图的比较优势理论及其“两优择其甚，两劣权其轻”的基本原则就会陷入“此优为彼优，无甚可择！”或“彼劣即此劣，何以权轻？”的尴尬境地。

3.3.5 绝对优势理论与比较优势理论的联系与区别

1. 绝对优势理论与比较优势理论的联系

绝对优势理论和比较优势理论都属于技术差异论的范畴。技术差异论，是指各国在生产同一产品时劳动生产率不同所造成的国际分工。两者都采用了比较的方法来阐述原因，都有其自身的局限性，并有待于进一步发展。

比较优势理论与绝对优势理论都认定对外贸易可以使一国的产品销售市场得以迅速扩张，因而十分强调对外贸易对促进一国增加生产扩大出口供给的重要作用。或者反过来说，亚当·斯密和大卫·李嘉图站在当时新兴的产业资本家阶级的立场上，为了给产业资本所掌握的超强的工业生产能力以及由此产生的大量剩余产品寻找出路，从供给的角度，论证了开拓国际市场推进国际贸易的重要性，以及推行自由贸易政策的必要性和合理性。从这个意义上说来，可以将亚当·斯密和大卫·李嘉图的贸易思想归于贸易理论研究上的“供给派”(school of supply)。

2. 绝对优势理论与比较优势理论的区别

就绝对优势理论与比较优势理论各自涵盖的研究对象而论，对两者进行比较，人们也可以清楚地看到，无论一国是否拥有绝对低成本的优势商品，只要存在相互间的比较优势，国际间的自由贸易就可以使贸易双方都获得贸易利益。这就是说，实际上，从理论分析的角度考察，比较优势理论分析研究的经济现象涵盖了绝对优势理论分析研究的经济现象，而不是相反。这说明，亚当·斯密所论及的绝对优势贸易模型不过是大卫·李嘉图讨论的比较优势贸易模型的一种特殊形态，是一个特例。绝对优势理论与比较优势理论是特殊与一般的关系。将只适用于某种特例的贸易模型推广至对普遍存在的一般经济现象的理论分析，正是大卫·李嘉图在发展古典国际贸易理论方面的一大贡献。

有绝对优势一定有比较优势，有比较优势不一定有绝对优势。绝对优势是同一产品某国对另一国的优势，是内生的，而比较优势理论是同一国某种产品对另一种产品的优势，是外生性的。

理论实践

比较优势理论的现实运用

比较优势理论的原理除了可以用于对国际贸易问题的分析以外，还有较为广泛的一般适用性。例如，大学教授一般都要聘请助教，专门负责对学生的日常辅导，负责批阅学生的作业，同时还要帮助教授做好讲授课程的有关准备工作。但我们知道，一位学术造诣高深的教授，完全可以在承担教学和科研工作任务的同时，兼顾这些工作，而且教授直接对学生进行辅导，学生们的收益一定会更大、更多。又如，经验丰富的外科大夫除了能够给病人动手术以外，肯定还完全能够胜任对病人的护理，完全能够亲自为一个外科手术作各方面准备。但外科大夫往往都要专门聘请护士小姐。再如，企业的高级资深管理人员，除了可以全面打理公司业务外，还能非常熟练地处理公司的日常业务档案，至于文件的打印，资料的分类、整理、归档等，公司经理们更应是行家里手。但他们同样还是要专门聘请秘书和打字员。凡此种种，还可以举出很多例子。究其原因，无非是因为在社会劳动分工中，普遍存在着绝对优势或绝对劣势中的比较优势。教授、外科大夫、公司经理同助教、护士小姐、总经理秘书相比，前者尽管在各方面都享有绝对优势，但他们更大的优势或者说比较优势分别在教学和科研、主刀动手术和企业的经营管理方面。后者虽然处在全面劣势地位，但他们在辅导学生的学业和批阅学生作业、对病员进行常规护理和处理公司的一般文件打印归档的日常事务上的劣势相对较小，或者说他们在这些方面具有比较优势。可见“两优择其甚，两劣权其轻”不仅仅是指导国际贸易的基本原则，在社会生活的其他诸多方面，都应该成为进行合理社会分工，以取得最大社会福利与劳动效率的原则。

理论实践

加纳与韩国

1970 年，加纳和韩国的生活标准大致相似，加纳的人均国民生产总值是 250 美元，韩国是 260 美元。到 1995 年情况发生了根本改变，韩国人均国民生产总值是 9 700 美元，加纳只有 260 美元。反映出两国经济增长有了巨大差别。1968—1995 年间，加纳国民生产总值的平均增长率不到 1.4%，相比之下，韩国达到约 9%。

如何解释？没有简单的答案。但是两国对国际贸易的态度可以提供部分解释。世界银行的一份研究报告显示，韩国政府执行鼓励公司从事国际贸易的政策，而加纳政府的行为阻碍了国内企业从事国际贸易。

加纳于 1957 年独立后，执行的是自给自足的经济政策。对进口产品征收高额关税，也不鼓励本国产品出口。加纳政府干预可可贸易就是其限制性贸易政策破坏加纳经济的一个例子。

适宜的气候、优质的土壤以及接近世界航运路线，使得加纳的可可生产具有绝对优势，成为世界上生产可可的最佳地区之一。在 1957 年加纳已成为世界上最大的可可生产和出口国。然而，新独立的政府建立了一个由国家控制的可可销售委员会，该委员会被授权决定可可价格，并指定为加纳种植的所有可可的唯一买方。这个委员会压低付给农场主的价格，同时在世界市场上按市场价格出售可可，之间的差价以出口税的形式流向国库。

这种政策的后果是，尽管世界市场上可可价格逐年上升，但加纳农场主的收入逐年下降。结果，加纳农场主纷纷转向粮食生产，可可出口七年之内下降 1/3 以上，加纳从可以盈利的可可种植转向没有优势的粮食种植和制造业。制造业失败，出口收益下降，经济陷入衰退。

相反，韩国采取了“强外向型”的贸易政策，强调对制成品(非农产品)的低进口壁垒和对农产品的出口鼓励。韩国的外向型定位通过经济的动态转型得到了报偿。起初，韩国的资源从农业转向劳动密集型的制造业，特别是纺织品、服装和鞋类的制造，丰富、廉价又接受过良好教育的劳动力供给有助于韩国在劳动密集型制造业上形成比较优势。近年来，随着劳动力成本的提高，经济增长领域已经转向资本密集型的制造部门，尤其是摩托车、半导体、日用电子产品和高新材料。上述发展结果使韩国发生了一些根本的变化，20 世纪 50 年代末，全国 77%的就业人口在农业部门，今天农业部门的就业人口不足 20%；同期制造业在 GNP 中的比重从不足 10%增加到 30%以上；同时 GNP 以每年高于 9%的速度增长。

3.4 新古典国际贸易理论

由亚当·斯密与大卫·李嘉图建立与发展起来的古典贸易理论的一个基本特点，就是只用单一要素的生产率差异来说明国与国之间为什么会发生贸易行为，以及生产率不同的两个国家为什么通过国际分工与贸易会增加各自的收入和提高各自的福利水平。以戈特哈德·贝蒂·俄林为代表的新古典贸易理论则假定各国在生产商品时所使用的生产技术是一样的，即生产函数相同，因而排除了各国劳动生产率的差异。他认为国际贸易的内在动因是国与国之间要素禀赋的差异。

3.4.1 赫克歇尔—俄林理论

1. *赫克歇尔—俄林理论产生的背景*

按照古典贸易理论，技术差异是造成不同国家生产成本(后人用机会成本代替)差异的主要原因，那么，是什么原因造成不同国家在劳动成本或机会成本上的差别呢？如果贸易双方的技术水平是相同的，在不考虑交易成本的情况下，两个国家就没有了进行贸易的理由，因为贸易的结果将会是这样的：对任何一方来说，贸易既不会带来利益也不会带来损失。但是在现实世界，尤其是进入 20 世纪后，技术在国家之间的流动越来越频繁，规模也越来越大，许多国家在多种产品的生产上拥有十分接近甚至相同的技术，但生产成本差异仍然很大，这些国家之间的贸易不但没有减少反而在增加，这一现象应该如何解释呢？

各国间劳动生产率的不同只能部分地解释贸易产生的原因。现实告诉人们，国际贸易理论不仅要看到劳动的重要性，也要看到其他生产要素如土地、资本和矿产资源的重要性。

在对这些问题的探讨中，用各国之间的资源差异来解释国际贸易原因的学说是国际经济学中最具影响力的理论之一。这个决定国家贸易格局的主要理论产生于瑞典。1919年，瑞典著名的经济史学家伊·菲·赫克歇尔在一篇《对外贸易对收入分配的影响》的短文中提出了这种核心思想。这篇文章埋没了十多年，直到20世纪30年代，伊·菲·赫克歇尔的学生戈特哈德·贝蒂·俄林对其老师的理论作了清楚而全面的解释并在1933年出版了《区际贸易和国家贸易》，这一理论才引起了人们广泛的注意。在书中，他提出了生产要素禀赋论，建立了赫克歇尔—俄林理论(简称赫—俄理论或 H-O)模型，开创了国际贸易的现代理论，后来经过许多经济学家的充实和发展，成为当今西方国际贸易理论的主流。戈特哈德·贝蒂·俄林因创建国际贸易理论的贡献，获得了1977年诺贝尔经济学奖。

 **知识链接**

伊·菲·赫克歇尔和戈特哈德·贝蒂·俄林

伊·菲·赫克歇尔瑞典人。古典贸易理论最重要部分——要素禀赋论就是他和他的学生戈特哈德·贝蒂·俄林最早提出来的，并命名为赫克歇尔—俄林理论。

1897年起，伊·菲·赫克歇尔在乌普萨拉大学跟耶尔纳学习历史，获得博士学位。毕业后，他曾任斯德哥尔摩大学商学院的临时讲师；1909—1929年任经济学和统计学教授。此后，因他在科研方面的过人天赋，学校任命他为新成立的经济史研究所所长。

他成功地使经济史成为瑞典各大学的一门研究生课程。

在经济理论方法最主要的贡献可以概括为他最著名的两篇文章。1919年发表的《外贸对收入分配的影响》是现代赫—俄要素禀赋国际贸易理论的起源。他集中探讨了各国资源要素禀赋构成与商品贸易模式之间的关系，并且，一开始就运用了一般均衡的分析方法。他认为，要素绝对价格的平均化是国际贸易的必然结果。他的论文具有开拓性的意义，其后，这个理论由他的学生戈特哈德·贝蒂·俄林进一步加以发展。《间歇性免费商品》(1924年)一文提出的不完全竞争理论，比琼·罗宾逊和爱德华·张伯伦早了9年。文章中还探讨了不由市场决定价格的集体财富(即所谓的公共财物)的问题。

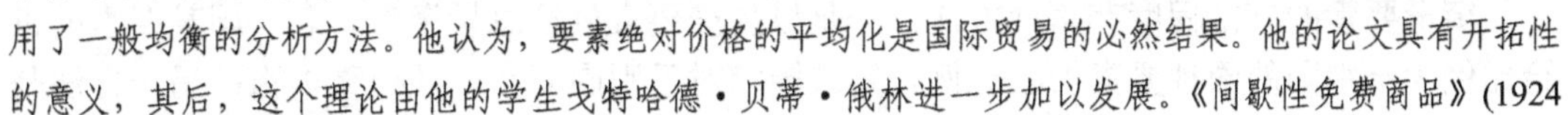

戈特哈德·贝蒂·俄林：瑞典著名经济学家，现代国际贸易理论的创始人。先后在隆德大学、斯德哥尔摩商学院、剑桥大学、哈佛大学学习和深造。1925年，任哥本哈根大学经济学教授。1930年，应聘到斯德哥尔摩商学院任经济学教授。1938年，当选为议员。戈特哈德·贝蒂·俄林不仅是经济学家，而且是瑞典著名的政治活动家。1944年，当选瑞典主要反对党自由党的主席，在联合政府中任贸易部长，连任自由党主席达23年之久。1977年，戈特哈德·贝蒂·俄林因对国际贸易理论和国际资本运动理论做出了开拓性的研究，与英国剑桥大学的詹姆斯·爱德华·米德一同获得了当年的诺贝尔经济学奖。

2. 赫—俄理论的基本假定前提

赫—俄理论的假设前提主要包括以下几方面。

(1) 只有两个国家，两种产品，两种生产要素(资本和劳动)，即2×2×2模型。

(2) 两国消费者的偏好基本相同，消费无差异曲线的方位与形状都一样。

(3) 两国生产时采用同一种技术，生产函数相同，这意味着如果两国要素价格相同，在同种商品的生产中就会使用相同数量的资本和劳动。

(4) 生产要素只能在一国范围内流动(这意味着各国可供利用的生产要素总量不变)，但产品可以在国家之间自由流动。

(5) 不存在要素密集度逆转的情况，这意味着，如果一种产品在一国是资本密集型产品，那么在另一国也是如此。

(6) 运输成本为零，也不存在其他交易成本，并且两国经济总量总是处于均衡状态。

(7) 在两国中，两种商品和两种生产要素的市场结构是完全竞争的，这意味着商品价格等于其生产成本。

(8) 两国在自由贸易条件下同时生产两种产品，不存在完全的专业化分工。

(9) 两种生产要素的供给是固定、同质的，且都被充分利用。

3. 赫—俄理论的相关概念

(1) 禀赋(endowment)：在经济学中，禀赋就是指一个国家的资源，如人力资源和自然资源。

(2) 要素禀赋(factor endowment)：又称为资源禀赋，指一国拥有各种生产要素，包括“自然”存在的资源(如土地、矿藏等)，也包括“获得性”资源(如技术、资本等)的总量。

(3) 要素充裕度(factor abundance)：是指一个国家某种生产要素和其他生产要素比较而言的充裕程度。

要素充裕度是一个相对的概念，与生产要素的绝对数量无关。一个国家不能把拥有的某种生产要素的绝对数量作为衡量该要素充裕度的标准，而应在国内把各种生产要素进行比较，以此来判别哪种生产要素比较丰裕。

衡量要素的丰裕程度有两种方法：一是以生产要素供给总量衡量，若一国某要素的供给比例大于别国的同种要素供给比例，则该国相对于别国而言，该要素丰裕；另一方法是以要素相对价格衡量，若一国某要素的相对价格(某要素的价格和别的要素价格的比率)低于别国同种要素相对价格，则该国该要素相对于别国丰裕。例如，如果A国的可用总资本和可用总劳动的比率(T_K/T_L)大于B国的这一比率，我们就说A国家是资本丰裕的。或者如果A国家的资本租用价格和劳动时间价格的比率(P_K/P_L)小于B国的这一比率，我们就说A国是资本丰裕的。以总量法衡量的要素丰裕只考虑要素的供给，而以价格法衡量的要素丰裕考虑了要素的供给和需求两方面，因而较为科学。

一个国家可以通过两种方法来利用本国充裕的生产要素：一种方法是直接向国外输出充裕的生产要素而获取收益；另一种方法是利用本国相对充裕的生产要素发展相应的出口产品生产，然后向国外输出商品。不同国家由于要素禀赋的不同，导致了供给能力的差异，进而引起贸易商品相对价格的差异。根据比较优势原理，一国出口密集使用其丰富要素的产品，进口密集使用其稀缺要素的产品。

(4) 要素密集度和要素密集型产品：要素密集度是指生产某种产品所投入两种生产要素的比例，这也是一个相对的概念，与生产要素的绝对投入量无关。如果X商品的生产所采用的资本与劳动投入比例 $k_x=K_x/L_x$，大于 Y 商品的生产所采用的资本与劳动投入比例

$k_y=K_y/L_y$，即 $k_x>k_y$，则称 X 是资本密集型(capital-intensive)产品，Y 是劳动密集型(labor-intensive)产品。

特别提示

当我们说某国在要素禀赋上属于哪种类型时，必须注意看与谁相比。例如，美国无论在资本存量，还是在劳动绝对数量上，都远远高于瑞士和墨西哥这两个国家。但与瑞士相比，美国的人均资本存量低于对方，因此相对于瑞士而言，美国属于劳动丰富的国家。如果拿美国与墨西哥相比，则美国的人均资本存量高于墨西哥的水平，因此美国与墨西哥相比，属于资本丰富的国家。

4. 赫—俄理论的基本内容

赫克歇尔—俄林的要素禀赋理论认为，生产商品需要不同的生产要素而不仅仅是劳动力，并据此提出了三要素论。三要素论的主要论点认为，劳动、土地、资本是一切社会生产不可或缺的要素，商品价值是由这三个要素共同创造的，劳动的报酬是工资，使用资本的报酬是利息，使用土地的报酬是地租，是这些报酬确定了商品的价值。当然，每一种生产要素又可以细分。由于俄林将贸易中国际竞争力的差异归于生产要素禀赋的国际差异，故人们将赫—俄理论称为要素禀赋理论(the theory of factor endowment)，又由于该理论特别强调不同国家拥有不同的生产要素比例，故人们又将之称为要素比例理论(the theory of factor proportions)。

俄林的生产要素供给比例说是用一般均衡分析从商品价格的国际绝对差开始。

(1) 商品价格的国际绝对差是国际贸易产生的直接原因。当两国间的价格差大于商品的各项运输费用时，则从价格较低的国家输出商品到价格较高的国家是有利的。

(2) 商品价格的国际绝对差来自于成本的国际绝对差。同一种商品的价格在不同国家间的差异主要是成本的差异，所以，成本的国际绝对差是国际贸易发生的第一原因。

(3) 两国国内各种商品成本比例不同是国际贸易发生的必要条件。戈特哈德·贝蒂·俄林认为，如果两国国内成本比例是相同的，一国的两种商品成本都按同一比例低于另一国，这两国将只能发生暂时的贸易关系，当两国的汇率变化使两国商品的单位成本完全相等时，这两国将不会发生贸易。

假设美国生产小麦的单位成本是 1 美元，英国是 2 美元，美国生产纺织品的单位成本是 2 美元，英国是 4 美元。在这种情况下，美国的小麦和纺织品会单方向输入英国，而英国没有任何产品可以输出。由于美国对英国贸易出超，英国入超，英国需大量买入美元，则美元汇价就会上升，英镑就会下降。美元汇价的上升意味着以英镑计价的美国商品价格的上涨，当汇率达到一定水平时，美国和英国在两种商品上的单位成本完全相等，两国间将不会再有贸易关系产生。此例中，美元汇价上涨一倍就会使两国两种商品的单位成本完全相等。

(4) 生产要素的价格比例不同决定各国商品价格比例不同。为什么不同国家有不同的成本比例呢？莱特哈德·贝蒂·俄林认为是因为各国国内的生产诸要素的价格比例不同。不同的商品是由不同的生产要素组合生产出来的。在每一国内，商品的成本比例反映了它的生产诸要素的价格比例关系，也就是工资、地租、利息之间比例关系。由于各国的生产要素价格不同，就产生了成本比例的不同。

假设生产每单位布需要3单位资本和6单位劳动，在技术上美国和中国是相同的。但是，中国每单位资本的价格是6美元，每单位劳动的价格是1美元，而美国单位资本的价格是3美元，单位劳动的价格是5美元，结果中国每单位布的价格是美元(6×3+1×6)，美国每单位布的价格是美元(3×3＋5×6)。可见，各国生产同一产品的价格差，在这里是由生产要素的价格差异造成的。

(5) 要素供给比例不同是决定要素价格比例不同的因素。在各国要素需求一定的情况下，各国的要素禀赋不同，导致要素的价格不同。一些供给丰富的生产要素价格便宜，稀缺的生产要素价格昂贵。由此得出，要素价格比例不同是由要素供给比例不同决定的。同样，假设生产要素供给比例是相同的，各国对这些生产要素不同的需求也会产生要素的不同价格比例。

在这个链条中，戈特哈德·贝蒂·俄林认为供给比例是最重要的环节，但没有一个单一的环节是国际贸易的最终基础。各个环节之间的互相依赖的关系决定了每一个国家的价格结构。而各个国家的价格结构决定了其在国际分工和国际贸易体系中的比较利益，同时这也就构成了国际分工和国际贸易的基础。

图3.1为赫—俄理论的推理过程。

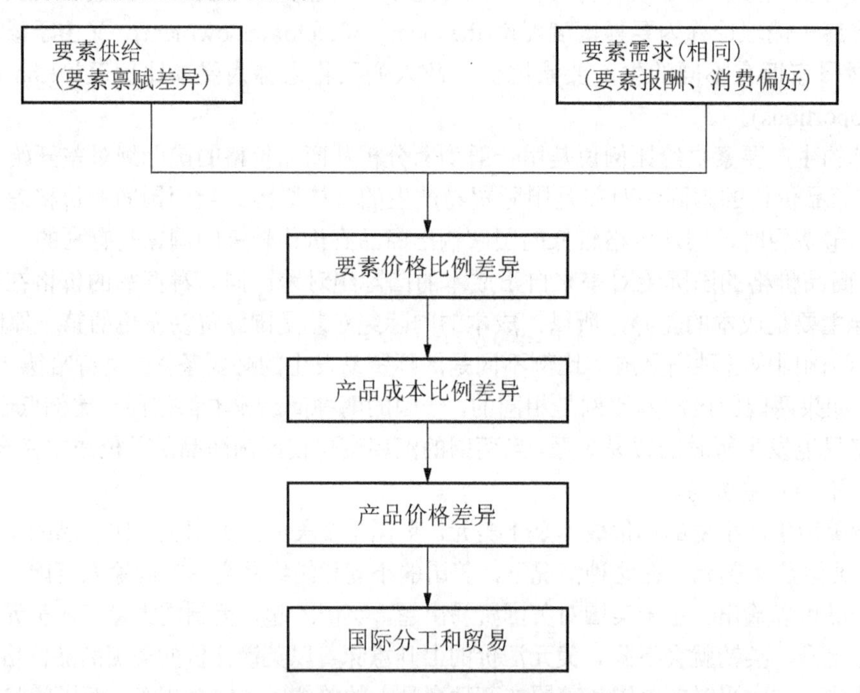

图3.1　赫—俄理论的推理过程

结论：一国应该出口该国相对丰裕和便宜的要素密集型产品，进口该国相对稀缺或昂贵的要素密集型产品。例如，劳动力相对丰裕的国家拥有生产劳动密集型产品的比较优势，因此应该出口劳动力密集型产品，而进口资本密集型产品；资本相对丰裕的国家拥有生产资本密集型产品的比较优势，因此应该出口资本密集型产品，而进口劳动密集型产品。

特别提示

通过一般均衡分析得出“要素供给差异导致商品价格差异”这一结论，并不要求各国需求偏好、收入分配、生产技术完全相同。但是假设两国需求偏好、收入分配、生产技术完全相同可以大大方便对该理论的理解。

3.4.2 要素价格均等化理论——H-O理论的扩展

1. 理论背景

赫—俄理论的问世，给关注贸易问题的经济学家以巨大的思想启迪，关于要素禀赋理论的成果纷纷出现。在此，只介绍美国经济学家P.A.萨缪尔森的要素价格均等化理论(factor price equalization theorem)。要素价格均等化理论进一步论述了两国在发生贸易之后，两国之间的资源将会发生怎样的变化。鉴于对赫—俄理论的发展，因此称这个理论为赫—俄—萨理论(简称H-O-S理论)。

知识链接

P·A·萨缪尔森—经济学界的最后一个通才

P·A·萨缪尔森于1915年5月15日生于美国印第安纳州的加里城。2009年12月13日在其位于美国马萨诸塞州的家中逝世，享年94岁。

20岁时，P·A·萨缪尔森以GPA为A的成绩毕业于芝加哥大学，获文学学士学位；翌年，又获得哈佛大学文学硕士学位；五年后获得哈佛大学博士学位。此外，P·A·萨缪尔森还曾获得多所大学的名誉学位。其博士学位论文的题目是《经济理论的运营意义》，获哈佛大学威尔斯奖。在1947年美国经济学年会上，保罗·道格拉斯以学会会长的身份把美国第一届克拉克奖章授予了当时未满40岁的萨缪尔森，并预言P·A·萨缪尔森在经济学领域将有无可限量的前途。果然，P·A·萨缪尔森不负所望，23年后便获得了世界经济学的最高奖——诺贝尔经济学奖。从1940年起，P·A·萨缪尔森还曾担任美国计量经济学会会长，美国经济学会会长，国际经济学会会长和终身荣誉会长，以及在一系列政府机构和公司任经济顾问和研究员。P·A·萨缪尔森的著作颇丰，主要著作有：《经济分析的基础》(1947年)、《经济学》(1948年)、《线性规划与经济分析》(1958年)，以及独自撰写和与多夫曼、索罗等合著的大量文章，这些文章被选编入《保罗·A·萨缪尔森科学论文集》第一、二、三、四、五集。P·A·萨缪尔森在经济学领域中可以说是无处不在，被称为经济学界的最后一个通才。

P·A·萨缪尔森作为新古典经济学和凯恩斯经济学综合的代表人物，其理论观点体现了西方经济学整整一代的正统的理论观点，并且成了西方国家政府制定经济政策的理论基础。20世纪70年代，西方国家经济陷入“滞胀”困境，使以“新古典综合”作为理论基础的经济政策遭到破坏，P·A·萨缪尔森的经济理论受到了来自各方面的挑战，由此，形成了西方经济学界的旷日持久的大论战。虽然，以P·A·萨缪尔森为代表的经济理论的正统地位发生了动摇，但是，西方国家经济作为一种“混合经济”仍然离不开

P·A·萨缪尔森的经济理论。P·A·萨缪尔森也从其他学派的经济理论中吸收了许多重要的理论观点，对自己的理论加以修正和完善，使之适合于变化了的经济情况。由这点看来，P·A·萨缪尔森仍不失为经济学大家的风范。

P·A·萨缪尔森的研究范围横跨经济学、统计学和数学多个领域，他对经济学的三大组成部分——政治经济学、部门经济学和技术经济学，都有独到的见解；他把凯恩斯主义和传统的微观经济学结合起来，形成“新古典综合学派”的理论体系；他还一直热衷把数学工具运用于静态均衡和动态过程的分析，以物理学和数学论证推理方式研究经济，为数理经济学的现代化作出了贡献。此外，他还通过对乘数和加速数联合作用的分析，把两者巧妙地合而为一，揭示出了乘数与加速数的内在联系；在关于经济增长论“社会福利函数”的论述和对比成本说中的“赫克歇尔—俄林原理”的补充等方面，都为经济理论贡献了珍贵的思想财产。P·A·萨缪尔森的理论维护和传播了传统西方经济学说，促进了经济理论数学化的发展，成为西方世界久负盛名的经济学巨子。因此他的著作一版再版，在世界各国享有很高的声誉。P·A·萨缪尔森一生三大经济成就：将数学引进了经济学；帮助在经济困境中上台的肯尼迪政府制定了著名的“肯尼迪减税方案”；影响了数代人的巨著《经济学》。

1970 年，萨缪尔森因对经济学理论的卓越贡献而获诺贝尔经济学奖，他也是世界第二位、美国第一位获诺贝尔经济学奖的经济学家。当时评奖委员会说：“在提升经济学家理论的科学分析水平上，他(萨缪尔森)的贡献要超过当代其他任何一位经济学家，他事实上以简单语言重写了经济学理论的相当部分。”

2. H-O-S 理论内容

在特定条件和假设前提下，国际贸易不仅将使两国间的商品价格均等化，而且会使两国间的各种要素价格均等化，以至于即使在要素不能在各国间流动的情况下，两国工人也将享受同样的工资水平，两国单位面积的土地也将获得同样的地租收益。这就是要素价格均等化理论的主要内容。

要素均等化理论实际上是一个推论，因为是它直接从 H-O 理论得来的，并且只有当 H-O 理论成立时它才成立。

3. H-O-S 理论说明

按照 H-O 模型那样，只考虑两个国家，生产两种产品—布料和钢铁，布料是劳动密集型产品，钢铁是资本密集型产品。A 国是资本相对丰裕的国家，B 国是劳动相对丰裕的国家。随着贸易的开展，在 B 国市场上，布料的价格上升，钢铁价格下降，表示生产者会生产更多的布料和较少的钢铁。在完全竞争的条件下，产品组合的发生转移，相应地，资源会因为产品组合的变化而发生调整，即一部分资源从钢铁生产转向布料生产。但是，从钢铁生产中转移出的资源与布料生产中所吸收的资源是不同的, 这是因为两种产品中要素的密集程度不同。贸易后钢铁的生产已更多地转移到 A 国，布料的生产更多地转移到 B 国。于是，在这一调整过程中，B 国对劳动的需求增加，对资本的需求减少。假定要素的供给是一定的，那么市场的变化会导致劳动价格的上升，资本价格的下降，进而导致要素价格比率上升。贸易前后，A 国家的变化与 B 国相似，只是要素价格比率变化方向相反。

只要两国的两种商品存在相对价格差，两国之间就会存在贸易。随着两国贸易的开展，两种商品的这种相对价格差会逐步缩小，当两国两种商品的相对价格达到相等，贸易就会停止。国际贸易在使两国两种商品的相对价格相等的过程中，必然会使两国两种要素的相对价格实现均等化。这就是“要素价格均等化定理”，即在均衡状态，两国面临相同的产品相对价格(甚至绝对价格)，在相同的技术，不变的规模报酬条件下，产品的相对价格(甚至绝对价格)将会实现均等化，要素的价格必然也会实现均等化。在这个工程中， 实质上是产品的流动替代了要素的流动。一般趋势是，贸易使禀赋丰富的要素价格上升，而使禀赋稀缺的要素价格下降，直到形成相同的要素价格比率。

生产要素禀赋的差异以及商品价格的差异，构成了国际贸易的基础。根据要素价格均等化定理，如果通过国际贸易使得两国的要素价格均等化了，那么两国商品价格的差异也将不复存在，国际贸易将会停止。但实际上只要两国之间的要素禀赋差异没有发生根本改变，这种现象就只能是暂时的。因为随着国际贸易的终止，要素价格的差异又会重新产生，商品价格的差异又将随之产生，国际贸易又将恢复。

需要指出的是，要素价格均等化定理是在一系列的假设条件下推导出来的。观察一下现实世界，就会发现满足这些条件是十分困难的，甚至是不可能的。例如，各国并非使用同样的生产技术，各国间的运输成本和贸易壁垒也阻碍各国商品相对价格相等。此外，许多企业处于不完全竞争市场上，其运作也不是规模报酬不变的，因此国际贸易并没有使各国的工资和利率实现相对的均等化。通过对现实世界的观察，就会发现各国间的要素价格并没有完全均等化。相同的生产要素，如具有同样技能的劳动者,在各个国家中不能挣到同样的收入，而且差别可能是相当大的。这一现实状况的原因就在于要素价格均等化定理所依赖的一些假设在当今世界大多是不成立的。

萨缪尔森认为要素价格均等化不仅是一种趋势，而且是一种必然。但是，戈特哈德•贝蒂•俄林认为，要素价格完全相等几乎是不可能的，要素价格均等只是一种趋势，其主要原因有以下几点：①影响市场价格的因素复杂多变，而不同地区的市场又存在差别，价格水平难以一致；②生产要素在国际将不能充分流动，即使在国内，生产要素从一个部门流向另一个部门，也不是十分便利的；③集中的大规模生产必然是有些地区要素价格相对高，而另一些地区要素价格相对低，从而阻碍了生产要素价格完全均等。国际贸易缩小了要素价格的国际差异，而不是将其完全消除，还是比较符合实际的。

但是，国际间要素价格现实中的差异并不能推翻要素价格均等化定理，因为如果没有国际贸易，这些国际差异要比现在大得多。因此，要素价格均等化理论是适用的，它确定了影响要素价格的重要因素，而且使我们对现实中的贸易模型和经济的一般均衡特性有了更深入的认识。要素价格均等化是国际贸易的结果，但我们不能认为要素价格均等化将使国际贸易不再发生。

理论实践

美国的汽车产业——一个关于要素价格均等化的例子

20世纪80年代初期，美国汽车工人的报酬大概是日本汽车工人的两倍。1981年，与日本汽车工人平均10.70美元/小时的收入相比，通用汽车工人的工资和福利收入平均为19.65美元/小时。由于受美国经济衰退，汽油价格上涨和其他因素的影响，使得美国对其国产汽车的需求减少。然而，美国消费者却继续购买日本汽车，甚至达到了进口限额的上限。为了避免失业，美国汽车工人联盟被迫接受了降低工资的要求，以使陷于困境的汽车企业能够继续经营。毫不奇怪，美国汽车工人联盟要求政府制定贸易法规，进一步加强对进入美国的外国汽车的限制，从而把国内汽车工人的工资与外国竞争引起的市场压力隔离开。

理论实践

耐克与锐步的廉价工厂工资依然低得可怜

——现实中要素价格均等化的阻碍

由于公众对生产了大量美国服装和鞋类的外国工厂中存在的剥削问题的争论，耐克、锐步和其他一些美国公司不得不对廉价工厂进行改革。廉价工厂的主要特征就是有组织地剥削法律赋予工人的权利。这些权利包括集体组织协商工资的权利、禁止使用童工以及雇主所付工资必须足以满足工人及其家属的吃、穿、住等基本生活需要的权利等。例如，1997年安扬公司受耐克公司委托所做的一份调查被泄露。这份调查表明，越南一大型工厂的工人直接接触可致癌的甲苯，并且呼吸道疾病的发病率很高。该调查还发现，工人每周的工作时间长达65小时，有时工作条件并不安全。1999年锐步也发表了一份有关印尼两家大型工厂的研究报告。这份研究揭露了不合标准的工作条件、性别歧视以及工人的健康问题。

迫于对廉价工厂批评的压力，1999年耐克和锐步开始提高其海外工人的工资和工作条件。他们提高了印尼鞋厂工人的工资和福利，使100 000多名工人的基本报酬高出最低工资的43%。耐克还同意解决位于越南和其他国家的37家工厂的健康和安全问题。除此之外，耐克和锐步一改以往的做法，史无前例地与劳工权利的维护者化敌为友。然而，批评家们认为这些改革远未达到要求。例如，耐克和锐步在印尼提高的最低工资仅为每小时20美分，少于家庭的需要，更低于耐克在1997年印尼经济危机发生前所付的27美分。20世纪90年代后期，面对日益增多的学生反对运动，美国的许多大学也加入到了反对廉价工厂的队伍中，采取措施禁止在生产印有大学标志的服装制造厂中虐待劳工。这促成了一个由白宫发起的新联盟——公平劳动者联盟(FLA)的产生。由56家大学和耐克、锐步、利兹克雷伯尼、飞利浦—范豪森等公司组成的该联盟计划在世界范围内建立一套先进的工厂监测系统，以消除压榨劳动力的廉价工厂。参与企业可以在其标签和广告中使用FLA标志，帮助其树立良好的道德形象。道德意识强的消费者在购物时又可以通过寻找具有FLA标志的商品，来确保自己购买的东西不存在道德问题。简单地讲，企业的管理层希望FLA标志会提高其产品形象，进而促进销售；廉价工厂的反对者则希望该标志能够对没有参与该组织的企业施加压力，迫使它们消除廉价工厂，并加入FLA。

(资料来源：ROBERT Collier, "u.s.Firms Reducing Sweatshop Abuses,But Wages Still" San Francisco Chronicle, April 17,1999 and"Reebook Finds Ills at Indonesian Factories, " The Wall Street Journal,October 18,1999.)

4. 要素禀赋理论的评价

1) 理论贡献

(1) 赫—俄理论克服了亚当·斯密和大卫·李嘉图贸易理论中的某些局限性，认为生产商品需要不同的生产要素而不仅仅是劳动力，提出了生产要素的组合比例问题，使国际贸易理论的分析更加符合现实。

(2) 要素禀赋理论不是从技术差别而是从要素禀赋上来考察国际贸易的动因，找到了国际贸易地另一基础，正确的指出了生产要素在各国对外贸易中的重要地位。

2) 理论缺陷

(1) 赫—俄理论最终把国际贸易产生的原因归结到自然禀赋条件，事实上自然禀赋条件只是为国际分工的形成和贸易的发生提供了可能性，而并不是贸易发生的充分条件，从可能性演变为现实性还需要有一定的条件。例如，具有相对丰富自然资源的国家并不意味着只能成为资源密集型产品出口的国家，具有相对充实资本的国家也并不一定就仅是资本密集型产品的出口国。

(2) 赫—俄理论的假设条件把动态的经济视为静态经济，排除了生产力和科学技术的进步，把各国的相对优势看做是一成不变的，在当代国际分工和国际贸易中，技术进步、技术革新可以改变成本和比例，从而改变比较成本。排除了技术进步因素，实际上是否定了发展中国家在发扬潜在优势方面的必要性，限制了开拓新的生产领域。

(3) 赫—俄理论与当代大量贸易发生在要素禀赋相似，需求格局接近的工业国之间的实际情况不符，影响了该理论对国际贸易实际情况的深入分析。

(4) 抹煞了国际生产关系，抽象地谈论国际贸易可以使各国收入均等化，这不符合国际贸易的实际情况。赫—俄理念认为，只要实行自由贸易，国际间收入分配不均就可以迎刃而解，这种单纯经验观点分析方法，脱离了历史实际、政治实际和社会实际。如果这样，只能出现发达国家与发展中国家之间的不等价交换。

理论实践

中国农产品出口有优势吗

中国的人均可耕地面积是全世界最少的国家之一。根据大卫·李嘉图的“比较优势”理论，中国的农产品出口应该是处于劣势，农产品对外贸易方面应该主要是以进口为主。但是，事实却不是这样，中国的农产品出口每年都以两位数的速度增长。以加入世贸组织前后几年为例，中国 1999 年的农产品进出口总额为 216.3 亿美元，其中出口为 134.7 亿美元，而 2003 年中国农产品进出口总额 403.6 亿美元，其中出口为 214.3 亿美元。那么中国农产品出口的比较优势在哪里？

实际上考察一个国家对外贸易的比较优势不是从某一方面来考虑的，而应该把各种生产要素综合起来全面考虑。例如，中国的农产品出口，如果从人均可耕地面积的角度考虑，中国处于劣势，但是，如果从劳动力的角度来考虑，中国处于绝对优势。根据赫—俄理论，产品的价格是由要素的成本决定的，中国具有劳动力成本低的优势。所以，中国可以选择劳动密集型产品出口，而进口一些土地密集型或资源密集型的产品。那么，中国的农产品对外贸易额每年都以较高的速度增长就不奇怪了。

3.4.3 里昂惕夫之谜

1. 里昂惕夫之谜的产生背景

华西里·里昂惕夫与许多西方经济学家一样，曾经对 H-O 模型深信不疑，因为这个理论所揭示的道理同人们的常识是一致的。只要知道一个国家的要素禀赋状况，就可推断出其贸易方向：资本相对丰裕的国家出口资本密集型产品，劳动力相对丰裕的国家则出口劳动密集型产品。按照这一原理去推论美国的进出口商品结构，结论相当明确：美国资本丰裕而劳动力稀缺，所以，美国应当出口资本密集型产品，而进口劳动密集型产品。华西里 •里昂惕夫从理论上也赞同这一结论。为进一步验证 H-O 模型的正确性，里昂惕夫利用大量统计资料来验证美国的进出口商品结构，但结论则与理论判断完全相反，这一检验结果普遍认为是正确的。其与赫—俄理论之间的矛盾被称为“里昂惕夫悖论”，又被称为“里昂惕夫之谜”。

知识链接

华西里·里昂惕夫是美国经济学家，1906 年出生于俄国的圣彼得堡，是一位俄罗斯裔经济学家，1931 年移居美国，1932 年任教于哈佛大学经济系。里昂惕夫运用自己创造的投入—产出分析法，对 H-O 模型进行了验证，得出了自己的结论。为表扬其“投入产出理论”对经济学的贡献，1973 年被授予诺贝尔经济学奖。里昂惕夫曾经在中国住过一年的时间(1928—1929)。

2. 里昂惕夫的验证过程

华西里 • 里昂惕夫把生产要素分为资本和劳动力两种，选择了 200 种商品的统计数据进行分析，对 1947 年美国生产每百万美元的出口商品所包含的资本与劳动的数量进行了计算。但对进口商品他却不能这样做，因为他只有美国出口商品的“投入—产出”表，而没有美国进口商品国家的“投入—产出”表。为此，他采用从美国的数据中计算进口替代品的要素密集度的方法来估计进口品的要素密集程度。其计算结果如表 3-6 所示。

表 3-6　1947 年美国每百万美元出口商品和进口代替品的要素投入量

项　目	出 口 商 品	进口代替品
资本(美元)	2 550 780	3 091 339
劳动(人/年)	182 313	170 004
资本/劳动	13 991	18 184

由上表可知，1947 年美国进口替代商品生产人均资本使用量与出口商品生产人均资本使用量的比率为 1.30，这就是说作为世界上资本最丰裕的国家，美国出口的是劳动密集型商品，而进口的是资本密集型商品。正如华西里 • 里昂惕夫所言：“美国参加国际分工是建立在劳动密集型生产专业化基础上，而不是建立在资本密集型生产专业化基础上。”这个验证结果正好与赫—俄理论相反，也完全出乎里昂惕夫本人的预料，而且有悖常理。

有学者认为，1947 年的数据离二战太近，没有代表性。为此，1956 年华西里 • 里昂惕夫利用投入—产出法和美国 1951 年的统计资料(1951 年被认为是战后各国重建全面完成的一年)，对美国贸易结构进行了第二次验证。验证结果以《生产要素比例和美国贸易结构：进一步的理论和验证分析》为题于同年发表，得出 1951 年进口替代品人均资本使用量与出口商品生产人均资本使用量的比率为 1.06，美国出口商品比其进口替代品 的劳动密集度高出 6%，这与使用 1947 年的数据所得出的结论基本相同。

3. 对里昂惕夫悖论的解释

华西里·里昂惕夫发表其验证结果后，使西方经济学界大为震惊，因而将这个不解之谜称为里昂惕夫悖论，并且激发了一系列结论各异的经验研究其中有几个代表性的解释。

1) 需求偏好差异说

该学说认为，赫—俄理论的假设条件不成立。该理论成立的一个前提是假定贸易国双方的需求偏好相似，消费结构相同，忽略了两国需求偏好差异对贸易方式的影响。然而，实际上贸易各国国民需求偏好是不同的，而且这种偏好会强烈地影响国际贸易方式。里昂惕夫之谜之所以在美国发生，是由于美国人对于资本要素密集产品的强烈偏好而产生的。正因为美国人强烈地偏好于资本要素密集的商品，使得美国的资本密集型商品的相对价格较高，因此美国就会出口劳动密集型商品。这一解释不被承认的原因就是各国需求偏好的确是相似的。1957年，有学者对于许多国家家庭消费模式进行了研究，其结果表明：对食物、服装、住房以及其他种类的商品的收入需求弹性在各国都是很相近的。因此基于需求偏好不同假设的解释也是行不通的。

2) 要素密集逆转说

该学说认为，赫—俄理论的另一个假定是要素密度不发生逆转，即如果在一种要素价格比率下，一种商品较之另一种商品是资本密集型的，那么，其将在所在的要素价格比率下，也属于资本密集型的。但现实情况是要素密度是会发生逆转的。例如，美国是世界上最大的粮食出口国之一，但是与泰国相比，美国的粮食生产显然是属于资本密集型的，然而与美国生产的机器制成品相比却又是劳动密集型的。这样，虽然从世界的角度来看美国出口的是资本密集型的商品，但从美国的角度来看其出口的却是劳动密集型的商品。

3) 熟练劳动说

熟练劳动说又称为劳动效率说，华西里·里昂惕夫认为“谜”的产生可能是由美国工人的劳动效率比其他国家的工人高所造成的。美国经济学家D·B·基辛利用美国1960年人口普查资料，将美国企业的从业人员分为熟练劳动力和非熟练劳动力两大类，并且按技术熟练程度由高到低分为八类，第一类为科学家和工程师，他们的人力资本最高，其劳动也最有技巧；第二类是技术人员，他们的人力资本次之等。基率发现，在美国的出口产品中，第一类劳动的含量比例很高，而在美国进口的产品中，第一类劳动的含量比例最小。

华西里·里昂惕夫认为，美国工人的劳动效率大约是其他国家工人的三倍。因此，在以劳动效率为单位衡量的条件下，美国就成为劳动相对丰富、资本相对稀缺的国家，而美国劳动效率高的原因是美国企业惯例水平高、工人所受的教育和培训好。里昂惕夫认为，将美国工人数乘以三以后，美国的贸易模式便符合了H-O模型。

4) 人力资本说

人力资本是现在被广泛接受的一个概念。该学说认为，赫—俄理论将劳动视为一种同资的生产要素的假定是不现实的。实际上，一国人力要素禀赋都是异质性的，在构成和质量上都不同于其他国家。

美国经济学家P·B·凯南认为，熟练劳动技能是社会投资与教育培训的结果，熟练劳动技能是人力资本，与有形资本一起组成资本投入。人力资本投入，可提高劳动技能和专门知识水平，促进劳动生产率的提高。由于美国投入了较多的人力资本，因而拥有更多的熟练劳动力，因此，美国出口产品含有较多的熟练劳动。凯南对人力资本进行量化把熟练劳动者高于非熟练劳动者收入部分资本化，并同有形资本相加，经过这样处理后，表面上看，美国出口的主要是劳动密集型产品，而实际上是出口人力资本密集型产品，即美国出口产品的资本密集度高于进口产品的资本密集度。这样，引入人力资本这一新要素，里昂惕夫悖论就不存在了。

人力资本理论认为，通过对劳动力进行投资(如教育、职业培训、保健等)，可以提高劳动力的素质和技能，从而形成一种具有更高生产率的新要素。一国的人力资本的素质和结构会对该国参与国际分工产生重要影响，一个国家应该重视人力资本投资，不断形成新的比较优势，才能在国际分工中占据有利地位。

5) 贸易保护说

鲍德温认为，赫—俄理论的前提假设是自由贸易，而华西里・里昂惕夫所使用的资料是美国进出口构成的实际数字。在华西里・里昂惕夫进行统计分析的年代里，美国事实上有很高程度的贸易保护，这种贸易保护主要针对的是美国缺乏国际竞争力的劳动要素密集型商品，以保护美国的这些行业，提高国内就业水平。如果没有这种保护性贸易政策，美国进口中的劳动密集型产品份额便会高于存在这些限制的情况。1947 年美国对劳动密集型商品征收的关税率超过 25%，而对资本密集型商品征收的关税率则较低。根据鲍德温的计算，如果美国的进口不受限制的话，则其进口产品的资本—劳动力的比率将比实际进口所计算的比率低 5%。该学说认为是美国的关税结构导致了贸易类型的扭曲。这对解释里昂惕夫之谜有一些帮助。

6) 自然资源说

该学说指出里昂惕夫之谜的根源在于，华西里・里昂惕夫的统计只考虑资本和劳动两种要素投入，而忽略了自然资源。有证据表明，美国出口产品中消耗了大量的自然资源，这些资源的开采、提炼与加工均投入了大量的资本，如果加入这部分资本投入量，里昂惕夫之谜就不存在了，赫—俄理论也会同国际贸易实践相吻合。

由于理论界重新审视了赫—俄理论的立论前提的合理性，并深入思考里昂惕夫统计检验方法的有效性，从而丰富和发展了自由贸易学说。但是由于一些经济学家对赫—俄理论的检验结果与赫—俄理论存在偏差，对这个模型的实证研究不能给国际贸易一个令人满意的解释，所以经济学家们把注意力转向了新的研究领域，开始探索国际贸易新的理论。

最后必须指出，一些学者(如约翰・威廉姆森、E.利默)在研究之后认为华西里・里昂惕夫和其后的学者所进行的实证检验存在错误之处，他们表明对实证检验进行改进之后，美国在 1947 年的贸易格局实际上是符合赫—俄理念的。此外，该理论在许多别的(尽管不是全部)国家都是有效的。

4. 里昂惕夫之谜及其解释的评价

1) 里昂惕夫之谜及其解释的贡献

(1) 里昂惕夫悖论修正、完善了赫—俄理论，推动了国际贸易理论向纵深发展，是经济理论发展史上的一个里程碑。

(2) 华西里・里昂惕夫把经济理论、数学方法和经验统计相结合，运用定量分析的方法给后人提供了研究国际贸易问题的新途径。

(3) 华西里·里昂惕夫带动了众多经济学者对国际分工和国际贸易中的各种经济现象进行深入的分析研究，对里昂惕夫反悖解释的相关学说是对传统国际贸易理论的补充和发展。这些学说不是对比较成本说和赫—俄学说的全盘否定，而是采用把定性分析和定量分析相结合，把理论研究和实证分析相结合，把比较利益的静态分析和动态分析相结合的方法，针对战后国际分工和国际贸易的新情况，在继承这些传统理论的基础上，有所创新，有所发展。

2) 里昂惕夫之谜及其解释的缺陷

这些学说与传统国际贸易理论一样，仅仅从生产力的角度研究国际分工和国际贸易的产生、发展和贸易利益问题，而不涉及国际生产关系，把国际分工与国际贸易作为分配世界资源的中性机制，抹煞了发达国家对发展中国家利益侵吞的历史事实，掩盖了国际分工和国际贸易的性质。

本章小结

亚当·斯密的绝对优势论是在对重商主义的批判基础上提出的。该理论建立在分工理论和劳动价值论之上，其核心思想是，国际贸易并非此消彼长的零和博弈，而是互利的正和博弈，其中互利的贸易基础是国与国之间特定商品的绝对成本差异。

大卫·李嘉图继承和发扬了亚当·斯密的观点，通过放松绝对成本差异的前提约束，以相对成本的差异为前提假设，建立了比较优势贸易理论。其核心思想是，一国在特定产品上的优势取决于相对成本差异，这种相对成本差异是国与国互利贸易的基础所在，既包括同一国家内部生产不同产品的成本差异，也包括了不同国家之间生产同一种产品成本的差异。国家应该按照“两优择其重，两劣选其轻”的比较优势原则进行分工。

赫—俄的要素禀赋论是在比较优势论的基础上的一大进步，该理论认为生产要素禀赋的差异是各国进行贸易的重要原因。其核心思想是，任何一个国家将出口相对密集使用本国丰裕要素生产出来的产品，即该国具有比较优势的产品必定是密集使用其相对丰裕要素生产出来的产品。这样，就会提高一国的资源利用效率，对贸易双方都有利。

里昂惕夫用自己首创的投入—产出分析法，想通过美国的数据来检验赫—俄的要素禀赋论的正确性。但是计算结果却与要素禀赋论的结果相悖，产生里昂惕夫之谜，从而引发了经济学界对“谜”是如何产生的这一问题的激烈论证。

习　　题

一、单项选择题

1．真正的国际贸易理论起始于(　　)。

A．重商主义　　B．古典经济学派　　C．新古典经济学派　　D．重农主义

2．关于晚期的重商主义，下列说法不正确的是(　　)。

A．认为一国应该通过贸易顺差实现财富的增长

B．更为重视长期和总体的贸易顺差

C．要求对每一个贸易伙伴都保持顺差

D．与早期的重商主义一样重视货币特别是金银的积累

3．亚当·斯密认为，国际分工和贸易的基础是(　　)。

A．劳动生产率的绝对差异

B．各国所拥有的资源禀赋状况差异

C．劳动生产率或生产成本的相对差异

D．各国经济发展水平

4．大卫·李嘉图认为，国际分工和贸易的基础是(　　)。

A．劳动生产率的绝对差异

B．各国所拥有的资源禀赋状况差异

C．劳动生产率或生产成本的相对差异

D．各国经济发展水平

5．甲、乙两国生产 1 单位 A 产品需要投入的劳动量分别为 90 天和 100 天，生产 1 单位 B 产品需要投入的劳动量分别为 80 天和 120 天。按照大卫·李嘉图的理论，甲国应该生产(　　)产品才具有比较优势。

A．B 产品　　B．A 产品

C．A、B 两种产品　　D．两种都没有比较优势

6．拥有的生产要素相对数量的不同导致的商品相对价格差异才是贸易的基础，这一观点属于(　　)。

A．绝对优势理论　　B．比较优势理论

C．要素禀赋理论　　D．重商主义理论

7．假如甲、乙、丙三个国家都只生产 A、B 两种商品，其中这三国生产 A 商品的机会成本分别是 0.9、1.2 和 0.5，那么这三国最可能发生贸易的两个国家是(　　)。

A．甲国和乙国　　B．甲国和丙国

C．乙国和丙国　　D．三国彼此间发生贸易的可能性相同

8．晚期重商主义的主要政策主张是(　　)。

A．奖出限入，保证贸易顺差

B．国家不要干预对外贸易

C．保护幼稚工业

D．保护国内垄断行业

9．下列主张贸易保护的学者有(　　)。

A．亚当·斯密　B．大卫·李嘉图　C．赫克歇尔和俄林　D．重商主义者

二、判断题

1．重商主义把货币看作是财富的唯一形式，一国拥有的货币数量越多意味着财富越多。(　　)

2．在金本位制下，一国通过贸易顺差不断积累货币会影响其国际竞争地位。(　　)

3. 亚当·斯密认为，国际分工和贸易的原因和基础是各国间劳动生产率或生产成本的相对差别。 (　)

4. 机会成本是指为了多生产某种产品而必须放弃的其他产品的数量。 (　)

5. 俄林认为，两国国内不同的分工体系决定了各自的相对优势商品，形成了两国贸易的基础。 (　)

6. 大卫·李嘉图认为，每个国家都集中生产并出口其具有比较劣势的产品，进口其具有比较优势的产品。 (　)

7. 首先提出国际分工与自由贸易理论的经济学家是大卫·李嘉图。 (　)

8. 重商主义把，国际贸易视为“零和博弈”，一方获益的同时另一方受损，双方的净收益为零。 (　)

9. H-O理论对贸易模式的解释是，每一国家都进口密集地使用其相对富裕的生产要素所生产出的商品，出口密集地使用其相对稀缺的生产要素所生产出的商品。 (　)

10. 要素价格相等化定理认为，贸易的结果将推动两国的要素相对价格以及绝对价格均等化。 (　)

三、问答题

1. 大卫·李嘉图的“比较优势理论”的主要观点是什么？

2. 什么是“里昂剔夫之谜”？

3. 试述亚当·斯密的“绝对成本学说”的主要内容。

4. 简述要素禀赋论的三个主要结论。

5. 简述早、晚期重商主义的异同。

6. “世界上最贫穷的国家没有什么东西可以出口。它们没有什么资源是丰裕的。它们的资本和土地都不丰裕，在较小的国家，甚至连劳动力也不丰裕。”对上述论断进行评论。

四、计算题

甲、乙两国因生产要素丰裕程度不同，所以生产要素的价格也不同。甲国每单位土地价格为5元，每单位劳动力的价格为1元，乙国每单位土地价格为1元，每单位劳动力价格为3元，假设两国生产水平一样，即生产每单位玉米均需10单位土地和1单位劳动力，生产每单位棉布均需1单位土地和10单位劳动力。试用要素禀赋理论计算并说明两国如何分工。

五、案例应用分析

中国即将终结代工时代——美国和中国工资差距缩小

随着美国和中国工资差距逐渐缩小，美国把制造业大量外包给中国的时代即将结束。

“中国制造”面临前所未有的挑战？随着通货膨胀率急剧上升，引起国内制造业的新一轮关注，而此前，在中国运营工厂所需的成本已经稳步上升多日。

通货膨胀率攀高的时机对于企业主来说也很不妙，而主要商品的价格上涨使工人们加薪要求更为迫切。包括“人民币升值、通货膨胀引起的商品涨价及物业和设备成本的增加、工资上涨”，渣打银行大中华区研究主管王志浩表示，一些外国公司没有动力把生产基地设在中国。

鉴于此，一些在华有分支的美国公司正考虑各种措施来抵消升高的劳动力和出口成本，部分公司在考虑将所有工厂搬出中国，而印度、越南、缅甸、柬埔寨等东南亚低劳动力成本国家成为他们的下一站。

严重的情况远不止这些。波士顿咨询公司在 2011 年 5 月份的报告中预测：“到 2015 年，美国将战胜中国重夺制造业王冠，人们会看到美国市场越来越多的商品将是‘美国制造’。”波士顿咨询高级合伙人哈尔·西尔金表示，未来五年，随着美国和中国工资差距逐渐缩小，美国把制造业大量外包给中国的时代即将结束。

1. 耐克“落跑”

得益于“代工模式”，跨国巨头耐克公司没有自己的工厂。它所出售的所有鞋类、服装以及运动装备产品都来自代工厂，长期以来中国都是其代工厂分布的重镇，其中，最大的是泰丰企业股份有限公司(简称“泰丰企业”)。

泰丰企业一直在深圳、东莞等地设立代工工厂，并慢慢成长为耐克最大的“制造者”——每六双耐克运动鞋中，约有一双来自于泰丰企业。可如今，如果你刚好买到一双泰丰企业生产的耐克鞋，这双鞋有一半的可能是泰丰企业越南工厂生产的。

随着泰丰企业在越南同奈省和头顿省等地区代工厂相继投产，2007 年，越南地区的产能已达泰丰企业的 51%，成为该公司主要的营收与获利来源，相比之下，中国产能则只占泰丰企业约 32%。

几年下来，这种产能撤离中国的趋势仍在加剧。“2010 年，中国的代工厂占泰丰企业出货量进一步降低为 23%，越南维持 51%的份额，印度尼西亚占到 18%的份额，印度占据 8%的份额。”市场观察人士马岗指出。

实际上，并不仅仅是泰丰企业一家在改变代工厂的地理空间分布。耐克公司另一家重要的代工企业裕元工业(集团)有限公司(简称“裕元集团“)也发生了类似的变化。

有统计显示，2003 年裕元集团在中国、越南、印度尼西亚拥有的生产线分别为 161 条、78 条和 51 条；可到了 2010 年，裕元集团在上述三地的生产线数量分别是 226 条、120 条和 114 条，生产线的条数同比分别增加 40.4%、53.8%和 123.5%，越南和印度尼西亚生产线增加的幅度远高于中国。

对于代工厂“外移潮“的原因，泰丰企业坦承：“中国近年来的劳动力成本上涨与人民币升值确实提高了经营难度，基于长久以来集团各厂皆以劳动法令所规范的高标准给付员工薪资与相关福利，这些成本的增加已逐步反映在前几年的经营成本上。”裕元集团则指出随着珠江三角洲地区生活水平提升，加上政府订立最低工资规定，劳工成本应会上升，因而在越南继续发展生产基地。

2. 离开中国？

耐克的情形并非特例。据《华尔街日报》报道，在华有分支的美国公司正考虑各种措施来抵消升高的劳动力和出口成本，有些公司在考虑将所有工厂搬出中国。

首先，在中国外贸企业中占比相当高的港资、台资代工企业，同泰丰企业和裕元集团一样，纷纷把目光投向东南亚国家。

“中国作为低成本制造国的光环正在淡去。生产成本的增加、通货膨胀和人民币的稳步升值，使得工厂的运营成本逐渐攀升。许多劳动密集型企业已经离开中国转向印度和越南，尤其是一些台企和港企，还有更多的企业在考虑迁厂问题。”波士顿咨询公司五月份的报告显示。

或许正是如此，2010 年 6 月，“代工之王”富士康国际董事长兼行政总裁陈伟良即称，他们正在考虑将部分工厂搬往印度和越南；而在2011年年初，为苹果等多个品牌手机提供原件的中国台湾胜华科技股份有限公司，在越南的工厂开工建设，据介绍整个工厂预计投资1.5亿美元。

“去其他成本更低的地方，差不多是必需的。至于具体什么时候转移，则要看中国工资上涨以及人民币升值速度有多快。”裕元集团投资者关系总监岑立也指出。

事实上，越南、印度尼西亚、泰国等亦是那些在华美企的选择。跑鞋和运动服生产商Brooks Sports Inc.首席运营长博汉就指出，“考虑到过去两年间，中国每小时的工资率增长了50%，而且人民币不断升值”，他们在考虑使用印度尼西亚和越南的新合作伙伴。

与此同时，一些企业则考虑搬回美国。据波士顿咨询公司的高级合伙人哈尔·西尔金预计，中国工资将以年均17%的速度增长，加之人民币持续升值，再考虑美国工人相对较高的劳动生产率，到2015年，中国制造业的净劳动力成本将与美国的水平相当，“未来五年，在美国销售的企业会减少在中国投资，大家将看到越来越多的产品是美国制造”。

为了说明这些美国企业搬回去的理由，哈尔·西尔金特别算了一笔账：“考虑美国相对较高的劳动生产率，上海等地工人工资，仅比美国一些人力成本低的州便宜30%。”加上，“由于工资在总成本中占20%～30%，甚至在考虑库存和运输之前，中国制造只比美国便宜10%～15%；如此一来，中国产品的总成本优势会降到个位数，甚至完全被抹掉。”

(资料来源：严友良. 是中即将结束代工时代. 时代周报，2011-8-3)

问题：

(1) 通过对比我国与东南亚国家在经济政治局势、基础设施、国家规模、工人素质等方面的差异，分析我国制造业是否仍然具有比较优势。

(2) 结合所学国际贸易理论，分析改革开放后，对外贸易对我国的工资水平产生了怎样的影响。

阅读材料3-1

比亚迪案例及借鉴

深圳比亚迪电池股份有限公司于1995年成立，靠250万元起家，1997年成长为一个年销售近1亿元的中型企业，2000年建成了深圳大鹏湾45万平方米的比亚迪工业园，现在已成为拥有1.6万员工的电池基地。比亚迪在最初进入电池市场的时候，二次充电电池行业在国际上已经发展的比较成熟，但在中国却是一个新 兴的行业。而且在当时，日本决定本土将不再生产镍镉电池，这意味着镍镉电池的生产基地要发生转移。对于二次充电电池市场本身，可以明显的划分为三级：第一级是比较初级的替换品市场；第二级是品质要求更高的国内厂商，这些厂商要求有相对高的品质和相对低的价格；第三级市场，是最高级别的市场，像大霸、朗讯等国际巨头，他们对供应商的品质、技术、研发能力有很高的要求，也是最大利润所在。二次充电电池进入的门槛相对较低，其生产模式也很简单，只要从上游企业买来生产电池所需的配件进行加工组装就可以。比亚迪从进入一级市场开始，循序渐进的达到三级市场。由于没有足够的资金购买设备。比亚迪自己动手做一些关键设备，然后把生产线分解成若干个人工完成的工序以尽可能地代替机器。由于使用了大量相对廉价的劳动力，比亚迪产品的成本明显比日本厂商和国内以数千万元资金引进生产线的企业有更大的成本优势，而且性能也丝毫不比日本同行的产品差。并且在1995年下半年，经过将产品送给台湾最大无绳电话制造商大霸试用，以低廉的价格、优良的品质赢得了大霸的信任，其将给三洋的订单转向了比亚迪。1997年，比亚迪开始研发蓄电池市场具有核心技术的产品——镍氢电池和锂电池。

这次投入了大量资金，购买最先进的设备，搜索最前沿的人才，建立中央研究部，负责整个技术的攻关以及产品性能质量的改进。生产镍镉电池需要大量耐腐蚀的镍片，而镍的价格高达14万元/吨，而用镀镍片就可降至 1 万元/吨，但会影响品质。比亚迪研发中心专门改造电池溶液的化学成分从而使镀镍片也不易被腐蚀，仅这一项改进就使镍原料的月花费从500万～600万元降至仅需50万元。在比亚迪拥有1.6万员工的电池基地，一条日产10万只锂电池的生产线，需用工人2 000名，设备投资5 000元万人民币，在日系全自动生产线所需工人200名，设备投资1亿美元。分摊到每块电池上成本费用比亚迪是1元钱左右，日系厂商为5～6元，原材料成本基本相同。1998年金融风暴席卷东南亚，全球电池产品价格下跌幅度在20%～40%之间，日系厂商盈亏线持续紧张，比亚迪凭借其低成本优势赢得了飞利浦、松下、索尼甚至通用的大额采购订单。比亚迪的每一款新产品，都遵从了二次充电电池市场的三个层次来发展。

比亚迪的上述做法有三方面经验值得借鉴。

第一，同一个产业中，不同的厂商在产品、产业区段的选择和生产该种产品的技术和资金密度上可能会存在较大差异，这给后发企业一个可以在价值链中进行技术选择和不断改进的学习过程。例如，在IT产业上，至少可分为资金极端密集的研发、资金相当密集的芯片生产、劳动较为密集的零部件生产和劳动极为密集的组装四个产业区段。资金相对稀缺的发展中国家可以进入到劳动相对密集的如传统的纺织业、家电产业，或者是进入到新兴产业中劳动比较密集的产业区段，这是发展中国家的比较优势。既然这些产业或区段合乎比较优势，企业生产出来的产品在国内、国外市场中就有最大的竞争力，可以占领最大的市场份额，赚取最高的利润，获得最大的剩余。而且，通过在资金和生产技术的积累，可以使要素禀赋结构快速提升。比亚迪的每一款产品都遵从了二次充电电池市场的三个层次来发展，在镍镉电池处于最高层次时，锂离子电池刚刚处于第一层次。从较低的一级市场逐步过渡到更高的层次，根据一定的市场需求和要素禀赋状况进行产品结构和技术选择，逐渐地进行资本积累，随着要素禀赋结构和比较优势的动态变化，其产业和技术结构也相应地升级。

第二，比亚迪通过改变生产作业流程和合理的选择生产技术以达到在生产活动中充分地使用劳动力资源。比亚迪并没有盲目花大价钱引进国际领先水平的生产线，而是自己动手建了一些关键设备，然后把生产线分解成若干个人工完成的工序，以尽可能地代替机器。比亚迪第一条生产线日产三四千个镍镉电池，只花了一百多万元人民币。而同期日系厂商的生产线，投资至少要几千万元，而且引进的生产线中任何一个零件的替换都要求助于日本。而以人力居重的自创生产线，具有非常迅速的灵活性。当一个新的产品推出的时候，原有的生产线只需做关键环节的调整，对原工作人员进行相应的技术培训即可。但是日系厂商的全自动化生产线，每一条线只能针对一种产品。如果要推出新品，则必须投建新的生产线，投资少则几千万元，多则几亿元。比亚迪采用能够用廉价的劳动力替代昂贵的资本和技术形成了低成本优势，在不断的资本积累中，其产业技术结构也在不断的升级。

第三，比亚迪在引进技术的同时也完成了技术的消化吸收和管理变革，在投入了大量资金购买最先进 的设备的同时，搜索最前沿的人才建立中央研究部，负责整个技术以及产品性能质量的改进和生产作业的 重新设计，从而减少价格较高资源的使用。例如，用镀镍片代替镍片、改变生产线的要素禀赋结构等。通过不断的人力资本深化和持续的技术投入，跨越了发展中国家企业所面临的最难的核心技术关。

比亚迪的成功经验正说明与先进企业的生产和技术劣势是不可回避的，但却可以通过利用在价值链中各活动事项上重新组织要素禀赋来逐渐地达到技术进步。

(资料来源：李宏林，杨菂. 要素禀赋与我国企业的技术选择：以比亚迪公司的崛起为例. 经济社会体制比较，2004，112(2))

阅读材料 3-2

印度为何进口棉纺织品

从17世纪—19世纪初，印度是一个世界棉纺织品的主要出口国，其棉纺织品出口到英国和其他国家。然而，到了19世纪初，英国超越印度成为世界棉纺织品的主要出口国，开始向印度出口棉纺织品。同时，印度仍然生产制造棉布所需的原棉，原棉出口到英国并在那里加工成布匹。

1912年印度大批量出口的唯一制造品是黄麻布袋。当时印度的原棉出口(9 100万美元)大约与印度的原材料进口总额(10 600万美元)相等。因此，印度有效地向英国出口原棉，在那里加工成制成品，并通过出口其他原材料来支付其进口的棉纺织品。中国和埃及也有类似的贸易模式，也出口原棉并进口棉纺织品。这些国家都是劳动丰裕而非土地丰裕的(按可耕地算)。因此，这些国家似乎是土地净出口国(包含在原棉出口中)和劳动净进口国(包含在棉纺织品进口中)，这是令人困惑的。

对于这个令人困惑的发现有两种解释。第一种解释是，英国作为世界棉纺织品头号出口国的崛起是与该国的技术改进相关的。英国于18世纪初发明的纺纱机和飞梭使制造业的劳动力更富生产效率。根据这个推理，印度由一个棉纺织品出口国(17—18世纪)沦为一个进口国(于19世纪初开始)的贸易模式转变是由于比较优势的变化，有点像大卫·李嘉图模型预言的结果。

然而，这第一种解释的问题是，由于世界运输的改进，印度能够获得英国使用的技术。到了19世纪末，印度和其他贫穷国家获得了与富裕国家一样的设备(一般是从英国进口)。如果印度获得了同样的设备，满足了赫—俄理论中不同国家有相同技术的假设，并且它还是劳动丰裕的，那么，为何它与赫—俄理论预言相反成为一个棉纺织品进口国呢?

对这个令人困惑的发现作出的第二种解释是，贫穷国家运用这种新技术来制造纺织品是无效率的。印度使用了比英国更多的每台机器工人数，即使是在西方专家进行指挥、计划和监督的情况下也是如此。因此，即使世界上有了快捷的交通和运输成本的降低，不同国家在有效使用技术上的巨大差异仍然存在。

在技术使用上的这些差异可以被看成是在劳动使用上的无效率。不论劳动在什么产业工作，印度的劳动生产率都比英国低。尤其是劳动的低效率比其他要素(如土地)更为严重。根据对1910年的估计，印度的工人生产率相对于土地生产率可能只有英国的1/3。1990年，印度的工人生产率相对于土地生产率只是英国的近一半。这些估算表明，一旦考虑了低生产率，劳动不见得是印度的丰裕要素；相反，如果土地和劳动都是以其有效数量衡量，即考虑这些要素的生产率，可以认为印度是土地丰裕的。这种论点能够解释为什么印度会在19世纪从一个棉纺织品主要出口国变为一个原棉(它包含了土地)出口国和棉纺织品(它包含了劳动)进口国。

在印度由出口棉纺织品转变为进口棉纺织品之时，它恰恰处于英国殖民统治之下。英国人在印度追逐自由贸易政策，允许其从英国、日本和其他国家进口棉纺织品。印度独立运动领袖圣雄甘地认为，当地印度人应该自己纺棉纱，号召抵制进口外国布匹。在他的影响下，家庭纺织也得以成长，尤其是在最贫穷的人当中。甘地甚至于1931年在伦敦参加一次讨论印度未来前途的会议期间访问了英国兰开夏郡的一家纺织厂。1947年摆脱了英国统治后，印度政府想通过对当地纺织厂征税来支持家庭纺织业的发展。事实上，这个政策阻碍了印度纺织厂以后的发展。家庭纺织业在印度一直生存至今，以低工资为穷苦人提供了就业。

(资料来源：罗伯特·C·芬斯特拉，艾伦·M·泰勒. 国际贸易. 张友仁，等译. 北京：中国人民大学出版社，2011：416.)

第4章 当代国际贸易理论

教学目标

通过本章的学习，理解技术差距如何引起国际贸易；掌握国际产品生命周期的含义和阶段，理解国际产品生命周期下的国际贸易的格局；了解产业内贸易的类型和特点，理解如何用偏好相似理论和规模经济理论揭示产业内贸易；理解国家竞争优势理论的构成。

教学要求

知识要点	能力要求	相关知识
国际产品生命周期理论	(1) 理解技术差距论 (2) 了解国际产品生命周期的含义和阶段 (3) 能用国际产品生命周期解释国际贸易的格局	(1) 技术差距理论 (2) 国际产品生命周期的含义 (3) 国际产品生命周期的阶段 (4) 国际产品生命周期下的国际贸易
产业内贸易理论	(1) 了解产业内贸易的类型和特点 (2) 能用偏好相似理论和规模经济理论解释产业内贸易	(1) 产业内贸易的类型 (2) 产业内贸易的特点 (3) 偏好相似论 (4) 规模经济理论
国家竞争优势理论	(1) 理解国家经济优势的内涵 (2) 掌握钻石模型	(1) 创新机制 (2) 钻石模型 (3) 国家竞争优势的决定因素 (4) 国家竞争优势的发展阶段

名人名言

虽然政府在创造和持续国家优势上扮演重要角色，但它的效果却是片面的。政府并不能控制国家竞争优势，它所能做的就是透过微妙的、观念性的政策影响竞争优势。

——迈克尔·波特

导入案例

芬兰的国家竞争力

芬兰是一个地处北欧的小国，但是其国际竞争力在世界上一直名列前茅。在《2003—2004 年度全球竞争力》报告中，芬兰排名第一，取代美国成为世界上最具竞争力的国家。芬兰人口稀少，气候条件差，除森林外其他资源十分匮乏。在这种条件下，芬兰能够具有世界一流的竞争力，究其原因，主要是芬兰政府长期重视发展教育，建立国家科技创新体系并增加科技投入，发展以信息产业为主导的高科技产业的结果。芬兰的信息、环保等产品的国际竞争力一致处于世界前列。

点评：主导行业的竞争优势决定了国家的竞争优势，从而决定了该国的国际贸易的优势。

当今国际贸易中，各国的要素禀赋对国际贸易格局的影响日趋减弱，国家可以通过提高国家竞争优势在国际贸易中取得有利地位。芬兰这个资源匮乏的国家正是通过各种政策，在激烈的国际竞争舞台中占据了领先位置，进而在国际贸易中获得大量优势。

基本概念

技术差距论　模仿时滞　国际产品生命周期　产业内贸易 偏好相似论　同质产品　异质产品　需求水平差异　需求垂直差异　规模经济论　国家竞争优势论　钻石模型

二战后，以“里昂惕夫之谜”为先导，相继产生了国际贸易新理论。同时，国际贸易发展也呈现出了新的特点和新的变化。主要表现：一是国际贸易商品的知识化，表现为知识密集型、技术密集型、资本密集型为特征的现代工业制成品贸易、高科技商品贸易在国际贸易总量中逐渐占据主导地位；二是发达工业国家经济结构趋同化，表现为在全球贸易格局中，发达工业化国家的贸易量大幅度度增加，这些国家同属于资本、技术与知识丰裕的国家，而且收入水平也极为相近；三是大量产业内贸易迅速上升等。这些变化需要新的国际贸易理论进行解释，因此，促进了新的国际贸易理论的产生和发展。

4.1　技术差距理论和产品生命周期理论

传统的国际贸易理论虽然早已注意到技术进步的作用，但只是从静态的角度分析，直到技术差距理论和产品生命周期理论产生后，才将技术的动态变化作为国际贸易的单独因素，从动态的角度分析说明贸易格局的变化。

4.1.1 技术差距理论

技术差距理论(theory of technological gap)是由美国学者波斯纳和哈弗鲍尔在20世纪60年代提出的。他们认为，技术差距产生的主要原因是发达国家的技术创新。已经完成技术创新的国家，不仅取得了技术上的优势，而且凭借技术上的优势在一定的时期内在某种产品的生产上取得了垄断地位，从而形成了与未进行技术创新的其他国家间的技术差距，并且导致了该技术产品的国际贸易。随着该技术产品国际贸易的扩大，技术创新国为追求特殊利润，可能经过多种途径和方式进行技术转让。由于该项技术(产品)在经济增长中的示范效应，其他国家也会进行技术研究与开发或技术引进，从而掌握该项技术， 缩小技术差距，使在该项技术产品上技术引进国与技术创新国间的国际贸易下降。当技术引进国能生产出满足国内需求数量的产品时，两国间在该产品上的国际贸易就会终止，技术差距最终消失。

波斯纳在分析这一过程时，提出了需求滞后和模仿滞后的概念。所谓需求滞后，是指创新国出现新产品后，其他国家消费者从没有产生需求到逐步认识到新产品的价值而开始进口的时间间隔。其长短取决于其他国家消费者对新产品的认识与了解。所谓模仿滞后，是指从创新国制造出新产品到模仿国能完全仿制这种产品的时间间隔。模仿滞后由反应滞后和掌握滞后所构成。反应滞后指从创新国生产到模仿国决定自行生产的时间间隔。反应滞后的长短取决于模仿国的规模经济、产品价格、收入水平、需求弹性、关税和运输成本等多种因素。掌握滞后指模仿国从开始生产到达到创新国的同一技术水平并停止进口的时间间隔。其长短取决于创新国技术转移的程度、时间，模仿国的需求强度以及对新技术的消化吸收能力等因素。该理论表明：①技术领先国若能有效地反仿制，技术利益能保持较长时间；②两国技术水平和市场范围差距越小，需求时滞的时间越短，贸易发生就越早，贸易发展的速度也就越快；③模仿时滞后，追随国的贸易利益取决于低工资成本。

4.1.2 产品生命周期理论

技术差距论虽然从技术的角度阐述了比较优势，但没有解释比较优势是如何随着技术差距的变化而发生转移的，因此在技术差距论的基础上产生了国际贸易产品生命周期学说。1966年，英国经济学家雷蒙德·弗农发表了《国际投资和产品生命周期中的国际贸易》一文，提出了著名的产品生命周期理论(theory of product life cycle)。雷蒙德·弗农在论述技术差距说的基础上，将国内市场营销学的概念引入国际贸易理论，尔后，由L·T·威尔士等人发展和完善。该理论从商品生产的技术变化出发，分析了产品生命周期各阶段的循环及其对国际贸易的影响。

知识链接

雷蒙德·弗农

雷蒙德·弗农：美国经济学家，二战以后国际经济关系研究方面最多产的经济学家之一，产品生命周期理论的提出者雷蒙德•弗农1931年出生，有着20年在政府部门任职的经历，还在短期内从事过商业。从1959年开始,他在哈佛大学任教，是克拉维斯·狄龙学院的国际问题讲座教授。

1. 产品生命周期理论的基本内容

雷蒙德•弗农把参与国际贸易的国家分为三类：第一类是技术创新国家，如美国等，技术创新国是技术、知识与资本充裕的国家；第二类是工业发达国家，如西欧各国、日本等，是资本充裕型国家；第三类是发展中国家，它们是劳动充裕的国家。雷蒙德•弗农认为，产品的生产需要很多不同的投入要素。随着技术的变化，在产品生命周期的不同阶段，各种投入要素在成本中的相对重要性也将发生变化。由于各国生产要素的比较优势不同，各国在产品不同阶段的比较优势也不同，从而使各国在国际贸易中的地位不同。

第一阶段：导入期。这是新产品的研究和开发、试制、试销阶段。这一阶段的技术处于发明创新阶段。研究与开发费用在成本构成中占最大的比重。雷蒙德•弗农认为，产品生命周期的第一阶段总是在美国发生。因为美国具有强大的科研力量，充足的科研经费，高水平的生产企业，以及美国人喜好新产品、美国市场广大等特点。总之，从供求方面讲，创新大多在美国出现，美国企业对该创新产品有生产和市场垄断的优势，然后，从美国传递到西欧、日本，再由西欧、日本传递到其他新兴工业化国家，最后再到另外的国家(发展中国家)。

第二阶段：成长期。生产技术已经扩散，国外市场逐步扩大，美国通过降低价格增强其竞争力，扩大出口量。一旦国外市场扩大到足以使当地生产获得规模经济时，国外如日本、西欧等企业开始模仿，这时美国与日本、西欧发达国家之间的技术差距基本消失，这些国家的企业开始生产。由于模仿国不需要付出大量的科研费用，因此，有成本优势，美国本土生产的新产品在工业发达国家的竞争力下降。美国通过对外直接投资设立子公司在当地生产。这样，美国对工业发达国家的出口放缓甚至下降，但市场仍然在美国的控制之下，并保持着向还未开始生产的发展中国家出口该商品，美国的出口继续增加。

第三阶段：成熟期。模仿国(日本和西欧各国)以低成本为基础开始大量生产，本国进口逐渐减少，美国对该商品的垄断地位逐渐丧失，出口大幅度下降。美国和西欧、日本开始对发展中国家投资，利用发展中国家充裕的人力要素进行生产；同时发展中国家也开始了模仿或引进这种技术，开始了该商品的生产。

第四阶段：衰退期。外国商品进入美国市场。美国开始从出口国转变为进口国。商品竞争转向以成本为中心的价格竞争，比较优势最后转移到技术相对落后、劳动力资源丰富而工资低的发展中国家和地区，这些国家和地区将商品出口到发达国家。

第五阶段：让与期。当创新国完全丧失比较优势而变为净进口者时，新产品进入让与期，创新国让位给其他国家。在这个阶段，不但研究与开发要素不重要，甚至资本要素已不甚重要，低工资的非熟练劳动成为比较优势的重要条件。具备这个条件的是有一定工业化基础的发展中国家。

威尔士以美国为创新国为例，将产品生命周期通过图示说明，如图4.1所示。

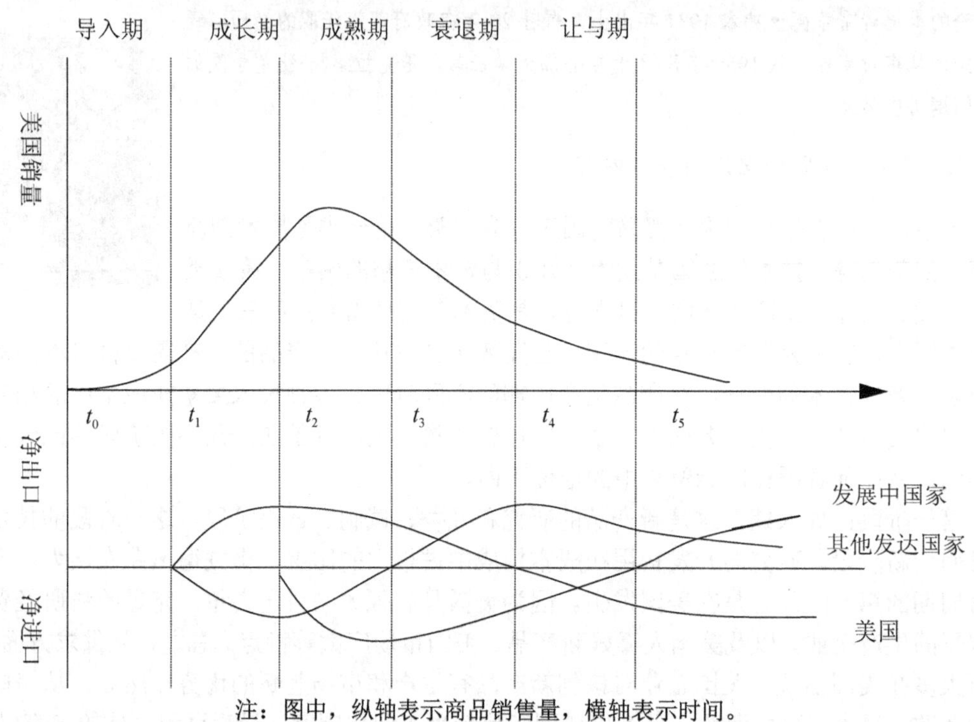

注：图中，纵轴表示商品销售量，横轴表示时间。

图 4.1　产品生命周期

在第一阶段，美国研制与开发新产品，于 t_0 开始投产，产量较少，产品主要在本国市场销售。在这个阶段美国处于垄断地位。随着经营规模的扩大和国外需求的发展，美国于 t_1 开始向国外出口该产品，该产品进入第二阶段。于 t_2 处，国外生产者开始模仿新产品生产，与美国竞争，新产品进入第三阶段。随着国外生产者增多及其生产能力增强，美国的出口量下降，其他一些发达国家于 t_3 处变为净出口国，使该产品进入第四阶段。这时，产品已高度标准化，国外生产者利用规模经济大批量生产，降低生产成本，使美国开始失去竞争优势并于 t_4 处变为净进口者，该产品进入第五阶段。及至 t_5 处，由于发展中国家的低工资率使其具有该产品比较优势，该产品由低收入的发展中国家出口到高收入的发达国家，即产品由发达国家完全让位给发展中国家。

从以上分析可见，由于技术的传递和扩散，不同国家在国际贸易中的地位不断变化，技术和新产品创新在美国，而后传递和扩散到其他发达国家，再到发展中国家。当美国发明新产品大量向其他发达国家出口时，正是其他发达国家大量进口时期；当美国出口下降时，正是其他国家开始生产、进口下降时期；当美国由出口高峰大幅度下降时，正是其他发达国家大量出口时期；而其他发达国家出口下降时，正是发展中国家生产增加、进口减少时期；其他发达国家从出口高峰大幅度下降时，正是发展中国家大量出口时期。新技术和新产品的转移和扩散像波浪一样，一浪接一浪向前传递和推进。目前，美国正在生产和出口计算机、宇航、生物和新材料等新型产品，其他发达国家接过汽车和彩电等产品，而纺织品和半导体则通过前两类国家在发展中国家落户。

理论实践

汽车工业在中国市场的产品生命周期定位

中国汽车工业迄今已经走过了50多年的历史，虽然与世界汽车发达国家相比年轻了些，但比起韩国汽车工业仍然早了9年。进入20世纪90年代，在科技革命和经济全球化的推动下，国际汽车产业转移出现了一系列新的特征。随着我国工业化进程的加快和对外开放程度的不断提高，中国逐步融入了国际汽车产业转移体系中，成为承接国际汽车产业转移最重要的国家之一。但中国汽车工业的真正起飞是在进入21世纪以后，特别是中国加入世贸组织之后，跨国公司加大了向中国转移汽车投资的力度；与此同时，中国国民收入的高速成长和居民消费结构的质的提升带动了汽车市场每年15%以上的增长。由此，在中国形成了汽车市场供求两旺的火爆场面。

从全球角度看，汽车工业应当属于一个夕阳产业，这可以从汽车跨国公司大规模地向发展中国家转移汽车产业以及欧美发达国家市场销量多年来呈略减的趋势当中得到验证。汽车产业的全球化，集中体现在两个显著而又相互关联的特征上。

一是汽车产业链，包括投资、生产、采购、销售及售后服务、研发等主要环节的日益全球性配置。过去跨国公司在本国建立、保持研发机构，对于目标国市场采取复制产品的方式进行投资，而现在则采取将各个功能活动和能力分配给全球市场的方式。由此导致了新的专业化分工协作模式的出现，特别是整车装配与零部件企业之间呈现分离趋势，零部件的跨国公司越来越多，零部件企业与整车装配企业之间以合同为纽带的网络型组织结构日趋明显。整车制造企业零部件的全球采购以及零部件工业的国际化，模糊了汽车产品的"国家特征"，使其成为了典型的全球化产品。

二是巨型汽车企业之间的大规模重组。进入20世纪90年代以来，由于全球汽车生产能力普遍过剩，加之各国对安全、排放、节能法规日趋严格，促使汽车工业全球性产业结构调整步伐明显加快，许多发达国家的汽车公司通过扩张、合并、兼并等手段增强自身竞争力。目前，戴姆勒与克莱斯勒合并，并控制美国三菱汽车公司50%的股份，雷诺和日产联手，福特收购沃尔沃轿车并购美洲豹和阿斯通·马丁以及拥有马自达1/3的股份及管理控制权，通用控股日本五十铃、铃木和富士重工，标致并购雪铁龙，大众并购本特里、西特、劳莱斯勒并拥有奥迪99%的股份以及斯柯达1/3的股份，宝马并购罗孚并拥有劳莱斯勒品牌等，从而使国际汽车工业形成了"6+3"的格局。"6"指通用、福特、戴姆勒·克莱斯勒、大众、丰田、雷诺－日产，"3"指本田、宝马、标致－雪铁龙，其产量已占世界汽车产量80%以上。汽车企业在全球的大规模重组实质性地改变了传统的资源配置方式、产业竞争模式和产业组织结构，并使各国特别是发展中国家以往的汽车产业发展战略和相关政策面临严峻挑战。

国际转移的通常是已经标准化的技术和产品，或是在转移国已经成熟或趋于衰退的产业，这可以从雷蒙德·弗农的产品生命周期理论得到说明。那么，怎样评价和定位汽车产品在中国的生命周期呢？可以说，中国汽车工业的发展是在外国公司发现中国这个潜在的"汽车消费大国"之后，争先恐后进军中国市场的结果。经过20世纪90年代以来十几年的发展，特别是"入世"之后几年的发展，中国汽车工业获得了长足的进步。目前，中国汽车工业在一些中小卡车的设计和制造环节均具备了一定技术优势；在轿车领域，中国汽车工业基本上掌握了各类制造技术，一些企业(如奇瑞、华晨)具备了一定的自主设计和自主研发的能力。跨国公司在中国的竞争也日益白热化，新产品的不断引入和2003年开始的汽车价格战，使中国市场成为全球汽车市场竞争最激烈的场所。

根据以上分析，我们认为，中国汽车产品目前正处于雷蒙德·费农产品生命周期第二阶段的结束期和第三阶段的开始期，价格竞争以及基于价格竞争的非价格竞争将会成为未来一段时期中国汽车市场竞争的主线。

2. 产品生命周期理论的动态含义

1) 生产要素密集程度的动态变化

产品生命周期理论考察了在周期发生阶段变化时，生产要素的投入比例呈现动态变化。在生命周期的第一阶段，需要大量的人力资源和科研经费的投入。第二、三阶段时产品已经定型，可以转入大规模生产并扩大出口，需要大量的资金投入。产品由技术密集则转为资本密集型。在第四、五阶段，由于产品及其工艺流程都已形成标准化模式，价格竞争成为该产品占领市场的主要因素，扩大生产需要大量的劳动投入，这时产品也由资本密集型转变为劳动密集型。

2) 国际贸易比较利益的动态转移

根据产品生命周期理论，不同的国家应该生产那些在生命周期中处于本国相对优势阶段的产品。对于以美国为代表的发达大国家，其工业先进，技术力量雄厚，资本和自然资源相对丰富，国内市场广阔，因此，研制新产品有明显优势；对于西欧、日本等较小的发达国家和地区，与发达大国相比，其国内市场狭小，主要依赖出口，因此具有生产成长期产品的优势，到成熟期则优势丧失；对于经济后起的国家，拥有丰富的不熟练劳动，比起资本、技能和科研人员来说相对丰富些，因此生产成熟产品具有优势。

3. 对产品生命周期理论的评价

产品生命周期理论首次将对外直接投资与国际贸易、产品生命周期纳入一个分析框架，同时将静态分析和动态分析有效地结合起来，因此具有一定的理论地位。该理论的创新之处在于以下几个方面。

(1) 产品生命周期理论是对要素禀赋论及技术差距论的动态化延伸。产品生命周期理论揭示了生产商品的生产要素的比例是如何随着其生命周期发生规律性变化的，而要素禀赋理论解释的是静态比较优势。同时，也使得技术差距论从静态分析转入动态分析。

(2) 产品生命周期理论研究了国际贸易和对外直接投资的关系。产品生命周期论将垄断优势与区位选择结合起来作综合分析，较为全面地阐述了开展对外直接投资的动机、时机与区位选择之间的动态关系。由于各国生产要素的特点不同，在产品生命周期的各个阶段上的比较优势也不同，新产品的生产与投资区位也要随着比较优势的变化而转移。

(3) 该理论说明了产品生产比较优势将会随着产品生命周期的阶段性发展而发生动态变化，旨在启发各国应顺应产品生命周期，根据自身的资源禀赋和比较优势开展跨国生产和国际贸易。这对于相对落后国家在国际分工上确定自己的地位和参与格局，并且在发展过程中应该如何进行生产结构的升级、改造具有指导意义。该理论还说明，由于新技术不断涌现，产品生命周期日益缩短，为保持技术领先地位，企业必须更加重视研究与开发，不断创新。

但产品生命周期理论也存在不足之处：

(1) 理论的出发点是二战后美国跨国公司在西欧的直接投资，因此难以解释后起投资国如西欧各国、日本与发展中国家的对外直接投资行为与规律。

(2) 无法解释跨国公司全球生产体系建立起来以后遍及全球的投资行为，也无法说明非替代出口的投资增加以及跨国公司海外生产非标准化产品的现象。

(3) 从目前全球直接投资的存量和流量来看，其中大部分是发生在欧盟与日本等发达国家产业内的双向投资行为，其理论对这一现象无法解释。

因此，产品生命周期理论不能令人信服地解释美国与其他发达国家之间的贸易关系，只是在分析发达国家与发展中国家的国际贸易上有一定的说服力。

4.2 产业内贸易理论

20世纪60年代以来，国际贸易出现了许多新的倾向，即同类商品之间的贸易量增加。许多国家不仅出口工业产品，也大量进口相似的工业产品，工业国家传统的“进口初级产品—出口工业产品”的模式逐渐改变，出现了许多同一行业既出口又进口的“双向贸易”或产业内贸易。产业内贸易在贸易总额中的比重越来越大，发达国家及新兴工业化国家之间在制成品方面的相互贸易激增，发达国家之间的产业内贸易已占世界贸易的60%～70%。

4.2.1 产业内贸易理论的产生

国际贸易中的新倾向立即引起了对传统理论，特别是H-O理论的挑战。这种新的贸易倾向显然是不能用“资源禀赋”来解释的，因为发达国家的资源禀赋是相似的，都属于资本和技术相对充裕的国家，而同类工业产品的生产技术更具有相似的要素密集型。而且，产业内贸易的发展显然也并没有遵循传统贸易理论的一些基本假设，如完全竞争和规模收益不变。相反，大量的产业内贸易是垄断竞争和寡头垄断厂商所生产的差异商品之间的交换。众所周知，垄断竞争和寡头垄断都是不完全竞争形式，而且它们的生产都要受到规模经济的制约。由于传统国际贸易理论的假设同国际贸易的实践相去甚远，自然无法解释国际贸易的新格局。

20世纪70年代末80年代初，以保罗·克鲁格曼、兰卡斯特和赫尔普曼为代表的经济学家应国际贸易实践的呼唤，先后发表了关于规模经济、不完全竞争和国际贸易的论文，较圆满地解释了战后国际贸易的新格局，形成了解释产业内贸易成因的新理论。

4.2.2 产业内贸易的类型和特点

1. 产业内贸易的概念

从国际贸易商品情况看，可以把国际贸易分为产业间贸易和产业内贸易两种基本类型。产业间贸易是指各国之间所贸易的商品属于不同的产业部门，如美国向中国出口计算机，中国向美国出口服装。产业内贸易是指同一产业部门内部的商品在不同国家之间的交换，如美国和日本相互贸易计算机，德国和法国交换汽车等。联合国国际贸易标准分类(standard international trade classification，SITC)中，将产品分为类、章、组、分组和基本项目五个层次，每个层次中用数字编码来表示。我们研究中所涉及的相同产品，指的是至少前三个层次分类编码相同的产品。

知识链接

国际贸易标准分类

联合国为了便于国际贸易商品资料的统计和国际间比较，制定了国际贸易商品的分类标准。现行“国际贸易标准分类”于1950年7月12日由联合国经济社会理事会正式通过，目前为世界各国政府普遍采纳的商品贸易分类体系。到2006年为止，该标准分类经历了四次修改，最近的一次修改为第四次修订版，于2006年3月获联合国统计委员会第三十七届会议通过。该分类法将商品分为10大类、63章、223组、786个分组和1924个项目。国际贸易的商品合并为十大部类，分别是0—食物与活禽畜；1—饮料和烟草；2—非食用或非燃料用的原料；3—矿物燃料；4—动植物油脂；5—化学品；6—按原料区分的制成品；7—机械及运输设备；8—杂项制造品；9—特殊处理商品。其中0到4类为初级产品，5到8类为制成品。目录编号为5位数，分别表示类、章、组、分组和项目。

2. 产业内贸易的类型

1975年，H·G·格鲁贝尔和P·J·劳艾德合著了《产业内贸易》一书，在总结以前产业内贸易理论的基础上，把产业内贸易分为两种类型：一种是同质商品的产业内贸易；另一种是异质商品的产业内贸易。

1) 同质商品的产业内贸易

同质商品(Homogeneous Products)是指商品间可以完全相互替代，即商品间替代弹性较高，消费者对这类商品的消费偏好完全一致。由于这类商品可以完全相互替代，而且经常出现生产区位不同、生产时间不同等情况，因此会引起产业内贸易。同质商品的产业内贸易的具体情况有以下几种。

(1) 不同国家大宗商品的产业内贸易。例如，水泥、木材和石油的贸易，如果运输成本在总成本中所占比重很大，那么使用国便会从离使用者最近处的国外生产地购入，而不是从距离较远的本国生产者那里购买。这种情况在边境地区较为普遍。

(2) 经济合作或技术因素而产生的产业内贸易。例如，银行业、保险业、运输等为商品流通服务的业务活动在各国之间是交叉进行的，经常有同时服务贸易的进口和出口情况。

(3) 转口贸易而产生的产业内贸易。一些国家或地区(如新加坡)，进行大量的转口贸易和再出口贸易。这种进出口贸易商品的基本形式没有发生变化，只是通过提供仓储、包装、运输等服务来实现商品的增值，成为同质商品产业内贸易的一种形式。

(4) 跨国公司避税而产生的产业内贸易。一些跨国公司为了追求利润最大化，经常采用国际避税的方法。其方式是在国际避税地设立一家公司，通过这家公司对跨国公司的各个子公司进行同种商品的低价买进和高价卖出的活动，将利润转移到这家避税公司，以达到少缴或不缴税收的目的。这种避税贸易属于产业内贸易。

(5) 季节性商品的产业内贸易。有些商品生产和市场需求有一定的季节性，因此，一国会因为供给和市场需求的不一致及其自然灾害等原因，引起该国进口在其他季节出口的商品，这样会产生产业内贸易，如季节性瓜果的进出口。

2) 异质商品的产业内贸易

异质商品(differentiated products)又称为差异商品，是指商品间不能完全替代(尚可替代)，但要素投入具有相似性的商品。这种差别表现在同类商品质量性能、规格型号、所用材料、商标牌号、包装装潢、销售服务、企业形象等方面。异质商品的产业内贸易是产业内贸易的基础，大多数产业内贸易的商品都属于这类商品。差异商品分为水平差异、技术差异和垂直差异三种情况，不同类型的差异商品引起的产业内贸易也不相同。

(1) 水平差异商品的产业内贸易。水平差异商品是指相同商品因牌号、规格、服务不同而产生的差异。导致水平差异商品的产业内贸易的原因，主要是消费者需求的多样性，多样性需求要求同类商品的品种的多样性，一个国家的企业所生产的商品不可能满足本国消费者的所有需求。当不同国家的消费者对彼此不同品种的商品产生相互需求时，便出现了产业内贸易。

(2) 技术差异商品的产业内贸易。技术差异商品是指出于技术水平提高所造成的同种商品的不同档次。技术先进的国家不断开发新产品，技术后进的国家则主要生产那些技术已经成熟的商品，处于不同产品生命周期阶段的同类商品因在不同国家生产而产生了产业内贸易，如不同档次的家用电器等商品。

(3) 垂直差异商品的产业内贸易。垂直差异商品是指商品质量上的差异，如汽车行业普遍存在这种差异。各国为了占领国际市场，需要不断地提高商品质量，而一个国家的大众，往往未必能够永远追求昂贵的高质量商品，因此，在出口高质量商品的同时，往往也会从其他国家进口一些中低质量的同类商品，从而产生产业内贸易。

3. 产业内贸易的特点

(1) 与产业间贸易在贸易内容上是不同的。产业间贸易是指非同一产业商品在两国间的进口与出口，如发展中国家用初级产品与发达国家工业制成品的交换。

(2) 产业内贸易商品具有双向流动性，即同一产业的商品可以同时进行进出口贸易，如美国和一些西方国家既是机动车辆的出口国，又是机动车辆的进口国。

(3) 产业内贸易商品具有多样性的特点。这些商品既有劳动密集型商品又有资本密集型商品；既有标准技术，又有高技术。

(4) 产业内贸易的商品必须具备两个条件。一是在消费上可以互相替代；二是在生产上需要相近或相似的生产要素投入。因此，生产要素禀赋相似、要素密集度相近的国家和地区之间产业内贸易规模较大。

4.2.3 产业内贸易的衡量指标

可以用一定的指标来衡量产业内贸易的发展水平。目前，一个比较常用的指标是由 H.格鲁贝尔和 P • 劳埃德于 1975 年提出的格鲁贝尔—劳埃德指数(G—L 指数)。

$$A_i=1-\frac{|X_i-M_i|}{|X_i+M_i|} \tag{4-1}$$

在公式(4-1)中，X_i代表一国 i 产业的出口额，M_i代表该国 i 产业的进口额，A_i表示该国 i 产业的产业内贸易指数，其取值范围在 0—1 之间，A_i越接近 1，反映产业内贸易的程度愈高，越接近 0，则说明产业内贸易的程度愈低。

将一个国家不同产业的产业内贸易指数进行加权平均，可以求得该国的产业内贸易指数。它表示一国产业内贸易额在对外贸易总额中所占的比例。其计算公式为

$$B=1-\frac{\sum_{i=1}^{n}|X_i-M_i|}{\sum_{i=1}^{n}|X_i+M_i|} \tag{4-2}$$

在公式(4-2)中，B 表示 i 国的产业内贸易指数，Σ 表示该国的不同产业的产业内贸易指数之和，其他符号的含义与公式(4-1)中相同。

理论实践

产业内贸易程度的测度

某国 2001 年纺织服装出口 100 亿美元，同时进口纺织服装 40 亿美元，则该国 2001 年度纺织服装业的产业内贸易程度可用 G-L 指数衡量为

$$B_i=1-\frac{|X_i-M_i|}{(X_i+M_i)}=1-\frac{|100-40|}{100+40}=1-\frac{60}{140}=0.57$$

表明该国纺织服装业的对外贸易以产业内贸易为主导。

4.2.4 产业内贸易的理论解释

1. 偏好相似理论

最早试图对产业内贸易现象给予理论解释的是瑞典经济学家布瑞斯坦姆·林德尔。他在 1961 年出版的《论贸易与转变》(an essay on trade on transformation)一书中，提出了偏好相似理论(theory of preference similarity)。

偏好相似理论主要从需求的角度分析国际贸易的原因，认为产业内贸易是由需求偏好相似导致的。瑞斯坦姆·林德尔的基本观点包括：国际贸易是国内贸易的延伸，在本国消费或投资生产的产品才能够成为潜在的出口产品；两个国家的消费者需求偏好越相似，一国的产品也就越容易打入另一个国家的市场，因而这两个国家之间的贸易量就越大。瑞斯坦姆·林德尔认为，影响一个国家需求结构的最主要因素是人均收入水平，人均收入水平的相似性可作为需求偏好的指标。

消费者的偏好差异可以分为垂直差异和水平差异两类。垂直差异主要体现为消费者选择同类产品的不同质量等级，这种差异受到了消费者收入水平的制约；而水平差异则主要体现在消费者对同类、同质量及同等级产品的不同规格或款式的选择上，这种差异和消费

者的收入水平无关，完全取决于其主观偏好。由于消费者偏好具有多样性，因此，需要有相应多样化的产品来满足其需求。

如果同时考察两个或者两个以上国家的供需状况，就会发现，不同国家的产品层次结构和消费层次结构存在着重叠。对不同的发达国家来说，由于经济发展水平相近，其产品层次和消费层次的结构都大体相同。也就是说，两国厂商所提供的各种档次的同类产品，基本上都能够被对方各种层次的消费者所接受。正是这种重叠导致了发达国家之间产业内贸易的产生。不仅如此，发达国家与发展中国家的产品层次与消费层次结构也存在部分重叠的现象，因为富国也有穷人而穷国也有富人，发展中国家能够为发达国家的消费者提供适合的产品，反过来也能够接受发达国家的部分产品。这种部分的重叠为发达国家与发展中国家之间的产业内贸易提供了前提和基础，其重叠程度决定着发达国家与发展中国家之间工业制成品贸易的流量和规模。因此，瑞斯坦姆·林德尔的需求偏好相似理论又被称为重叠需求理论(the overlapping demand theory)。

可以看出，如果两国人均收入水平相近，则需求偏好就相似，两国之间的贸易范围就很大；如果两国之间人均收入水平有较大差异，那么需求偏好也会产生差异，两国之间的贸易存在着一定的障碍；如果一国具有某种产品的比较优势，而另一国却不需要这种产品，那么两国间就不会发生贸易。

图 4.2 对瑞斯坦姆·林德尔的理论模型进行了描述：

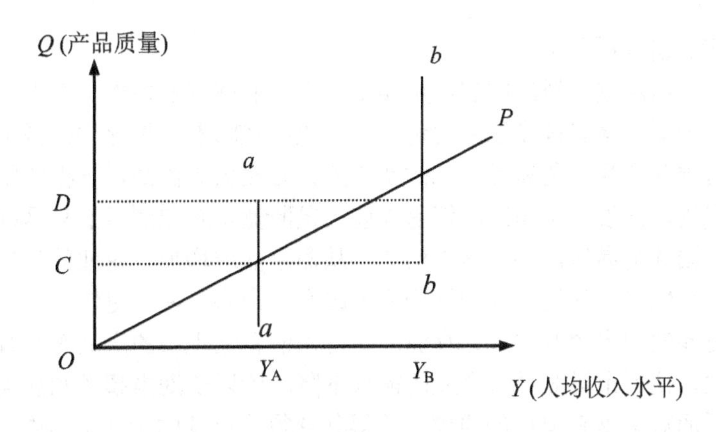

图 4.2　需求相似导致产业内贸易

在图 4.2 中，横轴表示一国的人均收入水平 *Y*，纵轴表示消费者所需的各种商品的品质等级 *Q*，商品越高档，品质等级越高。*OP* 线表示人均收入水平与消费的每种产品质量等级之间的一般关系，人均收入水平越高，则消费者所需的品质等级也就越高。*A* 国家的消费者人均收入为 Y_A，对商品质量需求的范围由 *aa* 表示。消费者对产品质量的需求是一个范围而不是 *OP* 线上一点，其原因就在于一国的消费者的收入是有差别的。*B* 国家的消费者人均收入为 Y_B，高于 A 国家，并且消费产品的质量范围为 *bb*，也高于 *A* 国家。两国需求产品质量等级中存在着 *CD* 范围的重叠，即在 *CD* 范围的商品两国都有需求。这种质量的产品是两国开展贸易的基础。

需求偏好相似导致的产业内贸易的可能性加上必要性才会变成一种现实性。这种产业内贸易的必要性就是贸易利益。发达国家之间相互进行工业产品贸易的利益来自于两个方面，一是各国工业品生产厂家之间可以从事更加专业化的分工，扩大市场规模，充分利用和实现规模经济效益；二是不同国家的不同消费者通过这种工业品的相互贸易，购买到自己所需要的不同规格型号、不同质量档次、不同特色的特殊商品而得到更大的满足。

2. 规模经济理论

继瑞斯坦姆·林德尔之后，很多经济学家都在致力于揭示造成产业内贸易的原因。其中较早试图从需求以外的角度对产业内贸易作出理论说明的是贝拉萨，早在20世纪60年代末，他就曾提出了产业内贸易的发生可能与规模经济有关的观点，遗憾的是他没有对自己的观点展开必要的论证。20世纪70年代，格雷和戴维斯等人对国家之间的产业内贸易进行了实证研究，发现产业内贸易主要发生在要素禀赋相似的国家，产生的原因是规模经济和商品差异之间的相互作用。

大规模生产所取得的经济效益，或者说对企业或产业的投入增加一倍，而产出增加超过一倍，就是规模经济。规模经济可分为内部规模经济和外部规模经济。内部规模经济，是指厂商的单位产品生产成本在一定范围内随着生产规模的扩大而下降；外部规模经济，是指产业水平上的规模经济，即单个厂商从同产业内其他厂商的扩大中获得的生产效率提高和生产成本下降。

1) 内部规模经济与国际贸易

一般情况下，内部规模经济的实现依赖于一个产业或行业内的厂商自身规模的扩大和产出的增加。一个国家享有规模经济的优势，其成本就随着产量增加而减少，从而得到了生产的优势。这样其产品在贸易活动中的竞争能力必然大大提高，占据贸易优势，取得贸易利益。具体来说，假设在参与国际贸易以前，垄断竞争企业面对的只是国内的需求，需求量有限。参与国际贸易后，外国需求增加，从而总需求增加，企业的生产相应扩张。在短期内，需求的突然扩张使得企业的平均成本比产品价格下降得更快，形成超额利润。超额利润会吸引更多的国内企业进入该行业。新进入的企业生产的产品对原有企业的产品具有很大的替代性，使得市场对原有企业的需求下降，所以长期内超额利润消失。不过，由于企业在贸易后面对更富有弹性的需求，使得其获得了更低的长期平均成本，从而获得了比较优势，形成贸易发生的基础。可见规模经济既是贸易形成的基础，同时贸易也推动规模经济的实现。

在规模经济较为重要的产业，国际贸易可以使消费者享受到比封闭经济条件下更多种类的产品。因为规模经济意味着在一国范围内企业只能生产有限的产品种类，如果允许进口，则在国内市场上就可以购买到更多种类的产品，这也是福利增加的表现。

对于研究和开发费用等成本支出较大的产业来说，规模经济更显得重要。如果没有国际贸易，这类产业就可能无法生存。研究和开发费用可以说是一种固定的成本费用，随着产量的增加，单位产品的固定成本降低。如果这种产品仅局限在国内市场上销售，则由于产量有限，单位产品的固定成本就较高，因而平均成本较高，厂商难以实现规模经济甚至无法收回投入的研究和开发费用。如果允许国际贸易，使产品在世界市场上销售，产量就会增加，厂商能够实现规模经济下的生产。

2) 外部规模经济与国际贸易

外部规模经济主要来源于行业内企业数量的增加所引起的产业规模的扩大。外部规模经济同样会带来该产业成本的降低。由于进入行业的企业增加，在外部规模经济的作用下，产品价格降低，使得产品能够出口到国外市场。而之所以有更多的产品供出口，是因为行业内企业数量的增加提高了整个行业的产量。在这里，国际贸易的原因不是要素禀赋差异形成的比较成本差异，而是外部规模经济形成的比较成本差异。

大多数工业品的市场是垄断竞争市场。一方面，各种产品类似并有一定的替代性，因此互相竞争；另一方面，产品又不完全一样，各有一定特征，所以各自又有一定的垄断性。这样，产品差别，即企业产品所具有的区别于其他同类产品的主观上或客观上的或大或小的特点，成为普遍现象。规模经济和产品差异化之间存在着密切的联系。正是规模经济的作用，使得众多的生产同类产品的企业在竞争中优胜劣汰，形成一国内某种产品由一家或少数几家厂商来生产的局面，大型企业进而能发展成为出口商。由于规模经济的制约作用，所以每一国的大型企业只能生产出系列有限的产品，同时，各国生产的产品又各具特色。产品差异的存在既是促进企业走向专业化、大型化的因素，从而能获得经营上的规模效益，也为生产者的相互竞争提供了市场，为消费者的多样化选择提供了物质保证。可以说，规模经济和产品差异化之间的相互作用，是导致产业内贸易的基础性原因。

4.2.5 影响产业内贸易发展的因素

从上述理论看来，影响产业内贸易发展的因素，主要有以下五个方面。

(1) 人均收入水平。一般来说，人均收入水平越高，产业内贸易的发展程度也就越高。因为人均收入水平越高，消费者的需求就越具有多样性。

(2) 经济发展程度。在人均收入水平既定的条件下，经济越发达，市场容量就越大，从而有利于产业内贸易的发展。

(3) 国家的大小。规模大的国家市场容量较大，有利于产业内贸易的发展；规模较小的国家，市场容量较小，不利于产业内贸易的发展。

(4) 商品的类型。一般说来，制成品的产业内贸易程度要高于初级产品。因为制成品本身在质量、规格等方面容易形成多种多样的差别，其生产中的规模收益较明显，消费者对制成品需求上的多样化程度也较高；而初级产品则不论在生产上还是需求上都差别较小。

(5) 地理位置和经济一体化状况。地理位置的接近和经济一体化的实现都会使产业内贸易的开展程度得到提高。因为地理位置接近的国家间在需求上的重叠部分一般较大；而实现经济一体化的国家通常又都是地理上比较接近、经济发展水平比较相似的国家。

贸易实践

日本汽车零配件市场逐渐放开

在现代经济中大部分商品是有差别的，而不是同质的，所以当今国际贸易中有很大一部分是差别产品之间的产业内贸易。

20世纪70年代以来，日本在汽车生产上一直处于全球的领先地位，汽车零配件产业也就依附于汽车产业的发展而得到较快的发展。但是近年由于经济低迷造成日本汽车产业收益减少，其降低成本的压力也转嫁到零配件生产商。日本经济目前仍处于低速状态，因此汽车零配件产业也需继续进行经营合理化改革，以恢复原有的竞争力。下面是有关2000年日本汽车零配件的进、出口情况。

1. 进口情况

2000年汽车零配件进口金额为3 737.87亿日元，较上年增加7.1%。就国别(地区)实绩来看，日本汽车零配件的最大进口来源地为美国，2000年的进口额为1 249.09亿日元，较上年增加9.3%；第二位是德国，进口额为289.02亿日元，减少14.3%；第三位为中国，进口额为272. 16亿日元，增加9.1%。

2. 出口情况

由于美国及亚洲市场需求旺盛，2000年日本汽车零配件(含橡胶轮胎、附带发动机底盘及车身)的出口总额为3.5万亿日元，较上年同期增加7.2%。其中附带发动机的底盘为61.94亿日元，大幅增加112.6%；汽车用零件及附属品为1.08万亿日元，增长13.5%；摩托车零配件为977.58亿日元，增长11.1%。

从出口市场来看，2000年日本汽车零配件的最大出口国为美国，出口额为1.49万亿日元，较上年增长3.8%，占总出口额的42.7%；第二位为英国，出口额为1 333.02亿日元，增长7.3%；第三位为中国，出口额为1 288.0亿日元，增长4.8%，占总出口额的3.8%。而增长最快的为韩国，其次为意大利。衰退幅度最大的是加拿大。

产业内贸易的产生是为了利用生产的规模经济，国际竞争迫使工业化国家的各企业或工厂只生产某一产品的一种或少数几种款式，而不是生产全部款式。这可以保持单位成本很低。所以，近年来，日本零配件制造商先行开发新技术以提供给母厂配合的事例越来越多，因此汽车零配件制造商在汽车市场的地位日显重要。最近由于全球各大汽车厂纷纷进行国际化整合，日本的汽车厂也不得不加紧国际化步伐，与外国车厂进行合作，以适应市场竞争。可见，产业内贸易在当今的国际贸易中起到举足轻重的作用。

4.2.6 对产业内贸易理论的评价

产业内贸易是对传统贸易理论的批判，尤其是其假定更符合实际。产业内贸易理论从静态出发进行理论分析，分析的主要是不完全竞争市场，经济中具有规模效益，考虑了需求的不同情况。在这些假定下进行理论分析，扩大了探讨的内容。

(1) 传统的国际贸易理论是以完全竞争、无规模效益、商品具有同质性这三个假定为前提的。而在现实的国际市场中，完全竞争市场基本只存在于少数的初级产品市场，大量的制成品市场都是垄断竞争或寡头垄断这些不完全竞争市场，在大多数行业存在着明显的规模经济效应，同质商品也基本上存在于初级产品，绝大多数工业品都或多或少的存在差异。因此传统国际贸易理论的假设前提在现今的国际贸易中基本上是不存在的，而产业内贸易理论的假设更符合现实。

(2) 产业内贸易理论从供给和需求两个方面分析了造成产业内贸易现象出现的原因。在供给方面，由于参与国际贸易的厂商通常是处在垄断竞争而非完全竞争的条件下，产生了同类产品的差异化，而且在产品生产方面存在规模经济；在需求方面，消费者的偏好具有多样性，而且各国之间的消费需求常常存在着互相重叠的现象。

(3) 产业内贸易理论虽然以发达国家的贸易为研究对象，但对已经实现工业化的发展中国家提升国际贸易竞争力，具有深刻的启发作用。一方面，发展中国家要在国际贸易中提高地位，仅仅依靠资源丰富，甚至资本和技术，是远远不够的，必须从规模经济入手提高国际贸易竞争力；另一方面，对于发展规模效益显著的幼稚产业，政府在产业政策、贸易政策等方面加强干预是十分必要的。

(4) 产业内贸易理论是对传统国际贸易理论的补充和发展。产业内贸易理论认为商品的差异化是产业内贸易的基础，需求偏好相似是产业内贸易的动因，规模经济是产业内贸易的利益来源。但该理论也存在着缺陷，如该理论是用静态的分析方法，且仅从贸易结构的分析出发，还仅仅是现象分析，且认为一国的贸易优势一旦形成就是难以改变的。

4.3 国家竞争优势理论

国家竞争优势理论是微观企业竞争优势、中观产业竞争优势和宏观国家竞争优势的统一体，具有广泛的兼容性。该理论即探讨了要素、技术及其他因素对国际贸易的影响，整合了价格因素与非价格因素对竞争优势的决定，又反映了竞争优势与国际贸易的动态变化。国家竞争优势理论是由美国哈佛大学商学院教授迈克尔 •波特经过一系列研究后提出来的，是国际贸易理论的一个重要综合与发展。

知识链接

迈克尔 · 波特

美国哈佛大学商学院教授迈克尔 · 波特是美国著名的管理学家，毕业于普林斯顿大学，后获哈佛大学商学院企业经济学博士学位，任教于哈佛大学商学院。曾在 1983 年被任命为美国总统里根的产业竞争委员会主席。他开创了企业竞争战略理论，引发了美国乃至世界的竞争力讨论。从 20 世纪 80 年代起陆续发表了其著名的竞争三部曲，即《竞争战略》(1980 年)、《竞争优势》(1985 年)、《国家竞争优势》(1990)。

4.3.1 国家竞争优势理论的产生

竞争优势理论的产生是以美国国际经济地位的变化为背景的。在二战后的 20 年里，美国经济实力强盛，遥遥领先于世界各地。但此后，由于其他西方国家经济的快速增长，美国各项经济指标在世界经济中的比重不断下降。20 世纪 70 年代以来，欧洲共同市场的形成和势力壮大，日本的崛起，都对美国在国际经贸中的地位构成严重挑战。美国在国际市场上的竞争优势严重削弱，就连新兴工业化国家都在夺取美国在世界市场上的份额。到了 80 年代，世界经济贸易领域的竞争进一步加剧，美国对外贸易逆差和国际收支赤字有不断增大之势。美国正像一个弱者一样，不断乞求于贸易保护主义。在这种情况下，怎样才能保持昔日的竞争优势，必然成为美国朝野都关注的问题，迈克尔 • 波特的理论正是适应这一客观要求应运而生的。

在理论上，迈克尔 • 波特针对过去的国际贸易理论一直未能很好解答的问题，即一个国家的竞争优势到底是由什么决定的问题，提出一个国家的竞争优势源于创新机制的新理论。

传统的贸易理论认为，一国产业或企业的竞争优势来自于在生产要素(价格和生产率)

方面的比较优势；新贸易理论认为一国产业或企业的竞争优势来自于其在技术、规模等方面的优势。而迈克尔·波特认为，这些理论对现有国际贸易现象的解释均值得怀疑。

比较利益论以各国劳动生产率差异和要素禀赋差异来分析国家竞争优势的源泉，虽然解释了许多产业的贸易模式，但仍存在许多不完善的地方，如它不足以解释要素禀赋日益相似的工业化国家彼此之间的产业内贸易。随着高科技的迅猛发展，要素成本的重要性日益下降，比较利益论将逐步退位。

规模经济理论是对传统比较利益理论的一大突破。它既解释了即使不存在要素禀赋差异，贸易也能发生的原因，又解释了产业内贸易之谜：规模经济使然。它指出规模经济是企业竞争优势的重要源泉，但却没有解释什么样的国家的厂商会获得这些优势，以及哪些产业的厂商可获得这些优势。

技术差距论也试图超越比较利益论。按技术差距论，一个国家是否出口某种产品，取决于该国是否获得了在该类产品方面的技术领先地位。技术领先的国家出口其领先产品，但随着技术的扩散和技术差距的缩小，其出口会逐渐减少。技术差距对竞争优势无疑十分重要，但该理论未能解释技术差距为什么会出现，什么样的国家会获得技术领先的优势。

产品周期理论也是超越比较利益理论的一个重要尝试。产品周期理论认为，美国的许多产品处于世界领先地位，主要是美国国内对先进产品的需求比其他国家领先，这使美国企业能率先开发新产品，并在产业发展早期阶段出口该新产品，然后随着国外需求的增加，生产向海外转移，最后随着技术的扩散及外国低成本企业的进入，美国从该新产品的出口国变成进口国。产品周期理论从动态角度成功地解释了国内市场对创新的影响，但它仍留下许多问题未能解答，如为什么一些国家的某种产品在国内市场很小或发展缓慢的情况下仍能成为世界领先者？为什么许多国家的产业并没有像该理论预测的那样失去竞争优势？

鉴此种种，迈克尔·波特提出一国兴衰的根本在于赢得国际竞争的优势，而国际竞争优势的取得关键在于国家是否具有适宜的创新机制和充分的创新能力。

4.3.2 国家竞争优势理论的内涵

迈克尔·波特的国际竞争优势理论按照国家竞争优势取决于产业竞争优势，而产业竞争优势又决定于企业竞争优势这一逻辑线索，以产业经济为突破口，站在产业层次，认为国家竞争优势取决于产业竞争优势，而产业竞争优势又决定了企业竞争战略，从企业层面上扩展到国家层面，从微观、中观、宏观三个层次系统地提出竞争优势理论。迈克尔·波特认为，一个国家的竞争优势就是企业和产业的竞争优势，一国兴衰的根本在于是否能在国际市场竞争中取得优势地位，而国家竞争优势取得的关键在于能否使主导产业具有优势，能否使企业具有适宜的创新机制和充分的创新能力。迈克尔·波特的竞争优势理论是微观企业竞争优势、中观产业竞争优势和宏观国家竞争优势的有机整体。

1. 竞争优势理论中的创新机制

迈克尔·波特的竞争优势理论中的创新机制可从以下三个层面来分析。

(1) 微观竞争机制。国家竞争优势的基础是企业内部活力，企业缺少活力，不思进取，国家就难以树立整体优势。能使企业获得长期赢利能力的创新，应当是研究、开发、生产、销售和服务各环节上都使产品增值的创新。企业要在整个经营过程的升级上下功夫，在强化管理、研究开发、提高产量和降低成本等方面实行全面改革。

(2) 中观竞争机制。企业的创新不仅取决于企业内部要素，还要涉及产业与区域。企业经营过程的升级有赖于企业的前向、后向和侧向关联企业的辅助与支持。企业追求长远发展，需要有一产业空间，利用产业链构建一个最优的区域组合，以达到降低成本、提高快速反应能力等目的。

(3) 宏观竞争机制。个别企业、产业的竞争优势并不必然导致国家竞争优势。因此，一国的宏观竞争机制对其是否能取得国家竞争优势有重要的决定性作用。为了对国家竞争优势提供一个比较完整的解释，迈克尔·波特提出了一个“国家竞争优势四基本因素、两辅助因素模型”，如图4.3所示。

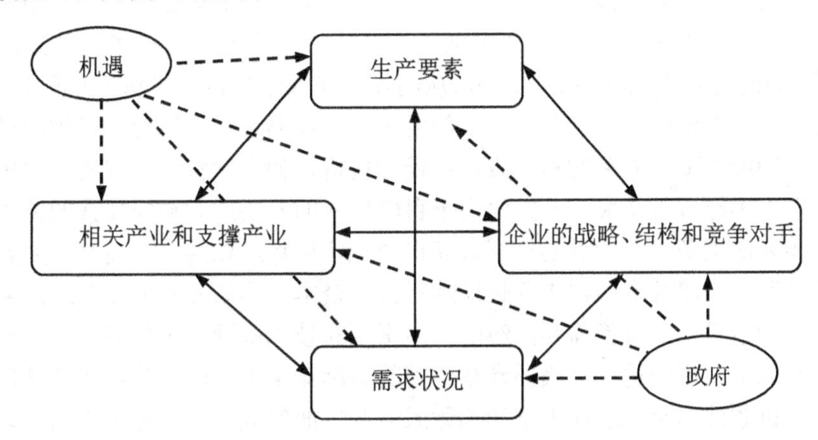

图4.3 国家竞争优势的决定因素

该模型由四个基本决定因素和两个辅助因素组成。四个基本决定因素分别是生产要素(factor conditions)，需求状况(demand conditions)，相关产业和支持性产业(related and supporting industries)，企业的战略、结构和竞争对手(firm strategy，structure and rival)。两个辅助因素是机遇(opportunity)和政府(government)。由此构成所谓的“波特菱形”或完整的“钻石模型”(diamonds framework)。这些因素的每一个都可单独发生作用，但又同时对其他因素产生影响。各个因素结合成一个有机体系，共同作用决定国家的竞争优势。同时，该系统也是一个双向强化的系统，其中任何一项因素的效果必然影响到另一项因素的状态。当企业获得系统中任何一项因素的优势时，也会帮助其创造或提升其他因素上的优势。

2. 国家竞争机制的决定因素

1) 要素条件

要素是指一国拥有的生产要素。包括劳动力、可耕地、自然资源、资本和基础设施。要素可以归为下列几大类。

(1) 人力资源：人员(包括管理人员)的成本、技能和数量。人力资源又可以进一步分成无数的小类，如电气工程师、软件运用人员、工具生产工等。

(2) 物质资源：一个国家有多少土地、水资源、矿藏、森林、渔场，质量如何，成本有多高，其气候条件、区位、地理规模怎么样。

(3) 知识资源：包括一个国家的科学知识、技术知识、市场知识。知识资源存在于大学、研究机构、政府统计部门、工商文献、科学文献、市场调查报告等机构和资料之中。

(4) 资本资源：支持产业的资本数量有多大，成本有多高，资本不是同质的，而是以不同的形式出现，如无担保借债、“垃圾”债券、风险资金等。每一种资本的使用条件都是不同的。一国的资本总存量及利用方式取决于一个国家的储蓄率和资本市场结构。

(5) 基础设施：包括运输系统、通信系统、社会保障系统等。这些设施质量如何，成本如何。

一个国家如果拥有对某一产业十分重要的某类低成本要素禀赋或独特的高质量要素禀赋，该国的公司就有可能在该产业获得竞争优势。例如，新加坡处于日本和中东之间的重要贸易航线上，从而使其成为轮船修理中心。瑞士人在不同的语言和文化方面的优势(瑞士有德语地区、法语地区和意大利语地区)，从而使其在国际金融、贸易等方面十分成功。

要素可分成初级要素和高级要素、专门要素和一般要素。初级要素是被动继承的，其产生需要较少的或不那么复杂的私人投资和社会投资，如自然资源、气候、简单劳动力。初级要素的作用不能过份夸大。一方面由于科学技术的发展，对初级要素的需求减少，另一方面初级要素的来源广泛，靠初级要素获得的竞争优势难以持久。而高级要素才是竞争优势的长远来源。高级要素往往需要长期地对人力资本、物质资本的投资才能得到。要创造高级要素，创造机构本身就需要高级的人力资源和技术资源，因此高级要素资源相对稀缺，在全球市场上较难获得。高级要素在当前的国际竞争中扮演十分重要的角色。美国在计算机和计算机软件乃至在医疗电子和金融服务等方面的成功，得益于美国在该领域独特的技术人才和科学家。日本在家电、汽车等产业的竞争优势，得益于其大批的工程师。

同样，专业化要素比一般要素更重要。一般要素是一些适用范围广泛的要素，如公路系统，受过大学教育的雇员等。专业要素则是指专门领域的专业人才，特殊的基础设施，特定领域的专门知识，如掌握光学技术的研究所，专门处理化学药品的港口等。越是高级的要素越可能是专门要素。专门要素比一般要素更能为国家提供持久的竞争优势，因为一般要素提供的仅是基本类型的竞争优势，它们的供给在许多国家都能得到，更容易被取代、被绕开或失去作用。而专门要素不但需要更专一的、更具风险性的投资才能得到，而且往往还需要有广大的一般要素作为其基础，其在更复杂或更具专有性质的生产中必不可缺，尤其是在高精尖的竞争领域。

2) 国内需求

国内需求对竞争优势最重要的影响是通过国内买主的结构和买主的性质实现的。不同的国内需求使公司对买方需求产生不同的看法和理解，并做出不同的反应。在国内需求给当地公司及早提供需求信号或给当地公司施加压力要它们比国外竞争者更快创新，提供更先进的产品的产业或产业部门，国家最可能获得竞争优势。国内市场有三个特征对国家竞争优势有十分重要的影响。

(1) 分隔的需求结构。在大多数产业，需求都是分隔的。例如，在商用飞机市场上，不同的航线对不同大小、不同档次的飞机的需求就不一样。一部分市场比其他部分更具全球性。如果全球性部分代表了国内需求很大的部分，但在其他国家却占其需求的较小部分，那么这个国家的公司就有可能在这部分市场获得竞争优势，因为全球性的需求往往最先引起公司注意，公司最早针对它们确定发展目标。

(2) 老练、挑剔的买主。比分隔的需求更重要的是国内买主的特征。如果国内买主是世界上对产品和服务最老练、最挑剔的买主，那么一个国家的公司便可能获得竞争优势。由于国内买主同公司在地理、文化上的接近，最容易使公司看到最新、最高层次的买方需求。如果买方是公司，则可能与生产公司合作开发新产品。此外，讲究、挑剔的买主往往会给国内公司施加压力，使其在产品质量、性能和服务方面都建立起高标准。

(3) 前瞻性的买方需求。如果一国的买方需求比其他国家领先，则一国的公司也能获得竞争优势，因为国内领先需求使公司先意识到国际需求的到来。国内领先的需求不仅对新产品重要，而且对公司自身不断升级换代也很重要。国内领先的需求还往往使公司的新产品更容易在国内找到市场，从而使公司的新产品得到发展的机会。最突出的例子是日本的节能型汽车。由于日本是能源缺乏的国家，因此对节能型汽车的需求比世界其他国家领先，这使得日本汽车在世界能源危机发生后能迅速占领美国市场。

国内独立的买主数量、需求的增长速度、需求的规模以及市场饱和的时间也会对一国公司的竞争优势产生影响。国内众多的独立买主可以为公司提供更多的需求信息，减少公司的风险；国内市场的迅速增长可以鼓励公司更快采用新技术，更大规模地对设备进行投资；国内需求规模大则可能使公司获得规模效益；而国内市场的早期饱和则会迫使公司提前向海外扩张，占领国际市场。

国内需求的重要性是国外的需求取代不了的，因为产品的开发、试验人员基本上都在国内。因此公司对国内需求的压力比对国外需求的压力感觉更强烈。公司经理们的自尊心、荣誉感也更容易迫使他们满足国内需求。因此来自国内市场的需求信息常在公司的决策中占支配地位。一件产品的根本设计几乎总是反映国内市场的需求。

3) 支持性产业和相关产业

一个国家的产业要想获得持久的竞争优势，就必须在国内具有在国际上有竞争力的供应商产业和相关产业。例如，日本的机床生产商是世界第一流的，其成功靠的是日本国内第一流的数控系统、马达和其他部件供应商；瑞典的轴承、切割工具等钢制品在世界领先，靠的是本国特殊钢的优势。支持性产业以下列几种方法为下游产业创造竞争优势：以最有效的方式及早、迅速地为国内公司提供最低成本的投入；不断地与下游产业合作；促进下游产业的创新。世界第一流的供应商往往帮助公司看到利用新技术的新方法、新机会，让公司最快地得到新信息、新见解以及供应商的新创产品。有竞争力的供应商还充当把信息和创新从一个公司传递到另一个公司的渠道，从而使整个行业的创新速度加快。

相关产业是指因共用某些技术、共享同样的营销渠道或服务而联系在一起的产业或具有互补性的产业。一个国家如果有许多相互联系的有竞争力的产业，该国便很容易产生新的有竞争力的产业。因此有竞争力的几种相关产业往往同时在一国产生。例如，美国的电子检测设备和病人监测器；丹麦的奶制品、酿制品和工业酶；韩国的录像机和录像带等。

相关产业对各有关产业的促进在于以下几方面：首先，最可能促进产业创新。相关产业往往是某一产业新进入者的源泉，往往带来新的资源、新的技术、新的竞争方法，从而能促进产业的创新和升级。例如，日本的传真机产业，其相关产业如复印机业、照相器材业、通信业等在日本都十分强，当这些产业的公司大举入侵传真机业时，各自带来的新技术、新方法使传真机业迅速发展，在很短的时间里便成为世界领先的产业。其次，相关产业的国际成功也带动了有关产业成功。例如，美国计算机在国外的大量销售使美国计算机辅助设备、软件、数据服务等产业也在国外得到了很大的市场。

4) 公司战略、结构和竞争

公司战略、结构和竞争包括公司建立、组织和管理的环境以及国内竞争的性质。不同国家的公司在目标、战略和组织方式上都大不相同。国家优势来自于对它们的选择和搭配。

(1) 各个国家由于环境不同，需要采用的管理体系也就不同。适合国家环境，适合产业的竞争优势源泉的管理方式能提高国家竞争优势。例如，意大利在舞厅照明、家具、鞋、羊毛织品和打包机这些方面具有竞争优势。这些行业的规模经济不十分明显，或者可以通过松散的附属公司之间的合作克服，因此意大利成功的公司的组织形式是以中、小企业为主，采取的战略是集中突破战略，避开标准化产品，集中力量生产有独特风格或按顾客要求定做的小批量产品。这种组织形式和战略使意大利企业在开发新产品、适应市场变化等方面特别具有灵活性。而在德国，许多公司的高层管理人员都具有技术背景，因此他们喜欢以有条不紊的方式来改进产品和生产工序，对于看不见摸不着的东西不感兴趣。这些特征使德国公司在工程和技术含量高的产业(如光学、化工等)十分成功，尤其是在要求高精度生产、细致的开发过程和严明的管理结构的高精尖产品方面。

(2) 不同国家的不同公司也都有不同的目标，对经理和雇员有不同的激励机制。在许多产业，获得竞争优势并保持这种优势的方法之一是持续的投资，换言之，一个国家只有在存在不同寻常的投入和努力的产业才能成功。而要做到这一点，需要公司有正确和恰当的目标，对经理、雇员有正确的激励机制。

公司的目标深受所有权结构、债权债务人的目标、公司管理的性质和对高级管理人员的激励机制的影响。不同国家的资本市场在股东的构成、税收体系、收益率标准等方面都大不相同，股东和债权人对公司管理的影响也不同。例如，德国和瑞士，大多数股票都是机构持有，很少交易，长期资本收益免税，股东持股时间长，管理阶层对股价的变动并不十分在意，一般都报告较低的利润率。而在美国，虽然大部分股东也是机构投资者，但这些机构的业绩按季度或年度的股价涨幅来评价，投资者强调的是季度收益增长，机构为使资本增值经常买卖股份。投资者的长期投资收益按平常的收益一样收税，因此投资者持股的时间都比较短。经理的收入常与当年的利润挂钩，而一般经理的平均任职期都短，因此经理们多考虑的是短期利益。因此美国评价投资收益率的标准比其他许多发达国家都高。

(3) 国内竞争。国家竞争优势的获得还取决于国内的竞争程度。激烈的国内竞争是创造和保持竞争优势最有力的刺激因素。其作用机制在于：①减少外国竞争者的渗透。一群国内竞争者使用不同的竞争战略竞争，从而覆盖许多细分部门的产品和服务。很宽的产品线和服务系列使外国竞争者的渗透困难，从而使国家的产业竞争优势更能持久。②模仿效应和人员交流效应。有许多竞争者存在，为相互模仿和人员互相交流创造了条件。在竞争状态下的互相模仿和人员交流能使整个国家产业的知识和技术存量增加，从而提高整个产业的创新速度。③促使竞争升级。国内的竞争是在各公司都处于同等条件下进行的，如相同的要素成本、消费者的偏好、当地供应商的条件、进口成本等。因此同在一国的公司竞争就不能只靠大家都能得到的优势，而必须寻找更高级、更能持久的竞争优势源泉，如专有技术、规模经济、国际销售网络等，这使产业的竞争优势向高层次发展。④强化竞争程度。同本国竞争对手的竞争不像同外国竞争对手的竞争那么遥远、难以捉摸。地理的接近和文化的一致使竞争对手彼此十分了解，从而使竞争更加直接、具体。国内竞争有时超出了纯经济的范围，常常带上感情色彩和个人因素。自尊心使经理和工人对国内其他公司的发展十分敏感。国内的报纸和投资分析也常把一家公司同另一家公司比较。因此，国内竞争对手不仅要争夺市场份额、人才和技术突破，还要争夺炫耀的权力。⑤迫使企业走向海外。在存在规模经济的情况下，激烈的国内竞争往往迫使国内公司向海外发展来获取更高的效率和更高的利润。而经过国内激烈竞争锻炼的公司往往更成熟，更有竞争力，从而更容易在国际市场上取胜。

上述四种因素是国家竞争优势的决定因素，其情况如何直接导致国家竞争地位的变化。但除了上述四种因素以外，还有两个重要变量对国家的竞争优势产生重要影响，这就是机遇和政府。在国际上成功的产业大多从机遇中得到过好处。例如，微电子时代的到来使美国和德国失去了在众多的以机电为基础的产业的支配地位，为日本公司的崛起提供了机会；西方国家对来自中国和日本的服装进口施加限制，使新加坡的服装业发展起来。

5) 机遇

机遇包括重要的新发明、重大技术变化、投入成本的剧变(如石油危机时)、外汇汇率的重要变化、突然出现的世界或地区需求、战争等。机遇的重要性在于它可能打断事物的发展进程，使原来处于领先地位的公司的竞争优势无效。落后国家的公司如果能顺应局势的变化，利用新机会便可能获得竞争优势。但机遇对竞争优势的影响不是决定性的。同样的机遇可能给不同的公司带来不同的结果。能否利用机遇以及如何利用，还是取决于四种决定因素。

6) 政府

对国家竞争优势的作用主要在于对四种决定因素的影响。政府可以通过补贴、对资本市场加以干预、制定教育政策等影响要素条件，通过确定地方产品标准、制定规则等影响买方需求(政府本身也是某些产品或服务的大买主)。政府也能以各种方式决定相关产业和支持产业的环境，影响企业的竞争战略、结构、竞争状况等，因此政府的作用十分重要。但由于政府的影响主要是通过对四种决定因素的影响实现的，所以它没有被归入决定因素。

上述六种因素中，前四种因素是国家竞争优势的决定因素，其情况如何直接导致国家竞争地位的变化。后两种因素对国家的竞争优势产生影响。

4.3.3 对国家竞争优势理论的简评

迈克尔·波特的“国家竞争优势论”是当代国际经济学理论的重大发展，不仅对国际经济贸易理论的发展作出了重要的贡献，而且富有特色。

(1) 该理论弥补了其他国际贸易理论的不足，较圆满地回答了理论界长期未能解答的一些问题。迈克尔·波特认为，一国在生产要素方面的比较优势有利于其建立国际竞争优势，而一国国际竞争优势的建立才能获得持久的比较利益。这种国际竞争优势才应该是国际贸易理论的核心。

(2) 该理论发展了传统贸易理论对于在要素基础上形成的优势的静态观点，突破了就单项因素或其简单组合为出发点来展开理论分析的不足。

① 该理论深化了对要素竞争优势的认识。例如，在要素基础上形成的竞争优势是动态变化的，要素上的劣势也能够产生国家竞争优势，要素创造比要素禀赋对于一国的竞争优势来说重要得多。

② 该理论用贸易和对外投资综合在一起的思路，来解释一国何以能成为在一个特定产业中成功并维持竞争优势的国际竞争者的“母国基地”。因为成功的国际竞争者常常以全球战略竞争，而贸易和对外投资在全球战略中是综合在一起的，但大多数先前的理论或者只涉及贸易方面，或者只涉及对外投资方面。

③ 该理论充分反映了竞争的丰富内涵。迈克尔·波特的竞争优势由两大因素决定：成本优势(cost advantage)和歧异性优势(difference advantage)，其分析包括细分市场、差异化产品、技术差异和规模经济、质量、特色、新产品创新和成本优势等，而大多数贸易只注意到成本，对质量和差异化产品等方面未引起足够重视。

④ 该理论强调国内因素对于竞争优势的重要性，并在此基础上强调国家在决定国际竞争力方面的重要作用。传统的贸易理论对于国内需求状况、相关与支持性产业及国内竞争等因素对于企业竞争优势影响的认识，要么被认为是很小，要么是被忽视。而迈克尔·波特非常肯定地认为，国内因素与竞争优势之间存在因果关系。国内需求的增长、国内需求的结构、相关与支持性产业的发展情况和国内竞争强度等都对一国竞争优势有着决定性影响。国内因素对于竞争优势的作用往往是国外的同类因素取代不了的。迈克尔·波特的理论观点弥补了传统理论的不足，也为实践所证实。迈克尔·波特强调加强国家的竞争优势扶持和培育，这对于发展中国家竞争优势的发展无疑具有积极的指导意义。

总之，国际竞争优势理论不仅对当今世界经济和贸易格局进行了理论上的归纳总结，而且对国家未来贸易地位的变化可提供具有一定前瞻性的预测。

理论实践

用波特国家竞争优势理论看我国的现状

用该理论来分析我国的现状可以更清楚地看到我国的竞争优势与存在的问题。例如，简单地分析我国的四组决定性因素，可以看到几方面内容。

(1) 在要素条件方面，我国有初级要素的优势。我国自然资源丰富，劳动力便宜，但在高级要素和专门要素方面却比较薄弱。意大利有学徒制，德国有实力雄厚的技术学校，日本许多企业有研究所，这些国家创造高级要素和专门要素的手段都很完备。相比之下，我国长期以来对专门教育重视不够；高等院校、科研机构同企业没有密切联系，研究同现实不挂钩；企业自身很少从事研究开发工作。要改善我国的要素条件，就需要建立有效的高级要素和专门要素的创造机制。

(2) 在需求条件方面，我国有市场大，需求增长迅速，需求层次差距大等优势。主要问题在于我国的消费水平还很低，总体上缺乏讲究、挑剔的买主，从而未能对企业形成强大的创新压力，这是我国产品长期缺乏竞争力的原因之一。要改变这种状况，应有意识地培养讲究、挑剔的买主。例如，通过提倡名牌，让名牌效应来提高买主的鉴赏能力，通过保持一定的名优产品和服务的进口，让消费者有比较的机会等。

(3) 在支持性产业和相关产业方面，我国比较薄弱。国外有竞争力的产业都有由庞大的支持性产业和相关产业组成的产业簇群的支持，而我国的大多数产业缺乏这种支持。以服装业为例，我国服装业虽然庞大，每年出口量相当高，但由于我国的面料、辅料、服饰配件、服装机械、服装设计等产业都相当落后，结果服装的档次始终提不高，在国外只能占领低档商品市场。我国的汽车工业、电子工业都有类似的情况。要提高我国产业的竞争力，光建几座现代化工厂，引进一些设备是解决不了问题的，而是需要从目标产业的产业簇群上下功夫。

(4) 在公司竞争方面，我国也存在许多问题。首先，我国企业普遍缺乏长远战略。许多企业看到的只是短期利益，缺乏对市场长远发展的预测和对长远竞争优势的投资，结果企业难以长期成功。其次，我国企业间的竞争机制尚未形成。由于地方分割、条块分割，全国没有真正统一的大市场，结果是有众多的公司，却缺乏激烈的竞争，优胜劣汰的规律不起作用，企业难以形成规模。要克服这方面的问题，建立健全的竞争机制刻不容缓。

本章小结

二战后国际贸易出现了不同以往的新的形式，传统国际贸易理论难以解释，在此基础上产生了许多新的国际贸易理论，本章主要介绍了具有代表性的主流理论。

技术差距论认为不同国家之间的技术差距造成了该技术产品的国际贸易；产品生命周期理论把产品的生命周期分为 5 个阶段，技术在创新国、工业发达国家和发展中国家不断扩散并带来比较优势的动态转移，因此在产品生命周期的不同阶段形成了不同的国际贸易格局。

产业内贸易在二战后已经成为国际贸易的主体，它分为同质产品和异质产品的产业内贸易。偏好相似论认为不同国家相似的收入水平导致了相似的需求，从而形成了国家之间的重叠需求，导致了产业内贸易的发生。规模经济理论从生产的规模经济和产品差异化角度出发，认为差异产品生产的规模经济效应可以给贸易国带来利益，从而产生了产业内贸易。

国家竞争优势理论认为，一国在国际贸易中的地位决定于一国的国际竞争优势，而一国的国际竞争优势主要取决于该国的生产要素、需求状况、相关产业、企业组织、战略与竞争度，以及机遇和政府相互作用。

习　　题

一、单项选择题

1. 在雷蒙德·弗农的产品生命周期理论中，产品的衰退期，该产品的主要出口国是(　　)。

A. 技术创新国　　B. 工业发达国家 C. 发展中国家　D. 不确定

2. 根据国际产品生命周期理论，美国的出口量在(　　)达到最大。

A. 成长期　　B. 导入期　　C. 成熟期　　D. 衰退期

3. 某国汽车行业的产业内贸易指数为 0.9，这表示该国汽车产业内贸易程度(　　)。

A．高　　B．低　　C．不确定

4．我国目前在国际贸易中的竞争优势主要来源于充足且廉价的劳动力，在国际竞争优势理论中这属于(　　)。

A．要素导向阶段　　B．投资导向阶段
C．创新导向阶段　　D．财富导向阶段

5．根据偏好相似理论，(　　)的国家之间的产业内贸易较少。

A．收入水平差距大　B．收入水平相同　　C．收入水平接近

6．关于产品生命周期理论正确的说法是(　　)。

A．这是一个静态国际贸易理论
B．这个理论说明一个国家的比较优势会发生变化
C．可以解释产业间贸易

二、多项选择题

1．下列情形可以导致产业内贸易产生的有(　　)。

A．两国收入水平相差较大　　B．某种产品的生产规模效益不变
C．某种产品具有明显的规模经济效应　　D．两国收入水平相似

2．在迈克尔·波特的国家竞争优势理论中，决定一国竞争优势的因素有(　　)。

A．要素资源　　B．相关产业
C．机遇　　D．需求状况

三、判断题

1．两国的收入水平越接近，消费结构也越相似。　(　　)
2．在产品的成长期，发展中国家开始出口该产品。　(　　)
3．人均收入水平接近的国家，重叠需求的范围比较大。　(　　)
4．国家的竞争优势取决于该国主导产业的竞争优势。　(　　)
5．规模经济理论从供给方面，偏好相似论从需求方面解释了产业内贸易的产生。　(　　)

四、问答题

1．根据国际产品生命周期理论，请分析在产品生命周期的不同阶段国际贸易格局。
2．产业内贸易有何特点？
3．如何用偏好相似论解释产业内贸易的发生？
4．如何用规模经济论解释产业内贸易的发生？
5．简述迈克尔波特的钻石模型理论？

五、案例应用分析

中国从贸易大国向贸易强国的转变

改革开放以来，中国对外贸易取得了举世瞩目的成就，中国已跻身于贸易大国之列。但随着对外贸易

的发展，中国在对外贸易中的弊端日益显现，中国与世界贸易强国仍然存在着巨大差距，如何缩短与贸易强国的差距，实现中国从贸易大国到贸易强国的转变是一项长期的战略目标，任重道远。

1. 中国已成为世界名副其实的贸易大国

从近年来中国对外贸易额的逐年迅猛增长，中国在世界贸易中排位的大幅跃升，以及外商在华投资规模的不断扩大等几个衡量贸易大国的主要指标分析，目前的中国已完全确立了世界贸易大国的地位。

(1) 对外贸易逐年增长，年贸易额已跻身于世界前列。改革开放以来，我国外贸的年增长率在世界上一直居领先水平，特别是2001年“入世”后，年均增长达到25%。外贸的快速增长，使中国年贸易额占世界年总贸易额的比例及在世界各国中的名次也大幅度上升。1978年中国年贸易额占世界总贸易额的比重仅为0.75%，排名为第34位。2005年我国对外贸易进出口总额为14 219亿美元，比2001年增长1.8倍，仅次于美国和德国，居世界第三位，占全球贸易进出口总额的比重上升到6.7%。

(2) 经济开放程度逐年提高，国内市场容量和出口供给能力空前提高。现在的中国已成为世界上最大的新兴市场。从进口增长率、进口比率以及进口关税保护程度几项指标衡量，都表明中国基本上已经是一个开放型的经济实体。表现在：①年进口规模大而且增速很快。1999—2005年进口额由5 340亿美元增长到6 600亿美元，年均增长率超过15%，从2004年起，中国已成为仅次于美国、德国的第三大进口国；②进口比率高而且不断上升，2003年已超过30%，是美国的2倍、日本的近4倍；③进口关税下降较快而且幅度较大，特别是制造业，到2005年进口关税已下降到9%，分别是巴西、阿根廷、印度和印度尼西亚等新兴市场国家的1/4—1/3。与此同时，目前的中国已成为国际市场上机电、纺织品等劳动密集型产品的竞争性供给者和出口大国。

(3) 中国吸引外资的能力巨大，已成为国际资本的主要流向地区。1984—2002年的18年间，中国通过外商独资、合资、合作及其他合作方式，实际利用外商直接投资增长3.36倍，年均增长22%。从1993年起，中国利用外商直接投资在全球仅次于美国排在第二位，到2002年已超过美国上升为第一位。目前全球最大的500家跨国公司，已有400多家在华投资建厂。

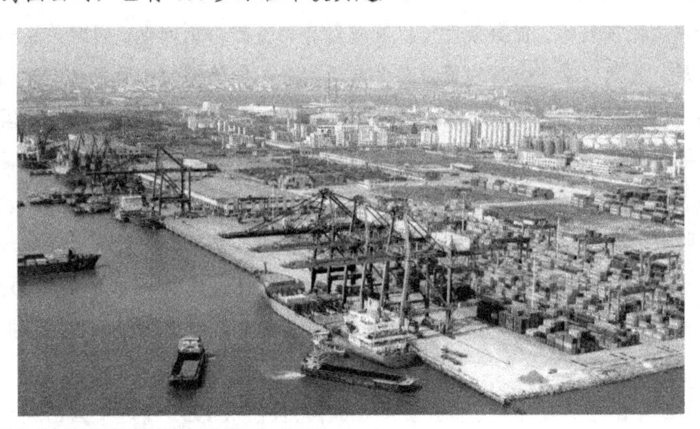

2. 目前的中国与贸易强国之间存在很大差距

贸易大国并不等于贸易强国。所谓贸易强国其内涵一般应包含以下五个方面。一是贸易强国必须是经济高度发达的国家。其经济、技术和资本实力雄厚，科学技术先进，商品和服务的技术、质量具有很强的国际竞争力，特别是制造业和高新技术领域产品的国际竞争力十分强劲，能够有力地推动本国对外贸易的发展。美、日、英、德、意、加等西方七国集团的成员，都属于此类国家，其人均GDP都在20 000美元以上，在世界各国中居于前列。二是积极参与国际分工，而且竞争优势非常明显。贸易强国在产品质量和技术方面一直保持世界领先水平，高新技术产品和服务产品贸易额比重很大，贸易条件指数一般为 105%左右，处于优势地位。三是对外直接投资规模大。上述西方七国集团的成员是当今世界的贸易强国，同时也是对外直接投资排名前几位的国家。它们凭借国内雄厚的资本实力，通过向海外直接投资有力地带动了本国的出口增长。以美国为例，仅 2000 年海外公司的税前利润总额高达 1 325 亿美元，比 1999 年增长23.4%。四是货物贸易规模大，服务贸易尤其发达。美国和德国 2003 年的出口规模分别占世界出口总额的9.7%和 10%；进口规模分别占世界进口总额的 16.8%和 7.7%。经济发达国家又是世界服务贸易的大国。其中，美国服务进出口贸易额占世界的比重一直高达 60%～70%。经济发达国家，作为世界产品和资本的主要供给者和需求者，在钢铁、机械设备、化学制品、电子计算机产品等技术和资本密集型产品的出口方面一直居世界前列。五是对外开放度大。贸易强国在对外开放方面的共同特点是平均关税较低，尤其是逐年有大幅度下降；市场开放范围广，商品市场、服务市场和资本市场同时对外开放；对外贸易依存度高，一般都在 30%左右，德国高达近 60%。按照以上指标衡量，目前的中国还不能称为贸易强国，与世界上的贸易强国相比，中国存在着明显的差距。

(1) 中国出口企业规模偏小，规模效益较低。中国目前参与国际化经营的企业仍以中小型企业为主,企业总体规模很小，特别是在重化工业和电子、计算机等高新技术产业方面，国内的自主企业规模就更小，不能形成明显的规模经济效益，成本长期居高不下，在国际竞争中处于劣势。同时，不能形成从零件到大型设备到售后服务等一整套的全部服务，加上有的质量不能有很好的保证，严重影响出口产品的国际竞争力。

(2) 出口产品结构不合理。我国出口产品结构长期以初级产品和劳动密集型产品占有明显的优势和较大的比重，如家电、服装、玩具等；而知识、技术和资本密集型的产品处于劣势，如光学、计量、医疗、精密仪器的比重较小。1995 年以来，机电产品成为我国出口的第一大类产品，但与贸易强国相比，我国的机电产品不是以技术与资本密集型的高、精、尖机械设备为主，相反，技术、知识、资本含量都较低的普通机电产品的比重较大。

(3) 贸易条件长期恶化。贸易条件是一个国家以出口交换进口的条件，通常用出口商品的价格指数与进口商品的价格指数之比来表示。贸易条件可以反映贸易利益的分割问题，同时关系到一国国际收支的平衡和经济的长远发展。长期以来，中国的贸易条件处于十分不利的地位。而且还有逐渐恶化的趋势，如从1993—2000 年，中国的贸易条件下降了 13%，其中工业制成品下降了 14%。造成中国贸易条件恶化的原因是多方面的，主要有初级产品在国际市场上贸易指数一直呈下降趋势；在工业制成品的出口中，占优势的劳动密集型产品在国际竞争中主要以价格取胜，加上我国的此类产品质量较差，档次较低，不得不采取廉价策略；同时国际市场上的技术、资本密集型产品的价格高居不下，这就不可避免地造成中国贸易条件恶化。另外，国内出口企业之间相互竞争，内部摩擦太大，往往造成同一类产品多头对外。为了抢占市场竞相削价。在对外贸易中，只注重价格竞争，而忽视非价格因素，不重视商品的质量提升等都严重影响中国的贸易条件。

(4) 吸引外商直接投资与中国对外直接投资严重失衡.虽然从 1993 年起中国已成为世界上仅次于美国的第二大利用外商直接投资的国家，但中国对外直接投资却严重滞后。从 FDI 流入量与流出量的比值看，从 1994—1999 年的 6 年间发达国家平均为 0.7，发展中国家平均为 2.94，而中国为 15.48；到 2001 年中国对外直接投资总额仅占世界对外直接投资存量的 0.42%。这种情况在很大程度上反映了中国企业国际化经营的局限性。

（资料来源：郭鹏辉. 中国从贸易大国向贸易强国的转变[J]. 中国高新技术企业，2007.13：19－21）

问题：根据以上资料及国家竞争优势理论进行分析，我国如何才能成为贸易强国？

阅读材料 4-1

全球竞争力报告指标体系

世界经济论坛(World Economic Forum，WEF)每年发布的“全球竞争力报告”(WEF-GCR)在国际竞争力的研究领域中属于权威报告，一直受到各国政府的重视。目前 WEF 用于评估全球竞争力的框架，主要由两大指标合成。一个是“全球竞争力指标”(global competitiveness index，GCI)，由萨克斯与麦克阿瑟两位教授于 2001 年提出；另一个是“企业竞争力指标”(business competitiveness index，BCI)，由迈克尔·波特于 2000 年提出。在 GCI 的架构中，以 GCI 是主要指标，BCI 是辅助指标。GCI 又从三大层面来评估：宏观经济(macroeconomic)环境的优劣、国家的政府公共部门(public institutions)的素质以及科技的准备程度(technological readiness)。

在 2004—2005 年的 GCI 中，芬兰依然被评选为全球最具竞争力的国家。这是因为芬兰的政府公共部门素质极高、官员贪污度低、重视有章可循的制度建设。而在企业层面也展现高度重视技术的创新与研发；企业主在创新业务上的投入预算相当可观。而美国再度名列全球第二，因为其有高比率的家用计算机与宽带渗透率，同时在技术上的创新也十分骄人。但总体而言，美国的宏观经济面与公共部门表现略逊于芬兰，所以加权后为全球第二。

1. 全球竞争力指标(GCI)

(1) 宏观经济面质量。GCI 第一个层面是宏观经济面质量。虽然宏观经济的优劣无法直接“换算”成收入，但是如果一个国家通货膨胀率高、背负庞大财政赤字或是税收没法妥善规划，也绝对会伤害到企业表现。从这个意义考虑，宏观经济面的评估必须包含在竞争力的内涵中。在 2004—2005 年度的评比里，新加坡的宏观经济面为全球第一，维持去年的冠军宝座。其他依次为挪威、芬兰、丹麦、瑞士、卢森堡、荷兰与英国。

(2) 政府公共部门(public institutions)的素质。GCI 的第二个主要层面是政府公共部门的素质。虽然在资本市场中，国家的财富理应由私人企业产生，但如果没有明确的法规保障私人财产，并且司法系统紊乱不公，使得企业竞争不透明、不对称，或是政府官员素质低落以致无法执行任务并妥善规划市场环境，那么该国的财富增长不可能快速。如同 2002—2003 年的报告书中所说的，若一个企业要在官员会贪污的国家做生意，那么成本将会大大增加。由这个层面来看，政府公共部门素质与国家竞争力息息相关。

在 2004—2005 的调查中，北欧诸国的公共部门素质为世界之冠，前 8 名依序为丹麦、冰岛、芬兰、新西兰、挪威、瑞典、英国以及瑞士。而亚洲诸国(地区)中的中国与新加坡公共部门的高效廉洁度在全亚洲名列前茅，双双跻身全球前十名。

(3) 科技准备度指标。GCI 的第三个主要层面为科技准备度指标。从新古典(neoclassical)经济理论中得到最大的启示之一，就是科技进步在经济表现上的重要性，这是因为其他的进步因素较容易遇到瓶颈效应。对一个经济表现本来疲弱的国家而言，改善公共部门人员的素质，健全宏观经济面，都可能在短时间内产生极为显著的结果。但在公共部门与宏观经济面改善到一定程度时，对该国经济表现的影响可能非常轻微，甚至没有效果。而科技的进步则不然。由于人们总是能创造出新技术，从而刺激并增进国家的竞争能力，所以对科技准备程度的考察是当今全球竞争力评估的重点。

在科技表现上，亚洲诸国(地区)一直保持良好的成绩。2004—2005年中国的表现尤其突出，名列全球第二(仅次于美国)，居亚洲第一。日本作为全球第五，韩国从第六名小幅衰退为第九名。新加坡从12名进步到第11名。

值得注意的是，科技指标在GCI的构成中，呈现最大的地域性。在其它构成要素中，清一色由北欧与北美领先，取得绝对优势，但在科技指标的排名却呈现十分不同的景象。前10名的国家：美国、中国、芬兰、瑞典、日本、丹麦、瑞士、以色列、韩国、挪威，在地域上就来得宽广许多。若再往后看，会有一些更有趣的排名。例如，东欧的爱沙尼亚(Estonia)不但领先新西兰、澳大利亚，甚至还胜过英国。而捷克(Czech Republic)不但胜过法国、比利时、卢森堡，同时也领先于西班牙与意大利。整体而言，科技准备度对“强国”的内涵产生很大的冲撞。如果WEF再加重这个层面的权重，那么对全球竞争力可能有更具颠覆性的评估。

2. BCI

BCI是GCI的辅助指标。WEF的专家们认为，一个国家无论法制再健全、政治再稳定、公务员再高效廉洁、全民的科技素养再高，钱毕竟是由企业创造出来的。若一个国家的企业疲弱、能力不佳，那么这个国家不可能创造出巨额财富，该国的竞争力也不可能强大。

在这样的思维下，WEF采纳了波特教授设计的企业竞争力指标架构，用以弥补原有GCI的不足。波特研究企业竞争力的著作是该领域经典，WEF-BCI中认为有两个层面关系到一个国家企业的竞争力。一是“一个企业营运与策略的成熟程度”(the sophistication of company operations and strategy)，二是“该国企业环境的素质”(quality of the national business environment)。在2004—2005年的BCI评比中，美国终于打败芬兰登上第一的宝座。这是因为美国企业在行销业务上十分成熟、企业集资能力强、本国市场竞争激烈等。又如日本与中国，都在财务方面有长足的进步，是今年度BCI评比中，全球进步最大的两个国家。

第 5 章　国际贸易政策

教学目标

通过本章的学习，了解对外贸易政策的构成及影响对外贸易政策制定的因素；熟知对外贸易政策的类型；理解各种贸易保护理论的主要观点；掌握各个历史时期国际贸易政策的主要特点，特别是战略性贸易和管理贸易等当代国际贸易政策新的类型。

教学要求

知识要点	能力要求	相关知识
国际贸易政策概述	(1) 理解自由贸易政策与保护贸易政策 (2) 理解对外贸易政策制约因素	(1) 国际贸易政策的含义 (2) 对外贸易政策的构成 (3) 对外贸易政策的类型 (4) 对外贸易政策的制定
国际贸易政策的理论依据	(1) 理解幼稚产业保护论与保护就业论 (2) 理解与运用战略性贸易政策 (3) 运用政治经济学分析保护贸易政策的能力	(1) 自由贸易政策的理论依据 (2) 保护贸易政策的理论依据
国际贸易政策的历史实践	(1) 理解超保护贸易政策与新贸易保护主义特点 (2) 理解管理贸易政策特征	(1) 资本原始积累时期的重商主义保护贸易政策 (2) 资本主义自由竞争时期的自由贸易与保护贸易政策 (3) 资本主义垄断初期的超保护贸易政策 (4) 二战后贸易自由化的发展 (5) 20 世纪 70 年代后的新贸易保护主义 (6) 20 世纪 80 年代后的战略性贸易政策 (7) 21 世纪金融危机后的新一轮贸易保护主义政策

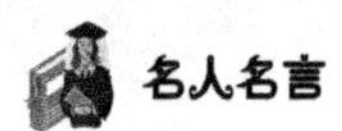

名人名言

富国倾向于对农业进行较多的保护，富国保护农业而穷国则对农业征税。

——罗迪克

基本概念

国际贸易政策　自由贸易政策　保护贸易政策　幼稚工业　战略性贸易政策　管理贸易制度

导入案例

狐狸与仙鹤的故事

一只狐狸请仙鹤吃饭，狐狸把汤盛在碟子里，仙鹤吃不到，狐狸的舌头把汤全舔个精光。仙鹤回请狐狸，把美味的饭菜装在长颈窄口瓶里，狐狸吃不到，只好空着肚子回去。

5.1　国际贸易政策概述

国际贸易政策在各国经济增长和经济发展中起着重要的作用，已成为国际贸易环境的重要组成部分。世界各国都在一定的贸易理论指导下，通过贸易政策的制定和实施，促使对外经济贸易稳定发展。

5.1.1　国际贸易政策的含义

国际贸易政策是各国在一定时期内对进出口贸易所实行的政策总称，由各国的对外贸易政策所组成。

尽管世界上各个国家的社会制度有异，经济发展水平不同，但对外贸易政策都是国内经济政策的延伸，与国内经济政策有着不可分割的内在联系。一般来说，一国的对外贸易政策的目的是为了维持国内的经济稳定和增长，保持国际收支平衡以及增加就业和劳动者的收入，这与一国的宏观经济目标往往是一致的。当然，对外贸易政策又同国内的经济政策有较大的区别，其政策的制定要考虑国内外诸多方面的因素。

5.1.2　对外贸易政策的构成

对外贸易政策通常包括以下几方面的内容。

1. 对外贸易总政策

总贸易政策是从整个国民经济出发，在一个较长时期内实行的政策。它是各国发展对外经济关系的基本政策，是整个对外贸易政策的立足点。例如，实施自由贸易政策或保护贸易政策。

2. 进出口商品政策

进出口商品政策是在本国对外贸易总政策的基础上，根据不同产业的发展需要，不同商品在国内外市场的供求状况以及在世界市场上的竞争能力，而分别制定的适用于不同产业或不同类别商品的对外贸易政策。例如，有意识地扶植某些出口部门，或暂时限制某些种类商品的输入等。一国的进出口商品政策通常与该国的产业发展政策有关。

3. 对外贸易国别政策

国别政策是根据总贸易政策以及本国与其他国家或地区的政治、经济关系，而分别制定的适应特定国家或地区的对外贸易政策。例如，美国为打击恐怖主义活动而禁止向某些中东国家出售武器等。

5.1.3 对外贸易政策的类型

自对外贸易产生与发展以来，基本上有两种类型的对外贸易政策，即自由贸易政策和保护贸易政策。

1. 自由贸易政策

自由贸易政策是指国家取消对进出口商品的限制和障碍，取消对本国进出口商品的各种特权和优待，使商品自由进出口，在国内外市场上自由竞争。自由贸易政策实质上是“不干预政策”

2. 保护贸易政策

保护贸易政策是指国家广泛利用各种法规与措施，限制外国商品的进口，同时，鼓励本国商品的出口，以保护本国市场免受外国商品的竞争。保护贸易政策以增进本国民族利益为目的，其实质是“奖出限入”。

需要指出的是，自由贸易政策和保护贸易政策都不是绝对的。一国实行自由贸易政策，并不意味着完全的自由。西方发达国家在标榜自由贸易的时候，总是或明或暗地对某些产业进行保护。自由贸易口号往往成为一种进攻的武器，即要求别国能够实行自由贸易。一般来说，只有贸易双方都同意开放市场，自由贸易政策才会付诸实施。同样，保护贸易政策也不是绝对的保护，不是完全地保护本国的所有市场和产业。

贸易实践

20世纪60年代日本实施的所谓自由贸易政策

20世纪60年代以来，日本一直标榜自由贸易，对绝大多数自由贸易协定都积极参与签署。但另一方面，又采取各种国内措施、技术措施对外国与本国存在竞争关系的产品或本国的劣势产业加以变相保护。日本国内的贸易专家也指出，如果日本取消有关技术限制措施，日本的纺织品、粮食进口将增加一倍。

 **特别提示**

现今所说的“贸易自由化”政策，是在保护贸易政策的基调上努力促进部分市场、部分产业的自由贸易。

5.1.4 对外贸易政策的制定

对外贸易政策是一国经济利益与其在国际上的政治地位和经济实力相融和的产物，是国家利益在对外交往中的具体体现。一国制定和实行何种贸易政策与国际经济环境和自身经济实力密切相关。从实践上看，一国对外贸易政策的选择受到以下几个因素的制约。

1. 经济力量与国际竞争力的强弱

一般来说，经济比较发达、国际竞争力较强的国家，总体上倾向于自由贸易政策，主张在世界范围内进行自由竞争与合作。反之则倾向于保护贸易政策，对对外贸易加以诸多限制。

2. 经济发展战略的选择

通常情况下，采取外向型经济发展战略的国家侧重于外需拉动，需要一个相对开放的经济发展环境，因而倾向于制定和实行自由贸易政策；而采取内向型经济发展战略的国家侧重于自力更生，因而倾向于制定和实行保护贸易政策。

3. 国内利益集团的影响

不同的贸易政策会影响到国内不同利益集团的利益分配，如自由贸易政策有利于出口集团、进出口贸易商和消费者，但会给进口竞争集团带来竞争的压力和利益的损失。因此，各种利益集团会从自身利益需要出发，通过不同的院外活动方式对政府的贸易政策施加影响，使得贸易政策的制定朝着有利于自身的方向发展。一国利益集团对外贸政策的走向影响很大，甚至可以认为外贸政策就是不同利益集团之间矛盾和斗争的产物。这一点在发达国家表现尤为突出。

4. 国际经济环境

一国制定贸易政策通常还会考虑大的国际环境因素。一般来说，在国际经济繁荣时期，多数国家会奉行自由贸易政策；而在国际经济危机时期，多数国家又会转向贸易保护主义。

 **特别提示**

一国选择什么样的外贸政策，取决于本国的具体情况和国际环境。但这并不否认有某些共同的原则和规则。总的来看，既要积极参与国际贸易分工，又要把获取贸易分工利益的代价降低到最低限度，可以说是各国制定外贸政策的出发点。

需要指出的是，虽然各国采取的贸易政策措施，大都是从本国利益出发的，但在世界经济相互依赖、相互联系日益加深的今天，一味采取“以邻为壑”的政策，也很难行得通。正如狐狸让仙鹤吃，仙鹤才能让狐狸吃一样。如果每个国家都只从自己的利益出发来制定和实施贸易政策，那么国际贸易就会陷入无序和混乱状态，各国贸易分工的基础将会受到破坏。一项对他国绝对不利的贸易政策很难长期地起到对本国绝对有利的结果，因为这个国家的外贸政策必然会遭到其贸易伙伴的报复。由此看来，一国外贸政策的制定固然是从本国和本民族利益出发的，但也要考虑到他国的利益，这样才能使互利性的贸易得以长远发展。实践证明，各国制定外贸政策的“天平”总是倾向于本国利益，因此，要真正体现互惠互利，就必须有贸易政策的国际协调，以使贸易遵循某些共同的“竞赛规则”。贸易政策的国际协调要求把各国的外贸政策当作世界贸易总体政策的不同组成部分，考虑到各方利益。战后建立的关税与贸易总协定(General Agreement of Tariffs and Trade，GATT)就是起到协调各国贸易政策作用的一项多边贸易协定，1995 年它为世贸组织所代替。

特别提示

一国外贸政策的制定不能不考虑其他国家的利益，不能不考虑某些国际规则。

5.2 国际贸易政策的理论依据

实行自由贸易还是保护贸易，历来是贸易政策中争论最激烈的问题。自由贸易论者和保护贸易论者在长期的论战中，各自对自己所偏爱的贸易政策类型大加颂扬，并用许多支持论据阐述了其政策类型的必要性和优越性。

5.2.1 自由贸易政策的理论依据

自由贸易政策的理论基础是主流经济学的国际贸易分工理论。现代主流经济学借助严格的模型分析证明，自由贸易将最大限度地提高世界范围内生产要素的配置效率，增进各国的经济福利，对此已在第 3 章中作了详细分析。

5.2.2 保护贸易政策的理论依据

1. 重商主义

重商主义是历史上最早的保护贸易论。重商主义分为两个时期，早期的重商主义主张只出口不进口，晚期的重商主义主张多出口少进口，换句话说，要保持贸易顺差。无论是早期的还是晚期的重商主义，都限制进口。限制进口的原因在于当时流通的货币是金银，因此，重商主义者认为，金银是衡量一国财富的唯一标准，而出口能换回金银，进口必须付出金银，因而主张政府采取措施来鼓励出口，严格限制进口，即采取保护贸易政策。

知识链接

晚期重商主义的代表人物是英国的托马斯·孟。他在 1644 年出版的著作《英国得自对外贸易的财富》，被称为是重商主义的“圣经”。在该书里，他得出了一个精辟的结论：“货币产生贸易，贸易增加财富”。

2. 幼稚产业保护论

幼稚产业保护理论是18世纪后半叶由美国经济学家、政治家亚历山大·汉密尔顿最早提出的。亚历山大·汉密尔顿认为，亚当·斯密的自由贸易理论只适用于英国等经济发达的国家，而不适用于经济比较落后的美国，处于不同发展阶段上的国家开展自由贸易和自由竞争只会使落后国家的经济更加落后。因此，他主张使用高关税壁垒措施来保护国内市场，以便使美国的幼稚工业得以顺利发展和壮大起来。亚历山大·汉密尔顿的这种思想和他在美国成功推行的保护主义政策给予了德国经济学家弗里德里希·李斯特以极大的启示和影响。弗里德里希·李斯特在此基础上，结合德国的国情，通过自己的研究和探索，提出了一套较为系统和深刻的保护贸易理论。

知识链接

亚历山大·汉密尔顿(1757—1804)是美国独立后的首任财政部长。他于1791年在向国会提交的《关于制造业问题的报告》中论述了保护美国工业的必要性，该报告被后人视为保护贸易理论的经典文献。

1) 弗里德里希·李斯特的保护贸易理论

19世纪德国最进步的资产阶级经济学家弗里德里希·李斯特，发展了亚历山大·汉密尔顿的保护关税学说，建立了一套以生产力理论为基础，以保护关税制度为核心，为后进国家服务的保护贸易理论。

知识链接

弗里德里希·李斯特(1789—1846)出生于德国的一个皮革匠家庭。1817年曾任杜平根大学政治学教授。他积极参与由他倡议而成立的工商业协会的领导工作。当时德国封建势力很强大，全国处于四分五裂的封建割据状态，许多独立的小邦自设关卡，极大地阻碍了德国资本主义的发展。弗里德里希·李斯特在国内提倡自由主义政策。他与工商业协会积极废除各邦关卡，为建立统一的国内市场和统一关税而斗争。1820年他被推举为符腾堡国会议员。后由于他揭露当局的各种弊端并大力主张改革，于1825年被政府驱逐出境，流亡国外，最后定居美国。1832年弗里德里希·李斯特被美国政府任命为驻德国莱比锡领事。弗里德里希·李斯特在美国时亲眼看到美国政府实施保护贸易政策的成效，受到极大鼓舞。他回德国后积极倡导贸易保护主义，并于1841年出版了他的主要代表作《政治经济学的国民体系》，系统地提出了他的保护贸易理论。弗里德里希·李斯特由于极力反对德国的封建势力并批评政府的一些政策，受到较强的政治迫害，加上他贫病交困，于1846年自杀身亡。

(1) 经济发展阶段论。古典自由贸易理论认为，在自由贸易下，各国可以按地域条件分工，即按绝对成本或比较成本形成和谐的国际分工。弗里德里希·李斯特认为，这种学说是一种世界主义经济学，它抹杀了各国的经济发展与历史特点。他认为："从经济方面来看，国家都必须经过如下各发展阶段：原始未开化时期，畜牧时期，农业时期，农工业时期，农工商业时期。"并认为各国经济发展所处阶段不同，采取的对外贸易政策也应不同。

处于农业阶段的国家应实行自由贸易政策，以利于农产品的自由输出和所需工业品的自由输入，以促进本国农业的发展，同时可培育工业化的基础。处于农工业阶段的国家，因为本国工业已有所发展，但并没有发展到能够与外国产品相竞争的程度，因而应该实行保护关税制度，以使本国工业免受外国产品的冲击。而处于农工商业阶段的国家，由于国内工业、农业产品都比较发达，具有国际竞争能力，故此应实行自由贸易政策，以充分享受自由贸易利益。弗里德里希·李斯特认为，英国处在农工商业阶段，法国处在农工业向农工商业的过渡时期，德国与美国处在农工业阶段，因此，各国应采取不同的贸易政策。

(2) 生产力理论。弗里德里希·李斯特认为，亚当·斯密的自由贸易理论所演示的贸易利益不足以作为贸易自由化的依据。因为自由贸易理论是基于静态分析方法和世界主义的立场之上，而这与现实世界不符。落后国家按照比较优势进行贸易，尽管在短期能够获得一些贸易利益，但从长远来看，该国生产财富的能力却不能得到应有的发展。任何时候各民族的利益都高于一切，当自由贸易损害到一国实际或潜在利益的时候，该国就应当采取相应措施维护自己的经济利益。弗里德里希·李斯特认为，在经济发展的过程中，比较优势是动态且可培养的。落后的国家在面临发达国家强有力的竞争时，有理由采取产业保护政策来促进本国生产力的提高。针对当时的经济背景，弗里德里希·李斯特指出，对于德国、美国等处于农工业阶段的国家，如果与处于农工商业阶段的英国进行自由贸易，虽然表面上看在短期能够获得贸易利益，但在长期其生产力将受到损害，创造财富的能力将受到制约。一个国家追求的应当是财富的生产力，而并不只是财富本身。“生产力是树之本，可以由此而产生财富的果实，因为结果子的树比果实本身价值更大。”

(3) 关税保护制度。像重商主义一样，幼稚产业保护理论也强调国家在贸易保护中的重要作用。弗里德里希·李斯特认为，政府不能做“守夜人”，而要做“植树人”，应当制定积极的产业政策，并利用关税等手段来保护国内市场。弗里德里希·李斯特提倡关税保护，但他并不主张对所有的行业在任何情况下都进行保护，他的关税保护是有条件的，即农业不需要保护，只有刚刚开始发展，并且遇到强有力的外国竞争者的幼稚工业，才需要保护，并且最高保护时限为30年。如果经过30年的保护该产业也没有能发展起来，仍然不具备与国外竞争的能力，就说明该产业不具有发展前途，应当取消保护，任其自生自灭，关税保护不能保护落后产业。

2) 幼稚产业保护论的“是是非非”

该理论在逻辑和实践上都证明是正确和有效的，但在具体操作中存在着困难，主要体现在以下两方面。

(1) 保护对象的选择。正确地选择保护对象是保护幼稚产业政策成败的关键，虽然许多经济学家提出了各种选择保护对象的标准和方法，如穆勒标准、坎普标准及小岛清标准等，但在经济全球化趋势不断加强，各国的经济联系日益密切，经济的国家、民族界限不断被打破的情况下，这些标准的可操作性下降，保护效果也难以确定。这是因为当代的国际分工使各国都已成为国际生产的一个环节，企业、产品的国籍日益模糊了。在此情况下，一国很难再明确区分民族企业与外国企业、民族产品与外国产品。政府如果出于民族利益对某一幼稚产业加以保护，最后保护的可能是进入该产业的外资企业。这种保护限制了竞争，使得外资企业能够在东道国市场以过时的技术生存，甚至获得高额垄断利润，最终反而损害了民族利益。有些所谓的幼稚工业似乎经过保护取得了成功，但其实属于“假幼稚工业”，即这些工业最初受到保护，然而却是由于与保护无关的因素使之变得具有竞争力。对其保护表面上获得了成功，但社会却为此无端付出了代价，如果对其不加保护，实际上也能成长起来。

贸易实践

中国对轿车业的保护

中国的轿车业，20世纪80年代中期之后在中国市场上有竞争力的企业基本上都是合资企业。在高度保护的90年代中后期之前，严格的进入许可使少数外国厂商由于缺乏国外同行的激烈竞争，只要转移在发达国家早已过时但在中国尚属“幼稚”的技术与车型，就能赢得中国市场并高度盈利。显然，这种保护虽然一定程度上保护了中国的一些汽车厂商，但同时也保护了外国公司免受国外同行的竞争，中国轿车制造业的发展则因此受损。相反，在中国于90年代中后期逐渐放宽外资的进入许可后，中国市场上国际汽车厂商竞争加剧，为赢得市场，它们竞相向中国转让先进的技术与车型，有的甚至与发达国家同步，从而使中国轿车业自90年代中期以后迅速发展。

特别提示

在经济全球化条件下，“民族产业”、幼稚产业需要通过开放才能得到发展，保护只能造成落后。

(2) 保护手段的选择。保护幼稚产业的传统手段主要是采用征收进口关税，但很多经济学家认为，既然保护的目的是增加国内生产，而不是减少国内消费，最佳的策略应是采取生产补贴而不是关税的手段来鼓励国内生产。因为，最早进入新产业的企业会付出“初建”的成本代价，而后继的企业可以在没有支出这一类成本的条件下享用现存的条件。如果最早进入新产业的企业所付出的代价得不到回报，那么，没有企业愿意较早地进入一个新的产业。因此，政府最佳的选择是对于这些作出贡献的企业进行补贴。但由于采用关税手段政府可以得到关税收入，而采取生产补贴政府既失去关税收入，又要增加财政开支，因而发展中国家更多地倾向于采用限制进口的手段来保护本国工业。

3. 保护就业论

1929—1933年的经济大萧条导致的空前失业浪潮，使自由贸易政策成立的前提条件之一，即“充分就业”不复存在，约翰·梅纳德·凯恩斯完全放弃了自由经济思想，他把对外贸易与国内就业结合起来，创立了保护国内就业的论据。

知识链接

约翰·梅纳德·凯恩斯是英国经济学家，约翰·梅纳德·凯恩斯主义的创始人。他曾在剑桥大学学习数学，后来改为研究经济学。他当过英国财政大臣顾问、英格兰银行董事和人寿保险公司董事长。1933年，凯恩斯发表了《走向繁荣之路》一书，提出政府应干预经济运行，通过政府投资解决工人失业问题，并认为英国政府每投资1元，便可在解决失业方面收到数倍于1元的投资效果。

约翰·梅纳德·凯恩斯于1936年出版了他的代表作《就业、利息和货币通论》。他在此书中对国家干预经济的必要性和干预的具体方式进行了系统的理论论证，提出了资本主义经济危机产生的原因并提出了解决危机的方法。西方经济学界普遍认为，此书所提出的新经济理论完成了一场革命，即所谓“凯恩斯革命”。

约翰·梅纳德·凯恩斯没有一本全面系统地论述国际贸易问题的专门著作。但是，他在其代表作《就业、利息和货币通论》中所表述的经济观点却是这一时期西方各国所制定和推行的超保护贸易政策的主要理论依据。

约翰·梅纳德·凯恩斯认为贸易顺差可以从两个方面增加国内有效需求：一方面，净出口本身就是有效需求的一部分，顺差即意味着有效需求的增加；另一方面，顺差带来的贵金属流入会导致本国利率的降低，从而刺激投资的增加，创造更多的就业机会并提高有效需求。因此，在国家既不能直接调节利率又不能直接操纵影响国内投资的因素时，最直接的增加投资的办法就是保持贸易顺差。基于上述分析，约翰·梅纳德·凯恩斯指出，政府应该关注和干预对外贸易，采取奖励出口、限制进口的做法。

由于约翰·梅纳德·凯恩斯及其追随者赞同重商主义追求贸易顺差的理论观点，因此这种贸易保护理论也被称为“新重商主义”。但是，约翰·梅纳德·凯恩斯的贸易保护理论与重商主义也有重要的区别，重商主义追求顺差是为了增加财富，因此希望顺差越大越好，但约翰·梅纳德·凯恩斯认为过高的顺差对经济发展是不利的，必须将其控制在一定的限度内。因为上述理论演绎是在非充分就业的前提下得出的，如果顺差无限制扩大，就业率就会大幅度提高，当接近充分就业时，工资就会以更快的速度上升，使国内的生产成本提高，导致出口降低，顺差减小。并且，顺差增加会使利率降低，当本国利率水平比其他国家利率水平低时，本国的贵金属就会以对外贷款的形式流向国外，如果增加的顺差不能够抵消这部分外流的资金，就会造成本国财富的减少，同时降低的还有投资。国家越大，其国际地位越重要，出现上述两种情况的可能性也就越大。因此在约翰·梅纳德·凯恩斯看来，政府干预、保持贸易收支顺差不应当是一个长期目标，而只是在一国有效需求不足的情况下才偶尔使用的手段。

4. 战略性贸易政策理论

战略性贸易政策理论的创始人是丁·布朗德和斯潘塞。他们认为传统的国际贸易理论是建立在规模收益不变和完全竞争的假设基础之上的，这种假设并不符合当代经济生活的现实。他们认为，现实中存在着规模效益递增现象和市场的不完全竞争状态，在此背景下要提高产业或企业在国际市场上的竞争能力，必须首先扩大生产规模，取得规模效益，这仅靠企业自身的力量非常困难，因而有了政府发挥作用的空间和必要性。政府通过适度的保护和干预手段，影响处于不完全竞争状态的本国厂商及其国外竞争对手的决策行为，能够扩大本国厂商的市场份额和规模效益，使国际贸易朝着有利于本国获取最大限度利益的方向变化。

战略性贸易政策的主要目标，是通过鼓励出口和限制进口来占有更大的市场份额，以扶持国内战略性产业的发展。因此，该理论主要分为两大部分：战略性出口补贴政策和战略性进口关税政策。

1) 战略性出口补贴政策

战略性出口补贴政策是指政府向国内厂商提供出口补贴以鼓励其攻占更多的国际市场，在国际市场竞争中迫使外国竞争对手作出让步，把外国厂商的利润转移到本国厂商身上，以增进本国福利。

该理论通常以美国波音公司与欧洲空中客车公司之间的竞争性博弈为例进行理论研究和政策分析。

美国的波音公司和欧洲的空中客车公司都能够生产一种新型客机，并且这种飞机的生产具有较强的规模经济效应。两家公司争夺第三国市场，由于市场容量有限，如果两家的公司同时进入该市场进行生产就会导致两败俱伤，在没有政府干预的情况下两家公司不同决策的利润情况如表 5-1 所示。

表 5-1　没有政府干预时的利润矩阵

项　目		空中客车公司	
		生产	不生产
波音公司	生产	(−10 万元，−10 万元)	(100 万元，0)
	不生产	(0，100 万元)	(0，0)

表 5-1 给出了波音公司与空中客车公司进行博弈的 4 种可能结果：如果两家公司同时生产，则会导致双方都亏损 10 万元；如果两家公司都不生产，虽然不会有损失，但是也失去了获利的机会，利润均为 0；波音公司生产，空中客车公司不生产，则 100 万元利润会完全被波音公司获得；如果情况相反，波音公司不生产，空中客车公司生产，则 100 万元利润会完全被空中客车公司获得。

在这种竞争中，法、德、英、西四国政府如果实施战略性贸易政策，给予空中客车公司以出口补贴，竞争双方的博弈条件和博弈结果都会因此而发生大的变化，假如补贴额为 40 万元，则会发生表 5-2 中的情况。

表 5-2　空中客车公司获得政府补贴后的利润矩阵

项　目		空中客车公司	
		生产	不生产
波音公司	生产	(−10 万元，30 万元)	(100 万元，0)
	不生产	(0，140 万元)	(0，0)

由于空中客车公司享受到政府 40 万元的出口补贴，博弈条件明显增强，无论波音公司是否进行生产，空中客车公司只要生产就有利润可得：波音公司进行生产，空中客车公司可获利润 30 万元；波音公司不进行生产，空中客车公司可获垄断利润加政府补贴共 140 万元。所以，空中客车公司决不会退出该市场。

波音公司则面临着两难选择：如果继续进行生产，就会出现 10 万元的亏损额；如果不继续生产，就要把已有的市场份额拱手让给竞争对手。两弊相权取其轻，波音公司会不得已而退出该产品市场。

享受政府补贴的结果是空中客车公司完全垄断了飞机产品市场。法、德、英、西四国政府虽然补贴了40万元，却使空中客车公司获得了140万元的利润，再考虑到工人就业的增加，本国国民的福利水平会有明显的净增加。

以上的分析是建立在一个假设条件之上的，即波音公司与空中客车公司的竞争实力相近，其生产成本也相似。如果两家公司的实力有差距，如波音公司的生产成本相对较低，在两家公司都不享受政府补贴的条件下，双方的利润矩阵就会出现表5-3中的变化。

表5-3　波音公司生产成本相对较低时的利润矩阵

项　目		空中客车公司	
		生产	不生产
波音公司	生产	(30万元，-10万元)	(140万元，0)
	不生产	(0，100万元)	(0，0)

表5-3表明，波音公司凭借自己管理水平与技术水平的改进而取得了明显的成本优势，即使在两家公司同时生产的情况下，波音公司仍可获得30万元的利润。空中客车公司则会在竞争生产状态中出现10万元亏损，在没有政府补贴的条件下，该公司会退出竞争。这样，飞机产品市场将被波音公司独家垄断，并获利润140万元。

进一步假设，面对美国波音公司的竞争优势，法、德、英、西四国政府选择了实施战略性出口补贴政策，仍然给空中客车公司40万元的补贴，博弈结果如表5-4。

表5-4　欧洲政府补贴后的利润矩阵

项　目		空中客车公司	
		生产	不生产
波音公司	生产	(30万元，30万元)	(140万元，0)
	不生产	(0，140万元)	(0，0)

表5-4表明，空中客车公司在享受了法、德、英、西四国政府的40万元补贴后仍无法阻止波音公司的进入，因为两家公司进入都比不进入好，都能在飞机生产中获利：空中客车公司依靠政府补贴获利润30万元；波音公司依靠成本优势也能获利润30万元。博弈的结果是两家公司都选择了留在竞争市场上。这种结果对消费者是个福音，但对提供补贴的政府却带来了损失：政府补贴了40万元，本国公司却只获得30万元利润，国家的纯收益出现了净减少。因此，该种补贴应否实施成为一个有争议的问题。但是，我们必须看到另外的正面效应，即产业的升级、市场的占领，特别是工人就业的增加，全社会福利水平的提高要远远大于国家纯收益的净减少。

理论实践

法、德、英、西四国政府对空中客车公司的补贴

1970年由法国、德国、英国和西班牙共同出资建立的空中客车公司的竞争能力一直远不如美国的波音公司，特别是在1997年波音公司与麦道公司合并之后，空中客车公司更是面对着一个强大的竞争对手。

法、德、英、西四国政府为了使空中客车公司能在大型客机市场上占有较多的份额，多年来连续给予该公司以大量的补贴，推动了公司产品的更新换代，市场竞争力和市场占有率都在快速提高，2004 年的大型客机销售额已经超过了波音公司。2005 年空中客车公司又推出了空客 A380 型客机与波音公司的波音 B747 抗衡，以此来挤占巨型客机的国际市场。如果没有欧洲政府的补贴及各种支持，也就不会有欧洲飞机制造业今天的强大。

2) 战略性进口关税政策

战略性进口关税政策是指政府以征收进口商品关税的形式把部分外国厂商的垄断利润转移到国内，同时保护国内相关产业的成长。

自由贸易论者通过理论推导和实证分析，证明了国际贸易是一种能够使贸易双方均受益的正和博弈(positive-sum game)，不存在进口国与出口国之间此消彼长的利益关系。持保护贸易观点的战略性贸易政策的理论家们则认为，国际贸易不会使双方平均受益，认为贸易是一种零和博弈(ero-sum game)，即一国的利得会导致另一国的利失。尤其是在不完全竞争的市场结构下，外国垄断厂商可以凭借其垄断优势获取垄断利润。对于进口国而言，每从国外进口一单位这样的产品，就意味着向国外厂商支付一笔这样的“经济租”，造成本国福利的损失。进口国政府为减少这种超额利润的对外支付，可以对该产品征收进口关税，以迫使外国垄断企业出让部分垄断利润或让渡市场份额，从而改善本国福利。在此情况下，外国厂商将和进口国政府展开博弈——战略性进口关税也由此得名。两者的博弈分为两种情况。

(1) 用关税获取外国垄断利润。假设某种商品本国不能够生产，国内市场被一个国外的垄断企业所控制，本国该商品的需求完全由该垄断企业供给。在这种条件下，进口国政府对该垄断企业的进口商品征收关税，其实质就是截取一部分外国企业的垄断利润，用垄断利润向国内转移的方式增加本国的福利水平。

为保护本国消费者利益，政府对进口商品征收的关税率不能太高。否则，外国企业感觉负担太重时，会把关税作为商品成本的一部分打入价格中。随着进口商品价格的上升，消费者做出的选择或者是多付费用，或者是减少购买，消费者利益因此受到损害。进口国政府此时最佳政策目标应该是，在本国企业不进入，本国消费者不受伤害的条件下，最大限度地从进口商品中截取垄断利润。

国外供货的垄断企业往往也不会由于被进口国政府征收了进口关税而提高商品价格，因为他们担心在已有的垄断高价基础上再提价，会刺激东道国企业的进入。这也是很多国际性垄断企业的一种经营战略：以承担关税、出让一部分垄断利润为条件，阻止进口国企业进入自己固有的经营领域。

(2) 用关税扶持本国企业的进入与成长。当本国厂商初步具备了生产技术条件，准备进入，但只是由于外国出口商对本国市场的垄断使本国厂商面临因市场份额不足而亏损时，进口国政府可通过征收进口关税迫使外国厂商向本国厂商让渡市场份额。只要进口国政府能有效地通过价格提高影响国内需求，外国出口商就不得不这样做。有了市场份额，本国企业也就有了进入和发展的生存空间。而外国厂商将满足于充当价格领导者。

5. 非经济目标论

非经济目标论是从非经济利益角度论证贸易保护必要性的一种贸易保护理论。该理论认为，采取保护贸易政策，除了实现本国经济目标以外，重要的是还有利于实现社会公平、国家安全等非经济目标。

1) 保障国家安全

早在17世纪，英国重商主义者就利用国防论据来论证限制使用外国船舶和海运服务是正当的。因为如果英国只购买英国船舶和海运服务，就会促进英国造船工业和商船的增长，这对加强英国的经济和军事实力是十分重要的。甚至亚当·斯密也改变了他原来对贸易壁垒的严厉攻击，赞许为国家安全而进行贸易保护。他认为，一个国家的国防所需用品依赖外国供应不利于增强国防力量，因而必须通过征收关税给生产这类物品的外国产业加上若干负担，以保护本国同类产业。当代经济学家继承和发展了这一思想。一些经济学家从国防观点出发，强调保护扶植基础产业，强调保全维护农业、国防工业以及防止自然资源枯竭。这虽然没有经济上的正当理由，但作为实际问题它却有着不可忽视的重要性。有些生产部门，如粮食、棉花、武器等，并非所有国家都具有比较优势，然而这些部门具有非常重要的意义，必须保持必要的生产规模。这是因为，在平时通过国际贸易来获得这些商品很方便，价格也低。但一旦发生战争或出现了敌对状态，就会面临缺乏生存必需品供应的危险。因此，对这一类产业加以保护，对于保证国家安全是非常重要的。

名人名言

航海条例对于国际贸易是不利的，然而当作防御工具，却非常重要。

——亚当·斯密

2) 实现社会公平

社会公平主要指的是社会各阶层或各种生产要素在收入上的相对平衡，是通过收入再分配实现的。不少国家利用贸易保护来调节国内各阶层的收入水平，以减少社会矛盾和冲突。

贸易实践

发达国家对农产品的保护

在发达国家工业化的过程中，资本的加速积累和土地的相对稀缺，使工业品的生产成本下降，农产品的生产成本相对上升。发达国家逐渐失去了用相对成本来衡量农产品的比较优势，农民势必竞争不过其他生产成本较低国家的农民，其收入即使不下降，也赶不上其他行业的收入。为保证农民收入能跟上社会平均水平，发达国家和一些新兴工业化国家或地区就通过限制进口、价格保证、出口补贴等各种手段来保护农业生产，以实现一定的社会公平。

5.2.3 自由贸易理论与保护贸易理论的关系

一般认为，保护贸易理论与自由贸易理论是相互对立的，但实际上，自由贸易理论和保护贸易理论并非截然对立。保护贸易理论是以自由贸易理论批评者的身份出现的，是对自由贸易理论的发展。这种发展主要表现为对传统贸易理论假定前提的修正。

一般认为，传统的自由贸易理论主要有以下几个明确或隐含的假定。首先，各国生产要素在本质上保持不变，在国内可以自由流动，但在国际间则根本不能流动。其次，规模收益不变，要素市场和产品市场都是完全竞争的。再次，政府在外贸中不起作用，因此国际贸易在相互竞争的小生产者之间展开，各国贸易总是平衡的。最后，各国的需求偏好相似且保持不变，各国经济发展水平相似。

由于上述假定前提的不现实性，因此出现了对上述假定进行修正后的各种保护贸易学说。保护幼稚工业论修正了传统自由贸易理论中贸易各国都处于相似经济发展水平的假定；凯恩斯主义贸易理论是对假定各国总处于贸易平衡状态的修正；战略性贸易政策理论是对完全竞争和规模收益不变假定的修正。因此，自由贸易理论与保护贸易理论并不就是决然对立的关系，而是存在着一定的互补性。

5.2.4 保护贸易政策的政治经济学分析

客观地来看，贸易政策是在一定的政治社会背景下制定的，现代民主国家，贸易政策制定往往受到各种利益集团的影响。因此，某种贸易政策的实施可能会以恶化一国总福利水平为代价，但却使一些利益集团的福利得到改善。

集体行动理论认为，一种政策是否被政府采纳的关键并不在于受益或受损人数的多少，而在于利益集团的集体行动是否有效。对于人数众多的消费者而言，虽然贸易保护会损害其利益，但每个消费者的损失不足以促使其积极组织或参与反对保护贸易政策的活动，“搭便车”的情况会比较严重，即希望他人去采取行动而自己不愿意付出任何努力和成本，因此集体行动的效率低下。相反，受到进口威胁的生产厂商利益则比较集中，他们从保护政策中获得的收益也较高，因而能形成较强的凝聚力，克服“搭便车”的问题，集体行动更加有效，他们会不遗余力地去影响政府的政策制定，包括通过政治捐款来购买对自身有利的贸易政策。这样，政策就会倾向于集体行动更有效的利益集团，在自由贸易政策和保护贸易政策两者之间最终选择后者。

贸易实践

美国钢铁保护的政治经济学

30 多年来美国的钢铁产业在争取贸易保护方面是十分成功的。例如，1969 年签订的钢铁“自愿限制协议”，20 世纪 80 年代的钢铁产品的启动价格机制，在 1998—2002 年期间，已经有 148 个对钢铁和钢铁相关产品进行反倾销和反补贴税的调查。截至 2003 年 7 月，有 134 个反倾销和 35 个反补贴税调查是关于钢铁相关产品的。

美国钢铁产业成功地获得保护贸易政策的关键在于，钢铁生产商、钢铁工人工会以及“钢铁城”的国会议员的紧密团结。直到 1989 年，钢铁产品消费商才成立美国钢铁消费产业联合会，随着该联合会的成

立，以及美国钢铁产业地位、就业人数的下降，20世纪90年代针对钢铁产业的保护政策就不如前20年那么明显。自1989年以来，钢铁产品的配额没有约束，而且在1993年以后的反倾销诉讼中，钢铁产业也很少获得成功。钢铁产品消费产业联合会提出：美国政府应该考虑的是高工资的、高效益的钢铁消费产业的工人就业，还是牺牲这些更有竞争力的产业就业去获得在钢铁产业低工资、低效益的就业岗位。因为钢铁工人人数下降，钢铁工人的选票对政治家们的吸引力下降。钢铁产业在美国经济中的地位为高技术产业所取代，或者可以说，钢铁产业与钢铁消费产业给美国经济增长带来了不同的影响，再加上90年代的钢铁企业与70年代的不同，有些中小型的钢铁企业的技术和管理水平极高，因此产业内部的团结力量也不如以前。因此，美国政府对钢铁产业的保护意愿也就不那么强烈。直到小布什总统就职后的2001年，因为支持小布什总统而得到获得政府提供保护的承诺。

5.3 国际贸易政策的历史实践

与国际贸易政策理论主张的分野相一致，在过去数百年的世界贸易发展中，现实的贸易政策演进也呈现出了两个倾向的冲突：一个倾向是减少贸易壁垒，朝着自由贸易的方向发展；另一个倾向是维持乃至加强贸易保护，与自由贸易目标背道而驰。就世界贸易史来看，大多数国家，多数历史时段所奉行的贸易政策均带有鲜明的保护主义色彩，但也有一些国家，一些较少的历史时段，贸易政策朝着自由放任方向发展。

5.3.1 资本原始积累时期的重商主义保护贸易政策

15世纪末，西欧封建经济体系逐渐瓦解，资本主义生产关系开始萌芽和成长。当时航海业已得到很大的发展，哥伦布发现了新大陆，使欧洲商人可以在全球范围内进行贸易。而英国在航海业方面有着得天独厚的条件，海岸线长，又拥有伦敦、利物浦等大港口，因此对外贸易非常发达。1610—1640年英国对外贸易额增长了10倍，商业贸易一派繁荣，国家财富迅速增加。在这一时期的英国，商业资本居统治地位，社会经济生活的主题是商业活动。从对外贸易中获利颇丰的商人的社会地位上升，并在政坛取得发言权。为了更好地维护自身利益，他们需要一种理论来说明商业的重要性，并争取英国政府的支持。重商主义正是在这一背景下产生的。欧洲各主要工业国家接受了重商主义的观点，把重商主义作为国策，以促进国内经济的繁荣，其中英国是欧洲重商主义发展最为典型也最为成功的国家，其具体实行的政策包括以下几个方面。

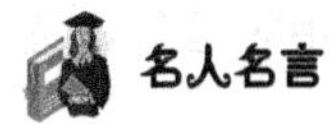

从业之利，农不如工，工不如商。

——威廉·配第

1. 限制进口的措施

(1) 禁止若干外国商品，特别是奢侈品进口。为了抑制来自外国商品的竞争，1700年英国议会颁布法令，严格禁止从印度、波斯和中国输入印花布，从而刺激了英国本国棉织品生产的发展。

(2) 外国商品征收高额进口税。当时英国对进口货物几乎全部征收关税，其税率往往达到禁止性的水平，而且对其主要贸易竞争对手——法国的产品征收比其他国家产品更高的进口关税。

2. 促进出口的措施

(1) 对本国商品的出口实施补贴、出口退税、降低甚至免除出口关税等鼓励措施。在重商主义时期，英国奖励制成品出口，对出口的制成品降低甚至免除出口关税，或退还进口原料时征收的关税；对竞争力较弱的工业制成品和农产品则给予补贴。

(2) 禁止重要原料和半成品的出口，但允许从国外进口原料，加工后再出口。为保证国内的生产，对羊毛、棉花、麻、皮革、铁以及造船用品以严酷的法令禁止出口。例如，出口羊毛要判重罪。

(3) 实行独占性的殖民地贸易政策。设立垄断经营的殖民地贸易公司垄断贸易与海运，使殖民地成为本国制成品的市场和原料供应地。例如，1600 年成立的东印度公司就得到英国伊丽莎白女王的特许状，有垄断好望角以东各国的贸易权。

3. 颁布重商主义的有关法令

实行重商主义期间，英国政府颁布了《航海法》、《谷物法》、《职工法》、《行会法》等一系列法令，通过立法和行政等手段限制进口，鼓励出口。《航海法》是英国限制外国航运业竞争和垄断殖民地航运事业的政策，规定外国船只未经特许不得参与英国殖民地贸易，所有从其他国家输入英国及其属国的货物必须使用英国的船只或者是输出国的船只。该法的实行使英国沉重地打击了航运和对外贸易的主要竞争对手——荷兰。《谷物法》是英国推行重商主义保护贸易政策的重要立法，是英国历史上管理谷物(尤其是小麦)进出口法律的总称，主要内容是运用关税政策，限制或禁止谷物的进口，维持国内谷物的高价。《职工法》鼓励外国技工移入英国，《行会法》旨在奖励国内工场手工业的发展。

5.3.2 资本主义自由竞争时期的自由贸易与保护贸易政策

随着资本原始积累时期的结束，资本主义发展进入上升时期，其中 18 世纪中期至 19 世纪后期是资本主义的自由竞争时期。这一时期，欧洲各国和美国先后完成工业革命，英国因工业革命发生较早而在工业化进程上领先于其他国家，因此急于输出工业品，其贸易政策开始由重商主义保护贸易政策转向自由贸易政策；美国和德国的工业则相对落后，为避免外国工业品的竞争，使自身工业得到充分发展而实行保护贸易政策。

1. 英国的自由贸易政策

18 世纪中叶，英国首先进行了产业革命，建立了大机器生产，工业发展水平最高，“世界工厂”的地位已经确立并获得巩固，不怕与外国商品进行竞争。在此情况下，重商主义的保护贸易政策成为阻碍英国工业资产阶级对外扩张的一大障碍。这时英国工业资产阶级要求实行在世界市场上进行无限制的自由竞争和自由贸易的政策。于是，在 19 世纪 20 年代，以伦敦和曼彻斯特为基地的英国工业资产阶级开展了一场大规模的自由贸易运动。运动的中心内容是废除谷物法。最终，工业资产阶级取得斗争的胜利，自由贸易思想战胜了重商主义思想，自由贸易政策逐步取代了保护贸易政策。当时实行自由贸易政策的具体措施主要包括以下几种。

1) 废除《谷物法》、《航海法》

《谷物法》促使粮价高涨，工资上升，损害了工业资产阶级的利益。同时，欧洲其他国家为了抵制《谷物法》，实施贸易报复政策，限制英国工业产品的进口，其结果使得英国对外贸易锐减。1815 年，英国的出口总值为 5100 万英镑，1819 年下降至 3500 万英镑。因此，1833 年英国棉纺织业资产阶级组成“反谷物法同盟(anti-corn law league)”，然后又成立全国性的反谷物法同盟，展开了声势浩大的反谷物法运动。经过斗争，终于使国会于 1846 年通过废除谷物法的议案，并于 1849 年生效。谷物法的废除为英国农产品及原材料的自由进口或低关税进口扫清了法律障碍。

名人名言

英国谷物法的废除是 19 世纪自由贸易所取得的最伟大胜利。

——马克思

1849 年，英国又废止了《航海法》，不再要求英国以及其殖民地的外贸运输必须由英国船队运送，从而结束了英国海运公司的垄断，使英国进入全面零关税时期，并在全球范围内推动自由贸易。

2) 关税税率逐步降低，纳税商品数目减少

在 19 世纪初，经过几百年的重商主义实践，英国有关关税的法令多达 1000 件以上。1825 年英国开始简化税法，废止旧税率，建立新税率。进口纳税的商品项目从 1841 年的 1 163 种减少到 1853 年的 466 种，1862 年减至 20 种。所征收的关税全部是财政关税，税率大大降低。禁止出口的法令完全废除。

3) 取消特权公司

在 1813 年和 1814 年东印度公司对印度和中国贸易的垄断权分别被废止，从此对印度和中国的贸易开放给所有的英国人。

4) 对殖民地贸易政策的改变

在英国大机器工业建立以后，英国不怕任何国家的竞争，所以对殖民地的贸易逐步采取自由放任的态度。1849 年《航海法》被废止后，殖民地已可以对任何国家输出商品，也可以从任何国家输入商品。通过关税法的改革，废止了对殖民地商品的特惠税率，同时准许殖民地与外国签订贸易协定，殖民地可以与任何外国建立直接的贸易关系，英国不再加以干涉。

5) 与外国签定贸易条约

1860 年，英国与法国签订了《科伯登—谢瓦利尔条约》(Cobden-Chevalier Treaty)，标志着自由贸易政策在英国取得了决定性的胜利。根据这项条约，英国对法国的葡萄酒和烧酒的进口税予以减低，并承诺不禁止煤炭的出口，法国则降低从英国进口的煤、钢铁、机器、棉麻织物的关税，对于若干禁止输入的项目，双方宣布一概解除禁令，该协定还包括了现代模式的最惠国条款。《科伯登—谢瓦利尔条约》是以自由贸易精神签定的一系列贸易

条约的第一项，在19世纪60年代，英国就缔结了8项这种形式的条约。

当时的自由贸易政策适合于英国的经济发展需要，给英国带来了巨大的经济利益。1760年时英国占世界制造业的份额为1.9%，到1830年上升至9.5%，1860年则高达19.9%，其制造品出口量占世界制造品贸易的2/3。在英国的带动下，19世纪中叶，荷兰、比利时也相继实行自由贸易政策。

2. 美国和德国的保护贸易政策

虽然在这一历史时期英国大力倡导自由贸易并从中获益，但一些资本主义国家，如美国和德国并不认同自由贸易政策在本国的适用性。由于工业化进程落后于英国，美国和德国基于保护幼稚产业的考虑而实行了保护贸易政策，并取得了巨大的成功。

1) 美国的保护贸易政策

当以英国为首的欧洲先进工业国家完成了工业革命，并逐步推行旨在向全世界实行经济扩张的自由贸易政策时，美洲大陆的美国才刚刚建国。在经过数年独立战争摆脱了英国的殖民统治后，经济虽有所发展，但还比较落后，尤其无法与英国的廉价工业品竞争，为了保护本国工业的发展，抵制英国工业品的侵入，就要求实行保护贸易政策。1791年，代表新兴资产阶级利益的第一任财政部长亚历山大·汉密尔顿，提出了保护幼小工业的政策。到1812年，美国的关税比原来的平均关税上升了125%，增加了一倍。从此以后，美国的进口关税逐步上升。然而，美国南方奴隶庄园主需要出口大量的农业产品，进口大量的工业产品。而政府实施的高关税政策，损害了南方奴隶庄园主的利益，南方的庄园主极力反对贸易保护主义的关税壁垒。他们提出，如果不撤除贸易保护主义的壁垒，就要求退出联邦。这种强大的压力迫使联邦政府不得不降低关税。然而，南北战争以后，工业资产阶级取得胜利。为了维护工业资产阶级的利益，美国的关税一再提高，到1897年，美国的进口关税税率平均高达57%。高关税的保护贸易政策大大推进了美国的工业化进程，促进了美国的经济发展，使美国从落后的农业国成长为强大的工业国。1860年美国工业产量居世界第四位，1894年已跃居世界第一。到1913年，美国的工业产量已经占整个世界工业生产的36%。相当于当时英国、德国、法国、日本四国工业产量的总和。

2) 德国的保护贸易政策

1870年德国刚刚统一时，其工业力量非常薄弱。由于受到英国自由贸易政策的影响，19世纪50～70年代这一时期，德国的地主也积极主张自由贸易。1873年爆发了空前严重的世界经济危机，危机使德国的钢铁等重工业首先遭到重创，农业也遭受了沉重的打击，来自外国的粮食倾销损害到地主阶层的利益，终于促成地主和工业资本家在提高关税方面取得一致意见，贸易保护随之成为德国上下一致的利益所在。1878年，当时的德国宰相俾斯麦开始实行贸易保护政策，德国随即进行了关税改革，对钢铁、纺织品、化学品、谷物等征收进口关税，并不断提高关税率，以封闭本国市场，保护本国的工业和农业，同时以关税收入为政府提供大量的财政资金。德国还相继实行了保护国内市场的其他措施，如设置进口配额、征收各项国内税等。德国的保护贸易政策使其迅速成为工业强国。1889年德国工业总产值超过了农业，成为工业国家。1890年德国工业超过法国上升为世界第三位，到1910年又超过英国上升到世界第二位，仅次于美国。到1913年第一次世界大战爆发前，德国在世界工业中所占的比重达到14.8%，超过了英国。

美国与德国保护贸易的成功得益于1870年开始的第二次工业革命。英国因依然沉醉于第一次工业革命取得的优势地位而不忍淘汰旧的产业及设备，加上巨额的海外资本输出，工业技术设备的更新和扩大受到了很大的限制，因而逐步丧失了在世界经济中的主宰地位。自由贸易政策越来越难以维持。经过第一次世界大战，英国的经济实力终于为后起的美国所超越，国际竞争力急剧下降，不得不在1919年废除了维持半个多世纪的自由贸易政策。

5.3.3 资本主义垄断初期的超保护贸易政策

超保护贸易政策盛行于两次世界大战之间。在这一时期垄断代替了自由竞争，成为一切社会经济生活的基础。此时，各国普遍完成了工业革命，工业得到迅速发展，世界市场的竞争开始变得激烈。1929年纽约股市崩盘触发金融危机，美国国会将其归罪于国际贸易，于1930年通过了臭名昭著的《斯穆特—霍利关税法》，胡佛政府对2万多种外国商品征收高额关税。这一企图将所有外国商品关在美国国门之外的法案引发了全球效仿，来自各国的贸易保护措施纷纷瞄准美国，国际贸易几近停顿，失业人口剧增，世界经济由此陷入大萧条，一场席卷全球的经济危机爆发。这场空前的经济大危机所产生的破坏作用，使主要资本主义国家的经济倒退了若干年。危机期间所表现出的严重的商品过剩，导致了企业普遍开工不足，很多企业破产倒闭，大批工人处于失业状态，市场问题已成为制约资本主义经济发展的一个关键环节。以保护国内市场和扩张国外市场为目的的超保护贸易政策由此产生并迅速发展起来。

 **知识链接**

《斯穆特—霍利关税法》

《斯穆特一霍利关税法》是由美国众议院议员威尔士·霍利和参议院议员里德·斯穆特提出。该法案涉及贸易的所有领域，共800类2万多种商品。它们的平均进口关税税率被提高到59.1%。这是美国历史上最高的关税率，为1913年平均关税税率的一倍。1930年6月7日，胡佛总统签署了这一法案。《斯穆特一霍利关税法》企图以牺牲别国的利益来改善美国的经济，结果导致了国际贸易体系的崩溃。

超保护贸易政策与第一次世界大战前的保护贸易政策相比，有其自己的特点，主要表现在以下四方面：第一，在保护对象上，不仅保护幼稚工业，而且更多地保护国内高度发达或出现衰落的垄断工业；第二，在保护的目的上，由培养自由竞争能力转变为巩固和加强对国内外市场的控制和垄断，以争取外贸顺差，解决工人失业问题；第三，在保护的性质上，不是防御性地保护国内市场，限制外国商品的侵入，而是在采取防御措施外，还经常以政府补贴和商品倾销等手段主动向别国市场进攻；第四，在保护的手段上，不仅包括关税措施，还包括各式各样的非关税壁垒措施。

5.3.4 二战后贸易自由化的发展

二战后初期，发达国家或地区，尤其是西欧、日本等国为经济重建，一度实行保护贸易政策，严格限制商品进口，以保护本国市场。但是美国由于远离战场，没有受到战争的破坏，而且在战争中通过贷款、出卖武器和后勤物资等，获取了大量财富，因此二战结束后美国对欧洲、日本具备了绝对的竞争优势。到20世纪50年代中期，全世界一半以上的商品是美国生产的，其黄金储备也最丰富，占到资本主义世界的3/4。于是，以美国为世界经济核心的时代到来，此时的美国和当年的英国一样开始在世界范围内积极倡导和推行自由贸易。1934年罗斯福当政时制定的《互惠贸易协定法》成为美国由保护贸易走向自由贸易政策的转折点。1947年美国在全球范围内积极推动多边贸易谈判进程，而战后各国经济的恢复和发展也为贸易自由化建立了物质基础。在此条件下，贸易自由化被资本主义发达国家普遍接受，这一时期的全球贸易自由化主要表现在以下几个方面。

 **知识链接**

《互惠贸易协定法》宣布通过互惠贸易协定减让关税，并提出了"无条件最惠国待遇"条款，规定美国政府与任一国签订的关税减让协定，均自动地适用于其他与美国订有互惠贸易协定的国家，而降低关税壁垒和无条件最惠国待遇日后成为了关税与贸易总协定的基石。

1. 大幅度削减关税

首先，1947年建立了促进自由贸易的国际组织——关税与贸易总协定。在其推动下，经过七轮多边贸易谈判，发达国家的平均关税从20世纪40年代的40%左右下降到70年代末的4.7%，发展中国家和地区的平均关税下降到13%。其次，欧洲经济共同体实行关税同盟。对内取消关税，对外通过谈判签订贸易优惠协定，也导致了关税大幅度下降，一定程度上扩大了贸易自由化。再次，二战后发展中国家为了改善贸易条件，增加外汇收入，要求发达国家对其出口商品给予关税优惠待遇。经过长期的斗争，终于在1968年第二届联合国贸易与发展会议上通过了普惠制决议。普惠制待遇使发展中国家在将产品出口到发达国家时，可以享受比发达国家相互给予的优惠关税还要低的进口关税，这也促进了关税水平的下降。

2. 降低或撤销非关税壁垒

20世纪50年代初期，发达国家对许多进口商品实行严格的进口限额、进口许可证和外汇管制等非关税壁垒措施，以达到限制进口的目的。随着经济的恢复和发展，这些发达国家都不同程度地放宽了进口数量限制，放松或取消了外汇管制，实行货币自由兑换，促进了贸易自由化的发展。到60年代初，发达国家组成的经济合作与发展组织成员国之间的进口数量限制取消了90%，欧洲经济共同体成员国之间在1961年取消了工业品进口数量限制。

总的来说，这一时期的贸易自由化是一种有选择的贸易自由化，呈现出以下特点：一是工业制成品的贸易自由化超过了农产品的贸易自由化；二是机器设备的贸易自由化超过了工业消费品的贸易自由化；三是区域经济集团内部的贸易自由化大于集团对外的贸易自由化；四是发达国家之间的贸易自由化大于其对发展中国家的贸易自由化。

5.3.5 20世纪70年代后的新贸易保护主义

进入20世纪70年代中期以后，在欧共体和日本等国经济崛起的同时，新兴工业化国家和地区的世界市场份额不断上升，而两次石油危机又使发达国家从经济的高速增长转向滞胀时期，失业问题深深困扰着各国，贸易保护主义的压力强烈地上升。由于关税受到关税与贸易总协定的约束，因而，非关税壁垒的数目和重要性迅速增长，成为比关税更重要的国际贸易障碍。不同于以关税为主的传统的贸易保护主义，这种以各种形式的非关税壁垒为主的贸易保护主义被称为新贸易保护主义。

这一阶段新贸易保护主义有以下特点。

1. 新贸易保护主义没有一个统一、完整的理论体系

支持新贸易保护主义的理论观点较多体现的是实用主义色彩，如新贸易保护主义可以改善贸易条件、维护高水平工资、增加国内生产和就业、反倾销、维护知识产权、保护国家安全和生态环境等。

2. 被保护的商品范围不断扩大

保护对象由传统工业产品、农产品延伸到高精尖产品和服务部门。工业品的保护范围从纺织品、鞋、陶瓷等“敏感性产品”扩展到钢铁、彩电、汽车、计算机、数控机床等。在服务贸易领域，一些发达国家在开业申请、投资比例、收益汇回等方面作出保护性限制。

3. 限制进口的措施从以关税壁垒为主转向以非关税壁垒为主

由于关税与贸易总协定主持下的七轮多边贸易谈判使各国关税水平大幅削减，关税的保护作用日益减弱。因而，20 世纪 70 年代以来，发达国家竞相采用往往可以逃避于关税与贸易总协定框架外而不受其约束的非关税壁垒来限制商品进口，并使之成为限制进口的主要措施。根据关税与贸易总协定的初步统计，到 90 年代初，非关税措施的种类由 70 年代末的 800 多项增至 8 大类 75 种，计 3 000 多项。随着种类的增多，其用于限制进口的商品范围也日益扩大。从 1966 年到 1988 年，受到非关税限制的进口占总进口的比例，日本从 34%升至 50%，美国从 27%升至 57%。欧共体从 15%升至 58%。经济合作与发展组织由 17.5%升至 54%。

4. 各国奖出限入措施的重点从限制进口转向鼓励出口

20 世纪 70 年代中期以来，随着发达资本主义国家之间贸易战的日益加剧，各国政府仅依靠贸易壁垒来限制进口不但难以满足本国企业扩大国外市场的需要，而且往往遭到其他国家的谴责和报复。因此，许多发达资本主义国家把奖出限入措施的重点从限制进口转向鼓励出口，从财政、组织、精神等方面鼓励出口，促进商品输出。

5. 从保护贸易制度转向系统化的管理贸易制度

管理贸易是一种介于自由贸易和保护贸易之间，以协调为中心，以政府干预为主导，以磋商谈判为轴心，对对外贸易进行干预、协调和管理的贸易制度。实行管理贸易的目的在于既为本国争取对外贸易发展的有利条件，又在一定程度上兼顾他国利益，最终达成贸易折中方案，以限制贸易摩擦，协调与其他贸易伙伴在经济、贸易方面的权利和义务，维

护稳定的国际经贸秩序，实现一国对外贸易的有序、健康发展。因此，有人把管理贸易称为“有组织的自由贸易”和“不断装饰的保护贸易”。管理贸易具有以下几个方面的特点。

1) 以立法形式使贸易管理法律化、制度化

为使国家对外贸的管理合法化，各发达国家加强贸易立法。例如，美国1974年贸易法案中的“301条款”授权美国总统对给予美国出口实施不公平待遇的国家进行报复。1988年的《综合贸易和竞争力法案》中的“超级301”、“特别301”条款针对实施公平贸易不得力，知识产权保护不善的国家进行报复。

 **贸易实践**

1995年美国对日本豪华轿车应用“301条款”

1995年，美国依据1974年贸易法案中的“301条款”，对来自日本的豪华轿车征收100%的进口关税，原因在于日本向美国同类轿车市场开放不够，使得美国相应轿车在日本市场的占有率远远低于日本在美国的市场占有率，前者为1.5%，后者达到25%。

2) 在不放弃多边协调的同时，更多地采用单边管理、双边协调

由于世界经济区域化、集团化倾向的加强，国际多边贸易体制受到削弱。为此，主要发达国家，尤其是美国，更多地借助双边贸易谈判，必要时不惜采取单边贸易制裁。

贸易实践

20世纪90年代美国和日本有关汽车零部件的贸易摩擦

20世纪90年代初，在日美双边汽车零部件贸易中，美国的逆差超过100亿美元。为此日本也曾经表示要采取措施改变现状，但迟迟没有实际行动。因而，美国认定日方不合理的政策和做法已经对美国商业构成负担和限制，侵害了美国利益，因此，美国单方面宣布并采取贸易制裁，最后的结果是迫使日本与美国进行谈判，承诺开放相关产品的市场。

5.3.6 20世纪80年代后的战略性贸易政策

20世纪80年代后，很多产品的市场结构呈不完全竞争的特征。在不完全竞争市场结构下，规模经济使企业在特定产品的生产上具有成本优势，从而大规模生产的经济性为企业在某种外力支持下扩大生产规模提供了理论基础。在国际竞争中，大规模生产所带来的成本优势使政府干预对外贸易成为一国必然的贸易政策。在这一历史条件下，政府可以通过对本国企业实施补贴、提高关税等保护主义措施，改变本国企业在国际市场上的竞争地位，使不完全竞争产业特别是寡头垄断竞争产业中的利润向本国转移，从而提高本国总的福利，这种贸易政策即战略性贸易政策。

实践当中，日本、美国和欧盟国家是战略性贸易政策的主要实施国。其中，日本在很多产业中成功地运用了进口保护以促进出口的战略性贸易政策。欧盟国家运用战略性贸易政策的情况也相当普遍，政府出面支持和协调研究和开发项目，运用公共基金对研究和开

发项目进行补贴。例如，欧盟长期对空中客车进行开发援助、直接补贴以及垫付部分研发经费。美国也大量运用战略性贸易政策提高本国关键产业的竞争力，在农业技术进步、国防和国家安全导向技术的研究开发、信息技术和高科技产业的建立和发展中，美国政府都发挥了主导作用，具体表现在以下几方面：第一，对军事科技实行民间承包，然后再向民用转化。美国的许多民用技术，如宇航技术、核电技术等都是由军事科技转化而来的。对军事科技的研发，美国政府以承包的方式交由民间公司进行，资金由政府提供，失败的风险由全国的纳税人而非公司承担。这样，极大地提高了民间公司从事研发的积极性。第二，政府对基础研究、研究与开发予以大力支持。美国崇尚自由竞争，对具体的经济运行政府较少干预。但在基础研究、研究与开发领域，美国政府则高度参与，实行“官产学研”相结合的体制，对高校的基础研究、企业的研究与开发，要么提供直接的资金支持，要么实施优惠税收政策，将企业研发费用作为当期开支列入成本，抵减利润税。

5.3.7 21世纪金融危机后的新一轮贸易保护主义政策

2008年，随着美国次贷危机愈演愈烈，并逐步升级为一场席卷全球的金融危机，全球金融领域、实体经济和就业都受到严重冲击。就实体经济而言，主要表现为外贸出口受阻、增幅下降，导致一些企业生产经营困难，亏损增加，同时经济总量增幅亦有所下降。就国别而言，美国、欧元区和日本经济已全部陷入衰退，新兴经济体的增速也大幅放缓。在如此严重的国际金融危机的大环境下，以2009年2月美国参众两院通过的7 870亿美元的经济刺激方案为标志，提出了购买美国货，扩大美国人就业条款，以此引发了新一轮贸易保护主义的风潮。

与以前贸易保护主义不同，这次贸易保护具有以下特征。

1. 实施主体的全球性和区域性

与以前贸易保护主义国际环境相比，经济全球化与区域经济一体化决定了如今的贸易保护主义实施主体具有全球性和区域性的双重特点。一方面，世界各国和地区由于经济全球化与区域经济一体化而紧密的联系在一起。美国次贷危机引起的金融危机影响着世界各国和地区，通常一国对他国采取保护贸易措施，会引起他国“报复”，这样一来会引发贸易保护“多米诺骨牌”效应，导致全球性的贸易保护主义。另一方面，当贸易保护主义在全球呈蔓延之势时，区域贸易自由化却为低迷的全球贸易市场注入新动力。区域经济一体化可以在一定程度上抑制全球经济的衰退，缓减国内国际压力，并保持对外贸易的可持续性。这使得很多国家以区域性贸易集团为单位实行贸易保护，在成员国之间实行自由贸易，而对外构筑贸易壁垒，以此保护成员国的市场，提高整体竞争力，共同应对外部国家的报复行为。

2. 保护客体的广泛性与延伸性

金融危机前，各国贸易保护重点多为幼稚工业或者与本国就业关联度较大的行业。而金融危机下，各国为了增强各自的国际竞争力，促进经济增长与就业，将被保护的商品范围进一步扩大，行业领域进一步延伸，除了继续对传统工业的保护以外，还对国内的金融业、服务业、高技术产业等都实行了不同程度的保护，被保护的商品与行业更为广泛。贸易保护不断由货物领域向服务、金融、投资领域延伸。

知识链接

金融保护是指特定国家政府要求本国商业银行优先对国内项目提供贷款，收缩在海外市场的贷款规模。投资保护主要表现在西方国家对外资并购进行安全审查，确保外来投资不与国家利益相冲突。

3. 保护措施表面日趋合法化

总体来看，在世贸组织规则的约束下，大多数国家都在向自由贸易的方向迈进，但由于现行多边贸易体制并非无懈可击，因而保护主义总是千方百计从中寻找“合法”的生存土壤。首先，世贸组织允许成员国利用其有关协议保护本国的利益，反击遭到的不公平待遇，这就为各国以“公平贸易”为口实实行贸易保护留下了空间。其次，世贸组织规则并不排斥各成员国的经济自主性，目前，保留本国经济自主性的要求不仅来自发达国家，而且还来自发展中国家，因此，反倾销、反补贴和保障措施等世贸组织允许的贸易救济措施成为新一轮贸易保护主义的普遍形态。

4. 从单纯的贸易政策转向综合的经济、竞争政策

长期以来，贸易保护主义的政策手段基本上实行贸易政策，生效范围限于本国境内。而新一轮贸易保护主义的保护措施开始由贸易政策延伸到对方国家的经济竞争政策，甚至社会政策。主要表现：一是以“公平贸易”为由，要求对方限制国内限制性商业行为，消除对方企业的垄断地位，提高本国企业竞争力；二是管制对方国家政府利用行政权力妨碍竞争的行为，特别是出口补贴，目的是消除对方国家歧视性商业政策造成的不平等竞争；三是干预对方国家的经济政策；四是从对方国内的社会政策寻求借口，要求对方实行与本国相同的社会福利、劳工工资、社会保障等标准。劳工标准成为金融危机以来新贸易保护问题的焦点。美国等西方发达国家总是不遗余力地试图把劳工标准纳入多边贸易体制。

本章小结

本章主要介绍了贸易保护理论以及国际贸易政策演进的历史轨迹。

贸易保护理论按照其历史发展阶段来划分，主要包括重商主义的贸易保护理论、幼稚工业保护理论、凯恩斯主义的贸易保护理论和战略性贸易政策理论等。除了这四种主要的贸易保护理论外，还有其他一些有代表性的贸易保护观点，如国家安全论、社会公平论等。特别是自20世纪80年代起，越来越多的经济学家转而以实证分析方法去研究贸易政策问题，出现了贸易政策或保护的政治经济学。

贸易政策基本有两种类型，即保护贸易政策和自由贸易政策。从世界经济贸易发展史来看，贸易政策是随着世界经济发展的周期和经济贸易大国竞争力的变化而变化的。因此，在不同的历史时

期，不同的国家在贸易政策的选择上并不一致，自由化的程度和保护程度也都不相同。在资本原始积累时期实施重商主义的保护贸易政策，以英国为典型代表；在18世纪中期至19世纪后期的资本主义上升时期以自由贸易为主，但美国、德国等国由于工业化进程落后于英国实施了保护贸易政策，后来才转向自由贸易；在20世纪初至二战前的资本主义垄断初期，发达国家普遍实施超保护贸易政策；二战后进入关税与贸易总协定和之后的世贸组织所主导的贸易自由化时期；20世纪70年代后，新贸易保护主义兴起；20世纪80—90年代战略性贸易政策受到人们的广泛关注；21世纪爆发在美国的金融危机又引发了新一轮的贸易保护主义。

习　　题

一、单项选择题

1．弗里德里希·李斯特保护幼稚产业理论主要是保护(　　)。

A．衰落的工业　　B．垄断的工业

C．有前途的幼稚工业　　D．没有竞争力的幼稚工业

2．弗里德里希·李斯特认为保护幼稚产业的最高期限为(　　)。

A．10年　　B．20年　　C．30年　　D．50年

3．保护贸易政策的基本特征是(　　)。

A．保护农业　　B．保护金银　　C．奖出限入　　D．调节税

4．弗里德里希·李斯特主张以(　　)为过渡，以(　　)为最终目的。

A．保护贸易；保护贸易　　B．保护贸易；自由贸易

C．自由贸易；保护贸易　　D．自由贸易；自由贸易

5．20世纪70年代中期以后，在世界贸易自由化的同时，出现了新贸易保护主义，在此基础上，形成了(　　)。

A．保守贸易政策　　B．自由贸易政策

C．协调管理贸易　　D．超贸易主义

6．凯恩斯主义的贸易理论是(　　)。

A．自由贸易理论　　B．超保护贸易理论

C．关税同盟理论　　D．内部化理论

二、判断题

1．弗里德里希·李斯特认为，应采用关税制度和非关税手段来实现贸易保护主义。(　　)

2．对幼稚产业的保护不是无休止的，而是有限期的，超过了规定的期限，该产业即便没有成长起来，也要解除对它的保护。(　　)

3．战略性贸易政策针对的是不完全竞争的市场结构。(　　)

4．弗里德里希·李斯特并不否认自由贸易政策的一般正确性。(　　)

5．约翰·梅纳德·凯恩斯并非认为贸易顺差越大越好，只是将贸易顺差作为克服经济萧条的手段。(　　)

6．超保护贸易政策保护的对象是高度发达的工业或出现衰落的夕阳工业。 （ ）

三、问答题

1．凯恩斯主义贸易保护论与重商主义有何异同？
2．比较战略性贸易政策与幼稚产业保护理论。
3．贸易政策的政治经济学如何解释贸易政策的制定？
4．新贸易保护主义“新”在哪里？

四、案例应用分析

每只锅里都是美国鸡肉吗？——不！俄国人叫喊着：犯规了！

俄国和美国之间关于一种威胁性贸易壁垒的小争执正在酝酿中。但这次争执并不是围绕制成品消费品或高技术产品，而是围绕泛滥于俄国市场的美国鸡肉。

俄国政府威胁自3月19日起禁止美国鸡肉再在俄国市场上销售，这使美国公司受挫，并大为忧虑。表面上的原因是俄国政府对健康的关注——在一个对关注安全标准总是很马虎，而且几乎每个男人和女人都吸烟的国家关注健康似乎有点不可思议。

今天，一个和俄国农业与食品部兽医司同样权威的机构说，在美国改善它的标准之前，为了保护俄国消费者不吃受病菌感染的鸡肉，需要禁止美国鸡肉进口。但是，美国生产者声称，真实情况是老式保护主义。俄国消费者说，俄国的鸡无论在品质还是价格方面都无法与美国竞争。忧虑重重的俄国生产者一直抱怨，美国想摧毁俄国的养鸡行业并占领其市场。而现在美国公司担心，俄国生产者正在进行反击。

冷冻肉鸡第一次大举进入俄国是在布什政府时期。……这次出口极受俄国消费者欢迎，他们给这些鸡肉起的绰号是“布什鸡腿”。苏联解体以后，美国鸡的出口一直迅速增加。同时，俄国鸡肉生产由于饲料涨价和补贴减少下降了40%。美国官员说，令人吃惊的是，美国对俄国的全部出口中有1/3是鸡肉。如果对峙继续下去，美国也有许多可能的报复手段，其中包括指责俄国的做法与莫斯科申请加入世贸组织不一致。但是，一些专家认为，存在一种重要的抗衡力量，这会使俄国的立场软下来。

（资料来源：曼昆．经济学原理[M]．北京大学出版社．2000.）

问题：

(1) 俄国政府的政策是贸易保护吗？

(2) 文中专家所说的“重要的抗衡力量”具体指谁？

(3) 你认为俄国的立场会转变吗？ 为什么？

阅读材料5-1

半导体产业发展与日本战略性贸易政策

20世纪80年代初期，日本的半导体产业上升为世界市场的主要竞争者，占领了相当大的市场份额。战略性贸易政策主张者们普遍认为，日本半导体产业的迅速崛起，由无足轻重的模仿者而一举成为一个世界级的强劲竞争者，并非自由贸易的产物，而是日本政府有力的贸易政策推动的结果。在日本半导体产业的发展过程中，日本政府采取了各种各样的政策措施，扶持本国企业，保护这些企业免受国际竞争尤其是美国企业的竞争，直到其达到一定规模与竞争能力，进军国际市场。

我们知道，半导体产品在电子、电信以及计算机等产业中被广泛应用，决定着这些产业的国际竞争力，而这些产业又有更为巨大的市场，所以各国都将半导体产业视为重要的基础产业之一，采取各种措施鼓励其发展。20 世纪五六十年代，半导体产业的世界市场几乎由美国独占，美国企业曾经取得了半导体产业的某种“先行优势”，获得了巨大的外部经济。相比较之下，这一产业在日本刚刚起步。但时隔 20 多年之后，日本也成了世界半导体元器件的主要生产中心之一。进入 20 世纪 80 年代中期，日本开始取代美国成为世界最大的半导体生产国。

客观地来看，日本半导体产业的成功与日本政府的战略性支持政策是密不可分的。事实上，在这个产业发展的全部过程中，日本政府起了巨大的作用。从 20 世纪 50 年代后期起，日本通产省便启动了政府干预机制来促进半导体产业的发展。1957 年，日本政府通过了《电子工业振兴临时措施法》，该法授予通产省以指导与支持电子产品研究与开发的全权。此后，一系列支持性政策措施应运而生：政府可为生产者提供补贴和银行贷款，选择市场前景良好的新产品，规定产品质量和价格目标，建立联合企业等。1964 年，日本建立了微电子产业的促进机构、数据中心和研究所，对获批准的项目给予直接的财政资助和贴息贷款，并促使已建立企业进行重组与合并。1975 年，日本政府通过了具有重要意义的“超大规模集成电路计划”，从众多公司中遴选出富士通、日立、三菱、日本电气和东芝五大公司，由官方牵线建立联合开发体，同时建起了六大研究实验室。通产省为这些合作项目提供无息贷款，保证日本电话电报公司等主要用户优先购买这些企业的产品。随着这一计划的实施，日本公司生产的半导体芯片开始打入美国市场，进军世界市场。

上述政策被归纳为“控制下的竞争”与“通用技术开发协调”。所谓控制下的竞争，就是由政府控制日本市场和国际市场之间的联系。政府犹如守门人那样，牢牢把守着进出口关境，决定什么样的资本、技术和制造品在什么条件下可以进入和离开日本市场；政府通过对外国企业的进入限制和强制技术转让政策，使国内企业获得好处；半封闭的国内市场，保证了日本企业在国内先行达到世界规模的生产能力，然后进军国外市场，而外国企业则不能利用技术优势将其转变为长期的市场力量。所谓通用技术开发协调，就是由政府直接出面，协调各大公司，成立某种形式的联合体，集中主要企业资源研究与开发产业通用的关键技术与产品。这方面最具代表性的，当属 20 世纪 70 年代中期启动的“超大规模集成电路计划”。

(资料来源：赵伟. 国际贸易——理论、政策与现实问题. 大连东北财经大学出版社，2000：287.)

阅读材料 5-2

幼稚产业的保护——“静态的国际分工论和动态的国际分工论”的争论

“贸易立国”战略思想的确立，对整个二战后日本经济的发展和现代化过程产生了具有深远意义的影响。但是在该发展方针确立之后，关于如何参与国际分工、以贸易促进经济发展的基础上，又展开了一场激烈的争论。该争论的实质是日本怎样参与国际分工的问题。因为在西方传统的国际分工理论中自然条件的优劣对一国国际分工格局的形成具有十分强的制约作用，根据这一理论，在二战后日本的社会经济条件、自然资源情况及生产要素禀赋状况下，日本只能走劳动密集型的工业化发展道路。然而，日本却并没有被西方传统的国际分工理论所束缚，实际上却选择了规模经济利益大，吸收就业人口能力强的资本密集型的重化学工业化道路，并对钢铁、石油化工、汽车等当时的幼稚产业进行了一系列的保护。具有代表性的例子是，在当时如何看待汽车工业在未来产业结构中所处的地位问题，有两种不同的意见。这两种意见分别代表了“静态的国际分工论”和“动态的国际分工论”的争论观点。

“静态的国际分工论”和“动态的国际分工论”的争论主要是在官方的运输省和通产省之间展开的一场政策性争论。进入20世纪50年代后，以朝鲜战争为契机，日本产业的设备投资与技术革新活跃起来，日本经济得到迅速恢复。1952 年旧金山对日媾和条约生效，结束了美军占领时期，作为对日占领政策的一环而实施的限制进口外国汽车的措施被取消，外国汽车大量进入日本市场，这对当时极度缺乏竞争能力的日本汽车工业形成了巨大的冲击。特别是欧洲的小汽车即便对其征收40%的进口关税，其价格仍低于日本的国产小汽车。鉴于此，运输省和通产省之间就是否需要保护和发展日本的汽车工业展开了争论。

“静态的国际分工论”的代表人物是当时日本银行总裁——万田尚登和运输省的官员。他们认为，日本应该走劳动密集型的工业化道路，以发展轻工业为主，而不是大力发展资本密集型的重化学工业。钢铁、汽车等落后于国际先进水平的工业产品可以依靠进口来满足国内的需求。

“动态的国际分工论”的代表人物主要是通产省的官员。他们主张在日本的汽车工业相对于欧美汽车工业的发展还处于相对弱小的阶段时，应通过实行关税保护等一系列措施扶植本国汽车工业的发展，以增强汽车工业的竞争力。通产省指出：“汽车工业的高度发展，和机械工业，进而和整个产业的高度发展直接相关。所以，今后应致力于坚持不懈地提高劳动生产率，培养国际竞争力，使我国汽车工业与先进国家并驾齐驱，以期对国民经济的高度发展做出贡献。”

争论的结果是，尽管50年代日本生产汽车的成本无法与美国相竞争，但是日本政府最终还是决定采取一系列政策措施积极扶植汽车工业的发展。在日本政府的保护和扶植下，日本创造了出口汽车的比较优势，且迅速成为汽车的出口大国，为其经济的外向发展奠定了强大的物质基础。

(资料来源：刘红. 国际分工理论与日本贸易模式的选择. 2003. 第2期. p1-7.)

第 6 章　国际贸易政策措施

教学目标

通过本章的学习，了解关税的作用、非关税壁垒的特点及限制出口、鼓励进口的措施和主要商品；熟知关税的类别与技术性贸易壁垒的主要措施；理解各种非关税壁垒的含义；掌握关税征收的方法，关税的保护程度及鼓励出口的主要措施。

教学要求

知识要点	能力要求	相关知识
关税措施	(1) 能够运用关税征收方法 (2) 实际运用关税保护程度 (3) 运用局部均衡分析关税经济效应	(1) 关税的概念与特点 (2) 关税的作用与分类 (3) 关税的征收方法与依据 (4) 关税的经济效应
非关税措施	(1) 理解进口配额、“自动”出口配额、进口许可证、外汇管制、进口最低限价、各种国内税、歧视性政府采购政策、海关程序及技术性贸易壁垒 (2) 理解技术性贸易壁垒两重性	(1) 非关税措施的概念和特点 (2) 非关税措施的分类 (3) 世贸组织对非关税措施的制约
出口鼓励的政策措施	(1) 理解出口补贴、出口信贷国家担保制及外汇倾销 (2) 理解和灵活运用出口信贷、出口信用保险	(1) 出口补贴 (2) 出口信贷 (3) 出口信贷国家担保制 (4) 出口信用保险 (5) 外汇倾销 (6) 促进出口的行政组织措施
其他国际贸易政策措施	(1) 理解出口限制具体对象 (2) 理解鼓励进口原因	(1) 出口限制措施 (2) 鼓励进口的措施

名人名言

关税通常会减少所有国家，包括征收关税国家的福利。

——彼得·林德特

基本概念

关税 进口税 进口附加税 出口税 倾销 补贴 从量税 从价税 混合税 选择税 进口配额制 “自动”出口配额制 进口许可证制 外汇管制 技术性贸易壁垒 出口信贷 出口信用保险 外汇倾销

导入案例

碳 关 税

所谓碳关税(carbon tariff)是指对高耗能产品进口征收特别的二氧化碳排放关税。这个概念最早由法国前总统希拉克提出，用意是希望欧盟国家应针对未遵守《京都协定书》的国家课征商品进口税，否则在碳排放交易机制运行后，如果其他国家没有设置碳排放成本，那么欧盟商品将遭受不公平竞争，特别是钢铁业及高耗能产业，因此将不得不采用关税的方式来抵消此成本。

点评：以环保的外衣行贸易保护之实

当全世界因美国的金融危机而遭遇了百年难见的经济危机时，保护主义势力得到了空前的发展壮大。而“碳关税”作为一个冠冕堂皇的借口，重新被一些国家推到了世界贸易的舞台上。欧美等发达国家推行碳关税的深层次的目的是振兴和提高本国在全球的竞争力和国际影响力，巩固其在未来以低碳化为核心的绿色经济中的主导地位。

6.1 关税措施

关税在历史上很早就出现了。我国从西周开始设立“关卡”，对来自其他属地的产品征收关税，以供王室之用。《周礼》一书指出：“关市之赋，以待王之膳服。”至唐、宋、元、明四代设立市舶机构管理对外贸易，征收国境关税。欧洲早在古希腊时代就有了关税。当时的希腊在爱琴海、黑海两岸有许多属地，对来往于这些属地的货物征收1%-5%的关税。第一次工业革命以后，世界各国逐步建立起统一的国境关税，这种关税制度实行至今。二战结束以来，关贸总协定和之后的世贸组织所主导的全球贸易自由化进程大幅度地降低了全球平均关税。

6.1.1 关税的含义

关税(tariff)是一个国家的海关对进出其关境的物品所征收的一种税。这里的“关境”是指海关征收关税的领域。一般说来，关境和国境是一致的，但是也有两者不一致的情况，如有些国家的国境内设有自由港、自由贸易区或海关保税仓库，这些均不属于关境范围之内，这时关境小于国境；而当几个国家间缔结关税同盟，参加关税同盟的国家的领土即成为统一的关境，这时关境大于国境。

 **知识链接**

关税同盟(cstoms union)，是指成员国之间相互取消关税，对外统一征收关税。例如，1826 年成立的北德意志关税同盟，二战后的比荷卢经济联盟、欧洲经济共同体等。

6.1.2 关税的特点

同其他赋税一样，关税具有强制性、无偿性和可预见性，也就是说，关税是依照有关法律规定强制征收的，是国家无偿取得的国库收入，其数额是按国家事先规定的税则计征缴纳的，一般不得随意变动和减免。

关税的纳税主体与客体分别是进出口商和进出口货物。进出口商在缴纳关税后，其税赋可以作为成本的一部分加在货价上，转嫁给买方或消费者，因此关税属于间接税。

6.1.3 关税的作用

对进出口货物征收关税可以起到以下三方面的作用。

1. 增加财政收入

关税的收入是国家财政收入来源之一。这种以增加国家财政收入为主要目的而征收的关税，称为财政关税(revenue tariff)。各国经济发展初期征收关税的主要目的是增加财政收入，但随着社会经济的发展，这一目的逐渐淡化了，这主要是由于其他税源增加，关税收入在国家的财政收入中所占的比重相对下降，如美国 20 世纪末关税仅占政府全部财政收入的1%左右。

2. 保护国内产业与市场

关税能限制外国商品的进入，尤其是高关税，可以大大减少有关商品的进口数量，从而达到保护国内同类产业或相关产业的生产与市场的目的。这种以保护本国的产业和市场为主要目的的关税，称为保护关税(protective tariff)。目前各国设置的关税主要是保护关税。

保护关税的历史变迁

资本主义生产方式建立初期，德国等资本主义国家为了保护本国的幼稚工业，就是采用保护关税作为保护的手段。到了帝国主义时期，帝国主义的垄断资本为了垄断国内市场，通过征收超保护关税，对高度发展的垄断工业或处于衰退的工业部门也进行保护。二战后，关税与贸易总协定的成立，推动了贸易的自由化，经过关税与贸易总协定的八轮谈判，成员国关税水平大幅下降。例如，发达国家进口工业品的平均关税已由二战时的40%下降到约3.7%，发展中国家进口工业品的平均关税也下降到11%，关税税率的大幅下降，使进口关税的保护作用大大减弱。但是，这并不代表保护关税已不存在，各个国家仍然在某些商品领域维持较高的进口关税，有时还使用惩罚关税、报复关税和附加关税等手段保护国内某些产业。

3. 调节进出口商品结构

一个国家可以通过调整关税税率来调节进出口贸易。例如，通过调高某项产品的进口税达到减少进口数量的目的，或是通过调低某项产品的进口税达到扩大进口数量的目的。但是，在大多数国家和地区加入世贸组织并达成关税减让表协议，从而关税率“固定”后，关税的这一作用已大大减弱。

6.1.4 关税的有效保护率

关税率对保护完全用本国原材料生产的制成品是适用的，但如果一国的中间投入品或原材料是从国外进口的，那么中间投入品或原材料的关税会对最终产品关税的实际效果产生影响。因此，关税税率所反映的保护率只是一个名义保护率。关税的名义保护率是一个国家法定的关税税率，通常都在该国的关税税则中载明。对用进口原料或中间产品等投入要素制造的制成品而言，只有考查单位产品的增值部分的税率时，才代表着关税对本国同类产品的真正有效的保护程度，即有效保护率。有效保护率是对每单位产品增值部分的从价税率。其计算公式如下：

$$E=\frac{V'-V}{V} \tag{5-1}$$

式(5-1)中，E——有效保护率；

V'——征收进口关税后的价值增加额；

V——征收进口关税前的价值增加额。

如果我们知道某种制成品和中间品的名义税率，以及中间品在制成品价值中所占的比重，就可以推导出该种制成品获得的有效保护率：

$$E=\frac{T-t\times q}{1-q} \tag{5-2}$$

式(5-2)中，E——有效保护率；

T——进口最终产品的名义关税税率；

t——进口原材料的名义关税税率；

q——进口原材料在最终产品中所占的比重。

根据式(5-1)、(5-2)，可以进一步看到名义保护率与有效保护率之间的关系。

(1) 若 q=0，即国内生产的产品中不含进口原材料或中间产品，则最终产品的有效保护率等于其名义保护率。

(2) 在 T 和 t 一定时，q 越大，E 也越大，即原材料在最终产品价值中所占的比重越大，有效保护率越大。

(3) 当 $t<T$ 时，$E>T$，即当进口最终产品的名义关税率高于所用的进口原材料的名义关税率时，有效保护率超过最终产品的名义关税税率。

(4) 当$t=T$时，$E=T$，即当进口最终产品的名义关税率等于所用的进口原材料的名义关税率时，有效保护率等于最终产品的名义关税税率。

(5) 当$t>T$时，$E<T$，即当进口最终产品的名义关税率小于所用的进口原材料的名义关税率时，有效保护率低于最终产品的名义关税税率。

(6) 若 $t\times q>\mathrm{T}$，则 $E<0$，即当进口最终产品的名义关税率小于所用的进口原材料的名义关税率与原材料在最终产品价值中所占比重之乘积时，有效保护率为负值。负保护的意义是指由于关税制度的作用，对原料征收的名义税率过高，使原料价格上涨的幅度超过最终产品征税后附加价值增加的部分，从而使国内加工增值低于国外加工增值。这意味着生产者虽然创造了价值，但由于不加区别地对进口成品和原材料征收关税，使这种价值降低，生产者无利可图，而鼓励了成品的进口。

由此可见，名义保护率并不真实地反映国内进口竞争生产者实际获得的保护程度。许多国家采用累进的关税结构，即对原材料制定非常低或为零的名义税率，随着产品加工过程越来越深，名义税率就越来越高，这使得最终产品生产得到的有效保护比其名义保护要大得多。

例如，在自由贸易条件下，1 千克棉纱的到岸价格折成人民币为 20 元，其投入原棉价格为 15 元，占其成品(棉纱)价格的 75%，余下的 5 元是国外加工增值额，即 V=5 元。如果我国进口原棉在国内加工棉纱，原料投入系数同样是 75%时，依据对原棉和棉纱征收关税而引起的有效保护率如下。

(1) 设对棉纱进口征税 10%，原棉进口免税，则国内棉纱市价应为 20×110%=22 元。其中原棉费用仍为 15 元，则国内加工增值额为V'=22−15=7 元。按式(5-1)计算，棉纱的有效保护率为 40%。即当最终产品的名义税率大于原材料的名义税率时，最终产品的有效保护率大于对其征收的名义税率。

(2) 对棉纱进口征税 10%，原棉进口也征税 10%，那么，国内棉纱市价仍为 22 元，而其原料成本因原棉征税 10%而增加为 16.5 元，国内加工增值V'=22−16.5=5.5 元，则其有效保护率为 10%。即当最终产品的名义税率与原材料的名义税率相同时，最终产品的有效保护率等于对其征收的名义税率。

(3) 对棉纱进口征收 8%的关税，而对原棉进口征税 10%，则V'=20×108%−15×110%=5.1 元，有效保护率为 2%。即当最终产品的名义税率小于原材料的名义税率时，最终产品的有效保护率小于对其征收的名义税率。

(4) 对棉纱免税，而对原棉进口征税 10%，则V'=20−15×110%=3.5 元，有效保护率为−30%。即当最终产品的名义税率小于原材料的名义税率与原材料在最终产品价值中所占比重之乘积时，会出现负保护。

6.1.5 关税的种类

各国征收的关税种类繁多，主要有以下几种：进口税、进口附加税、出口税、过境税。

1. 进口税

进口税(import duty)是指一国对进口商品所征收的关税。进口税是关税中最主要的一种。进口税一般又分为普通税、最惠国税、特惠税和普遍优惠税。

1) 最惠国税

最惠国税(the most-favoured-nation rate)是对来自与该国签订有最惠国待遇条款的贸易协定的国家或地区所进口的商品。由于二次大战后，大多数国家都加入世贸组织，而最惠国待遇是世贸组织多边贸易体制的一个基本原则，其成员都应相互给予最惠国待遇。即使没有加入的国家也签订了双边的贸易条约或协定，相互提供最惠国待遇。因此，最惠国税已被视为正常关税。

2) 普通税

普通税是对来自未与该国签订有最惠国待遇条款的贸易协定的国家或地区所进口的商品。与最惠国税相比，普通税的税率要高得多。

3) 特惠税

特惠税(preferential duties)是指对来自某个国家或地区进口的全部或部分商品给予特别优惠的低关税或免税待遇。但它不适用于从非优惠国家或地区进口的商品。特惠税有的是互惠的，有的是非互惠的，税率一般低于最惠国税税率。

特惠税最早开始于宗主国与其殖民地及附属国之间的贸易。历史上，英联邦特惠税就十分有名，这一制度于1932年建立，直到1977年才取消。现存的特惠税制度，最有名的是欧盟向参加《洛美协定》的非洲、加勒比海和太平洋地区的发展中国家单方面提供的特惠关税。根据该协定，这些发展中国家96%的农产品和全部工业产品可免税进入欧盟市场，而不要求受惠国给予反向优惠。

4) 普遍优惠税

普遍优惠税(generalized system of preferences，GSP)，简称普惠税，是指发达国家对从发展中国家或地区输入的商品，特别是制成品和半制成品，所给予的免税或减税待遇。它在最惠国税率的基础上实行减税或免税，通常按最惠国税率的一定百分比征收。在普惠制中，发达国家被称为“给惠国”，发展中国家被称为“受惠国”。

普惠税具有普遍性、非歧视性、非互惠的特点。所谓普遍性，是指发达国家应对从发展中国家进口的制成品和半制成品给予普遍的关税优惠待遇；所谓非歧视性，是指发达国家应对所有发展中国家一视同仁，实施统一的普惠制，而不应区别对待；所谓非互惠，是指发达国家单方面地给予发展中国家和地区特别的关税减让，而不应要求发展中国家和地区给予反向对等优惠。

普惠制是发展中国家在联合国贸易与发展会议上经过长期斗争，在1968年建立的，现在由世界贸易组织管理实施。目前的普惠制由32个给惠国的18个普惠制方案组成(欧盟老15国采用一个普惠制方案)。其中已有31个国家给予我国普惠制关税待遇，包括欧盟15国、挪威、瑞士、日本、澳大利亚、新西兰、加拿大、波兰、俄罗斯、白俄罗斯、哈萨克斯坦、乌克兰、捷克、斯洛伐克、匈牙利、保加利亚、土耳其。美国在中国加入世贸组织后，仍然未给中国普惠制待遇。受惠国及地区多达200个。各普惠制方案由各给惠国或国家集团制定，从具体内容看，各方案不尽一致，但大多包括了给惠产品范围、受惠国家和地区、关税削减幅度、保护措施、原产地规则以及给惠方案有效期等方面。

(1) 给惠产品范围。一般农产品的给惠商品较少，工业制成品或半制成品只有列入普惠制方案的给惠商品清单，才能享受普惠制待遇。一些敏感性商品，如纺织品、服装、鞋类以及某些皮制品、石油制品等常被排除在给惠商品之外或受到一定限额的限制。

贸易实践

欧盟新的普惠制方案中有关给惠产品范围的规定

欧盟委员会于2008年7月22日公布了2007/0289(CNS)普惠制修订条例，从2009年1月1日至2011年12月31日实施新的普惠制方案。

该方案将以往的普惠制五种安排减少为三种：一是针对大多数受惠国的一般安排，把产品分为敏感和非敏感产品，优惠幅度在最惠国税率(协定税率)的基础上减3.5个百分点或免除关税。二是世界上最不发达的阿富汗、孟加拉国、不丹等50个国家可享受到除武器以外的所有产品都免关税、免配额的优惠待遇。三是用鼓励可持续发展的一种特殊安排，取代以往的鼓励劳动权利保护、鼓励环境保护和反非法毒品生产和交易的三种安排。

(2) 受惠国家和地区。发展中国家能否成为普惠制方案的受惠国是由给惠国单方面确定的。因此，各普惠制方案大都有违普惠制的三项基本原则。各给惠国从各自的政治、经济利益出发，制定了不同的标准要求，限制受惠国家和地区的范围。例如，美国就曾以我国不是关税贸易总协定成员为由拒绝把普惠制待遇给予我国的出口产品。

(3) 给惠商品的关税削减幅度。给惠商品的减税幅度取决于最惠国税率与普惠制税率之间的差额，即普惠制减税幅度=最惠国税率-普惠制税率，并且减税幅度与给惠商品的敏感度密切相关。一般说来，农产品减税幅度小，工业品减税幅度大，甚至免税。例如，日本对给惠的农产品实行优惠关税，而对给惠的工业品除其中的“选择性产品”给予最惠国税率的50%优惠外，其余全都免税。

(4) 保护措施。各给惠国为了保护本国生产和国内市场，从自身利益出发，均在各自的普惠制方案中制定了程度不同的保护措施。保护措施主要表现在例外条款、预定限额及毕业条款三个方面。

所谓例外条款(escape clause)，是指当给惠国认为从受惠国优惠进口的某项产品的数量增加到对其本国同类产品或有竞争关系的商品的生产者造成或将造成严重损害时，给惠国保留对该产品完全取消或部分取消关税优惠待遇的权利。很明显，例外条款表明，发达国家给予发展中国家普惠制待遇的前提条件是其国内市场不会因给惠而受到干扰。例如，加拿大曾对橡胶鞋及彩电的进口引用例外条款，对来自受惠国的这两种商品停止使用普惠制税率，而恢复按最惠国税率征收进口税。给惠国常常引用例外条款对农产品进行保护。

所谓预定限额(prior limitation)，是指给惠国根据本国和受惠国的经济发展水平及贸易状况，预先规定一定时期内(通常为一年)某项产品的关税优惠进口限额，达到这个额度后，就停止或取消给予的关税优惠待遇，而按最惠国税率征税。给惠国通常引用预定限额对工业产品的进口进行控制。

所谓毕业条款(graduation clause)，是指给惠国以某些发展中国家或地区由于经济发展，其产品已能适应国际竞争而不再需要给予优惠待遇和帮助为由，单方面取消这些国家或产品的普惠制待遇。毕业标准可分为国家毕业和产品毕业两种，由各给惠国自行具体确定。

毕业条款是一项最敏感、最严格的保护措施。其实施会对相关国家的出口贸易产生很大的影响。具体地说，“已毕业”的国家和产品因为不能再享受优惠待遇，一方面不得不在进口国市场上与发达国家同类产品竞争，另一方面又面临其他发展中国家乘势取而代之打入进口国市场的严峻挑战。

贸易实践

欧美普惠制方案中有关毕业条款的规定

美国的普惠制方案规定，一国人均收入超过 8 500 美元或某项产品出口占美国进口的 50%即为毕业。美国自 1981 年 4 月 1 日开始启用毕业条款，至 1988 年年底，终止了 16 个国家的受惠国地位，免除了来自 141 个发展中国家和地区约 3　000 多种进口商品的普惠制待遇。以韩国和新加坡为例，1987 年它们享受美国普惠制的受惠额占美国所给全部受惠额的 60%，达到美国规定的毕业标准。于是美国政府 1988 年 1 月 29 日宣布，韩国和新加坡已从不发达国家和地区中毕业，从 1989 年起取消其向美国出口商品所享受的普惠制待遇。这样，韩国和新加坡被迫在不享受普惠待遇的情况下同美国市场上的德国、日本等发达国家同类产品竞争。同时，泰国、马来西亚、印度尼西亚和菲律宾等国从中得益甚多，向美国市场扩大出口。

欧盟的普惠制方案从“质”和“量”两个方面来考虑是否对一个国家或某个行业实施毕业。从“量”来说，如果一个国家在受惠项下出口到欧盟市场的产品超过了所有受惠国家出口到欧盟的同类产品的 25%，那么欧盟就会决定把这个国家的这个行业从欧盟的普惠制方案中排除。从“质”来说，欧盟引进了两个指数，一个是关于这个国家的经济发展水平的发展指数，另一个是这个国家某一行业发展水平的专业化指数。目前，在欧盟给予普惠制待遇的十九类产品中，我国毕业产品多达十三类，而可以享受欧盟普惠制优惠待遇的只有六类产品。主要是农产品、矿产品、木浆、纸及纸制品，而大部分工业产品被排除在欧盟普惠制优惠待遇之外，这对我国工业品在欧盟市场上的竞争较为不利。

(5) 原产地规则(rules of origin)。为了确保普惠制待遇只给予发展中国家和地区生产和制造的产品，各给惠国制定了详细和严格的原产地规则。原产地规则是衡量受惠国出口产品能否享受给惠国给予减免关税待遇的标准。原产地规则一般包括三个部分：原产地标准、直接运输规则和书面证明书。原产地标准是原产地规则的核心。原产地标准一般分为两类：完全原产地标准和实质性改变标准。所谓完全原产地产品标准是指在一个国家生长、开采、收获或完全利用该国的原料，在此国家生产、制造的产品。例如，在某一个国开采的矿产品、养殖的活动物和捕捞的水产品等。这些产品始终在一个国家完成而不包含国外材料、部件、劳务。而实质性改变标准，是指使用进口的原料，在出口国内制造或加工的货物，进口的原料必须在出口国改变其特征或特性，并达到一定的实质性加工程度，使制成品在性质、形状或用途上产生了不同于原材料的永久性和实质性的改变。所谓直接运输规则(rule of direct consignment)，是指受惠国原产品必须从出口受惠国直接运至进口给惠国。制定这项规则的主要目的是为了避免在运输途中可能进行的再加工或换包。但由于地理或运输等原因确实不可能直接运输时，允许货物经过他国领土运转，条件是货物必须始终处于过境国海关的监管下，未投入当地市场销售或再加工。所谓书面证明书(documentary evidence)，是指受惠国必须向给惠国提供由出口受惠国政府授权的签证机构签发的普惠制原产地证书，作为享受普惠制减免关税优惠待遇的有效凭证。

各国原产地标准中有关实质性改变标准的相关规定

欧盟、日本等国采用税目改变准则。按此准则，进口原材料或零部件的税则税号和利用这些原料或零部件加工后的制成品的税则税号发生了变化，就可以认为经过充分加工，发生了实质性的变化，该种产品就符合原产地标准。这里所说的税则税号指海关合作理事会税则目录或协调制度的四位数字级税号，其中任何一位数字的变化都算是税号的变化。

澳大利亚、新西兰、加拿大、美国等采用增值准则，又称百分比准则。按照出口货物的进口部分与该货物本身的价值之间的比例关系，来确定货物的原产地。规定出口货物中进口部分的价值最高百分比，或规定出口货物国产部分的最低比例。但各国的百分比及国产部分的认定是不相同的。例如，澳大利亚规定：国产成分的百分比不得小于产品出厂成本的50%。国产成分价值是指该受惠国、其他受惠国或澳大利亚提供的原料和劳务价值。而加拿大规定：进口成分价值不得超过包装完毕待运加拿大的产品出厂价的40%，国产成分的认定与澳大利亚相同。美国则规定：本国成分的价值不得低于产品出厂价格的35%。国产成分的价值是指该受惠国生产的原料成本，加上该受惠国的直接加工成本。直接加工成本不包括利润和一般行政费用。

(6) 普惠制的有效期。普惠制的实施期限为10年，经联合国贸易与发展会议全面审议后可延长。目前，正处于普惠制第四个实施期。

2. 进口附加税

进口附加税(import surtaxes)，是指在对进口商品征收正常关税以外，再根据某种目的额外加征的关税。其目的主要有应付国际收支危机，维持进出口平衡；防止外国商品的低价倾销；对某个国家实行歧视或报复等。因此进口附加税又称为特别关税。

进口附加税有两种征收方式，一种是对所有进口商品征收进口附加税。例如，1971年上半年美国出现了自1893年以来首次贸易逆差，国际收支恶化。为了应付国际收支危机，当时的美国总统尼克松实行了“新经济政策”，宣布对外国商品的进口一律征收10%的进口附加税。还有一种是针对个别国家和个别商品征收进口附加税，这种征收方式较为常见。主要包括反倾销税、反补贴税、惩罚关税和报复关税等。

1) 反倾销税

反倾销税(anti-dumping duties)是对实行商品倾销的进口商品所征收的一种进口附加税。根据世贸组织《反倾销协议》的解释和规定，“凡是一国产品向另一国出口时，该产品的出口价格低于正常价格，就视为倾销。”关于“正常价格”的确定有三种方法。其一，相同产品在出口国用于国内消费时在正常情况下的可比价；其二，如果没有这种国内价格，则是相同产品在正常贸易情况下向第三国出口的最高可比价格；其三，产品在原产国的生产成本加合理的推销费用和利润。这三种方法是依次采用的。另外，这三种正常价格的确定方法仅适用于来自市场经济国家的产品；对于来自非市场经济国家的产品，则选用替代国价格，即以一个属于市场经济的第三国所生产的相似产品的成本或出售的价格作为基础，来确定其正常价格。

依据《反倾销协议》，对某种进口商品征收反倾销税必须具备三个条件，分别是倾销存在；倾销对进口国国内已建立的某项工业造成重大损害或产生严重威胁，或者对某一国内工业的新建产生严重阻碍；商品倾销与损害之间存在因果关系。

特别提示

出口商在反倾销调查程序中，应将精力集中于损害及其与倾销之间的因果关系上，因为对于进口国申请人而言，证明损害要比证明倾销困难些，而要证明倾销和损害之间存在因果关系就更为困难。

征收反倾销税目的在于抵制商品倾销，保护本国的市场与工业。因此，反倾销税税额一般按倾销差额征收，由此抵消低价倾销商品价格与该商品正常价格之间的差额。但是不得因低价倾销和出口补贴，而同时征收反倾销税和反补贴税。

贸易实践

中国的反倾销

中国作为反倾销的最大受害国，被征收反倾销税裁决比例很高的一个重要原因是因为所谓的“非市场经济国家”。美国等世贸组织成员国将中国视为“非市场经济国家”，在对中国进行反倾销调查程序中，正常价格的确定采用替代国价格。美国区分“市场经济国家”和“非市场经济国家”的理由是，在市场经济条件下，产品价格由竞争状态下的供求关系决定，因此国内市场通常贸易中的价格可以反映产品的真实成本。但在非市场经济条件下，资源和生产资料属于国家所有，原材料、能源的价格和工人工资由国家决定，货币不能自由兑换，市场及供求关系在价格决定中仅起很小的作用。因此，非市场经济条件下的国内销售价格是扭曲的，不能反映产品的正常价格，用这种价格与出口价格进行比较来确定是否存在倾销是不适当的。

替代国价格对中国非常不利。首先，替代国的选择具有一定的随意性，尽管美国商务部选择的替代国要具备一定的条件：经济发展水平与非市场经济国家的发展水平具有可比性；替代国是所比较商品的重要生产商。即使所选择的替代国满足上述条件，但因为两国的价格结构不同，也会造成对正常价格的高估。大多数替代国与中国生产出口产品的企业在工资、能源及原材料价格方面存在相当大的差异，产品价格自然也就不同。以印度为例，虽然其经济发展水平与中国相当，但其制造业产品价格远高于中国。所以该标准对中国的出口商是很不公正的。例如，欧盟对中国彩电的反倾销案将新加坡作为替代国计算中国彩电的生产成本。当时，新加坡劳动力成本高出中国 20 多倍，这使得中国彩电出口产品成本大大高估，与低廉的销售价格相比之下，所谓倾销的指控自然成立。又如，2011 年 9 月 15 日欧盟委员会决定，对从中国进口的瓷砖正式征收反倾销税，最高税率达 69.7%。此次欧盟针对中国瓷砖的反倾销，则是以美国为参照国来计算成本的。

因此，获得“市场经济地位”成为中国企业应对国外反倾销的一个关键因素。但是，非市场经济问题在国际贸易当中实际不是一个学术问题，而是一个涉及实际利益的政治问题。认定一个国家是不是市场经济国家，没有国际上公认的标准。中国政府为获得“市场经济地位”的认可，进行了不懈的努力。截至目前，新西兰、新加坡、马来西亚、吉尔吉斯斯坦、贝宁、泰国、多哥、南非等八个国家承认了中国的完全市场经济地位。根据世贸组织规定，加入世贸的成员国 15 年后可自动获得完全市场国地位。按此规定，我国将于 2016 年自动获得完全市场经济地位。

2) 反补贴税

反补贴税(counter—vailling duties)又称补偿税或抵消税，是对直接或间接接受任何津贴或补贴的外国商品在进口时所征收的一种进口附加税。直接补贴是指直接付给出口商的现金补贴。目前美国和欧盟国家对许多农产品的出口，就是采取这种方式。间接补贴，是指政府对某些出口商品给予财政上的优惠，如降低运费，对于为加工出口而进口的原料、半制成品，实行免税或退税等。

根据世贸组织的约束条款，征收反补贴税不能随心所欲，需要满足三个条件：补贴存在；补贴对进口国国内已建立的某项工业造成重大损害或产生严重威胁，或者对某一国内工业的新建产生严重阻碍；补贴与损害之间存在因果关系。

反补贴税一般按“补贴数额”征收。与反倾销不同，进口国在开始反补贴调查前，有与出口国政府进行磋商的义务。

3) 报复关税

报复关税(retaliatory tariff)是指对特定国家的不公平贸易行为采取报复行动而临时加征的进口附加税。美国《1988年综合贸易和竞争力法案》的“超级301”条款，就是对“不公平”贸易伙伴实施报复的条款，其报复手段之一就是加征临时性报复关税。

报复关税运用的范围相当广泛，对商品、船舶、企业、投资或知识产权等方面的不公正待遇，进口国都可以运用报复关税。通常在对方取消不公正待遇时，报复关税也会相应取消。然而报复关税也可以引起他国的反报复，最终导致关税战。

贸易实践

美国和欧盟的农产品补贴之争

乌拉圭回合期间，美国和欧盟就农产品补贴问题发生了激烈的争执，美国提出一个“零点方案”，要求欧盟10年内将补贴降为零，否则除了向美国农产品增加补贴外，还要对欧盟进口商品征收200%的报复关税。欧盟也不示弱，扬言要反报复。双方剑拔弩张，若非最后相互妥协，就差点断送了这轮谈判的成果。

4) 惩罚关税

惩罚关税(penalty tariff)是指出口国某商品违反了与进口国之间的协议，或者未按进口国海关规定办理进口手续时，由进口国海关向该进口商品征收的一种临时性的进口附加税。这种特别关税具有惩罚或罚款性质。例如，1988年日本半导体元件出口商因违反了与美国达成的自动出口限制协定，被美国征收了100%的惩罚关税。

5) 紧急关税

紧急关税(emergency tariff)是为消除外国商品在短期内大量进口，对国内同类产品生产造成重大损害或产生重大威胁而征收的一种进口附加税。当短期内外国商品大量涌入时，一般正常关税已难以起到有效保护作用，因此需借助税率较高的特别关税来限制进口，以保护国内生产。由于紧急关税是在紧急情况下征收的，是一种临时性关税，因此，当紧急情况缓解后，紧急关税必须撤除，否则会受到别国的关税报复。例如，1972年5月，澳大利亚受到外国涤纶和棉纶进口的冲击，为保护国内生产，澳大利亚决定征收紧急关税，在每磅20澳分的正税外另加征每磅48澳分的进口附加税。

3. 出口税

出口税(export duty)是一国海关对本国出口商品所征收的关税。一般而言，各国为鼓励本国商品的出口很少征收出口税，因为征收出口税会抬高出口商品的成本和国外售价，削弱其在国外市场的竞争力，不利于扩大出口。但有时也会出于一些特殊的目的而开征出口税。

征收出口税的目的主要有以下几个。第一，对本国资源丰富、出口量大的商品征收出口税，以增加财政收入。第二，为了保证本国的生产，对出口的原料征税，以保障国内生产的需要和增加国外商品的生产成本，从而加强本国产品的竞争能力。例如，瑞典、挪威对于木材出口征税，以保护其纸浆及造纸工业。第三，为保障本国市场的供应，除了对某些出口原料征税外，还对某些本国生产不足而又需求较大的生活必需品征税，以抑制价格上涨。第四，控制和调节某些商品的出口流量，防止盲目出口，以保持在国外市场上的有利价格。第五，为了防止跨国公司利用“转移定价”逃避或减少在所在国的纳税，向跨国公司出口产品征收高额出口税，维护本国的经济利益。

4. 过境税

过境税(transit duties)又称通过税，是一国对于通过其关境的外国商品所征收的关税。其目的主要是增加国家财政收入。

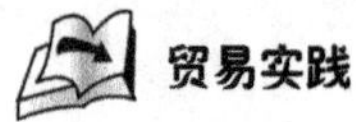

贸易实践

过境税的历史变迁

过境税在重商主义时期盛行于欧洲各国。随着资本主义的发展，交通运输事业的发达，各国在货运方面的竞争日趋激烈，同时，过境货物对本国生产和市场没有影响，于是，到19世纪后半期，各国相继废除了过境税。二战后，关税与贸易总协定规定了“自由过境”的原则。因此，目前大多数国家都不征收过境税，仅仅在外国商品通过时征收少量的准许费、印花费、登记费和统计费等。

6.1.6 关税的征收方法

关税的征收方法也称征收标准，主要有从量税和从价税两种。在这两种主要征收方法的基础上，又有混合税和选择税。

1. 从量税

从量税是以进出口商品的计量单位(重量、数量、长度、容量和面积等单位)为标准计征的关税。例如，美国对青豆的进口征收从量税，普通税率为每磅2美分，最惠国税率为每磅1美分。

从量税的优点是手续简便，无须审查货物的规格、价格和品质，便于计算，可以节约成本。缺点：其一，税率固定，没有弹性，税额不能随物价涨落而增减。当物价下跌时，保护作用增大；当物价上涨时，保护作用减少。其二，税负不合理，对同一税目的货物，不管价格高低、质量好坏、等级差异，其税负相同。假定美国对于进口汽车一律征收从量税，每辆征收1 000美元。从日本进口的丰田车，每辆1万美元，征收1 000美元，税收在其价格中所占的比重为10%。而从德国进口的奔驰车，每辆5万美元，也征收1 000美元的从量税，关税在其价格中的比重只有2%。可见，同一类商品在征收从量税的条件下，价格愈低的商品，关税在价格中所占的比重愈高。相反，价格愈高的商品，关税在价格中所占的比重愈低。如果一个国家相当大一部分消费品依赖进口，征收从量税的结果是，低收入的消费者在购买价格低的进口商品中，比高收入的消费者在购买昂贵的进口商品中所支付的税收要多得多，沉重的关税负担主要落在低收入者身上。其三，适用范围有限制，对一些种类相同但是价格相差极其悬殊的特殊商品不能适用，如字画，有的价值连城，有的则不值一文。又如钻石，如果是天然的，虽然体积不大，但是极其昂贵；如果是人工的，尽管体积比较大，但是也比较便宜。对于这些特殊商品，如果征收从量税是很困难的，是按数量还是按面积或者体积都无法征收。

2. 从价税

从价税是按进出口商品的完税价格为标准计征的关税，其税率表现为货物价格的一定百分率。完税价格是指经海关审定作为计征关税的货物价格。例如，美国对羽毛制品的进口征收从价税，普通税率为进口价格的60%，最惠国税率为4.7%。

从价税的优点：首先，税负合理。按货物的品质、价值等级比率课税，同类商品质高价高，税额也高；质次价低，税额也低。较符合税收的公平原则。假定美国对于进口汽车一律征10%的从价税，日本的丰田汽车每辆1万美元，征收的关税为1 000美元；德国的奔驰车每辆为5万美元，征收10%的关税为5 000美元。其次，在税率不变时，税额随商品价格上涨而增加，既可增加财政收入，又可起到保护关税的作用。第三，各种商品均可适用，包括字画、古董、钻石等。假定从外国进口一颗天然钻石，价值20万元人民币，征收从价税20%，征收的关税为4万元。如果进口的是一颗人工钻石，价值5 000元人民币，征收从价税仍然是20%，征收的关税为1 000元。第四，税率明确，便于比较各国税率。

从价税的缺点：其一，对于海关来说，从价税操作比较复杂。海关工作人员对于每一件进口商品的价格都必须进行审查，不能仅仅凭提货单或者是发票上的价格征税。因为进口商总是会想尽办法低报进口商品的价格，从而少缴关税。因此，征收从价税对于价格的审查比较繁琐。其二，由于商品的种类繁多，税目极其繁杂，同类商品的税率会出现巨大差别，常常由于分类不明确而引发争议。例如，在美国海关征税中，半导体的进口税率很低，对于这类产品的进口，基本没有设置保护。可是，对于雷达探测器的进口，则设置了较高的保护，税率很高。然而这两者常常难以区分，进口产品究竟是属于前者还是属于后者，在美国法庭上长期存在着法律纠纷。

由于从量税和从价税都存在一定的缺点，因此关税的征收方法在采用从量税或从价税的基础上，又产生了混合税和选择税，以弥补从量税、从价税的不足。

3. 混合税

混合税又称复合税，是指对某种进出口商品，同时采用从价和从量两种征收方法。按从量税和从价税在混合税中的主次关系不同可分为两种：一是以从量税为主加征从价税。例如，美国对男式开司米羊绒衫(每磅价格在18美元以上者)征收混合税，每磅从量税征收37.5美分加征从价税15.5%。由此可见，美国对价格较高的羊绒衫征收较高的关税，体现了一种环保主义思想。另一种是以从价税为主加征从量税。例如，日本对手表(每只价格在6 000日元以下)的进口，从价税15%，加征每只150日元的从量税。由此可见，日本对价格较低的手表征收较高的关税，目的在于削弱同档次进口手表的竞争力，以保护本国手表的生产。

4. 选择税

选择税是对一种进出口商品同时规定有从价税和从量税两种税率，在征税时由海关选择，一般选择税额较高的一种税率征税。在物价上涨时使用从价税，物价下跌时使用从量税。有时，为了鼓励某种商品的进口，或给某出口国以优惠待遇，也选择税额较低的一种税率征收关税。

各国的征税标准

在工业生产还不十分发达，商品品种规格简单，税则分类也不太细的一个相当长时期内，不少国家对大多数商品使用过从量税。但二战后，随着严重通货膨胀的出现和工业制成品贸易比重的加大，征收从量税起不到关税保护作用，各国纷纷放弃了完全按从量税计征关税的做法。目前，完全采用从量税的发达国家仅有瑞士一个。由于混合税结合使用了从量税和从价税，扬长避短，哪一种方法更有利，就使用哪一种方法或以其为主征收关税，因而无论进口商品价格高低，都可起到一定的保护作用。因此，目前世界上大多数国家征税时都使用混合税，如主要发达国家(或地区)美国、欧盟、加拿大、澳大利亚和日本等，以及一些发展中国家如印度、巴拿马等。而单一使用从价税的国家并不太多，主要有阿尔及利亚、埃及、巴西和墨西哥等发展中国家。我国也是单一使用从价税标准的国家之一。近年来，随着进出口商品数量的大量增加，低报、伪报进口商品价格，偷税、逃税现象大量出现，外国商品向我国市场低价倾销等现象也常常发生。因此，我国除了应加强税收立法外，还可以考虑改单一从价税制为混合税制，从而更好地发挥关税的保护作用。

6.1.7 征收关税的依据和通关手续

1. 关税的征收依据

各国征收关税的依据是海关税则。关税税则，是一国对进出口商品计征关税的规章和对进出口应税与免税商品加以系统分类的一览表。关税税则一般包括两个部分：一部分是海关课征关税的规章条例及说明；另一部分是关税税率表。其中，关税税率表主要包括税则号列(简称税号)、商品分类目录及税率三部分。

1) 海关税则的货物分类方法

海关税则的货物分类方法，主要是根据进出口货物的构成情况，对不同商品使用不同税率以及便于对进出口货物统计需要而进行系统的分类。各国海关税则的商品分类方法不尽相同，大体上有以下几种：按货物的自然属性分类，如动物、植物、矿物等；按货物的加工程度或制造阶段分类，如原料、半制成品和制成品等；按货物的成分分类，如钢铁制品、塑料制品、化工产品等；按货物的用途分类，如食品、药品、仪器、乐器等。

随着经济的发展，各国海关税则的商品分类越来越细，这不仅是由于商品日益增多而产生技术上的需要，更主要的是各国开始利用海关税则更有针对性地限制有关商品进口和更有效地进行贸易谈判，将其作为实行贸易歧视的手段。

2) 海关合作理事会税则目录和编码协调制度

为了减少各国海关在商品分类上的矛盾，统一税则目录开始出现并不断完善。出于贸易统计和研究的需要，联合国经社理事会下设的统计委员会于1950年编制并公布了《国际贸易标准分类(standard international trade classification，SITC)》。1952年12月，有关国家签署了《海关税则商品分类目录公约》，开始使用《海关合作理事会税则商品分类目录(customs cooperation council nomenclature，CCCN)》(原称《布鲁塞尔税则目录(Brussels Tariff Nomenclature，BTN)》)。该目录的分类原则是以商品的自然属性为主，结合商品的加工程度、制造阶段和商品的最终用途来划分。它把全部商品共分为21类(section)、99章(chapter)、1015项税目号(heading no．)。前4类(1—24章)为农畜产品，其余17类(25—99章)为工业制成品。两种商品分类目录在国际上同时并存，虽然制定了相互对照表，但仍给很多工作带来不便。

为了更进一步协调和统一这两种国际贸易分类体系，1970年，海关合作理事会决定成立协调制度委员会和各国代表团组成的工作团来研究探讨是否可能建立一个同时能满足海关税则、进出口统计、运输和生产等各部门需要的商品名称和编码的“协调制度”目录。60个国家和20多个国际组织包括关税与贸易总协定、联合国贸易与发展会议、国际标准化组织、国际商会、国际航运协会、国际航空协会和铁路国际运输组织等参加了研究工作。经过十多年的努力，终于制定了一套新型的、系统的和多用途的国际贸易商品分类体系——《商品名称及编码协调制度(the harmonized commodity description and coding system)》，简称《协调制度》，并于1988年1月1日正式生效实施，目前被大多数国家所采用。

《协调制度》基本上按商品的生产部类、自然属性、成分、用途、加工程度和制造阶段等进行编制，共有21类(section)、97章(chapter)，其中1—24章为农副产品，25—97章为加工制成品，第77章的金属材料为空缺，是为新型材料的出现而留空的。在章下设有用四位数编码的项目(heading)1 241个，其中有311个没有细分目录，其余930个项目被分为3 246个一级子目(one–dash subheading)，这些子目中又有796个被进一步分出2 258个二级子目(two–dash subheading)，因此，在《协调制度》中共有5 019个税目。

《协调制度》的基础目都用六位数字编码。六位数中的前四位数是协调制度的项目号(即税目号)，其中，前两位数表示商品所在的章，后两位表示该商品在章中所处的位置。项目以下，第五位数字为一级子目，表示该商品在项目中的位置，第六位数为二级子目，是一级子目的进一步细分。前四位与后两位之间用实点隔开。各国可以在子目之下增设分目

(additional subheading)。此外，为了使《协调制度》执行起来清楚、明确，《协调制度》有类、章的注释及项目和子目的注释，并在目录之首列有六条归类总规则，作为商品归类的指导。例如5202·10为废棉纱线，52表示废棉在第52章，02表示废棉为第52章的第二项，第五位数字1表示在第二项的一级子目。

3) 海关税则的种类

海关税则中的同一商品，可以采用一种税率征税，也可以两种或两种以上税率征税。按照税率表的栏数，可将海关税则分为单式税则和复式税则两类。

(1) 单式税则(single tariff)又称一栏税则，是指一个税目只有一个税率，即对来自任何国家的商品均以同一税率征税，没有差别待遇。目前只有少数发展中国家，如委内瑞拉、巴拿马和冈比亚等国仍实行单式税则。

(2) 复式税则(complex tariff)又称多栏税则，是指同一税目下设有两个或两个以上的税率，即对来自不同国家的进口商品按不同的税率征税，实行差别待遇。其中，普通税率是最高税率；特惠税率是最低税率；在两者之间，还有最惠国税率、协定税率和普惠制税率等。目前包括中国在内的大多数国家都采用复式税则。复式税则按照税率栏目的多少，可分为二栏、三栏、四栏、五栏等。通常，对同一税目所设置的税率栏次越多，税则的灵活性和区别对待的特性越强，同时，表现出的歧视性也越强。

所谓二栏税则，是指对进口商品规定两种税率，一是普通税率，二是最惠国税率。其中，最惠国税率为正常征收的税率，普通税率只对少数没有与进口国签订双边或多边最惠国待遇协定的国家征收。

所谓三栏和四栏税则，是在二栏税则基础上增加特惠税率、普惠制税率或协定税率中的一种或两种。

所谓五栏税则，是在二栏税则基础上加上特惠税率、普惠制税率和协定税率。这是当前列入税率最多的复式税则。目前，欧盟和美国等就实行五栏税则。

贸易实践

中国的海关税则

关于货物分类的方法，我国自1992年1月1日起也正式实施了以《协调制度》为基础编制的新的《海关进出口税则》和《海关统计商品目录》。我国的海关税则在《协调制度》目录六位数编码的基础上，加列了1 832个七位数子目和282个八位数子目，共有6 250个税目。并且采用四栏税则。进口关税税率设有最惠国税率、协定税率、特惠税率和普通税率。其中，最惠国税率适用于原产于与中国共同适用最惠国待遇的世贸组织成员国或地区的商品，或原产于与中国签订有包含最惠国待遇条款的贸易条约、协定、关税互惠协定的国家或地区的进口商品；协定税率适用于原产于与中国签订有互惠关税协定的成员国或地区的进口商品，例如，对来自于“曼谷协定”成员国韩国、斯里兰卡、孟加拉国等国的进口商品适用协定税率；特惠税率适用于与中国签订有特殊优惠关税协定的国家或地区的进口商品，2004年，仅源于孟加拉国的20个税目的进口商品和老挝、柬埔寨、缅甸的一些税目的进口商品享受中国特惠税率待遇；普通税率则适用于原产于上述国家之外的国家或地区的进口商品。下表为税则序号为0306.2391的普通税率和最惠国税率的情况。

税则序号	货品名称	普通税率(%)	最惠国税率(%)	协定税率(%)	特惠税率(%)
0306.2391	带壳或去壳的甲壳动物，活、鲜、冷、冻、干、盐腌或盐渍的；蒸过或用水煮过的带壳甲壳动物，不论是否冷、冻、干、盐腌或盐渍的；适合供人食用的甲壳动物的细粉、粗粉及团粒： ——未冻的； ——小虾及对虾； ——其他： ——鲜、冷对虾。	70	18		

2. 通关手续

通关手续又称报关手续，是指进出口货物收货或发货人、运输负责人、物品所有人或其代理人按照海关的规定，办理货物、物品、运输工具进境或出境及相关海关事务的手续和步骤。通常包括货物的申报、查验、征税和放行环节。现以进口为例。

1) 货物的申报

货物的申报是指进口商或其代理人在货物运抵进口国的港口、车站或机场时，在海关规定的时间内，向海关提交有关单证和填写由海关发出的表格，向海关申报进口。一般说来，除提交进口报关单、提单、商业发票或海关发票外，还往往根据海关特殊规定，提交原产地证明书、进口许可证或进口配额证书、品质证书等。

知识链接

海关发票是根据某些国家海关的规定，由出口商填制的供进口商凭以报关用的特定格式的发票。其内容较一般商业发票复杂。尽管各国制定的海关发票格式不同，但一般包括三大部分，即价值部分、产地部分和证明部分。采用海关发票的有加拿大、澳大利亚、新西兰等国。

贸易实践

我国的海关申报

我国海关法规定：“办理进出口货物的海关申报手续，应当采用纸质报送单和电子数据报送单的形式。”即进出口货物收、发货人或其代理人先向海关计算机系统发送电子数据报送单，接收到海关计算机系统发送的“接受申报”电子报文后，凭打印纸质报送单，随附有关单证，向海关提交报送单证进行申报。

在一些还没有实现海关业务计算机化管理的边远地区海关，或者在某些特殊情况下，进出口货物收、发货人或其代理人可以单独使用纸质报送单向海关申报。而在特定条件下，进出口货物收、发货人或其代理人可以单独使用电子数据报送单向海关申报。单独使用纸质报送单或者单独使用电子数据报送单向海关申报的，应当经海关批准。

目前，我国的电子报送的申报方式有三种类型。

(1) 终端申报方式。进出口货物收、发货人或其代理人使用连接海关计算机系统的电脑终端录入报关单内容，直接向海关发送报关单电子数据。终端申报方式是海关在早期开发利用计算机处理海关业务时就使用的一种申报方式，一直沿用至今。终端直接与海关主机连接，传送速度快，不受海关参数设置的限制。但终端数据受海关主机容量的限制，不利于推广开发。终端通过电缆与海关主机连接，只能安装在海关报关场所附近，不利于“远程”报关项目的推广。

(2) 电子数据交换(electronic data interchange，EDI)申报方式。进出口货物收、发货人或其代理人在微机中安装EDI申报系统，在该系统中录入报关单内容，由计算机转换成标准式的数据报文向海关计算机系统发送报关单电子数据。EDI申报方式由各直属海关自行开发，数据录入不受海关主机的影响，也不受场地的限制，有利于“远程”报关项目的推广。但EDI申报方式易受海关参数调整的影响，也易受网络稳定性的影响。

(3) 网上申报方式。进出口货物收、发货人或其代理人在微机中安装“中国电子口岸”系统，登录“中国电子口岸”网站，在“联网申报”系统中录入报关单内容，通过“中国电子口岸”向海关计算机系统发送报关单电子数据。网上申报方式是海关总署统一开发的。该方式利用因特网的优势，形成全国统一的电子报关网络。尽可能大地利用现代通信和网络技术，使“远程”报关真正成为现实，是未来我国电子报关项目发展的方向。进出口货物收、发货人或其代理人在网上基本能办理与“报关”有关的一切业务。

2) 单证的审核

当进口商填写和提交有关单证后，海关按照海关法令与规定，查审核对有关单证。海关如发现缺少单证或没按规定内容填制，应立即通知申报人及时补充或更正。

3) 货物的查验

货物的查验又称验关，是由进口货物的收货人、进口商或代理人随同海关人员在进口货物到岸卸货后，在海关指定的仓库内进行检查，核实货物与单证是否相符，防止非法进口。

4) 货物的征税

征税，指海关查验货物后，根据该国海关税则，对来自不同国家的货物依照不同的税率征收关税。如发现货物缺失，可扣除该部分的进口税。

5) 放行

当一切海关手续办妥以后，海关即在提单上盖上海关放行章以示放行，报关人即可到海关监管仓库或场所提货。

特别提示

许多国家的海关手续往往十分繁杂。为了及时通关，可委托熟悉海关规章的专业报关行或报关公司代为办理通关手续，在我国就存在许多代进口商办理通关手续的报关公司。

6.1.8 关税的经济效应

从经济学的角度来看，征收关税会影响到资源配置的效率，并可能对征税国、其贸易伙伴国乃至世界的经济福利水平产生影响。可以用经济学中的局部均衡分析法和一般均衡分析法来对进口关税的这种经济效应进行讨论。在进行关税效应分析时，将分别考察“小国”和“大国”两种情形。所谓“小国”，是假定这个国家不是某种产品重要的进口国，该国征收关税并不能影响外国出口商品的价格；而“大国”，是假定这个国家某种产品的进口量占了世界进口量的较大份额，征收关税能够影响该产品的国际市场价格。

知识链接

局部均衡分析是在假定其他市场条件不变的情况下，孤立地考察单个市场或部分市场的供求与价格之间的关系或均衡状态，而不考虑它们之间的相互联系和影响。其代表人物是马歇尔。一般均衡分析是指在市场上各种商品价格和供求关系存在相互关系和相互影响条件下，所有市场上各种商品的价格与供求的关系或均衡状态。其代表人物是瓦尔拉斯。在关税效应分析中，局部均衡分析是只分析关税对一种商品市场的影响，而不分析这种影响对其他商品市场的影响。而一般均衡分析则考虑了包括关税所影响的商品在内的所有市场。

1. 关税效应的局部均衡分析

1) 小国的关税效应

首先来看关税对本国的影响。

(1) 生产效应。征收关税以后，国内市场价格因进口减少而上升，国内的进口竞争厂商现在面对较高的价格，会扩大生产，使本国产量增加，这便是关税带来的生产效应。

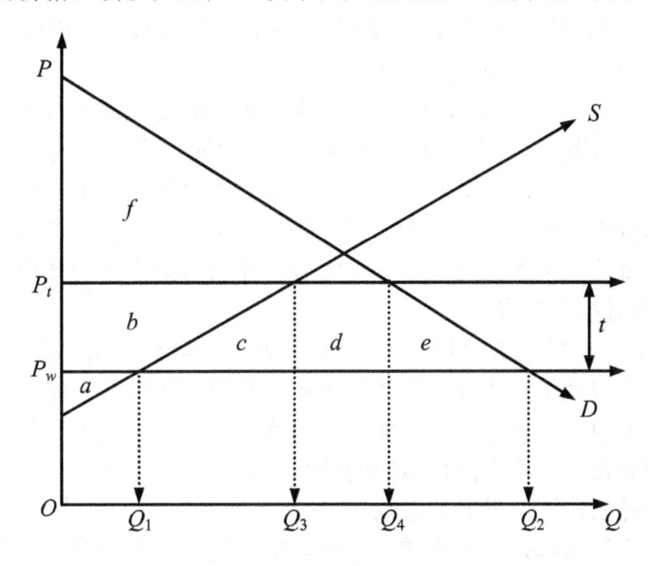

图 6.1　小国关税效应的局部均衡分析图

从图 6.1 可以看出，在自由贸易条件下，世界价格为 P_w，国内生产为 OQ_1；征收关税后，国内价格由 P_w 上升至 P_t，国内生产提高到 OQ_3；国内生产增加了 Q_1Q_3，关税的这种生产效应可以用生产者剩余的变动来衡量。征收关税前，生产者剩余为三角形 a 的面积；征收关税后，生产者剩余为 $a+b$ 的面积，增加部分 b 的面积，即是征收关税后由生产者得到的福利。

知识链接

所谓生产者剩余是指生产者为一定量某种商品实际收取的价格和他愿意收取的价格之间的差额。其面积为供给线以上、价格线以下的部分。

(2) 消费效应。关税的征收使得国内市场价格上升，这将使消费减少，此即关税的消费效应。

从图 6.1 可以看出，在自由贸易条件下，世界价格为 P_w，国内消费量为 OQ_2；征收关税后，国内价格由 P_w 上升至 P_t，国内消费减少到 OQ_4；国内消费减少了 Q_2Q_4，关税的这种消费效应可以用消费者剩余的变动来衡量。征收关税前，消费者剩余为 $b+c+d+e+f$ 的面积；征收关税后，消费者剩余为 f 的面积，减少部分为 $b+c+d+e$ 的面积，此即征收关税后消费者福利的损失。

知识链接

所谓消费者剩余是指消费者在购买商品时，其实际支付的价格和愿意支付的价格之间的差额。例如，一位消费者决定购买一台半导体，在一般的情况下，市场价格为 120 元。然而，当这位消费者在购买商品时，发现商店为了促销，半导体在降价，一台半导体由 120 元下降至 90 元。可见，消费者剩余为 30 元。消费者剩余的面积是需求线以下，价格线以上的部分。

(3) 收入效应。本国所征收的关税形成政府的财政收入，此即关税的收入效应。

从图 6.1 可以看出，单位数量的关税额为 $P_w P_t$，征收关税后的进口数量为 Q_3Q_4，则政府的关税收入为 $P_wP_t \times Q_3Q_4$，即矩形 d 的面积。

(4) 贸易效应。征收关税以后，国内生产的增加和消费的减少将导致进口的减少，这是关税的贸易效应。从图 6.1 可以看出，关税的贸易效应为进口的减少 $Q_1Q_3+Q_2Q_4$。

(5) 净福利效应。关税的征收会使不同的经济主体的利益发生不同的变化：生产者获得利益，政府获得税收，但会使消费者蒙受损失。如果把关税的生产效应、消费效应和税收效应综合起来，就可以得到关税的净福利效应，即关税的净福利效应=生产者福利增加+政府税收收入-消费者福利损失。

从图 6.1 可以看出，关税的净福利效应$=b+d-(b+c+d+e)=-(c+e)$。其中，c 是由于征税后成本较高的国内生产替代了成本较低的外国生产，导致资源配置效率下降所造成的生产效率损失；e 是由于关税提高了国内价格而引起消费量减少导致的消费损失。净福利损失的存在，表明对小国而言，关税会降低本国的福利水平。

来看关税对贸易伙伴国及世界的影响。

根据假定，由于征税国是一个小国，不能影响征税产品的国际市场价格，因此该国征税对贸易伙伴国也就没有什么影响，贸易伙伴国的福利水平不变。然而，征收关税却会降低世界总体福利水平，下降的部分即为关税实施国的福利净损失部分。

2) 大国的关税效应

大国征收关税后，一方面会使本国国内市场价格上升，另一方面国内市场价格的上升使得国内市场需求减少，进口量减少，而该国进口量占世界市场的比重很大所以其进口量的减少将导致世界市场价格下降。这就是说，大国进口商品价格上涨的幅度不会等于关税税率，而是低于关税税率。国内价格上涨部分和国际市场价格下跌部分加在一起才等于进口关税税额。因此，与小国相比，贸易大国征收关税后其国内价格的上涨幅度要小于小国。

首先来看关税对本国的影响。大国征收关税后，在本国也会产生与小国情形下相似的生产效应、消费效应和贸易效应。但是，国际市场价格的下降会部分抵消关税的效应，从而减弱关税对国内生产和消费的影响。

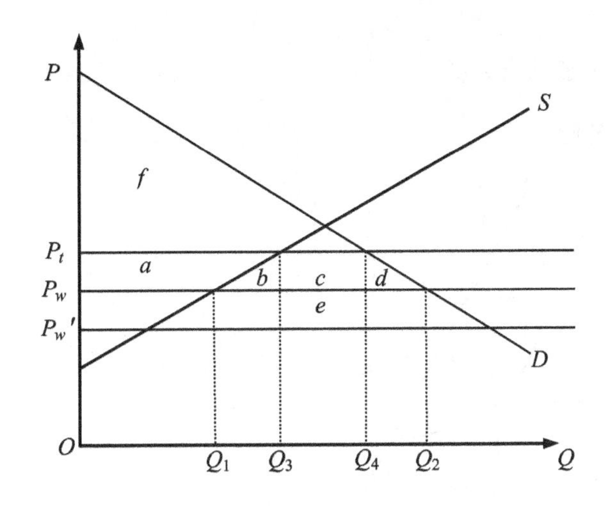

图 6.2 大国关税效应的局部均衡分析图

如图 6.2 所示，面积 a 是征收关税后国内生产者的福利所得，即生产效应；面积$(a+b+c+d)$表示本国消费者福利的损失，即消费效应；同时进口将减少 $Q_1Q_3+Q_2Q_4$，即贸易效应。

但是，与小国情形相比，大国征收关税后产生的效应至少有以下几点不同。

第一，大国征收关税后，进口价格即外国的出口价格将会下降(从 P_w 降到 P_w')，本国的贸易条件改善，即产生关税的贸易条件效应，这是在小国情形下所没有的效应。

第二，大国征收关税后所获得的收入为图 6.2 中 $c+e$ 的面积，与小国情形不同的是，大国进口商在进口商品时支付的进口关税，不是全部由进口国的消费者负担的，而是由进口国消费者和出口国的生产者(通过出口商)共同负担的。大国向出口国转嫁了部分关税。

第三，就关税的净福利效应而言，贸易条件效应会使本国的福利增加，但生产扭曲和消费扭曲仍会使本国福利减少。所以，在大国情形下，关税的净福利效应是不确定的，主要取决于贸易条件效应与生产扭曲和消费扭曲两种效应之和的对比。即净福利=生产者福利增加-消费者福利损失+政府税收收入。

如图 6.2 所示，净福利$=a-(a+b+c+d)+c+e=e-(b+d)$。当 $e>b+d$ 时，征收关税能使该国的福利增加，当 $e<b+d$ 时，征税会使该国福利减少。

为什么进口小国征收关税造成社会经济净损失而进口大国征税有可能提高国民收益呢？其主要原因是大国在国际市场上有左右价格的能力，通过减少进口，大国可以迫使出口国降低价格。实际上是迫使出口国也承担一部分税负。图 6.2 中的 e 部分是由出口国间接支付的，对进口国来说是一笔额外收入。如果进口国的这笔收入大于其因为关税造成的经济损失的话，进口国就可能在总体上得益。小国则不然，国际市场价格不会因小国进口减少而下降。因此，小国无法让外国出口商通过降价来支付一部分税收，整个关税的负担完全由本国消费者承受。

再来看关税对贸易伙伴国及世界的影响。大国征收关税会使本国的贸易条件改善，这也意味着贸易伙伴国的贸易条件恶化，贸易伙伴国的总体福利水平将因此而下降。

2. 关税效应的一般均衡分析

1) 外国的关税效应

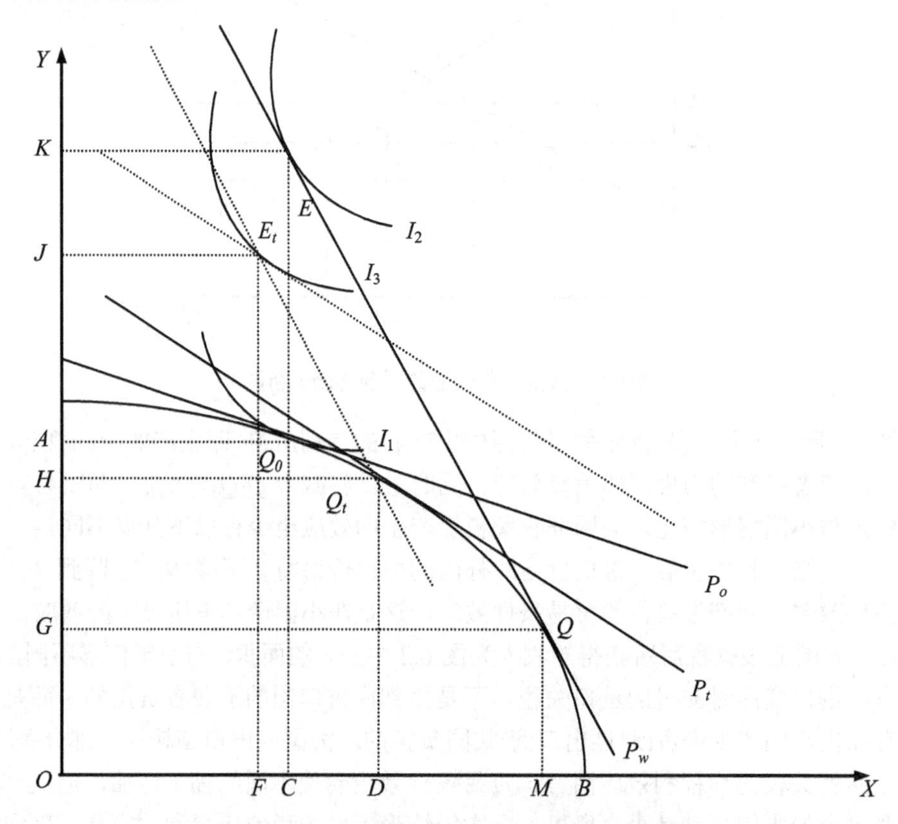

图 6.3 小国征收关税的一般均衡效应分析图

在图 6.3 中，小国在没有贸易之前面临的是机会成本递增的生产可能性曲线 AB，国内两种商品的价格比为 $P_0(P_x/P_y)$，生产和消费均衡为 Q_0 点，此时该国的福利水平表现为社会无差异曲线 I_1。在自由贸易时，因为 X 商品的价格比较低，该国会出口 X 产品，并进口国内价格较高的 Y 产品，这样国内 Y 产品的价格会下降，而 X 产品的国际需求增加，产品价格上涨，自由贸易的最终结果是贸易各国的价格比率都等于国际市场上两种产品的价格比率。如图 6.3 显示，贸易后，该国国内两种产品的价格比率会从 P_0 变为国际市场的价格比率 P_w，相对价格线与生产可能性曲线的切点决定了该国的生产均衡为 Q；相对价格线与社会无差异曲线的切点 E 代表消费均衡，贸易后与相对价格线 P_w 相切的社会无差异曲线为 I_2。I_2 比 I_1 无差异曲线离原点远，因此代表更高的效用水平。

知识链接

生产可能性曲线，也叫生产可能性边界。表示一国在既定资源和技术条件下充分利用所有生产要素时所能生产的各种商品最大数量的组合。生产可能性边界里面的各点表示生产资源未充分利用；边界以上的点则表示在现有资源和技术条件下无法达到的产量水平。生产可能性曲线上点的斜率表示每增加一单位某商品产出必须放弃的另一种商品的产出量，即前一种商品的机会成本。生产可能性曲线因商品的机会成本特征不同而呈三种形状：在机会成本不变的条件下，生产可能性曲线是一条直线；在机会成本递增的条件下，是一条向外凸出的曲线；在机会成本递减的条件下，是一条向里凹进去的曲线。

无差异曲线是表示能给消费者带来同等效用水平或满足程度的两种商品的不同数量的各种组合。如果把每个消费者的无差异曲线加总就形成一个国家或者社会的无差异曲线。社会无差异曲线表示给予整个社会相同满足水平的两种商品消费的不同组合。

小国征收关税后会产生以下几种效应。

(1) 生产效应。在征收税率为 t 的关税后，在图 6.3 中，X 产品的出口价格和 Y 产品的进口价格不变，但 Y 产品的国内销售价格从 P_y 上升为 $P_y(1+t)$，故国内生产者面对一条新的相对价格线 P_t，其斜率为 $-P_x/P_y(1+t)$。相对价格线 P_t 的斜率的绝对值变小，故相对价格线 P_t 比自由贸易下的相对价格线 P_W 更平坦一些。于是生产均衡点由 Q 上移至 Q_t，与征税前相比，Y 产品的生产由原来的 QM 增加到 Q_tD，但出口产品 X 的生产由原来的 QG 减少到 Q_tH。

(2) 消费效应。征收关税使 X 产品和 Y 产品的消费都减少了。如图 6.3 所示，X 产品的消费由原来的 OC 减少到 OF，Y 产品的消费由原来的 OK 减少到 OJ。

(3) 贸易效应。征税以后，X 产品和 Y 产品的贸易量都会减少。如图 6.3 所示，X 产品的出口量从 CM 下降到 FD，Y 产品的进口量从 GK 下降到 HJ。

(4) 净福利效应。由于征税是一个小国，征税后其贸易条件不发生变化，国际贸易仍按照原来的国际相对价格进行，所以新的消费均衡点应在通过 Q_t 与相对价格线 P_w 平行的线上。另一方面，国内消费者面对的相对价格为 P_t，因此，通过新的消费均衡点的社会无差异曲线的切线与相对价格线 P_t 是平行的，即新的消费均衡点为 E_t。通过 E_t 的社会无差异曲线从 I_2 下降到 I_3，这表明该国的社会福利水平下降了。

2) 大国的关税效应

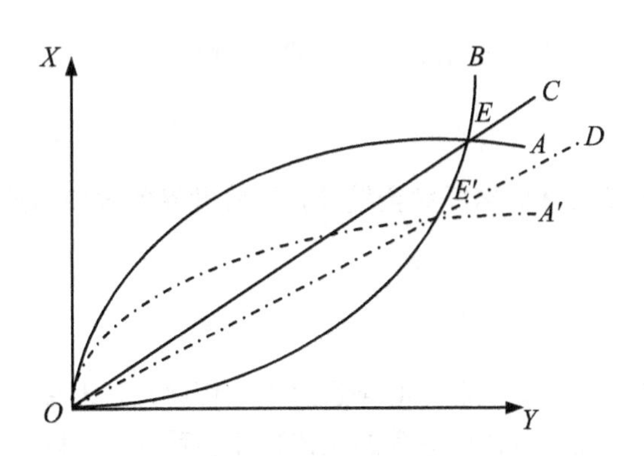

图 6.4　大国征收关税的一般均衡效应分析图

假定世界上只有本国和外国，只生产 X 和 Y 两种产品，本国出口 X 产品、进口 Y 产品；外国则相反，进口 X 产品、出口 Y 产品。如图 6.4 所示，大国在没有征税时的贸易提供曲线 OA 和外国的贸易提供曲线 OB 的交点确定了自由贸易时的均衡点 E，对应的国际市场的相对价格 P_x/P_y 等于 OC 的斜率。

知识链接

贸易提供曲线的分析工具由马歇尔提出，用以分析均衡国际贸易条件的决定。提供曲线是表示一个国家贸易条件的曲线，它反映一国想交换的进口产品的数量与所愿出口的本国产品数量之间的函数关系，是通过连接该国在不同的贸易条件下贸易意愿点而得的曲线。各国的提供曲线都是弯向自己进口的产品，表示的贸易条件都是对本国越来越有利。

征收关税以后，在每一贸易条件下，该国从事贸易的意愿都有所减弱，提供曲线向下移动，即旋转为 OA' 。OA' 与 OB 在点 E' 相交，达成新的贸易均衡，新的国际相对均衡价格等于 OD 的斜率。OD 的斜率大于 OC 的斜率，即国际市场相对均衡价格 P_x/P_y 变大，本国的贸易条件改善，而外国的贸易条件恶化。同时，也可以看出征收关税以后，两国的贸易量减少。对本国来说，贸易条件的改善增进了其福利，但是贸易量的减少却降低了福利水平。所以本国福利水平的变化并不确定，取决于这两种相反作用的净效应。同局部均衡的结论一样，大国征收关税的一般均衡效应也是不确定的。

6.2 非关税措施

非关税措施(non-tariff barriers，NTBs)，也称非关税壁垒，是指除关税措施以外的一切限制进口的措施。它是与关税措施相对而言的，和关税措施一起充当政府干预贸易的政策工具。在关税与贸易总协定与世贸组织的努力下，世界关税总体水平得以大幅度下降，关税措施的贸易保护作用已大为削弱，于是各国转而主要采用非关税壁垒来限制进口。

6.2.1 非关税措施的特点

与关税措施相比较，非关税措施具有鲜明的特点。

1. 多样性

非关税措施的种类很多，据不完全统计，目前世界各国使用的非关税措施多达上千种，且还在不断增加。

2. 灵活性

一般而言，各国关税税率的制定必须通过立法程序，要求具有一定的延续性，如果要调整或更改税率，往往需要经过比较繁琐的法律程序和手续。所以尽管有可能在商品分类和海关估价上作文章以提高进口商品的关税，但这种随意性毕竟有限。同时关税税率的调整直接受到世贸组织的约束，因此关税壁垒的灵活性很弱。而非关税措施则不然，它采用行政手段，制定、改变或调整都来得迅速、简单，伸缩性很大，能很快达到限制进口的目的。

3. 隐蔽性

一般说来，关税税率确定后，往往以关税税则等法律形式公布于众，依法执行，毫无隐蔽性可言。但是一些非关税措施往往不公开，或者规定极为烦琐复杂的标准和手续，使得出口商难以知情和应付。

4. 有效性

关税对进口产生的效果是间接的，主要通过提高进口商的进口成本进而影响进口数量。如果进口商凭借规模经济或出口补贴取得低生产成本时，关税的保护作用不再明显。非关税措施往往是直接限制进口数量，或直接禁止某些种类的产品进口。

5. 歧视性

任何国家只有一部关税税则，不论是单式还是复式税则，不能很好地体现进口国的国别政策，而非关税壁垒则拥有极强的歧视性，甚至可以针对某一个国家或数个国家单独采用某种措施。

6.2.2 非关税措施的分类

非关税措施多种多样，主要可分为两大类：直接的非关税措施和间接的非关税措施。间接的非关税措施是指一国政府不直接限定进口商品的数量和金额，而是通过对进口商品制定各种严格的条件或国内政策法规来间接地限制商品的进口。

1. 直接的非关税措施

直接的非关税措施是指一国政府对进口商品的数量和金额加以直接地限制。

1) 进口配额

进口配额又称进口限额(import quotas system)，是一国政府在一定时期内，对于某些商品的进口数量或金额加以直接的限制。在规定的期限内，配额以内的货物可以进口，超过配额不准进口，或者征收较高的关税或罚款。

(1) 进口配额的分类。根据控制的力度和调节手段，进口配额分为绝对配额和关税配额两种形式。

① 绝对配额(absolute quotas)。绝对配额是指一国政府在一定时期内，对某些商品的进口数量或金额规定一个最高数额，达到这个数额后，便不准进口。绝对配额按照其实施方式的不同又有三种。

第一种是全球配额(global quotas)，是指对某种商品的进口给出一个总的限额，而不区分进口商品的国别和地区。主管当局通常按进口商申请先后或者过去某一时期内实际进口额批给一定的额度，直至总配额发完为止，超过总配额就不准进口。

贸易实践

20世纪80年代加拿大对鞋类实施的全球配额

加拿大规定，从1981年12月1日起，对除皮鞋以外的各种鞋类实行为期三年的全球配额。第一年的配额为3560万双，以后每年进口量递增3%。加拿大外贸主管当局根据有关进口商1980年4月1日至1981年3月31日期间所进口的实际数量来分配额度，但对进口国家或地区不加限制。

第二种是国别配额(country quotas)，是在总配额内按国别或地区分配给固定的配额，且国家或地区之间的配额不准借用，一旦超过自己的配额便不准进口。因此，按国别配额进口时，进口商必须提供进口商品的原产地证书。与全球配额不同的是，实行国别配额可以很方便地贯彻国别政策。

2000年美国对牛奶实施的国别配额

2000年美国对于牛奶进口实施国别配额，分配情况如下：澳大利亚91 625kg；丹麦605 092kg；德国9997kg；荷兰548 393kg等。

第三种是进口商配额，是指一国把某些商品的进口配额直接分配给本国进口商。发达国家政府往往把配额分给大型垄断企业，中小进口商难以分到或分配的数量很少。

② 关税配额。关税配额是指政府在一定时期内对某种进口的绝对数量不加限制，只是对配额内的进口商品，给予低税、减税或免税待遇，对超过配额的进口商品则征收较高的关税。

1974年澳大利亚对服装实施的关税配额

1974年12月，澳大利亚规定对除男衬衫、睡衣以外的各种服装，凡是超过配额的部分加征175%的进口附加税。如此高额的进口附加税，实际上起到禁止超过配额的商品进口的作用。

(2) 进口配额的分配。在实践中，配额通常与进口许可证结合使用，其分配方法主要有三种。

① 竞争性拍卖。即政府将配额许可证售卖给出价最高的进口商。

② 按固定比例优惠发放。政府根据实施配额以前各厂商在进口总额中所占的份额免费发放进口配额。

③ 按申请顺序发放。政府根据进口商申请的先后顺序分配进口配额。这种方式相对公平，但由于申请者众多，配额资源的稀缺，在配额申请中往往会出现一定程度的寻租行为，因此这种分配方式不利于资源的优化配置。

(3) 进口配额与关税的比较。进口配额和关税有很多相似之处，但在具体的经济运行过程中，两者也存在很多差别。

① 对政府收入的影响。在征收关税的情况下，关税收入为政府所得。实施进口配额条件下所产生的收入归谁所有则取决于配额的分配方式。其一，如果政府将具有配额的许可证进行拍卖，那么拍卖所得的收入归政府所有。其二，如果政府对于进口配额实行按固定比例优惠发放，那么这一部分收入为一些进口商无偿地获得。其三，如果采取按申请顺序分配，那么企业就会为了获得这部分收入，花费时间和金钱对政府官员进行游说和疏通。

② 对价格的影响。在征收关税的条件下，如果国内对该产品的需求上升，只要消费者愿意承担关税的负担，那么可以继续增加进口，供给也增加，国内价格不变，仍然是国际价格加关税。然而，在实施配额的条件下，国内需求上升，由于进口受到配额的限制不可能再增加，因此，国内价格会随之上升。

③ 对国内厂商的影响。在征收关税的条件下，国内厂商对于商品的销售不可能实施垄断。如果国内厂商企图抬高价格进行销售，那么消费者就会转向购买进口产品，迫使国内厂商只能按照世界价格加上关税的价格销售商品。在实施配额的条件下，由于进口量始终保持不变，从而加强了国内厂商的垄断权利，即其可以将价格提高到世界价格加上关税的价格之上。

④ 实施进口配额比征收进口关税更加难于操作。征收进口关税，海关人员按照从价税或者从量税的税率征税，操作起来相对比较容易。然而，实施进口配额比较难以操作，表现在以下几个方面。其一，在实施进口配额的条件下，便宜的商品往往难于获得配额。由于配额一般是设置进口数量的限制，如布是按照长度，钢铁是按照重量，鞋是按照数量发放配额。因此，进口商为了充分利用配额，获取最大限度的利润，必然进口附加值高的产品，那些比较便宜的商品也就难以进口。其二，实施进口配额，会由配额引起新的配额，配额的种类愈演愈多，难以控制。例如，某国对于进口钢锭实施进口配额，那么一些进口商就会转向进口钢材。如果政府进一步对于进口钢材实施进口配额，那么进口商又会转向进口无缝钢管或者其他特殊钢材；又如，政府对于进口制造纸张的木材实施进口配额，那么进口商会转向进口纸浆；政府对于进口纸浆实施进口配额，那么进口商又会转向进口一般纸张；政府对于进口一般纸张实施进口配额，进口商还会转向进口高级复印纸张或其他的纸张。总之，配额会导致新的配额的产生。正如经济学家布朗和霍根多伦在他们合著的《国际经济学》一书中所说：比较优势类似于洪水，而配额类似于沙袋。当洪水进入之时，政府企图用配额这一沙袋来堵住洪水，使用一些沙袋可能堵住了这一部分的缺口。然而，洪水还会冲开另一个缺口，再用沙袋堵塞，洪水照样还会冲出新的缺口。使用配额来对付进口，就如同使用沙袋对付洪水一样，堵不胜堵。

⑤ 实施进口配额会引发政治上的腐败。由于实施进口配额形成国内价格和世界价格的差额，每一张进口许可证无形中有了价值。谁获取了配额的进口许可证，谁就可以得到这一高额利润。为了获取进口许可证，一些厂商将会不惜用金钱对官员进行贿赂。这种现象不是存在于某一个或几个国家，而是一个较为普遍的现象。此外，如果政府按照固定比例优惠发放的方式分配配额，常常出现一些贸易公司获得大量的配额，但是其出口额日益缩小，而又出现了一些新的出口企业，这些企业往往又无法获得配额，因此出现配额转卖的现象。有的贸易公司仅仅靠出售配额就可以赚取“利润”，而一些新的出口企业需要购买配额，使得出口成本大幅度上升。

2) “自动”出口配额

“自动”出口配额制又称“自动”限制出口(voluntary export restrain，VER)，是指出口国家或地区在进口国的要求或压力下，“自动”规定某一时期内，某些商品对该国的出口限制，在限定的配额内自行控制出口，超过配额即禁止出口。

“自动”出口配额的实质和进口配额是相同的，所不同的是，配额的分配由出口国政府分配给本国的出口公司。美其名曰“自动”，而实际上是在进口国的强大压力下，不得已而为之。因为，如果出口国不接受这种较为体面的“自动”限制，那么就会受到进口国更加强硬的制裁，如实施进口配额，或者征收100%、200%的报复性关税等。

“自动”出口限制主要有两种形式，一种是非协定的“自动”出口配额，即出口国在进口国的压力下，在一定时期内自行单方面规定出口配额，限制商品出口。另一种是协定的“自动”出口配额，即出口国与进口国通过谈判签订“自限协定”或“有秩序销售协定”，在协定中规定有效期内某些商品的出口配额。出口国应据此实行出口证制或出口配额签证制，自行限制这些商品出口，进口国则根据海关统计进行检查。自动出口配额大多属于这一种。

贸易实践

日本对美汽车出口的自动出口限制

20世纪80年代初，美国要求日本“自愿”限制汽车出口的数量。至1963年，世界的小汽车生产集中在美国和西欧国家，日本的汽车生产只占世界产量的2.6%。然而，到1980年，日本小汽车产量占世界产量的比重上升到28%，日本汽车出口量占世界市场的比重达37%。日本汽车大量出口到美国和西欧国家。1978年，美国汽车生产量为930.8万辆，然而到1980年下降至658.1万辆，减少产量272.7万辆。同年日本汽车进入美国市场达199.2万辆。出现这一情况的原因：其一，当时日本汽车的竞争力较为强劲，主要是日本汽车的质量较高，返修率比较低。其二，特别是20世纪70年代，在世界石油价格两次大幅度上涨的条件下，日本生产的主要是小型的节油车，因而受到消费者的普遍欢迎。而美国三大汽车公司在油价大幅上涨的情况下，依然生产耗油量多的豪华型小轿车。1979年，在世界市场每桶石油的价格上涨至38美元时，美国汽车公司陷入困境，美国三大汽车公司在1980年里亏损40亿美元，第三大汽车公司克莱斯勒濒临破产。在这种形势下，1981年美国政府要求日本“自愿”出口限制，出口到美国市场上的汽车数量，每年不得超过168万辆，为期三年。

3) 进口许可证

(1) 进口许可证的含义。进口许可证制(import license system)是指一国政府规定某些商品的进口必须申领许可证，否则一律不准进口的制度。许可证制与进口配额制一样，也是一种进口数量限制，是运用行政管理措施直接干预贸易行为的手段。

实行进口许可证制，不仅可以在数量和金额以及商品性质上进行限制，而且可以控制来源国国别和地区。也可以对国内企业实施区别对待，有些国家在发放许可证时往往对垄断大公司予以照顾。因此，进口许可证在限制进口上具有运用灵活、便于区别对待和控制严格等特点。它既可以单独使用，又可以与配额结合使用，也可以与外汇管制结合使用。例如，有的政府规定，只有在准许进口的配额内，外汇管理部门才准许兑换一定数量的外汇用于进口。此外，进口许可证制还可以通过发证地点的安排、办证手续和程序控制以及许可证有效时间的规定等方面，人为设置贸易障碍，以增加进口商的成本和风险，达到限制进口的目的。

(2) 进口许可证的分类。

① 按进口许可证与进口配额的关系分类。进口许可证按照其与进口配额的关系可分为

两种，一种是有定额的进口许可证。这种许可证是指进口国预先规定有关商品的进口配额，然后在配额的限度内，根据进口商的申请，对每一笔进口商品发给进口商一定数量或金额的进口许可证，配额用完为止。可见，这是一种将进口配额与进口许可证相结合的管理进口的方法，通过进口许可证分配进口配额。若为“自动”出口限制，则由出口国颁发出口许可证来实施。一般来说，进口许可证是由进口国有关当局向提出申请的进口商颁发的，但也有将这种权限交给出口国自行分配使用的。另一种是无定额的进口许可证。这种许可证是指不与进口配额相结合的进口许可证。即政府机构事先不公开进口配额，只是在个别考虑的基础上，向进口商颁发有关商品的进口许可证。由于这种许可证的发放权完全由进口国主管部门掌握，没有公开的标准，因此更具有隐蔽性，给正常的国际贸易带来困难，起到更大地限制进口的作用。

② 按进口商品的许可程度分类。进口许可证按照进口商品的许可程度可分为两种。一种是公开一般许可证，又称公开进口许可证、一般许可证或自动进口许可证。此类许可证对进口实际上没有任何限制。凡列明属于公开一般进口许可证范围内的商品，无论进口商品属于哪个国家和地区，只要进口商填写公开一般许可证后，便可获准进口。因此从本质上讲，属于这类许可证的商品实际上属于“自由进口”的商品。填写许可证的目的不在于限制商品进口，而在于管理进口，如海关凭许可证可直接对商品进行分类统计，有时也可适当调节外国商品的流入速度。另一种是特种进口许可证，又称非自动进口许可证。凡列明属于特种进口许可证范围内的商品，进口商在进口此类商品时，必须向政府有关当局提出申请，经政府有关当局逐笔审查批准后才能进口。特种进口许可证大多规定进口国别或地区，以体现经贸政策的国别原则。

2. 间接的非关税措施

1) 外汇管制

(1) 外汇管制的含义。外汇管制(foreign exchange control)也称外汇管理，是指一国政府通过法令对国际结算和外汇买卖加以限制，以平衡国际收支和维持本国货币汇价的一种制度。负责外汇管理的机构，一般都是政府授权的中央银行(如英国的英格兰银行)，但也有些国家另设机构，如法国设立外汇管理局担负此任。

对外贸易与外汇有密切关系，出口可收进外汇，进口要付外汇，因而外汇管制必然间接影响到进出口贸易，因此有些国家把外汇管制作为限制进口的一种重要手段。

(2) 外汇管制的分类。外汇管制的方式较为复杂，一般可以分为以下几种。

① 数量性外汇管制。数量性外汇管制指国家外汇管理机构对外汇买卖的数量直接进行限制和分配。一些国家实行数量性外汇管制时，往往规定进口商必须获得进口许可证后，方可得到所需的外汇。

② 成本性外汇管制。成本性外汇管制是指国家外汇管理机构对外汇买卖实行复汇率，所谓复汇率，也称多重汇率，是指一国货币对外汇率有两个或两个以上，分别适用于不同的进出口商品。从而利用外汇买卖成本差异来间接影响不同商品的进出口，达到限制或鼓励某些商品进出口的目的，即根据出口商品在国际市场上的竞争力，为不同商品规定不同的汇率以加强出口；根据保护本国市场的需要，为进口商品规定不同的汇率以限制进口等。

③ 混合性外汇管制。混合性外汇管制是指同时采用数量性和成本性外汇管制，对外汇实行更为严格的控制，以影响商品进出口。

2) 进口最低限价

进口最低限价(minimum price)，是指一国政府规定某种进口商品的最低价格，凡进口商品的价格低于这个标准，就加征进口附加税或禁止进口。这样，一国便可有效地抵制低价商品进口或以此削弱进口商品的竞争力，保护本国市场。

贸易实践

20 世纪 80 年代欧共体对农产品实施的“闸门价”

20 世纪 80 年代，欧共体(现为欧盟)为保护其农产品，规定了外国农产品进入欧共体的最低限价，即闸门价。如果外国产品的进口价低于闸门价，就要征收附加税，使之不低于闸门价，然后在此基础上再征收调节税。我国农产品对欧出口就深受闸门价的影响。以冻猪肉为例，去骨分割冻猪肉是我国一项传统出口产品，在欧洲国家十分畅销。1983 年欧共体规定了其闸门价每吨 1 800 美元，调节税每吨 780 美元，而当时欧共体的销售价只有 2 500 美元。由于进口成本超出市场价格水平，中国冻猪肉于 1983 年全部退出欧共体市场。仅“闸门价”这一项农产品贸易壁垒措施，就使我国冻猪肉出口每年损失 6 000 万美元。

3) 进口押金制

进口押金制(advanced deposit)又称进口存款制或进口担保金制，是指进口商在进口商品前，必须在规定的时间预先按进口金额的一定比例，在国家指定的银行无息存入一笔现金，才能进口。这种制度无疑加重了进口商的资金负担，影响其资金的周转，从而起到限制进口的作用。

但是，进口押金制对进口的限制有很大的局限性。因为如果进口商以存款收据作担保，在货币市场上获得优惠利率贷款，或者国外出口商为了保证销售而愿意为进口商分担押金金额时，这种制度对进口的限制作用就微乎其微了。

贸易实践

20 世纪 70 年代意大利实施的进口押金制

意大利政府从 1974 年 5 月 7 日到 1975 年 3 月 24 日，曾对 400 多项进口商品实行进口押金制，规定凡实行进口押金制项下的商品进口，无论来自哪个国家，进口商必须先向中央银行交纳相当于进口货物价值一半的现款押金，无息冻结 6 个月。据估计，该项措施相当于征收 5%以上的进口附加税。

4) 各种国内税

利用国内税收制度来限制进口，即通过对进口货物和国内生产货物实行差别税收，使进口商品的国内税收负担增加，包括消费税、增值税等，从而削弱进口商品的竞争力，达到抑制进口的目的。由于国内税的制定和执行是属于本国政府机构，有时甚至是地方政府机构的权限，且不受贸易条约或多边协定的限制。所以，这种方法比关税更加灵活、更易于伪装。

贸易实践

法国的养路税

法国曾对引擎在5—12匹马力的汽车每年征收养路税12.15美元，对于引擎在12—16匹马力的汽车每年征收养路税30美元。当时法国生产的最大型汽车为12匹马力。很明显，实行这种税率的目的在于抵制进口汽车。

5) 海关程序

海关程序是指进口货物通过海关的程序，一般包括申报、征税、查验及放行四个环节。该通关程序的各个环节都能够成为一种有效而隐蔽的非关税壁垒。

(1) 申报环节。海关对申报表格和单证作出严格要求。例如，要求进口商出示商业发票、原产地证书、货运提单、保险单、进出口许可证、托运人报关清单等，缺少任何一种单证，或者任一种单证不规范，都会使进口货物不能顺利通关。更有甚者，有些国家故意在表格、单证上做文章，给进口商制造不必要的麻烦，以此阻碍进口。

(2) 征税环节。

① 通过海关估价制限制进口。海关估价制(customs valuation)是指海关按照国家有关规定，对申报进口的商品价格进行审核，以确定或估定其完税价格。进口商品的价格可以有许多种确定办法，不同计价方法得出的进口价格高低不同，有时还相距甚远。海关可以采用高估的方法进行估价，然后以从价税加以征收。这样一来，就可提高进口商品的应税税额，增加其关税负担，达到限制进口的目的。

贸易实践

“美国售价制”

按照通常的海关估价办法，应以进口商品的实际进口成交价格作为确定完税价格的依据。但美国海关当局对煤焦油产品、胶底鞋类、蛤肉罐头、毛手套等商品，依“美国售价制”(american selling price system)这种特殊估价标准进行征税。这四种商品都是美国国内售价很高的商品，按照这种标准征税，使这些商品的实际进口税率大幅度地提高。例如，某种煤焦油产品的进口税率为从价20%，它的进口价格为每磅0.50美元，应缴进口税每磅0.10美元。而这种商品的“美国售价”每磅为1.00美元，按同样税率，每磅应缴进口税为0.20美元，其结果是实际的进口税率不是20%，而是40%，即增加了一倍，这就有效地限制了外国货的进口。“美国售价制”引起了其他国家的强烈反对，直到“东京回合”签订了《海关估价守则》后，美国才不得不废除这种制度。

② 通过商品归类提高税率限制进口。进口商品的税额大小除取决于海关估价外，还取决于征税产品的归类。海关将进口商品归在哪一税号下征收关税，具有一定的灵活性。因此，海关可采取将进口商品分类在税率高的税则项下，以增加进口商品关税负担，从而限制进口。不过，大多数国家采用的《海关合作理事会税则商品分类目录》或《协调制度》都比较完善，一般产品该在哪个税则下都比较清楚，因而利用商品分类来提高税率的作用相对有限。即使如此，有些国家不依据海关合作理事会制定的税则和《协调制度》来制定

本国的海关税则和商品分类，而是自己制定一套商品分类，这就增加了进口商品的税收负担和不确定性，从而起到限制进口的作用。

③ 查验放行环节。为了限制进口，海关查验的过程可以变得十分复杂，或者对有淡旺季的进口商品进行旷日持久的检查，故意延误其销售季节，从而实际上限制了进口数量。

普瓦蒂埃事件

20世纪80年代，日本的录像机大量进入法国市场，法国政府很头痛，因为日本的录像机质量较好，价格也比较便宜，法国制造的录像机难以和日本的录像机竞争。法国政府为了阻拦日本录像机的进口，于1982年10月宣布所有进口的录像机必须到普瓦蒂埃的海关办理各种清关手续。普瓦蒂埃是离法国北部港口几百英里外的一个偏僻内陆小镇。日本的进口录像机进入法国北部的海港以后，还得转为卡车运输到普瓦蒂埃。这样不仅延长了运输时间，还增加了运输费用。此外，普瓦蒂埃小镇上的海关很小，原来只有4个海关人员，后来才增加至8人。普瓦蒂埃规定了一套特别繁杂的海关手续。首先，海关规定所有的文件必须是法文的。海关官员对每一个文件都要经过仔细地审查，查看文件中是否存在着问题和矛盾。其二，海关规定每一个集装箱都必须开箱检查，甚至每一台录像机也要拆开检查，看看录像机的零部件的原产地是否和文件上的相同，并且仔细校对序号，其结果大大拖延了录像机的清关时间。据当地海关负责人说，在此以前，一个上午可以清关一卡车录像机，现在要用二至三个月才能完成。

6) 歧视性政府采购政策

歧视性政府采购政策(discriminatory government procurement policy)是指一些国家制定法令，规定政府机构在采购时要优先购买本国产品，从而对国外产品构成歧视的做法。这一政策的实施直接把外国商品排除在竞争之外，是一种非常有效的非关税壁垒。

贸易实践

欧美日的歧视性政府采购政策

1933年，美国国会通过了《购买美国货法》(buy american act of 1933)。这一法案规定，凡是美国联邦政府采购的货物，必须是美国制造的，或者是用美国的原料制成的。这一法律规定，凡是产品的成分50%以上在海外生产的，都被视为外国产品。在1954和1962年，美国国会对该法律又进行了两次修改，将这一比例降至30%，外国产品的概念更加宽了，限制也更加严格了。这一法律还规定，如果国内产品的价格不是不合理的太高的情况下，即国内价格不超过进口产品价格的6%至12%的条件下，需要购买本国产品。1962年修改的《购买美国货法》规定，凡本国产品的价格不超过进口产品价格的50%，国防部和财政部采购的必须是本国货。在20世纪80年代，《购买美国货法》有了比较大的扩展。1982年，美国法律规定，国内高速公路、桥梁的新建或者修理所使用的钢材必须是本国生产的。1985年规定，美国联邦政府的发电厂所使用的发电机，国产的价格不超过进口价格的25%，必须购买本国产品。同年，美国国会又要求，战略储备物资必须是国产的。在运输方面，1904年美国还颁布了“美国海运法”，开始时它只是适用于军事运输，后来这一法律的适用范围扩展得很宽。该法案规定，政府货运的3/4、军事运输的全部，必须由挂有美国国旗的船只运输，该法律一直持续到今天。它的规定加强了国内海运的垄断。这种垄断不只是降低了美国海运的效率，而且使得美国船只的运输费用为外国海运运费的一倍。美国战略石油储备运费是世界石油海运费用的四倍。美国政府还规定，即使是外国航空公司的票价比美国航空公司的便宜，即便是外国航空公司的航班的日期和时间比较便利，凡是美国政府的公务员，必须乘坐美国航空公司的飞机。

同样，在欧盟，政府采购优先采用国货也被以各种法律的形式确立。例如，欧盟的“公共工程采购指令”和“公共部门货物采购的指令”明确规定，政府采购的招标活动，应该在“成员国范围内进行”并优先购买成员国产品。

英国、日本等国家也有类似的制度。英国限定通信设备和电子计算机要向本国公司采购。日本规定政府机构需用的办公设备、汽车、计算机、电缆、导线、机床等不能采购外国产品。

歧视性政府采购政策在西方国家曾十分流行，直到关税与贸易总协定时期有些缔约国在东京回合签署了《政府采购协议》后才废止。但是，歧视性政府采购行为远未绝迹。在2008年全球爆发金融危机之后，世界范围内的贸易保护主义有所抬头。各国也纷纷以自保的方式支持本国或本地货物采购。其中，欧盟对其政府采购提出了新的要求，采购金额在500万欧元以上的工程，20万欧元以上的货物和服务，必须在欧盟范围内；政府采购过程中倘若要采购欧盟以外的国家的产品，会提出相应的贸易补偿条款，避免对欧盟内部各国同行业产生冲击。2009年2月18日，美国总统奥巴马签署带有“买美国货”条款的经济刺激计划。此方案中规定，但凡政府经济刺激方案下属工程，建筑所用钢铁必须为国内出产的“美国货”。

7) 技术性贸易壁垒

技术性贸易壁垒(technical barriers to trade，TBT)是指为了限制进口所规定的复杂苛刻的技术标准、卫生检疫规定以及商品包装和标签规定。

从形式上看，技术性贸易壁垒既包括决定一种商品特性的规格，如质地、纯度、营养价值、尺寸、用途等，也包括设计和说明、证书、标记、商标及检验程序等。这些标准不仅日益复杂，而且经常变化，手续繁杂，使外国商品难以适应，从而成为国际贸易中最为隐蔽、最难对付的非关税壁垒之一。

(1) 技术性贸易壁垒的主要措施。综合各国(主要是发达国家)的技术性贸易壁垒，其主要措施有以下几种。

① 技术法规和技术标准。技术法规是指必须强制执行的有关产品特性或其相关工艺和生产方法。包括国家法律、法规、规章，也可以是其他的规范性文件，以及经政府授权由非政府组织制定的技术规范、指南、准则等。而技术标准是指经公认机构批准的、非强制执行的、供通用或重复使用的关于产品特性或相关工艺和生产方法的规则、指南或特性的文件。

利用技术法规和技术标准作为贸易壁垒具有非对等性。在国际贸易中，发达国家是国际标准的制定者，而发展中国家往往是国际标准的执行者。发达国家凭借其在技术上的优势，制定较高的技术标准，而且这些标准经常变化，使得发展中国家的出口厂商要么无从知晓、无所适从，要么为迎合其标准付出较高的成本，从而失去产品在国际市场上的竞争力。

贸易实践

欧盟的技术贸易壁垒

欧盟是目前世界上技术贸易壁垒最多、要求最严、保护程度最高的地区，其工业标准就不下10万种。不仅如此，欧盟成员国也有各自的标准，如德国就有自己的1.5万个标准。除工业标准外，德国法律规定，某些进口产品必须符合特别安全规定或其他强制性技术要求。例如，电气用品必须符合德国电气工程师协会(verband deutscher elektrotechnikere，VDE)安全标准，用气体燃料做动力的设备必须符合DVGW(德国燃气与水工业协会)标准，机器、工具、家用器具、运动设备、玩具等、必须遵照目前德国承认的有关安全的机器工程条例。

② 认证措施。认证措施是指根据技术规则和标准，对生产、产品、质量、安全、环境等环节以及整个保障体系进行全面监督、审查和检验，合格后授予合格证书或合格标志，以证明某产品或服务符合规定的标准和技术规范。

在贸易自由化逐渐成为潮流的形势下，认证措施对于出口竞争能力的提高和进口市场的保护作用日益突出。目前，国际社会最有影响的质量认定标准是ISO 9000系列标准。

 **贸易实践**

美日欧的认证措施

美国是通过认证措施对进口商品设置重重障碍的典型代表，其认证体系有55个，如产品安全认证体系UL(underwrite laborarories inc，UL)。对于商品的安全性能，外国商品必须通过UL认证后才能顺利进入美国市场。日本的认证体系有25个，进口手续复杂、检验苛刻。欧盟在认证措施方面有九个统一的认证体系。欧盟以外国家的产品进入欧洲市场，至少应该满足以下三个条件之一：一是符合欧洲标准EN，取得欧洲标准化委员会CEN认证标志；二是取得欧盟安全认证标志CE；三是取得ISO 9000合格证书。

CE认证标志

UL认证标志

③ 卫生检疫标准。卫生检疫标准是指一国政府利用道德、健康、安全等理由为进口设置障碍，对进口商品制定严格的卫生和安全标准，使进口商品在一些细节方面与有关要求不相符合，从而被拒绝进口。

这一标准的初衷在于保护人类和动物的生命免受食品和饮料的添加剂、污染物、毒素及外来病虫害传入危害；保护植物的生命免受外来病虫传入的危害。但由于各国的文化背景、生活习惯、安全及生活环境，特别是收入水平的差异，发展中国家的产品往往难以达到发达国家的近乎苛刻的要求。其中安全与卫生检疫是常用的措施，一般适用于农副产品、药品、化妆品等。当前，各国通过制定苛刻的安全与卫生检疫标准来限制外国商品进口已越来越普遍。主要表现为接受卫生检疫商品的范围不断扩大，其检验标准也越来越苛刻。

 **贸易实践**

日本对中国出口大米的卫生检疫标准

日本对进口中国大米的农药残留检测项目逐年增加。1993年的检测项目还只有47项，1994年则增加到56项，1995年64项，1996年81项，1997年91项，1998年104项，到2002年则达到123项。

④ 商品包装和标签要求。商品包装和标签要求是指各国在商品的包装及包装标志等方面也有严格的规定，不符合规定者不准进口。一是对包装材料要求严格，二是对包装标志的要求。许多国家对商标的标签要求包括产品的名称、净重或数量、商品的结构、成分说明、有效日期、用法、用量、用途、价值、特性、缺陷、原产地标志等，非常繁琐。此外，还要求商标或标签要牢固地置于商品的显著位置等。由于这些规定国际上尚未统一，各国间规定的细微差别就可能被利用作为限制进口的障碍。此外通过对进口商品包装材料、包装形式、包装规格和标签规定的不断变更，也可以起到限制进口的作用。

贸易实践

美日欧的商品包装和标签要求壁垒

在包装材料方面，日本、西欧、美国等禁止使用聚氯乙烯塑料包装袋包装食品，美国则禁止使用稻草作为包装填充物，除非附有美国领事馆签发的证书。

在商品标签方面，美国是世界各国食品标签法规最为完备、严谨的国家，新法规的研究制定处于领先地位。食品和药品管理局(Food and Drug Admimistration，FDA)要求大部分的食品必须标明至少 14 种营养成分的含量，仅在该领域处于领先地位的美国制造商每年为此就要多支出 10.5 亿美元，其给落后国家出口商带来的成本压力就可想而知了，特别对那些没有条件进行食品成分分析的国家而言构成了事实上的禁止进口措施。

⑤ 绿色壁垒。随着经济发展所带来的环境污染加剧，某些资源的日益枯竭以及人类环境意识、健康意识的提高，环境保护、可持续发展成为各国特别是发达国家关注的话题，这本是人类发展进步的表现。但在这种“绿色潮流”中，发达国家假借环保之名，对其他国家特别是发展中国家设置“绿色技术壁垒”，并逐步成为其在国际贸易中使用的主要技术壁垒。其内容包括以下几个方面。

第一，绿色标准。发达国家在保护环境的名义下，通过立法，制定严格的强制性技术标准，限制国外商品进口。这些标准都是根据发达国家技术水平制定的，发展中国家很难达到。

第二，绿色环境标志。绿色环境标志又称绿色标签，是环保产品的证明性商标。它是由政府部门或公共、私人团体依据一定的环境标准颁发的图形标签，印制或粘贴在合格的商品及包装上，用以表明该产品不仅质量、功能符合要求，而且从生产到使用以及处理全过程都符合环境保护要求，对环境和人类健康无害或危害极少，有利于资源的再生产和利用。取得了环境标志意味着取得了进入实施环境标志制度国家市场的“通行证”。绿色环境标志在具体实施过程中由于认证程序复杂、手续繁琐、标准严格，增加了外国厂商的生产成本和交易成本，成为其他国家产品进入一国市场的环境壁垒。

贸易实践

世界各国的绿色环境标志制度

自德国于 1978 年第一个实施环境标志制度的“蓝天使”计划以来，环境标志制度发展极为迅速，目前世界上已有 50 多个国家和地区实施这一制度，如加拿大的“环境选择方案”、日本的“生态标志”、欧盟的“欧洲环境标志”等，并趋向于相互协调和承认。

日本生态标志　　德国“蓝天使”标志　　巴西环境选择标志　　韩国环境标志　　泰国环境选择标志

第三，绿色卫生检疫制度。发达国家往往把海关的卫生检疫制度作为控制从发展中国家进口的重要工具。他们对食品、药品的卫生指标十分敏感，如食品的安全卫生指标、农药残留、放射性残留、重金属含量、细菌含量等指标的要求极为苛刻。绿色卫生检疫制度影响最大的产品是药品和食品，为保障食品安全，许多国家采取了严格的检疫制度，有些国家建立了近乎苛刻的检疫标准和措施，形成了实质上的贸易保护。

贸易实践

欧盟对茶叶进口实施的卫生检疫制度

从 2000 年下半年开始，欧盟对进口的茶叶实行新的最高农药允许残留量标准，部分产品农残的最高允许量仅为原来的 1/200～1/100。欧盟对中国输入的茶叶检测结果显示，农残超标呈逐年上升趋势，如氰戊菊脂的超标率 1997 年红茶为 16.4%，绿茶为 25.7%，1998 年分别为 42.6%、37.9%。这对中国茶叶对欧盟出口构成严重障碍。

第四，加工和生产方法内在化要求。即限制或禁止采用不利于环境保护的方法生产产品。

贸易实践

海 龟 事 件

1996 年，美国国务院颁布了旨在保护濒危动物海龟的新版《609 条款实施指导细则》，该细则要求所有捕虾船的虾网上必须装有海龟逃生装置，简称 TED，以避免捕虾过程中误伤海龟，并将这条法规延伸适用所有外国。《609 条款》的实施导致包括中国在内的多个国家因其捕虾船未装有 TED 装置，而被美国禁止所有的海虾进口，损失惨重。

(2) 技术性贸易壁垒的两重性与甄别机制。各国设立技术性贸易壁垒的动因非常复杂，但从两重性的角度分析，可以将其归结为两个方面，一个方面是为了调整国内市场的扭曲而制定的调整政策，这是值得提倡和理所应当设立的；另一个方面就是出于保护国内产业或获取贸易利益而制定的苛刻技术标准，是非关税壁垒的一种，这又是其不合理的一面。

第一，合理的一面在于有些国家的技术贸易壁垒措施是出于解决国内市场失灵的目的而制定的。经济理论从市场失灵的角度出发，认为政府适度的贸易政策干预能够纠正市场扭曲并提高本国的福利水平。技术性贸易壁垒正是基于这样的目的或者说借口而产生并合理的存在着。就技术性贸易壁垒来说，就是政府针对信息不对称、外部效应及社会公共物品供应不足等市场扭曲，对其形成进行干预，制定适当的政策以达到纠正扭曲、保护人民安全与健康、保护环境以及增进经济效率的作用。首先，从技术性贸易壁垒解决市场交易中信息不对称来看。微观经济学告诉我们，在市场交易行为中，普遍存在着信息不对称，导致消费者无法确定产品的质量，支付意愿不会随着产品质量提高而调整，因此企业缺乏生产高质量产品的动机，低质量产品采取低价竞争方式获得大量利润，市场均衡的最终结果是生产低质量产品。所以设立技术性贸易壁垒以后，政府制定的各种技术法规与标准对产品的质量、性能、安全卫生指标等予以明确规定，而合格评定程序与检疫措施则据以对进口产品是否符合有关规定与要求进行测试、检疫检验与认证，其结果是使消费者在科学手段保证的基础上获得充分的有关产品特征、质量和安全的信息，据以作消费决策，从而有效地避免了市场交易中信息不对称所产生的问题，保护了消费者利益。其次，技术性贸易壁垒可以起到克服外部效应的作用。所谓外部效应，是指经济活动所产生的，没有得到市场承认的危害或利益。外部效应可以是正效应，也可以是负效应，技术性贸易壁垒所要解决的主要是贸易所带来的负效应，如进口商品中携带的虫害或疾病可能会在进口国生存、繁殖与传播，进而会增加进口国的生产成本或者减少本国产量。而技术性贸易壁垒确定了一定的卫生检疫措施，对有关产品的进口进行控制，从而可以起到克服进口可能产生的生产或消费外部效应、增进社会福利的作用。

第二，不合理的一面就是出于经济利益的保护而设立的技术性贸易壁垒。政府的技术性贸易壁垒政策制定有可能为某些利益集团所影响或控制，其目的在于通过制定某种技术法规或标准阻碍外国竞争性产品进入，进而对国内产业提供保护。例如，要求某种产品必须具备在本国更易获得的要素投入；或者无视别国的资源禀赋扭曲其要素优势，如欧盟要求其内部销售的纸箱中必须使用一定比例的回收纸，可能使瑞典和芬兰的造纸企业丧失以自然资源为基础的比较优势。这种技术性贸易壁垒是通过国际间不同的法规和标准来管理外国产品进入国内市场销售，将本国产业与国际竞争市场相隔离，从而起到保护本国产业与经济的贸易限制作用。

对技术性贸易壁垒合理存在的认定可以基于两个要素：一是基于合理的使用目的，二是保护水平适度，也就是说真实保护超出合理限度就具有了保护主义的成分。

贸易实践

荷尔蒙牛肉案例

继20世纪七八十年代发生的一系列与荷尔蒙牛肉相关的消费恐慌之后，欧盟委员会禁止在牛肉生产中使用促进生长的荷尔蒙激素，仅仅允许在治疗和畜疫研究中使用。这一禁令同时适用于本国生产和外国进口牛肉。由于遵守了国民待遇和最惠国待遇原则，欧盟的禁令表面上看是符合世贸组织法规的。但是，美国和加拿大的贸易因此而严重受阻，他们向世贸组织的争端解决机构起诉欧盟的贸易禁令构成了对国际贸易不合理的限制。对欧盟实施荷尔蒙牛肉禁令的科学基础，其选择在本国牛肉大量剩余的时机下实施禁令的真实动机以及该禁令对欧盟生产者保护的水平提出质疑。欧盟则以国家主权的借口驳回对其保护水平的任意和不合理的谴责，认为根据世贸组织相关条款的规定，各国有权选择适合本国的保护水平，并且宣称就现有的科学知识来看，其有权实施临时措施。

专家组裁定欧盟的进口禁令违反了世贸组织的规定。第一，欧盟在执行禁令的时候没有完全参照相关荷尔蒙物质的国际标准。第二，荷尔蒙牛肉中的荷尔蒙残留水平低于其引起人类疾病和其他未被禁止的食品的相关荷尔蒙水平，是在合理的范围限度内。欧盟禁令的实施和维持缺乏充分的科学依据，难以证明该措施是保护人类免受与消费联系的健康风险的必要措施。第三，欧盟的措施不是建立在对荷尔蒙牛肉进口的风险科学评估的基础上，禁令是对某种感知的风险而非实际风险做出的反应，构成了对贸易的变相限制。第四，欧盟在可比情形下所设定的风险保护水平不一致。起诉方指出欧盟允许在猪肉生产中使用一种可能致癌的饲料添加剂，作为对牛肉禁令的任意性的证据，并将这种政策的不一致性归结为欧盟牛肉和猪肉生产部门的相对竞争力的不同。

6.2.3 世贸组织对非关税措施的制约

世贸组织规则体系对非关税措施可能带来的负面效应给予了高度关注，它不仅直接强调了关税优先的重要原则，而且通过制定不少具体协定进一步加以有效约束。它的有关重要规定直接划定了许多非关税措施的边界和功能，目的在于防止其成员借此推行贸易保护主义。

1.《进口许可程序协议》的规定

该协议要求世贸组织成员国的进口许可程序不应成为对一般来源或特定来源的产品实施进口限制的手段，要求各成员防止因实施进口许可程序对贸易产生不必要的扭曲。

《进口许可程序协议》要求各成员的进口许可制度透明并且具备可预见性、公开足够的信息使贸易商了解为什么采取许可证制度。为使各成员进口许可程序保持非歧视性，减少行政管理措施的随意性，该协议还要求各成员做到：中性实施并公平、公正地管理进口许可程序；提前公布为符合许可要求所需的一切规章和资料，并将有关副本提交世贸组织秘书处；简化许可申请表格和手续，行政管理机关不得超过三个；许可证持有者应该与非许可证产品的进口者一样拥有获得必要外汇的机会。

2.《海关估价协议》的规定

该协议包括四个部分，共31条。其中有大量注释和一个议定书。它规定了主要以商品的成交价格为海关完税价格的新估价制度。其目的在于为签字国的海关提供一个公正、统一、中性的货物估价制度，不使海关估价成为国际贸易发展的障碍。这个协议规定了下列六种不同的依次采用的新计价法。

1) 商品的成交价格

根据协议的第一条规定，成交价格(transaction value)是指“商品销售出口运往进口国的实际已付或应付的价格”，即进口商在正常情况下申报并在发票中所载明的价格。如果海关不能按上述规定的成交价格确定商品海关估价，那就采用第二种办法。

2) 相同商品成交价格

相同商品的成交价格(transaction value of identical goods)又称为同类商品的成交价格，

是指与应估商品同时或几乎同时出口到同一进口国销售的相同商品的成交价格。所谓相同商品，根据协议第15条第2款，其定义为“它们在所有方面都相同，包括相同的性质、质量和信誉。表面上具有微小差别的其他货物，不妨碍被认为符合相同货物的定义。”当发现存在两个以上相同商品的成交价格时，应采用其中最低者来确定应估商品的关税价格。

3) 类似商品的成交价格

类似商品的成交价格(transaction value of similar goods)是指与应估商品同时或几乎同时出口到同一进口国销售的类似商品的成交价格。所谓类似商品就是与应估商品比较，各方面虽不完全相同，但有相似的特征，使用同样的材料制造，具备同样的效用，在商业上可以互换的货物。在确定某一货物是否为类似货物时，应考虑的因素包括该货物的品质、信誉和现有的商标等。

4) 倒扣价格法

倒扣价格法是以进口商品、同类进口商品或类似进口商品在国内的销售价格为基础减去有关的税费后所得的价格。其倒扣的项目包括代销佣金、销售利润和一般费用，还包括进口国内的运费、保险金、进口关税和国内税等。倒扣价格法主要适用于寄售、代销性质的进口商品。

5) 计算价格法

计算价格(computed valne)又称估算价格，是以制造该种进口商品的原材料、部件、生产费用、运输和保险费用等成本费以及销售进口商品所发生的利润和一般费用为基础进行估算的完税价格。这种方法必须以进口商能提供有关资料和单据，并保存所有必要的账册等为条件，否则海关就不能采用这种办法确定其完税价格。这种估价方法一般适用于买卖双方有业务关系的进口商品。根据协议规定，第四种和第五种办法可以根据进口商的要求进行调换使用。

6) 合理法

合理法又称“回顾”法(reasonable means)。如果上述各种办法都不能确定商品的海关估价，便使用第六种办法，对这种办法未作具体规定，海关在确定应税商品的完税价格时，只要不违背本协议的估价原理和总协定第七条的规定，并根据进口商品的现有的可获得的资料，作为合理的估价办法确定完税价格。

3.《政府采购协议》的规定

该协议的基本内容是，政府采购实施国民待遇原则。在政府采购中，外国的货物供应者及服务者享受的待遇不得低于本国的货物供应者和服务者的待遇。其目的是建立一个有效的关于政府采购的法律、规则、程序和做法等方面的权利与义务的多边框架，以实现世界贸易的扩大和更大程度的自由化，改善协调世界贸易运行的国际框架。在政府采购法律、规章、程序与做法上，不应对国内外产品与服务的供应商实行差别待遇；各方期望提高政府采购法律、程序与做法的透明度；有必要就通知、磋商、监督和争端解决建立国际程序，以确保有关政府采购国际条约的公正、迅速和有效实施，最大可能地维护成员国的权利和义务的平衡。该协议适用的范围是各缔约国政府在13万特别提款权(相当于18万美元)以上的任何采购合同。地方政府实体采购的货物和服务额标准不一，一般在 20 万特别提款权左右；公用事业采购一般在 40 万特别提款权左右；建筑合同采购额一般在 500 万特别提款权左右。该协议第一次将最惠国待遇和国民待遇原则引入政府的采购领域，要求缔约国政府在采购法律、规章、程序和措施方面，对于来自另一个缔约国的产品和产品供应厂商，提供不低于本国产品和本国供应厂商所享受的待遇。协议还规定，确保在招标程序和手续上内外无差别。协议还要求缔约国公布有关法律、规章、司法或行政裁决以及有关采购程序，并向协议设立的“政购委员会”提供本国政府采购的年度统计资料。

4.《技术性贸易壁垒协议》的规定

1) 关于实施《技术性贸易壁垒协议》的合法目的

《技术性贸易壁垒协议》阐述了实施的目的，即保证各种技术法规和标准以及评定程序不会给国际贸易造成不必要障碍；不应阻止任何国家采取必要措施，以保证其出口产品的质量，保护人类、动物、植物的生命或健康及保护环境，防止欺诈行为；不应阻止任何国家采取保护其基本安全利益的措施。

2) 制定和实施技术法规和标准的贸易影响最小原则

《技术性贸易壁垒协议》指出，各成员应保证技术法规的制定、采用或实施在目的或效果上均不对国际贸易造成不必要的障碍。为此，技术法规对贸易的限制不得超过为实现合法目标所必需的限度，同时考虑合法目标未能实现可能造成的风险。

3) 制定和实施技术法规和标准的国际协调原则

《技术性贸易壁垒协议》强调应当坚持国际协调。例如，各成员应尽量充分参与国际标准化机构的有关工作；应将其他成员的技术法规作为等效法规加以接受；应按照产品的性能而不是按照其设计或描述特征来制定技术法规。

4) 制定和实施技术法规和标准的透明度原则

《技术性贸易壁垒协议》在遵循透明度原则方面作出了较多的具体规定。主要包括在制定这些法规和标准的早期适当阶段，应公开发布有关信息，让有利害关系的其他成员知晓；在采用技术法规时，应立即通过世贸组织将特定技术法规及其涵盖的产品通知其他成员，并对该技术法规的目的和理由作出简要说明；应保证迅速公布已采用的所有技术法规；除紧急情况外，应在技术法规的公布和生效之间留出合理时间间隔。

5) 制定和实施合格评定程序的具体规定

合格评定程序尽可能迅速的进行和完成；公布每一合格评定程序的标准处理时限；由此类合格评定程序产生或提供的有关信息，其机密性受到与本国产品同样的遵守；进行合格评定所征收的任何费用与对本国或源自任何其他国家的同类产品所征收的费用相比是公平的；所用设备的设置地点及样品的提取不致给申请人造成不必要的不便等。

6) 制定和实施合格评定程序的国际约束

如需切实保证产品符合技术法规或标准且国际标准化机构发布的相关指南或建议已经存在或即将拟就，则各成员应使用这些指南、建议或其中的相关部分，作为其合格评定程序的基础。同时，应尽量充分参与有关标准化机构制定合格评定程序指南和建议工作。

7) 制定和实施合格评定程序的相互承认

只要可能，即接受其他成员合格评定程序的结果；鼓励各成员就达成相互承认合格评定程序结果的协议进行谈判；鼓励各成员允许其他成员领土内的相关机构平等地参加其合格评定程序等。

6.3 出口鼓励的政策措施

许多国家实施保护贸易政策的时候，常常利用关税措施或非关税措施对外国商品的进口进行限制与调节；另一方面，会采取各种鼓励出口的措施，以扩大本国商品的出口。

6.3.1 出口补贴

出口补贴又称出口津贴(export subsidies)，是指一国政府为了降低出口商品的价格，增强其在国际市场的竞争力，在某种商品出口时给予出口商的现金补贴或财政上的优惠待遇。尽管出口补贴违反世贸组织的精神，被指责为“不公平竞争”，但许多国家仍以隐蔽或不隐蔽的形式提供出口补贴。

1. 出口补贴的方式

1) 直接补贴

直接补贴(direct subsidies)，是指政府在商品出口时，直接给予出口商的现金补贴，主要来自财政拨款。其目的是为了弥补出口商品国内价格高于国际市场价格所带来的亏损，或者补偿出口商所获利润率低于国内利润率所造成的损失。

直接补贴包括价格补贴和收入补贴两种形式。价格补贴是政府或其专门设立的机构根据出口商品的数量或价值直接给予的现金补贴，如每出口一数量单位或单位价值的商品，政府补贴一些现金的做法。价格补贴也可以采取补贴差价的方式。收入补贴主要指政府或专门设立的机构对出口亏损企业进行补贴或补偿。这种做法非常少见，如中国改革开放之前，政府对外贸企业发生的亏损全部承担。

贸易实践

欧盟对农产品的价格补贴

欧盟国家的农产品由于生产成本较高，其国内价格一般高于国际市场价格。若按国际市场价格出口过剩的农产品，就会出现亏损。因此，政府对这种亏损或国内市场与国际市场的差价进行补贴。通过补贴使得本国产品获得与其他国家相同产品同样的价格竞争能力，并且能够保证正常的盈利。据统计，1994年，欧盟对农民的补贴总计达800亿美元，严重扭曲了国际市场农产品的价格。

2) 间接补贴

间接补贴(indirect subsidy)，是指政府对某些商品的出口给予财政上的优惠，以降低出口商品的成本，提高其价格竞争力，以便更有效地打进国际市场。财政性优惠包括退还或减免出口商品所缴纳的销售税、消费税、增值税、所得税等国内税，对进口原料或半制成品加工再出口给予暂时免税或退还已缴纳的进口税等。其他方面的优惠包括向出口厂商提供低价和快捷的运输、低廉的仓储费用和保险费用等。出口退税是世贸组织认可的一种出口激励手段。这是因为，出口商品在国内被征税以后，并没有在本国消费，在出口到进口国以后，又普遍面临着被再次征税。同时各国原料进口税率高低不等，使得使用进口原料的出口商品的比较利益因关税不同而发生扭曲。为了避免重复征税和消除这种比较利益的扭曲，各国对于出口退税这种出口鼓励措施都持一种认可的态度。当然，如果退税超过了一定范围，超过部分则被视为出口补贴。

贸易实践

中国的出口退税制

我国在实施出口退税措施的过程中，出口产品一般被征收17％的增值税，却由于种种客观原因而未被退够(如只退15%、13%甚至更低)。在这种实际背景下，我国政府顺势使之成为一种转换贸易增长方式的推动工具，即技术含量高的出口产品获得全额退税，技术含量低的出口产品只获部分退税，且技术含量越低的退税份额也越少。应该说，我国当时采取这种措施是可取的，且获得了令人瞩目的成效。但是，从我国大量中小出口企业的目前困境来看，降低出口退税率非但已难以推动其转换增长方式，反而还成为其滑向破产的一个诱因。换言之，我国现行出口退税政策的初衷已基本无法实现。何况，依据世贸组织的相关精神，向出口产品征收的增值税没有被退够，对所涉企业实际上也是不公平的。基于此，争取尽快对所有出口产品全额退税是适宜的。

2. 出口补贴的经济效应

现假定实施出口补贴的是一个出口量甚微的贸易小国，补贴的形式是现金补贴，该国只是价格的接受者，出口补贴不会影响国际市场价格。在这种情况下，补贴额由出口国转移到了进口国，出口补贴受益最大的是进口国消费者，而受损失的是出口国消费者和进口国的生产者，也就是说，出口国的财政补贴实际上补贴了进口国消费者的消费。如果某商品的进口国对出口国征收相当于补贴额的反补贴税，那么，出口国的财政补贴就会转化为进口国的财政收入。由此可见，出口补贴恶化了出口国的贸易条件。

如果出口国是一个贸易大国，其出口补贴对其国内价格、生产、消费以及社会利益是同质的，只是程度不同。这是因为，由于该国是个贸易大国，其出口量占世界出口量的很大比重，如果该国因出口补贴而使出口量超过自由贸易时的出口量，就会使国际市场价格下跌。这样出口补贴就转移到国外，同时，出口价格的下跌还使得该国贸易条件恶化。此外，由于该国扩大出口，压低了国际市场价格，替代了未受补贴产品的生产和销售，使进口国和其他出口国的生产者受到了不同程度的损害。

6.3.2 出口信贷

出口信贷(export credit)是指出口国的官方金融机构或商业银行，以优惠利率向本国出口商、进口方银行或进口商提供的信贷。

1. 出口信贷的种类

1) 按时间长短划分

(1) 短期信贷(short-term credit)。一般指180天以内的信贷，有的国家规定信贷期限为一年。主要适用于原料、消费品及小型机器设备的出口。

(2) 中期信贷(medium-term credit)。一般指为期1—5年的信贷。主要适用于中型机器设备的出口。

(3) 长期贷款(long-term credit)。一般指5—10年甚至时间更长的信贷。主要适用于大型成套设备与船舶等商品的出口。

2) 按信贷关系划分

(1) 卖方信贷(supplier's credit)，是出口方的出口信贷机构或商业银行向本国出口商(即卖方)提供的贷款。这种贷款协议由出口商与银行签订。

在国际贸易中，出口商与进口商的谈判如果涉及金额较大的商品贸易时(如机器设备、船舶等的出口)，进口商一般要求采用延期付款或长期分期付款的办法来支付货款，并经常把其作为成交的一个条件。但此类付款方式实际上在一定时间里占用了出口厂商的资金，从而会影响到出口商的资金周转乃至正常经营。在这种情况下，就需要出口国银行对出口商提供信贷资金，卖方信贷便应运而生。因此，卖方信贷实际是指出口地的信贷机构或商业银行直接资助本国出口商向外国进口商提供延期付款，以促进商品出口的一种方式。

卖方信贷对进出口商有利也有弊。对出口商来说，卖方信贷使其获得了急需的周转资金，有利于其业务活动的正常开展。但是在其资产负债表上会反映出相应的负债和应收账款，这不利于出口商的形象和以后的筹资，同时需承担汇率风险和利率风险。对进口商来说，虽然这种做法比较简便，便利了进口贸易活动，但却使支付的商品价格明显提高。因为出口商报价时，除出口商品的成本和利润外，还要把从银行借款的利息和费用以及外汇风险的补偿加在货价内。因此，利用卖方信贷进口的成本和费用较高。据测算，利用卖方信贷进口机器设备等，与用现汇进口相比，其价格可能要高3%～4%，个别情况下甚至可能高8%～10%。

(2) 买方信贷(buyer’s credit)，是出口方银行直接向外国的进口商(即买方)或进口方的银行提供的贷款。其附带条件就是贷款必须用于购买债权国的商品，因此也称为约束性贷款(tied loan)。

买方信贷有两种方式：一种是出口国贷款银行直接与国外买方签订贷款协议，直接贷款给进口商，进口商用该笔贷款向出口商进行现汇支付；另一种是由出口国贷款银行与进口商银行签订贷款协议，由出口国贷款银行先贷款给进口商银行，再由进口商银行贷款给进口商，然后进口商用该笔贷款向出口商进行现汇支付。

买方信贷不仅使出口商可以较快地得到货款，便于其资金周转，又避免了风险，同时不会增加其负债和应收账款；而且进口商对货价以外的费用比较清楚，便于其与出口商进行讨价还价。因此，这种方法在出口信贷中比较流行。

美国向中国提供的买方信贷

1988 年美国进出口银行为帮助本国的两家公司击败来自法国、日本等国家的竞争，使其得到向两家中国企业出口机器设备的合同，向中国两家企业提供了 9 020 万美元的贷款。其中 8 020 万美元的贷款提供给中国某玻璃制造厂以购买纽约康宁玻璃公司的机器设备，另外的 1 000 万美元则提供给中国一家聚氯乙烯企业购买宾夕法尼亚州西方化学公司的机器设备。

2. 出口信贷的特点

(1) 贷款的利率一般低于银行商业贷款利率，其差额由出口国政府给予补贴。

(2) 出口信贷的贷款金额，通常只占买卖合同金额的 85%，其余 10%～20%由进口商先支付现汇。

(3) 出口信贷的发放与出口信贷保险或担保相结合，以避免或减少信贷风险。

由于出口信贷方式能有力地扩大和促进出口，因此各国一般都设立专门银行来办理此项业务。例如，美国的“进出口银行”、日本的“输出入银行”和法国的“对外贸易银行”等，除对成套设备、大型交通工具等商品提供出口信贷外，还向本国私人商业银行提供低利率贷款或给予贷款补贴，以资助其出口信贷业务。我国于 1994 年 7 月 1 日成立了专门的政策性银行——中国进出口银行来办理出口信贷业务。

6.3.3 出口信贷国家担保制

出口信贷国家担保制(export credit guarantee system)，是指一国为了鼓励出口，对于本国出口商或银行向外国进口商或银行提供的贷款，由国家的专门机构出面担保的一种制度。在外国债务人拒绝付款时，国家担保机构就按照承保的金额，支付给出口商或银行。

1. 担保的项目与金额

国家机构担保的项目，通常是私人商业保险公司不承保的出口风险项目。这种风险可分为政治风险和经济风险两类。

1) 政治风险

由于进口国发生政变、革命、暴乱、战争，以及政府实行禁运、冻结资金或限制对外支付等政治原因所造成的损失，可给予补偿。这种风险的承保金额一般为合同金额的 85%～95%。

2) 经济风险

因进口商或借款银行破产倒闭无力偿付，或因货币贬值、通货膨胀等经济原因所造成的损失，可给予补偿。这种风险的担保金额一般为合同金额的 70%~80%，为了扩大出口，有时对于某些出口项目的承保金额甚至达到 100%。

2. 担保对象

出口信贷国家担保制的担保对象主要分为以下两种。

1) 对出口商的担保

出口商出口商品时提供的信贷可向国家担保机构申请担保。一些国家的担保机构本身不提供出口信贷，但是可以为出口商取得出口信贷提供一些便利条件。

2) 对银行的直接担保

通常银行所提供的出口信贷均可申请担保，这种担保是担保机构直接对提供贷款银行承担的一种责任。

6.3.4 出口信用保险

出口信用保险是指由于发生买方商业信用风险或买方所在国政治风险，致使企业出口后遭受的收汇损失给予经济补偿。

1. 出口信用保险的类别

出口信用保险承保的风险类别，按风险的性质可分为以下两大类。

1) 政治风险

政治风险是指在国际经济活动中发生的与国家主权行为相关、超出债权人所控制范围而造成经济损失的风险。包括进口国实施外汇管制、发生战争、罢工、暴动、关税提高、外交抵制等。

2) 商业风险

商业风险是指在国际经济活动中发生的与买家行为相关的，给债权人造成经济损失的风险。其中包括以下几个方面。

(1) 买方宣告破产，或实际丧失偿付能力。

(2) 买方拖欠货款超过了一定时间，通常规定为四个月或六个月。

(3) 买方在发货前单方中止合同或发生发货后不按合同规定提货付款或付款赎单。

(4) 因其他非常事件致使买方无力履约等。

2. 出口信用保险的作用

(1) 出口商收汇有安全保障。一旦发生出口货款损失，企业可及时获赔，大大增加了其生产经营的稳定性。

(2) 有出口信用保险保障，出口企业可以放心地采用更灵活的结算方式，从而提高了其市场竞争能力，增加了外贸交易成功的机会。

(3) 出口信用保险可以为企业获得出口信贷融资提供便利。资金短缺、融资困难是企业共同的难题，在投保出口信用保险后，收汇风险显著降低，融资银行才愿意提供资金融通。

(4) 出口信用保险有利于出口商获得多方面的信息咨询服务，加强信用风险管理，事先避免和防范损失发生。

应用案例

保银携手促出口

2001年上海A进出口贸易公司在伊朗德黑兰城郊地铁公司招标的地铁建设分标中中标，签约出口电扶梯共计189部，合同标的金额1 800万美元。根据合同规定，伊朗业主在项目开工前支付合同金额的10%，即180万美元作为预付款，之后根据工程进度按期支付合同金额的80%为进度款，上述两类款项均以信用证方式结算。合同还规定A公司需向伊朗业主开立银行预付款保函，保证按合同履约，否则返还预付款。

A公司向上海某商业银行B提出向伊朗业主开立预付款保函的申请。另外，A公司为了弥补安排生产中的资金缺口，还向B银行申请借款人民币500万元。B银行提出A公司需向其提供可接受的预付款反担保函和借款担保函。于是，A公司向中国出口信用保险公司(简称中国信保)申请开立以银行B为受益人的反担保函，金额分别为1 800万元人民币和500万元人民币。

经过对A公司实地考查，详细了解A公司的资产状况、财务状况和该公司的结构，并分析出口项目的各方关系人资信和履约能力后，中国信保向A公司提出了可有效地控制收汇风险和出口商及供应商的履约风险的项目风险控制方案。

(1) A公司需投保中长期出口信用保险，控制出口收汇风险。

(2) 由A公司的母公司向中国信保分别就预付款保函和融资担保出具连带责任保证函，保证如果A公司违约，中国信保可向其母公司追索一切损失。

(3) 中国信保与B银行签订账户监管协议，由银行监管A公司按合同规定使用预付款。

(4) 同时，为了防范供应商的履约风险，中国信保敦促上海迅达电梯公司向A公司出具履约保函。

在上述措施基础上，中国信保为A公司开立了1 800万元人民币的预付款保函和500万元人民币的融资保函。并在预付款保函中规定随A公司分批次交货，相应递减预付款保函未了责任金额。

6.3.5 外汇倾销

外汇倾销(exchange dumping)，是指一国利用本国货币对外贬值的机会来扩大出口，限制进口的一种措施。即倾销行为可通过汇率变动政策来实现。这是因为，汇率是联系国内外价格的桥梁，汇率变动直接影响进出口产品的价格。当本币对外贬值后，出口商品用外国货币表示的价格就会降低，从而提高了商品的竞争能力，有利于扩大出口。本币对外贬值，还会使外国商品在本国市场的价格上涨，从而限制了进口。所以，一国货币对外贬值能够起到促进出口和限制进口的双重作用。

但是，外汇倾销并不能无限制和无条件地进行。外汇倾销对出口的促进作用受诸多因素的制约。首先，货币贬值迟早会引起国内价格的上涨，当国内价格上涨的程度赶上或超过货币对外贬值的程度时，外汇倾销的条件也就不存在了；其次，如果其他国家也实行同幅度的货币贬值或采取提高关税等其他报复性的措施，外汇倾销的作用也将被抵消；第三，受出口商品供给和进口需求弹性的限制。如果外汇倾销创造了外国的进口需求，但本国厂商生产能力有限，不能相应地增加供给，外汇倾销就达不到目的。如果“倾销”的商品外国需求收入弹性及需求价格弹性低，降低价格并不能大量增加需求，则外汇倾销也难以成功；第四，受出口生产结构的影响，如果出口生产中使用的进口原材料、中间部件比例较高，则外汇贬值会提高进口成本，会抵销外汇倾销的促进作用。这对进料加工影响较大，但对来料加工没有影响。

6.3.6 促进出口的行政组织措施

1. 设立专门的组织

政府成立专门的组织机构来从事推动出口的工作。它们既研究和确定有关的贸易战略与策略，又进行有针对性的实际工作。

贸易实践

美国设立的促进出口的组织

美国在1960年成立了“扩大出口全国委员会”，其任务就是向美国总统和商务部长提供有关改进鼓励出口的各项措施的建议和资料。1978年又成立了出口委员会(Export Council)和跨部门的出口扩张委员会(Inter-Agency Committee Export Expansion)，附属于总统国际政策委员会。为了进一步加强外贸机构的职能，集中统一领导，1979年5月又成立了总统贸易委员会，负责领导美国对外贸易工作。此外，还成立了一个贸易政策委员会，专门定期讨论、制定对外贸易政策与措施。

2. 建立商业情报网

为加强商业情报的服务工作，许多国家都设立了官方的商业情报机构，加强国外市场的情报工作，负责向出口厂商提供所需的情报。

贸易实践

英国的商业情报网

英国的海外贸易委员会在1970年设立了出口信息服务部，该部门装备有计算机情报收集与传递系统。情报由英国220个驻外商务机构提供，由计算机进行分析，包括近5 000种商品和200个地区或国别市场情况的资料，供有关出口厂商使用，以促进商品出口。

3. 组织贸易中心和贸易展览会

贸易中心是永久性设施。在贸易中心内提供陈列展览场所、办公地点和咨询服务等。贸易展览会是流动的展出，许多国家都十分重视这项工作。有些国家一年组织15—20次国外展出，费用由政府补贴。

4. 组织贸易代表团出访和接待来访

许多国家为了发展对外贸易，经常组织贸易代表团出访，其出国的费用大部分是政府津贴。许多国家设立专门机构来接待来访团体，如英国海外贸易委员会设有接待处，专门接待官方代表团，并协助公司、社会团体等来访工商界从事贸易活动。

5. 对出口厂商施以精神鼓励

二战结束后，各国对出口商给予精神奖励的做法日益盛行，经常组织出口商的评奖活动，对出口成绩显著的出口商，由国家授予奖章和奖状，并通过授奖活动宣传其扩大出口的经验。

贸易实践

各国对出口商的精神鼓励措施

日本政府把每年的6月28日定为贸易纪念日，每年的这一天，由通产大臣向出口成绩卓著的厂商颁发奖状，另外还采取了由首相亲自写感谢信的办法表彰出口成绩卓越的厂商。英国从1919年开始实行“女王陛下表彰出口有功企业的制度”，并且规定受表彰的企业在五年以内可使用带有女王名字的奖状来对自己的产品进行宣传。法国则每年举办类似奥斯卡的盛大活动颁发贸易金奖等。

6.4 其他国际贸易政策措施

奖出限入是国家进行贸易干预的主要方面，但是一些国家有时出于特殊的目的也会采取限制出口和鼓励进口的措施。

6.4.1 出口限制措施

出口限制是指国家通过法令和各种经济或行政措施，对本国出口贸易实行管理和控制。一般而言，世界各国都会努力扩大商品出口，积极参与国际贸易活动。然而，出于某些政治、军事和经济的考虑，各国都会限制和禁止某些战略性商品和重要商品输往国外。

1. 出口限制的商品类型

需要实行出口限制的商品主要有以下种类。

(1) 战略物资及其有关的尖端技术和先进技术资料，如飞机、先进的电子计算机和通信设备等。各国尤其是发达国家控制这类物资出口的措施十分严厉，主要是从所谓的“国家安全”和“军事防务”的需要出发，防止这类物资流入政治制度对立或政治关系紧张的国家。此外，从保持科技领先地位和经济优势的角度看，对一些最先进的机器设备及其技术资料也必须严格控制出口。

(2) 国内紧缺的物资，即国内生产所紧迫需要的原材料和半制成品，以及国内明显供不应求的重要商品。限制这些商品自由流往国外，主要是为了避免国内市场失衡和经济动荡。

(3) 历史文物和艺术珍品。各国出于保护本国文化艺术遗产和弘扬民族精神的需要，一般都要禁止该类商品的输出，即使可以输出的，也实行较严格的管理。大多数国家规定要特许出口。

(4) 国际市场上占据主导地位的重要商品和大宗出口商品。限制这些商品出口，是为了防止其国际价格大起大落，既严重损害自身的经济利益，又容易引发国际市场甚至世界经济的剧烈震荡。石油输出国组织对其成员国的石油产量和出口量进行控制，就是其中的典型例子。

2. 出口限制的措施

(1) 出口国家专营。这种措施要求对受到出口管制的商品的出口由国家指定专门机构直接控制与管理。专营出口的商品一般限于一些敏感性商品的出口，如石油及石油制品、粮食和武器等。

(2) 征收出口税。政府对出口限制范围内的商品根据限制程度征收高低不等的出口税，削弱其国际市场的价格竞争力，以达到减少其出口的目的。

(3) 实行出口许可证制度。国家规定对属于出口限制的商品的出口必须征得政府的许可，在申请领到出口许可证后海关才予以放行。出口许可证是一种直接管制措施，管制效果快速、明显，能有效地控制出口商品的国别、地区和价格、数量，是目前使用得最广泛的出口限制措施之一。

(4) 实行出口配额制。配额是一种直接的限制措施，在出口限额内，政府对出口商品发放许可证或少征甚至不征出口税，超过这一出口限额，政府就不再对该商品的出口发放许可证或征收高额的出口关税。出口配额制往往和出口许可证同时使用，既可以确定商品出口的规模和方向，又可以具体控制数量和价格。

贸易实践

中国商务部下达2010年第一批焦炭出口配额

中国商务部下达了2010年第一批一般贸易焦炭出口配额，配额总量为610万吨，相比2009年第一批焦炭配额总量578万吨增加了32万吨。据悉，2010年的配额安排主要依据各企业从2007—2009年1～10月份的出口实绩。为体现向生产企业倾斜的原则，配额安排也将适当参考生产企业2008年度的出口供货量。

(5) 出口禁运。这是一种最严厉的出口限制措施。政府一般规定国内的珍贵历史文物、珍稀动植物及其制品以及国内紧张的原材料和初级产品列入禁运之列。

贸易实践

俄罗斯对谷物出口实施禁运

2010年俄罗斯遭遇了严重的干旱和火灾，谷物减产严重，导致谷物价格高涨。在这一背景下，普京颁布谷物出口禁令，有效期至2010年12月31日。之后，俄罗斯政府决定把这一出口禁令延长至2011年7月1日。

6.4.2 鼓励进口的措施

1. 鼓励进口的原因

一国政府采取政策措施鼓励进口的原因通常是出于以下几方面的考虑。

(1) 提高科技水平。由于科学技术对加速国民经济发展意义重大，先进的技术设备、专有技术和知识产权等成为各国政府鼓励进口的对象。

(2) 支持国内消费。一些国内缺乏、进口价格偏高而又关系到国计民生的商品，如粮食、重要原材料等需要鼓励进口。

(3) 保护国内稀缺资源。一国为保护国内稀缺资源，尤其是具有战略意义而不能再生的资源，需要通过鼓励进口进行替代消费。例如，美国自身石油储量丰富，却鼓励使用进口石油，用意即在于此。

(4) 抑制通货膨胀。一些国家为对付国内的通货膨胀，主动进口消费品投放市场，以增加供给，抑制通货膨胀的发展。

2. 鼓励进口的手段

进口鼓励的政策措施有进口补贴和消费补贴两种。

1) 进口补贴

进口补贴是政府为了达到鼓励商品进口的目的，而对进口商品实施财政补贴。即该国以世界价格进口，然后再以较低的价格在国内销售，世界价格与国内价格的差价由政府补贴。

但需注意的是，第一，采用进口补贴必须同时对出口加以管制。因为国内受到补贴的商品价格低于国际市场价格，如果不对出口加以管制，投机者就会以比较低的国内价格购买商品，然后再在国际市场上按较高的价格出售；第二，用补贴手段鼓励扩大进口，固然能迅速改善国内供给结构，但也有限制国内进口竞争部门发展的作用。如果一国长期依靠进口来维持国内某种产品的供给，那就会影响这些产品的国内生产者的利益，使这些部门萎缩。因此，长期依靠进口补贴来保证国内某种产品的供给，可能成为危害一国经济均衡发展的政策因素。特别是当进口品为国内关系国计民生的重要产品时，将长期供给的来源托付给变幻莫测的国际市场，其危害和风险更大。可见，进口补贴作为一种调节进口国供给结构失衡的进口调节手段，只能用来解决短期均衡问题，而不能长久地依赖。进口补贴对价格体系的扭曲所造成的信号失真，对资源配置结构从而产业结构的优化，会产生明显的消极作用，这也是在运用进口补贴政策手段时必须考虑的问题。

2) 消费补贴

消费补贴是政府通过给消费者以补贴，增加其购买力，从而间接地鼓励进口。它是一种直接支付形式，为所有的消费者降低了有关产品的单位消费成本。采取这种方式，进口虽然没有受到直接影响，但却间接地刺激了增长。消费补贴只通过支持消费来扩大进口，对进口商品的国内市场价格及本国的生产不会产生影响。

本章小结

本章主要介绍了一国为了实现对外贸易政策目标通常采取的政策措施。对外贸易政策措施按实施的目的主要分为限制进口的政策措施和鼓励出口的政策措施。另外，还有一类措施是出于特定的政治、经济目的而采取的诸如出口限制、进口鼓励等，它不是对外贸易政策措施的常态。

进口限制措施根据是否使用关税，分为关税措施和非关税措施。在关税设置时，因纳税对象不同、征税目的不同、税率优惠差异等出现各种形式的关税。其中影响较大的是进口关税，普遍优惠制下的关税和进口附加税。计征关税的方法很多，主要有从量税、从价税、混合税和选择税。关税对进口的限制作用主要是通过关税水平的高低来体现的。测度其保护程度有两个指标，一是名义保护率，二是有效保护率。关税对进口小国而言会在生产者、消费者、政府之间产生收入再分配，最终结果是净福利恶化。

由于世贸组织推动的关税减让谈判使全球关税水平不断降低，因此非关税措施逐步成为主要的进口限制措施。非关税措施按其是否直接限制进口商品的数量和金额，分为直接和间接两种。由于进口配额、进口许可证等传统的非关税措施受到了世贸组织的限制，西方发达国家又出现了很多新型的非关税措施，其中技术性贸易壁垒已成为主要的壁垒措施。

在世界经济整体供大于求的背景下，由于进口限制措施容易招致别国的反感与报复，出口鼓励措施更迎合了出口国特别是发达国家厂商对外扩张的需要。鼓励出口的措施很多，主要有出口信贷、出口信贷国家担保制、出口信用保险、出口补贴、外汇倾销等。

习　　题

一、单项选择题

1．从量计征进口关税在商品价格(　　)不能完全达到保护关税的目的。

A．上涨　　B．不变　　C．下降　　D．上涨或下降

2．关税的税收客体是(　　)。

A．外国进出口商　　B．本国进出口商

C．进出口货物　　D．海关

3．关税是一种(　　)。

A．间接税　　B．直接税　　C．附加税　　D．调节税

4．下列各种关税中，税率平均水平最高的是(　　)。

A．普惠税　　B．普通税　　C．最惠国税　　D．特惠税

5．关税的税收主体是(　　)。

A．进出口货物　　B．当地海关　　C．实际消费者　　D．本国进出口商

6．在一定时期内，对某些商品进口数量或金额规定一个最高数额，超过便不准进口，这叫(　　)。

A．绝对配额　　B．全球关税配额

C．国别关税配额　　D．关税配额

7．美国、日本等国规定进口酒精饮料的消费税大于本国制品，这种措施属于(　　)。

A．关税壁垒　　B．鼓励出口的措施

C．非关税壁垒　　D．出口限制措施

8．在海关税率已定的情况下，进口商品的税负大小除取决于海关估价外，还取决于(　　)。

A．外汇管制　　B．国内税　　C．征税产品的归类　　D．进口押金制

9．外汇倾销是指(　　)。

A．一国对出口产品给以外汇补贴造成的低价出口

B．一国货币贬值造成的低价出口

C．一国对出口产品给以优惠外汇贷款造成的低价出口

D．一国对出口产品给以税收优惠造成的低价出口

二、判断题

1．实行从价征收关税，当国际市场价格上涨时，其保护程度提高。　(　　)

2．根据原产地规则，完成产品最后加工程序的国家即为原产国。　(　　)

3．实施本国货币贬值的外汇倾销策略，并不一定能达到扩大出口的目标。　(　　)

4．普惠制原则与最惠国待遇原则一样，都具有互惠性。　(　　)

5．当外国实施商品倾销时，进口国就可以征收反倾销税。　(　　)

三、问答题

1．征收关税的作用是什么？

2．原产地规则包括哪些内容？

3．在反倾销中，如何确定正常价格？

4．非关税措施有什么特点？

5．技术性贸易壁垒的主要措施有哪些？

6．技术性贸易壁垒的两重性指的是什么？

四、计算题

进口一台电视机价格为 9 000 元，征收 20%的从价税，电视机的零部件等原材料价格为 6 000 元，政府对于进口电视机的零部件等原材料不征税，该国对于电视机的有效保护率是多少？如果对原材料进口征 5%的从价税，有效保护率又是多少？

五、案例应用分析

美国对华轮胎特保案

2009 年 9 月 11 日，美国总统奥巴马宣布对进口自中国的轮胎采取加征特别关税的制裁措施，这是中国加入世贸组织后美国第一次对中国进口产品实施《中国加入 WTO 议定书》(以下简称《议定书》)第 16 条规定的“特别保障措施”，第一次有效“激活”了该条款。在国际经济还在经历严重衰退，贸易保护主

义日益抬头的背景下，该项措施的实施对我国对外贸易的发展产生了重大的影响。

1．基本案情

2009年4月20日，美国钢铁工人联合会声称，代表国内13家轮胎工厂1.5万名工人，向美国国际贸易委员会(ITC)提出对我国输美消费轮胎实行配额限制的特别保障措施申请。4月29日，ITC发布公告，正式启动对中国轮胎产品的特保调查。

所谓“特别保障措施”，是指《议定书》第16条规定的“特定产品过渡性保障机制’。该条规定：在中国加入世贸组织后12年内，原产于中国的产品在进口至任何世贸组织成员时，如果其进口数量快速增长，以至对进口国生产同类产品或直接竞争产品的国内生产者造成或威胁造成市场扰乱，则受此影响的世贸组织成员可以要求与中国进行磋商。如果经过60天磋商未能达成协议，则受影响的世贸组织成员可以对自中国进口的该产品采取进口限制措施。我国加入世贸组织后，美国在其《1974年对外贸易法》中增加了第421条款，专门规定了针对我国的特保调查的程序。根据该条规定，ITC可以自动或应申请启动特保措施调查，ITC应在60天内做出国内产业是否存在损害的决定，如果裁定损害成立，ITC应在20天内向美国贸易代表办公室提交报告，贸易代表办公室在55天内向总统提出是否采取特保措施的建议，总统在15天内公告是否采取措施。

2009年6月18日，ITC的6位委员在对华轮胎特保案中以4:2的投票结果认定，中国轮胎产品进口的大量增加，造成或威胁造成美国国内产业的市场扰乱。6月29日，ITC公布了轮胎特保案的救济措施建议，在现行进口关税(3.4%～4.0%)的基础上，对中国输美乘用车和轻型卡车轮胎连续3年分别加征55%，45%和35%的从价特别关税。8月7日，美国贸易代表办公室召集涉案各方并召开听证会。美国贸易代表办公室于9月2日向总统奥巴马提出裁制意见。奥巴马9月11日宣布，在未来三年对中国输美轮胎征收35%，30%和25%的惩罚性关税。

2．ITC裁决的主要内容

根据《议定书》第16条第4款和美国《1974年对外贸易法》第421条的规定，认定进口产品是否造成了“市场扰乱”是最终裁决采取限制措施的关键。而根据上述规定，“市场扰乱”是指一项产品的进口快速增长(无论是绝对增长还是相对增长)，构成了对生产同类产品或直接竞争产品的国内产业造成实质损害或实质损害威胁的重要原因。在认定是否存在市场扰乱时，调查机关应当考虑客观因素，包括进口量，进口产品对同类产品或直接竞争产品价格的影响以及此类进口产品对国内产业的影响。ITC的裁决中对上述事项进行了调查和分析。

(1) 被调查产品。该案的被调查产品是自中国进口的轮胎，具体包括“用于机动车辆(包括旅行车、运动多功能汽车、小型面包车、货车或在高速公路上行驶的轻型卡车)的新的充气橡胶轮胎，无论是否存在内胎，也不限于午线轮胎或其他种类轮胎。该轮胎在进口之时，在侧壁上具有“DOT”符号，表明该轮胎符合美国机动车辆安全标准。参考海关税号为40111010、40111050、40112010和40112050。上述产品的正常关税水平为3.4%～4%。

(2) 进口增长。ITC指出，在2004—2008年的调查期内，自中国进口轮胎的数量增长了215.5%，金额增长了294.5%。

(3) 同类产品或可竞争产品。关于自中国进口轮胎和美国国内生产的轮胎是否属于“同类产品或可直接竞争产品”，中国应诉方主张，两者不存在直接竞争关系，美国产轮胎主要用于整车配套(original

equipment manufacturer OEM)，而中国产轮胎主要用于低端零售市场。ITC 的调查结论是被调查产品与国内产品在物理特征、关税编码、生产过程、用途、市场销售渠道等方面相同或相似，属于可相互替代的产品，是世贸组织规则规定的“同类产品”。至于两者是否具有“直接竞争关系”，ITC 指出，2008 年，美国产轮胎中 82.3%用于零售，17.7%用于 OEM，而同期自中国进口的轮胎中 95%用于零售，5%用于 OEM。因此，两者间存在“直接竞争关系”。

(4) 国内产业是否遭受严重损害。ITC 指出，2004—2008 年，美国国内有 4 家轮胎生产企业倒闭，产量下降，降幅达 17.8%，设备利用率下降，降幅为 10.7%，就业下降，降幅为 14.2%，产品销售数量减少，降幅为 28.3%。库存虽有轻微减少，但库存占出厂产品的百分比则是上升的。上述因素的存在表明国内产业已经遭受严重损害。

(5) 因果关系。ITC 指出，2004—2008 年，美国国内轮胎产业的市场份额减少了 13.7%，与此同时，自中国进口产品的市场份额增加了 12.0%，说明自中国的进口与国内产业的损害间存在因果关系，

(6) 产品价格。2004—2008 年，自中国进口轮胎在美国的销售价格较美国国内生产轮胎价格平均低 18.9%。

问题：

(1) 根据美国 ITC 裁决的内容，该案值得争辩之处有哪些方面？

(2) 本案对中美双方会产生什么影响？

(3) 你从本案中获得什么启示？

(资料来源：杨荣珍．“轮胎特保案”述评[J]．涉外税务，2009，12：p68-71)

阅读材料 6-1

配额的沙袋效应

为了保障美国产糖植物种植者的利益，美国政府长期以来对食糖进口采取严格的定额制度。这一政策有力地阻止了贫穷而糖业发达的世界产糖国(如菲律宾和拉美国家)的倾销，无疑给美国农民带来了相当“甜蜜”的好处，其代价却是该国的糖价居高不下，达到世界市场价格的两倍，消费者每年不得不额外多花 20 亿～30 亿美元。

然而糖类进口定额政策的执行情况又如何呢？20 世纪 80 年代初期，有人利用定额政策只限于纯糖的空子，试图进口含糖的混合物。于是在美国境外，不同类的糖被制成一种混合产品，而糖本身也可以溶于蜂蜜、巧克力、玉米糖浆或枫树糖浆里，以逃避糖类定额进口政策的限制。这样的漏洞很快就被政策修订堵上了，但是人们仍然在为蛋糕原料或早餐麦片之类的食物中的糖分是否属于进口定额限制之列而争论不休。

假如美国糖价继续居高不下，那么含糖的外国货就会对其美国对手构成不公平的威胁。举例来说，外国的糖果商可以利用产糖国的廉价糖来进行生产，其产品成本必然低于使用高价糖的美国自产糖果，这一优势使外国厂商完全可以通过降低糖果价格的手段来占有美国糖果市场。事实上，美国第三大糖果商 E. J. 布拉赫已经威胁说要把工厂搬到邻近的加拿大或墨西哥，不愿同拥有廉价糖资源的外国厂商继续进行艰难的价格斗争。这样一来，明显的后果之一是糖果制造业工人的失业率上升，前途堪忧。

许多经济学家认为，帮助农民提高生产效率当然应该是糖类进口限制政策的目标之一，然而从总的发展趋势来看，这一政策却似乎要演变成“好心办坏事”的一个例证。它迫使美国糖果制造商关门或搬迁出国，美国消费者不得不额外付出每年数十亿美元的高昂代价，与此同时还打破了邻近落后的产糖国家通过糖类出口摆脱贫困的梦想。

(资料来源：斯蒂格利茨．经济学小品和案例[M]．中国人民大学出版社．2000年．p12)

阅读材料 6-2

南京桂花鸭出口遭遇尴尬

2001年第六届世界华商大会期间，南京地产名牌“桂花牌”盐水鸭作为秦淮小吃“八绝”中的一绝，被端上“秦淮风情晚宴”招待5 000华商，引来满堂喝彩。意大利华人协会会长陈光都对桂花鸭更是赞不绝口，当场递了一张纸条给在场的南京市政府办公厅负责人，要求帮忙联系参观考察桂花鸭公司。考察后，陈光都当即与桂花鸭公司商定要将桂花鸭引进意大利和欧洲市场。正当很多人认为南京人为之骄傲的桂花鸭走出国门指日可待时，南京桂花鸭公司总经理却十分低调地告诉记者，由于国内外食品检验标准及认证方式差异很大，即使是桂花鸭这样国内公认的名牌产品，要想很快走出国门也并非易事。

作为市、省和全国三级名牌产品，南京桂花鸭可谓家喻户晓，在全国近30个省市自治区50多个城市都有销售网络，年销量600万只。尽管桂花鸭获得了国内有关部门认证的“绿色食品”、“原产地标记产品”等称号，并通过了ISO 9002国际质量认证，但要出口还须通过有关国家近乎苛刻的一系列食品安全性监测关，有的不仅要检验食品本身，还要对生产基地的环境进行检测，特别是对食品生产过程中添加剂、污染物、重金属超标及农药、兽药残留等检测非常严格。该公司总经理介绍，其实桂花鸭酝酿出口已不是一次了，早在1999年德国一家公司就联系要进口桂花鸭，南京桂花鸭公司为此试验了近两年时间，最后不了了之，最主要的原因是在国内难以找到符合外商要求的鸭源。尽管南京桂花鸭公司目前在江苏和河南的五个生鸭基地都拿到了国内的绿色认证，但国际标准要比国内的绿色标准要求高得多。

(资料来源：黄建国．国际标准要求高 南京桂花鸭遭遇尴尬．扬子晚报，2001-10-12.)

第 7 章　跨国公司与国际直接投资

教学目标

通过本章的学习，了解跨国公司的含义、跨国公司的产生与发展及其对国际贸易的影响；了解国际直接投资的概念与类型，了解国际直接投资的动机，了解国际直接投资的发展状况及未来趋势；理解发达国家和发展中国家国际直接投资理论及当代新理论；借助模型分析国际直接投资福利效应并对 FDI 流入业绩与潜力进行评价。

教学要求

知识要点	能力要求	相关知识
跨国公司	(1) 了解跨国公司的含义与特点 (2) 了解跨国公司的产生与发展历程及未来发展趋势	(1) 跨国公司的含义、特点 (2) 跨国公司的产生与发展
国际直接投资概述	(1) 了解国际直接投资的含义与类型 (2) 了解国际直接投资的类型 (3) 了解国际直接投资的发展状况及其趋势 (4) 了解国际直接投资对国际贸易的影响	(1) 国际直接投资的概念与类型 (2) 国际直接投资的动机 (3) 国际直接投资的发展状况与趋势 (4) 国际直接投资对国际贸易的影响
国际直接投资理论	(1) 对传统 FDI 理论的理解 (2) 对发展中国家 FDI 理论的理解 (3) 对当代 FDI 理论的理解	(1) 垄断优势理论、比较优势理论、内部化理论、国际生产折衷理论、投资发展阶段理论等 (2) 小规模技术理论、技术当地化理论、技术创新产业升级理论等 (3) 投资诱发组合理论、竞争发展理论、动态比较优势理论
国际直接投资效应	(1) 借助新古典主义的模型分析国际直接投资的福利效应 (2) 理解 FDI 流入业绩指数与潜力指数并能利用指数模型进行评价	(1) 国际直接投资经济效应模型——麦克杜格尔模型 (2) FDI 流入业绩指数与潜力指数模型

名人名言

几年前，有人问我：“为什么我们要花那么多时间谈论美国以外的商业情况呢？”我回答说：“因为大多数人生活在那里。”就这么简单。这仅仅是一个赢利问题。

——唐纳德·基奥(可口可乐公司前总裁兼业务主管)

基本概念

跨国公司　对外直接投资　对外间接投资　边际产业　所有权优势　内部化优势　区位优势

导入案例

摩托罗拉的大赌注

摩托罗拉在中国总投资34亿美元，到2006年增加至100亿美元。摩托罗拉不仅将中国看作低成本生产基地，该公司在这一时期还将投资1.3亿美元用于改进研发设施。这样做值得吗？很多高新技术业内人士，如英特尔总裁安迪·格鲁夫、微软总裁比尔·盖茨，都认为中国的13亿人口最终将成为半导体产品和电子产品的主要消费者。中国目前已经是世界上最大的手机市场，并且每三个月新增的市场就相当于澳大利亚的整个手机市场。摩托罗拉的主要竞争对手——诺基亚也已经在中国投资了24亿美元。目前摩托罗拉的世界销售收入的20%以上来自中国市场。然而，一些股东觉得把上10亿美元资金投在中国不值得。而且，诺基亚和摩托罗拉争夺中国手机市场的拉锯战远没有停止，当地竞争者又尘嚣日上，中国政府还鼓励国内企业与外国企业展开竞争。然而，摩托罗拉的高层管理者坚持认为，他们用更长远的目光看待中国市场，他们的巨额投资终将获得回报。

7.1 跨国公司

跨国公司(multinational corporation)，又称多国企业(multinational enterprises)、国际公司(international corporation)、全球公司(global corporation)等。20世纪70年代在联合国专家小组对跨国公司的性质和活动及其对当代世界经济发展的影响进行评估的基础上，跨国公司成为联合国文件的统一名称。这些名称反映出跨国公司是具有“多国性”的从事国际生产和经营的企业组织。跨国公司的雏形始于19世纪60年代的西欧和美国的一些大型制造企业的对外直接投资，发展于二战后，特别是20世纪五六十年代西方主要发达国家的大规模对外直接投资。与此同时，发展中国家的跨国公司也逐渐发展起来。跨国公司对世界经济的影响日益增强，因而受到越来越多的关注。

7.1.1 跨国公司的含义与特点

1. 跨国公司的含义

对跨国公司的定义，至今尚无统一的描述，比较有代表性的界定有以下几种。定义的过程也反映出人们对跨国公司认识的过程。

1963 年出版的美国《每周商务杂志》对跨国公司的描述是："跨国公司是指符合下列两个条件的公司，第一，至少要在一个或一个以上的国家设定生产点或者是争取其他形态的直接投资；第二，具有名副其实的世界性预测能力，其经营者在市场开发、生产和研究等方面，能作出适用于世界各国的多种多样的基本决策。"

1974 年联合国指定的"知名人士小组"对跨国公司作出了权威性的定义，该定义认为，"跨国公司是指在国外拥有或控制着生产和服务设施的企业"。这是一种较为宽泛的定义，即只要跨越国界在国外经营业务的企业就是跨国公司。

经过十多年的热烈争论，1983 年在联合国跨国公司中心发表的第三次调查报告《世界发展中的跨国公司》中，世界各国对跨国公司定义中的三个基本要素取得了一致的意见：

第一，跨国公司本质上是一个工商企业，组成这个企业的实体在两个或两个以上的国家内经营业务，而不论其采取何种法律经营形式，也不论其经营所涉及的领域；

第二，跨国公司必须在一个决策体系下进行经营，有共同的政策，能通过一个或几个决策中心采取一致对策和共同战略；

第三，跨国公司各实体通过股权或其他形式相联结，从而使其中的一个或几个实体可以对其他实体的活动施加有效的影响，特别是与其他实体分享知识、资源和责任。

2. 跨国公司的特点

进入 21 世纪，在科技高速发展以及新的国际分工条件下，跨国公司利用其资金、技术、管理和组织机构等方面的优势，通过对外直接投资，在世界各地设立分支机构，形成全球性的生产、销售、研发和经营一体化网络的一种现代国际企业形式。

在跨国公司的经营活动中，母公司(parent company)在国外的附属企业有子公司(subsidiary)、关联企业(associate; affiliates)和分支机构(branch office)等形式。母公司所在国被称为母国(home country)或本国，母公司直接投资所产生的子公司所在国被称为东道国(host country)，子公司是东道国的法人。

跨国公司在生产经营方面呈现出以下一些特点。

1) 战略目标全球化

跨国公司不仅考虑当前的利益，而且考虑未来的发展；不是孤立地考虑某一公司所在国的市场或某一公司的局部得失，而是从全球的角度考虑整个公司的发展，以便在整体上取得最大的利润。

2) 公司内部一体化

跨国公司以母公司为中心，把遍布世界各地的分支机构和子公司统一为一个整体。所有国内外的分支机构和子公司在总公司的统一指挥下，遵循一个共同的战略，合理利用人财物资源，实现全球性经营活动。

3) 运行体制开放化

一般公司的营运阶段包括研究开发、投资建厂、生产制造和销售产品几个环节。国内企业通常将各个环节都放在国内，至多把最后一个销售阶段放在海外进行，运行机制是内向的、封闭的；而跨国公司几乎将所有阶段都部分或全部放在海外进行，运行机制基本上是外向的、开放的，其生产经营活动是在国际范围内实现的。

4) 技术内部化

跨国公司从销售收入中拨出大量的资金从事研究与开发工作，并在全世界范围内安排科研机构。

7.1.2 跨国公司的产生与发展

1. 早期跨国公司的形成与发展

跨国公司的明确产生最早可以追溯到 19 世纪 60 年代。发达资本主义国家的制造业大企业在国外设立分支机构和子公司，通过直接投资扩大其业务范围，以攫取高额利润。最早进行跨国经营的三家企业分别是：1865 年，德国弗里德里克・拜耳化学公司在美国纽约州开设了一家制造苯胺的工厂；1866 年，瑞典制造甘油炸药的阿弗列·诺贝尔公司在德国汉堡开办了一家炸药厂；1877 年，美国胜家缝纫机公司在英国的格拉斯哥建立了一家缝纫机装配厂，1880 年，它又在伦敦和汉堡等地设立销售机构，负责世界各地的销售业务，为此它也成为以全球市场为目标的早期跨国公司的先驱。此后，欧美其他企业也开始走向海外，如美国的美孚石油、爱迪生电器、威斯汀豪斯电气、柯达、杜邦、福特汽车、通用电气等公司，以及欧洲的西门子、巴斯夫、英荷壳牌、联合利华、英国帝国化学、瑞士雀巢等公司先后开始跨国生产和销售。

19 世纪末 20 世纪初，资本主义进入垄断阶段，资本输出大大发展起来，海外扩张的步伐开始加快。第二次科技革命极大地促进了生产力的发展，大部分向外扩张的跨国公司基本上属于技术先进的新兴工业，或者是大规模生产消费品的行业。1914 年，全球对外直接投资额为 143 亿美元，到 1938 年增加至 263.5 亿美元，尤以英美的增长显著。在此期间，英美制造业企业海外子公司数量也大幅度增长，英国的海外子公司数从 1914 年的 60 个，增长到 1938 年的 244 个；美国从 122 个增长到 786 个。

2. 二战后跨国公司的发展与壮大

二战后跨国公司进入了高速增长期。生产的集中和资本的积累使得垄断企业已不能满足于狭小的国内市场，而通过将资本转移到资源丰富、劳动力充裕、市场广阔而资金短缺的国家和地区可以获得垄断优势。因此，二战后跨国公司的对外直接投资迅猛发展，跨国公司成为对外直接投资的物质载体。

1) 发达国家的跨国公司

二战后，跨国公司迅速发展。美国跨国公司的数目、规模、国外生产和销售额均居世界之首，主要原因是第三次科技革命的推动和马歇尔计划(The Marshall Plan)的实施。特别是作为世界头号经济强国，美国的黄金储备占到资本主义世界的 3/4,在此发展态势下，美国企业开始大举资本输出。到 1950 年，美国的对外直接投资达 118 亿美元，为 1940 年的 170%。1938 年，美国的资本输出只占资本主义世界资本输出总额的 21.8%。到 1958 年，这一比重上升至 50.6%。至 20 世纪 70 年代，美国的对外直接投资已达 860 亿美元，20 年增长了 6.5 倍。

二战以前，英国跨国公司的数目一直居首位。到了 20 世纪 50 年代初，美国的跨国公司开始超过英国。进入 80 年代后，美国跨国公司的地位相对下降，欧洲其他国家和日本跨国公司的地位迅速上升，逐步形成了美、日、西欧“三足鼎立”的格局。同时韩国也崛起了数家世界级的跨国公司。其他新兴工业化国家及发展中国家的跨国公司也在不断成长和发展。在此发展态势下，全球跨国公司的数目迅速增加，表 7-1 显示了 1970—2008 年世界投资报告统计的数据。到 20 世纪末，在世界级跨国公司总数中，美国约占 40%，日本和韩国约占 30%，欧洲约占 30%。

表 7-1　1970—2008 年跨国公司数量

年　份	总 公 司 数	分支机构数
1970 年	7 000	—
1980 年	9 481	—
1988 年	11 000	112 000
1992 年	37 000	170 000
1999 年	60 000	500 000
2004 年	61 000	900 000
2007 年	79 000	790 000
2008 年	82 000	810 000

贸易实践

表 7-2　2005 年全球最大的 10 家非金融类跨国公司的情况

排名	公司	母国	产业	资产额(亿美元)		销售额(亿美元)		雇员数(万人)		跨国经营指数
				海外	总计	海外	总计	海外	总计	
1	通用电气	美国	电器电子	4 127	6 733	598	1 497	15.5	31.6	50.1%
2	沃达丰集团	英国	电信	1 964	2 205	395	524	5.1	6.2	82.4%
3	通用汽车	美国	汽车	1 753	4 761	653	1 926	19.4	33.5	42.9%
4	英国石油	英国	石油	1 612	2 069	2 003	2 536	7.8	9.6	79.4%
5	英国壳牌	英国与荷兰	石油	1 513	2 195	1 840	3 067	9.6	9.2	10.9%
6	埃克森美孚	美国	石油	1 439	2 083	2 484	3 590	5.3	8.4	67.1%
7	丰田汽车	日本	汽车	1 317	2 444	1 177	1 862	10.8	28.6	51.6%
8	福特汽车	美国	汽车	1 191	2 695	803	1 771	16	30	47.6%
9	道达尔	法国	石油	1 081	1 257	1 330	1 783	6.4	11.3	72.5%
10	法国电力	法国	电力燃气	915	2 024	261	636	1.8	16.2	32.4%

(资料来源：UNCTAD，Word Investment Report 2007，Annex table A.1.13.p.229.)

 **知识链接**

跨国经营指数(transnationality index, TNI)是下列三个比重的算术平均数：海外资产占总资产的比重、海外销售占总销售的比重、海外雇员数占总雇员数的比重。一般而言，国内市场规模比较小的跨国公司，在企业扩张的过程中为获得更多的市场规模支持，通常进行更大规模的国际扩张，具有很高的跨国经营指数，如瑞士、瑞典、加拿大、荷兰等国的一些行业的国际化程度非常高，其中食品和饮料行业具有更高的跨国程度。

2) 发展中的新兴跨国公司

20 世纪 90 年代以来，发展中国家的跨国公司逐步发展起来，与发达国家的跨国公司相比，在性质上和经营策略上呈现新的特点。

(1) 发展中国家新兴的跨国公司一般采用与当地企业合资经营的方式，其海外子公司有 90%是合资企业，受到当地企业和政府的欢迎。

(2) 临近地区性分布。发展中国家新兴跨国公司的对外直接投资多数是投向生产水平比自己低的国家和地区，如东南亚、拉丁美洲等地区。

(3) 在经营过程中积极开发“适用技术”，即适合发展中国家当地技术、经济、社会条件的各种应用性技术，以便最大限度的满足当地市场的需要，节省能源和资源、减少污染，提供更多就业机会，提高工业化水平，缩小发展差距。

(4) 相对于大规模、专业化、标准化的技术设备，发展中国家新兴的跨国公司多采用小型、灵活、多功能的技术设备，以最少的投入生产较多的产品品种，促进发展中国家的经济发展。

发展中国家新兴跨国公司的崛起，有利于合理利用各国资源，发挥各国的优势，共同提高经济效益；有利于加强发展中国家的经济合作以及发展中国家与发达国家之间的经济合作，提高发展中国家同发达国家的谈判地位；有利于推动发展中国家对外贸易的发展，改变少数发达国家垄断世界经济贸易的不平衡现状。

贸易实践

表 7-3　2005 年发展中国家和地区最大 10 家非金融类跨国公司的情况

排名	公　司	母　国	产　业	资产额(亿美元)		销售额(亿美元)		雇员数(万人)		跨国经营指数
				海外	总计	海外	总计	海外	总计	
1	和记黄埔	中国	多元化经营	616	770	247	311	16.6	20	80.8%
2	马来西亚国家石油公司	马来西亚	石油	264	732	130	444	0.4	3.4	25.7%
3	墨西哥水泥	墨西哥	非金属矿产品	218	264	121	150	4	5.3	79.5%

续表

排名	公司	母国	产业	资产额(亿美元)		销售额(亿美元)		雇员数(万人)		跨国经营指数
				海外	总计	海外	总计	海外	总计	
4	新加坡电信	新加坡	电信	180	207	56	79	0.9	2	67.4%
5	三星电子	韩国	电气与电子	175	748	621	790	2.8	8.1	45.4%
6	LG 公司	韩国	电气与电子	166	506	384	608	4.1	7.9	49.2%
7	怡和集团	中国	多元化经营	158	184	84	119	5.8	11	69.6%
8	中信集团	中国	多元化经营	149	991	21	80	1.6	9.3	19.4%
9	现代汽车	韩国	汽车	130	647	187	582	0.5	5.4	20.5%
10	台湾塑胶	中国	化学品	128	579	97	377	6.2	8.2	40.9%

(资料来源：UNCTAD,Word Investment Report 2007,Annex table A.1.14.p.232.)

3. 21 世纪跨国公司发展趋势

进入 21 世纪，以知识为基础，以金融为中心，以信息为先导，以跨国公司为依托的经济全球化的特征越来越明显。跨国公司的跨国经营指数一般超过 50%。由于主要收入、主要资产均来自海外，跨国公司经营管理重心在海外，其发展战略、管理结构和文化理念更注重全球，形成了全球经营的新特点。

1) 向“无边界”的全球公司发展

经济全球化发展使跨国公司成为一种 “无边界”的全球公司(global corporation, GC)，在全球范围内进行资源的优化配置，建立全球范围内的价值链关系。全球公司成为最高形态的跨国经营。其“国家属性”开始发生明显的弱化，越来越多的跨国公司正在变成“国籍不明”的全球公司。

全球公司实行全球范围内技术共享、标准统一的策略，这主要得益于全球信息网络和通信基础设施。全球公司无边界的全球型开放式经营，可将各种信息准确地传递到组织的每个地方，将不同国家的经济活力，既有分工又有机地结合起来，组成“无边界”的高度依存关系，使其战略由全局转向全球。

“无边界”的全球公司

美国国际商业机器公司(International Business Machines Corporation，IBM 公司)被称为“全球整合企业”(the globally integrated enterprise)。该公司的三大原则是开放、专业知识和经济。在以往的跨国公司模式中，公司在关键的市场中组织当地市场体系，并在全球基础上履行其他职能。这种做法是为了应对保护主义和国家利益，如美国的通用汽车(GM)、福特(Ford)和 IBM 公司等，都是先建立本国的生产体系，并在美国以外设厂，却把产品的研究和开发工作留在母国。进入全球公司后，它们全面地改变了原来的理念和运作。全球公司在全球范围内安排战略管理和运作，将生产体系分布于全球，并把价值带给各地顾客。

2) 以全球性创新构建公司的竞争力

世界唯一不变的东西就是“变”。在经济全球化趋势迅猛发展以及国际竞争日趋激烈的21世纪，全球公司为适应世界市场的复杂性、产品和服务的多样性而开展全球性创新工作，通过产品创新、服务创新和管理创新构建跨国公司的竞争力。

全球公司的研发创新工作，一般采用三种方式：一是选择在最佳地区建立独立的研发中心；二是在分布于各地区的具体业务部门内部设立研究部门；三是与各国著名的大学、研究机构合作成立专题研发中心，充分利用多家之长，集中攻克技术难题。

GE 无边界创新

实行跨国界、跨部门的“无边界”创新也体现在各个部门的合作创新上，如美国GE公司飞机发动机检测部门与医疗器械部门合作，将查验发动机材料疲劳状况的技术利用到检验人体上，创造出全新的核磁共振仪器，造福人类。

3) 以跨国并购方式扩大经营规模

经济全球化和开放的世界市场，要求全球公司提供大规模的产品和服务，以实现规模经济效益，同时公司面临全球范围的激烈竞争，原有的市场结构和垄断格局将不可避免地进行全球性重组。面临外部压力和内在战略的要求，跨国公司不得不采用战略性并购、强强联合的措施，扩大规模和抢占市场，以利于生存和发展。战略性并购不是简单的资本流动，而是公司资源总体优化配置，整合后的全球性大型跨国公司将成为全球化的主体。

企业强强联合，组建跨国战略联盟，使跨国公司得以保持和发展自己的生存空间。联盟形式有合作式的开发联盟，以之替代一家公司单打独斗的产品开发；软性的虚拟联盟，以之替代硬性的实体联盟；强强合作式的竞争联盟，以之替代强弱结合的互补联盟。这种新型的战略联盟，有利于快速开发新技术、新工艺和新产品；有利于突破贸易壁垒，进入世界市场；有利于避免同行之间激烈竞争导致的两败俱伤。

4) 跨国公司研发活动国际化

跨国公司研发的国际化始于20世纪80年代，到90年代中后期，这一趋势得到了加速发展，成为跨国投资中引人注目的新现象。跨国公司研发活动的国际化主要表现为海外研发投入的大幅增长。为了支持海外生产、适应当地市场的需求或寻求跟踪国外的先进技术，跨国公司不断地加大海外研发支出，其增长速度往往超过跨国公司在母国的研发增长速度。

研发国际化是全球化背景下跨国公司应对激烈竞争的重要战略。首先，信息技术进步及研发活动模块化使得跨国公司海外研发成为可能。其次，开展海外研发对跨国公司具有诸多好处：一是可以贴近东道国市场，增强企业研发的针对性，提高产品市场竞争力；二是可以利用发展中国家廉价的研发资源，特别是人力资源，大幅度降低研发成本；三是有利于迎合东道国政策，改善企业形象及与东道国的关系。

研发国际化

据美国商务部统计，1995—2004年美国跨国公司海外的研发支出由125.82亿美元增加到275.29亿美元，增幅达218%，而同期美国跨国公司在国内的研发支出增幅仅为156%。同样，在1999—2004年间，外国公司在美国分支机构的研发支出金额年均增长率在扣除通货膨胀因素后为2.1%，大于美国境内全部工业行业平均0.2%的研发支出年增长率。另外，跨国公司海外研发机构规模、专利发明申请数量等指标都呈不断扩大的趋势。2000年以来，全球拥有外资研发机构的国家已经从20世纪80年代的30个左右，增加到50多个。欧洲许多国家，如英国、荷兰、比利时和瑞士等，50%以上的专利申请都来自跨国公司的海外研发机构。

7.2 国际直接投资概述

二战以来，特别是20世纪90年代以来，国际资本流动的规模迅速扩大，资本国际化趋势日益加强，资本输出的作用已经超过商品输出而成为国际贸易的重要基础，并对国际贸易的商品结构和地区流向产生了深刻影响。

国际资本流动是指资本从一个国家或地区，转移到另一个国家或地区的一种国际经济活动，其目的是为了获得比国内更高的经济效益。按投资方式，国际资本流动可分为间接投资和直接投资两大类。

7.2.1 国际直接投资的概念和类型

1. 国际直接投资的概念

国际直接投资(international direct investment)，或称外国直接投资(foreign direct investment，FDI)，是指一国的自然人、法人或其他经济组织单独或共同出资，在其他国家的境内创立新企业，或增加资本扩展原有企业，或收购现有企业，并且拥有有效管理控制权的投资行为。

国际间接投资(international indirect investment)，又称国际证券投资(international portfolio investment)，是指投资者(个人或机构)购买外国发行的公司股票、公司债券或政府债券、衍生证券等金融资产，只谋取股息、利息或买卖证券的差价收益，而不取得对筹资者经营活动控制权的一种国际投资方式。

相对于间接投资，直接投资具有两个主要特征。第一，以谋取企业的经营管理权为核心。投资者通过投资拥有股份，不单纯是为了资产的经营，而是为了掌握企业的经营管理权，通过经营获得利润。由于国际投资的收益来自企业利润，因此是不固定的。相反，间接投资的收益一般是固定的。第二，不仅仅是资本的投入，还包括专门技术、生产设备、管理方法以及销售经验等的国际转移，是经营资源的综合投入，而国际间接投资并不必然引起生产要素的国际流动。

2. 国际直接投资的基本类型

国际直接投资的类型可以从投资的动机、生产经营的方向、进入形式及股权参与程度等不同进行分类。

(1) 按照跨国公司对外直接投资的动机，可以分为自然资源导向型投资、生产要素导向型投资、市场导向型投资、交易成本节约型投资和战略导向型投资五种类型。

① 自然资源导向型投资(resource-oriented investment)。这类投资一般都投向能源、矿产、森林等自然资源比较丰富的国家和地区，在那里建立原材料生产和供应基地，以弥补投资者母国自然资源的匮乏，确保本国生产的正常进行。2002 年以后，国际能源资源市场价格暴涨，全球范围内的能源资源争夺日趋激烈，自然资源导向型的跨国投资和并购非常活跃，占全球的比重不断上升。据联合国贸易与发展会议(简称贸发会议)统计，2003—2005 年，采矿业吸收外资 886.4 亿美元，占全部跨国投资的 11.8%，仅次于金融业和商务服务业，居第三位。2004—2006 年间，采矿业跨国并购额累计达 2 157.1 亿美元，占同期全球跨国并购总额的 10.9%，仅次于金融业、交通运输业和商务服务业，居第四位。

② 生产要素导向型投资(factors-oriented investment)。这主要指为了降低生产成本而在土地资源和劳动力供应比较丰富的国家进行的直接投资。随着经济的发展，发达国家和一些新型工业化国家地租和工资水平的上升，带来生产成本的增加，直接影响到产品的国际竞争力。于是，这些国家就以直接投资的方式把那些占地多、费工费时的生产工序转移到土地和劳动力资源比较充裕的国家和地区，以利用当地廉价的土地和劳动力等生产要素。例如，许多在中国投资建厂的跨国公司就是看中了当地劳动力丰裕价廉的优势，随着中国劳动力成本的上升，一些跨国公司又把工厂迁移到工资水平更低的国家或地区，如越南、印度尼西亚等。

③ 市场导向型投资(market-oriented investment)。这是指以扩大市场为目标的对外直接投资。通过对外直接投资在当地生产当地销售，可以使设计和生产更接近市场，随时了解、掌握市场动态，并可以降低运费，从而在激烈的竞争中维持市场份额并进一步扩大市场份额。在保护贸易主义盛行时，通过对外直接投资还可以绕过关税和非关税壁垒而替代出口。市场导向型的直接投资通常是分阶段进行的：最初是直接的商品出口，等有了一定的市场份额后，就开始在销售地进行装配或着手制造部分零部件，最后再把大部分或全部生产过程转移到国外。这种类型的直接投资既可利用跨国公司技术上的优势在短期内占领国外市场，又可利用规模经济，扩大市场占有率，实现规模效益。

④ 交易成本节约型(transaction cost-oriented investment)。这是为了克服市场不完全性可能造成的风险而进行的直接投资。现实中的国际市场并非理想的完全竞争市场，市场上信息分布不对称、不完全，获取信息需要成本，从谈判、签约到履约，每一步都要付出代价。对外直接投资可以以企业内部的行政关系替代市场上的买卖关系，以长期契约替代短期契约，从而达到克服市场不完全性带来的较高的交易成本，克服市场风险，确保资源供应和降低生产成本的目的。

⑤ 战略导向型投资(strategy-oriented investment)。这是指跨国公司基于全球竞争力而进行的投资，这种因战略因素所冒的投资风险，可能会使预期经济效益最终成为泡影。这是短期利益和长远利益的对立统一，也是上述模式的综合和升华。

(2) 按照跨国公司子公司和母公司的生产经营方向，可以分为水平型投资、垂直型投资和混合型投资三种类型。

① 水平型投资(horizontal investment)。水平型投资是指跨国公司内部基本上经营同种行业，生产同类产品。母公司和众多子公司在工艺技术、原材料供应、产品生产、产品销售等方面基本上是同类型的。一般适用于食品加工和机械制造，例如，雀巢公司、可口可乐公司、IBM 公司、福特公司等。

② 垂直型投资(vertical investment)。垂直型投资是指跨国公司内部母公司和各子公司经营不同行业，生产不同产品，但母公司与子公司之间，以及各子公司之间的生产及产品存在着纵向的有机联系。垂直投资可以在协作水平较高的、有关联的不同行业进行。例如，在汽车行业，汽车设计、销售、财务管理、产品研究与开发、咨询服务、物流等分别在不同的母公司、子公司进行。

③ 混合型投资。即跨国公司内部生产和经营多元化，母公司和各子公司经营的方向、生产的产品可以是完全不同的。例如，韩国现代汽车公司的产品“从芯片到巨轮”无所不有。

(3) 按照投资进入的形式，可以分为新建和并购两种类型。

① 新建。新建又称绿地投资，即跨国公司在东道国直接创建新企业，新企业包括独资企业(或跨国公司的分支机构)和合资企业两种形式。

独资企业(sole proprietorship or individual enterprise)，指跨国公司遵照东道国的法律，在东道国境内设立的全部资本为跨国公司所有的子公司，跨国公司对该企业具有全部所有权的控制权，并对企业承担全部责任和风险，利润由其独享，东道国不参与生产经营管理活动。独资企业的形式有：分公司、子公司和避税地公司。

合资企业(joint venture)是指跨国公司非全部股权拥有的子公司，是跨国公司与东道国企业依照当地法律在东道国境内共同投资、共同经营、共负盈亏、共担风险的企业。合资经营企业与合作经营企业的主要区别是合资企业是股权式合营企业，而合作企业是契约式合营企业，其投资方式、分配方式、回收投资方式、清算方式、合作方式各有不同，风险也不同。

② 并购。并购是兼并和收购的简称。

兼并，也称吸收合并，是指两个或两个以上公司合并，其中的一个公司继续存在，其余公司消失，其资产与业务并入继续存在的那个公司。

收购是指一家跨国公司用现金或者有价证券购买东道国企业的股票或者资产，以获得对该企业的全部或某项资产的所有权，或对该企业的控制权。按照收购的标的，可以进一步分为资产收购和股份收购。

兼并和收购之间的主要区别在于，兼并是企业之间合为一体，而收购仅仅取得对方控制权。实践中，兼并和收购往往很难严格区分，所以习惯上都将二者合在一起使用，简称并购。

7.2.2 国际直接投资的发展状况与趋势

1. 国际直接投资发展状况

1) 国际直接投资的发展

国际直接投资可以追溯到 19 世纪 70 年代，始于在 19 世纪上半叶完成工业革命的英国，而后其他欧美国家逐步向外扩张。二战后至20世纪70年代初，跨国直接投资快速增长，从20世纪80年代中期到20世纪末跨国直接投资进入超高速增长期。从20世纪80年代初的大约600亿美元上升到了90年代初的2 000亿美元，2000年达到创纪录的1.4万亿美元，FDI流量的增长率超过了任何其他世界经济主要综合指标。其结果是，世界FDI存量在2002年达到7万多亿美元。外国直接投资已经超过贸易，成为组织国际化生产和服务国际市场的重要方式。

自2001年以来，随着美国经济增长周期的结束和“9.11”恐怖事件的冲击，世界经济形势趋于恶化，国际贸易和投资活动也受到了深刻影响。全球FDI流量出现下降态势，从2000年的1.4万亿美元下降到2001年的8240万亿美元，这是30年来最为严重的FDI的衰退。2002年进一步下降到6 510亿美元。2003年，FDI总量为5 800亿美元。FDI的持续性下降，使许多国家受到不同程度的影响。

国际直接投资流量从2004年开始呈上升趋势，2004年全球FDI总额约为6 480亿美元，这是全球FDI自2001年持续减少以来首次回升。2006年的并购热潮促使全球外国直接投资猛增逾1/3，达到1.3万亿美元。全球三大经济板块——发达国家板块、发展中国家板块及东南欧、独联体国家板块的FDI都出现持续增长，增长的主要原因是跨国公司及世界经济表现强劲所致。进入2007年以后，在美国、亚太、欧洲三大国际投资热点区域的带动下，全球FDI流入在2007年创历史新高，达到1.979万亿美元的规模。但是，受金融危机和世界经济大幅放缓的影响，2008年全球FDI大幅回落至1.6 97万亿美元，2009年进一步降至1.04万亿美元。

2010年全球外国直接投资流量小幅回升至1.24万亿美元，但仍然比危机前的均值低15%。这与已恢复至危机前水平的全球工业产值和贸易形成了鲜明对比。贸发会议估计，全球直接外资流量将继续回升，并于2013年接近2007年时的最高值。如果现存的若干风险因素不会引发全球经济的意外震荡，这一积极局面将持续下去。

2) 影响因素及政府的作用

(1) 影响因素。影响国际直接投资规模的主要因素包括以下三个方面。一是宏观经济因素，其中世界经济增长、投资自由化、国家风险降低及发展中国家经济的快速增长等因素，都推动了新一轮FDI的增长；二是微观经济因素，包括公司盈利增长、证券市场恢复等因素为跨国公司提供了对外投资的物质基础；三是投资制度因素，如政策自由化、私有部门的并购、房地产业的开放等。

(2) 政府的作用。在政策自由化方面，各国政府继续采取措施促进外国直接投资。贸发会议资料显示：1992—2006年各国政府持续采取措施促进外国直接投资。仅2006年，就出台了147项使东道国环境更有利于外国直接投资的政策，其中发展中国家占了这些政策促进措施的74%。2010年投资政策措施有2/3以上属于直接外资自由化和促进领域。特别是在亚洲，措施相对较多，放宽了外国投资进入和立足的条件。这些措施包括精简批准程序及开放新经济特区或扩大现有的经济特区。

国际投资协定体系持续保持快速发展。近些年来，全世界平均每周签署三个以上的投资协定。截至2007年底，国际投资协定有近5 600项，其中双边投资协定2 608项。此外，重新修订“旧”的双边投资协定及用更新、更全面的协定来取代旧协定的趋势仍在继续。

2006年底，共有109个双边投资协定得到重新修订，而且这种趋势目前没有任何会减缓的迹象。2007年，全球避免双重征税协定的总数由2006年的2 651项增至了2 730项。

在各国政府持续的投资促进措施的激励下，全球各类国家对外直接投资存量占GDP的百分比正在稳步上升，如表7-4所示。

表7-4　1994—2010年国际直接投资流入存量占GDP的比重(%)

年份	全球	发达国家	发展中国家	中国	年份	全球	发达国家	发展中国家	中国
1991	10.07	9.71	13.68	5.91	2001	23.31	22.65	25.95	15.43
1992	9.75	9.17	13.82	7.21	2002	22.51	21.92	24.70	14.89
1993	10.29	9.63	14.31	9.92	2003	25.07	24.97	25.51	13.86
1994	10.53	9.77	14.68	12.73	2004	26.27	26.58	25.48	12.68
1995	11.34	10.81	14.37	13.36	2005	25.24	25.31	25.03	11.82
1996	12.68	12.19	15.29	14.36	2006	27.92	28.40	26.53	10.52
1997	14.65	14.33	16.57	15.63	2007	32.01	32.62	29.81	9.46
1998	18.35	18.31	19.24	16.76	2008	25.01	25.57	24.59	8.56
1999	21.55	20.94	24.31	16.91	2009	30.91	31.27	29.66	9.49
2000	23.10	22.75	24.82	16.21	2010	29.73	30.71	27.46	9.86

(资料来源：http://unctadstat.unctad.org/TableViewer/tableView.aspx，2012-4-22.)

知识链接

贸发会议成立于1964年，是联合国大会常设机构之一，是审议有关国家贸易与经济发展问题的国际经济组织，是联合国系统内唯一综合处理发展和贸易、资金、技术、投资和可持续发展领域相关问题的政府间机构，总部设在瑞士日内瓦，目前有成员国188个，现任秘书长为鲁本斯·里库佩罗(巴西人)。会议每四年举行一届大会，大会是贸发会议的最高权力机构。截至2008年，贸发会议已先后在日内瓦、新德里、圣地亚哥、内罗毕、马尼拉、贝尔格莱德、日内瓦、卡塔赫纳(哥伦比亚)、米德兰(南非)、曼谷、巴西圣保罗和加纳阿克拉举行过12届大会。中国于1972年参加贸发会议，目前是贸发会议、贸发理事会以及所属各主要委员会的成员。

贸易实践

中国外商直接投资产业指导

我国2007年12月1日起正式实施的新《外商投资产业指导目录(2007年修订)》，进一步扩大了对外开放的领域，其中鼓励类351条，比原目录增加了94条，占目录的比重由原来的69%提高到73%。2009年1月1日正式实施的《中西部地区外商投资优势产业目录(2008年修订)》共列条目411条，比原目录增加126条，修改了原有条目154条，进一步扩大了中西部地区开放的领域和范围，适当放宽限制，促进产业转移有序承接，为中西部地区更好地吸收外资提供良好的政策支持。

2. 国际直接投资发展趋势

国际直接投资的载体和主体是跨国公司。近年来，跨国公司国际直接投资的方式、流向区域及领域都发生了很大的变化，总体来讲呈现以下特点和发展趋势。

1) 跨国并购成为国际FDI流动的主导方式

在20世纪90年代中期之前，国际直接投资以新建投资为主，20世纪90年代以来，收购和兼并日益成为全球跨国投资的重要方式，1995年跨国并购占当年国际直接投资总额的比重首次超越50%，达59.8%，2001年更是高达80.8%。但2001年以后，全球并购波动性明显增强。2001年全球并购数量增加到8098件，交易额达到7 304.4亿美元，2001年后出现下降。2004年以后，跨国并购重新活跃，形成了新一轮跨国并购浪潮。2007年全球并购数量达到创纪录的10 145件，交易额达到1.64万亿美元。自1987年以来的20年，全球并购数量扩大了8.6倍，交易量扩大了16.8倍。

在金融危机期间，受市场萎缩和跨国公司资金短缺的影响，跨国并购受到极大冲击。此外，自2008年以来，跨国公司重组、抽回投资及偿还母公司债务等造成大量撤资，而海外分支机构盈利能力的下降也导致利润再投资大幅减少。2008年跨国并购交易额下降35%，2009年进一步下降66%，2010年跨境并购交易值才止跌回升，上升了36%，但仍然只有2007年最高值的1/3左右。

跨国并购主要发生在服务业领域，大约占并购总额的70%。从具体行业来看，金融领域的并购量和并购额均是第一位。以2008年为例，金融行业并购额达到8 421.7亿美元，并购量达到3 115件；其次是矿业和石油行业，并购额为1 299亿美元，并购量为468件；化工行业位居第三位；紧随其后的就是食品、饮料、烟草、电气和电子设备行业。

2) 国际直接投资主要在发达国家之间进行

二战前跨国直接投资主要集中在经济落后的国家和地区，资本主义国家将其资本投向其附属地、附属国。二战后，尤其是20世纪70年代后，情况发生了很大变化，国际直接投资主要转向在发达国家之间进行。特别是美国、欧盟和日本之间以相互投资为主，显示出全球资本高度集中的趋势。美国是当今世界主要的对外直接投资国和外国直接投资的吸收国。

《2008年世界投资报告》显示，截至2007年，全球外国直接投资存量已经达到15万亿美元，其中大部分流入了发达国家和地区。例如，2007年，全球外国直接投资流入量18 330亿美元中，流入发达国家的外国直接投资达12 480亿美元，其中美国仍然是最大的接受国，其次是英国、法国、加拿大和荷兰。此外，欧盟作为一个整体，吸收的FDI占全球外国直接投资总额的大约40%，占发达国家总量的2/3。

从外资的流出国来看，集中度更高。2003年外资流出前10位的国家外资流出占全球总流出量的79.4%，2004年为76.8%，2005年为77.9%，2006年为71.0%。2006年输出外资最多的国家分别是美国(2 166亿美元)、法国(1 150亿美元)、日本(507亿美元)、加拿大(452亿美元)、意大利(420亿美元)，发达国家对外投资金额高于吸收外资金额，其比例为1.19∶1；同期发展中国家对外投资与吸收外资之比例仅为0.52∶1。

3) 新兴经济体成为直接外资的新力量

发达国家在跨国直接投资中始终占主导地位，但近年来，发展中国家跨国直接投资流入和流出的增长也令人瞩目。近年来全球面向发展中国家的直接投资非常踊跃，贸发会议的资料表明，2004—2007 年，亚洲和中东欧是最有吸引力的跨国直接投资地区，而中国、印度、南非、埃及、巴西、墨西哥、波兰、俄罗斯，是除美国和英国外跨国直接投资最受青睐的国家。2010 年，发展中经济体作为直接外资接受方和对外投资方的重要性都进一步增加。随着国际生产与近期的国际消费都转移至发展中和转型期经济体，在追求效益和寻求市场的项目上，跨国公司对这些国家的投资越来越多。2010 年 20 大接受直接外资的东道经济体中半数为发展中和转型期经济体。

发展中国家在对外直接投资中也扮演着越来越重要的角色，其直接投资的流出也在增长。近年来，发展中国家和转型经济国家对外直接投资(outward foreign direct investment，OFDI)存量从 1990 年的 1470 亿美元猛增到 2004 年的 1 万亿美元。发展中国家的存量占全球的比重从 1990 年的 8%上升至 2008 年的 15.9%，提升约一倍。从流量看，发展中国家占全球的份额从 2000 年的近 11%上升到 2008 年的 16.2%，2010 年进一步提高到 24.8%。2010 年，20 大投资经济体中有六个是发展中和转型期经济体。新兴市场跨国公司的活力与发达国家跨国公司，尤其是欧洲跨国公司放缓的投资步伐形成了鲜明对照。后者的外向投资水平仍然仅为 2007 年最高水平的一半左右。

贸易实践

表 7-5　2008—2010 年按区域分列的直接外资流量

年　份		2008 年	2009 年	2010 年	2008 年	2009 年	2010 年
项　目		直接外资流入量(10 亿美元)			直接外资流出量		
区域	全球	1 744	1 185	1 244	1 911	1 171	1 323
	发达经济体	965	603	602	1541	851	935
	发展中经济体	658	511	574	309	271	328
	结构弱小的经济体	62.4	52.7	48.3	5.6	4.0	10.1
占世界直接外资流量的比例	发达经济体	55.3%	50.9%	48.4%	80.7%	72.7%	70.7%
	发展中经济体	37.7%	43.1%	46.1%	16.2%	23.1%	24.8%
	结构弱小的经济体	3.6%	4.4%	4.4%	0.3%	0.3%	0.8%

(资料来源：UNCTAD，World Investment Report 2011，Annex table Ⅰ.1，p.187-190.)

4) 跨国公司投资服务业的比重不断上升

近几十年来，全球国际直接投资的产业结构分布呈现出不断变化的态势。20 世纪五六十年代，全球国际直接投资主要集中于以初级产品为主的第一产业；20 世纪七八十年代则主要集中于以制造业为主的第二产业；20 世纪 80 年代末 90 年代初，跨国直接投资由传统的制造业向服务业和高科技产业转移的倾向日益增强，以服务业为主的第三产业成为主要投资领域。

目前，国际产业重心已经由制造业转向服务业，追逐高附加值已经成为全球产业转移的核心。目前，全球经济总量中服务业已占60%以上，每年FDI新增流量中，服务业约占2/3，金融、保险、旅游和咨询等服务业成为国际产业转移的重点领域。随着世界各国服务业的对外开放，服务业已成为国际投资和跨国并购的主要领域。特别是以服务外包为主要形式的跨国公司和跨国转移，成为服务业跨国投资的重要方式。世界500强中一半以上为服务业跨国公司。

据贸发会议统计，2003—2005年间，全球服务业吸收跨国投资额为4 355亿美元，占全部跨国投资的58%。其中，金融业比重最高，占20%；居第二、第三位的分别是商务服务业和批发零售业，比重为16.7%和7.6%。据该组织统计，2004－2006年间，服务业跨国并购额累计达11 575.1亿美元，占同期全球跨国并购总额的58.5%。其中，金融业是跨国并购最活跃的部门，占15.5%；居第二、第三位的分别是交通运输业和商务服务业，比重为13.9%和13.0%。这表明，新一轮国际产业转移主要发生在现代服务业领域。

知识链接

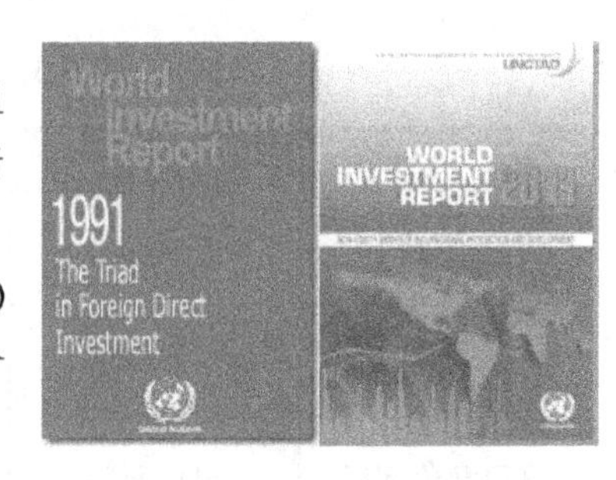

贸发会议自1991年始，每年发布一期《世界投资报告》，该报告从区域和国家层面上关注世界范围内外国直接投资的趋势以及新的投资方式对发展的贡献。

每期报告主要包含以下内容：(1)近几年FDI的趋势分析；(2)跨国公司排名；(3)对选定的与FDI有关的一个主题进行的深入分析；(4)政策分析和建议。

《世界投资报告》主题一览表

World Investment Report 2011:Non-Equity Modes of International Production and Development

World Investment Report 2010: Investing in a Low-carbon Economy.

World Investment Report 2009: Transnational Corporations, Agricultural Production and Development.

World Investment Report 2008: Transnational Corporations and the Infrastructure Challenge.

World Investment Report 2007: Transnational Corporations, Extractive Industries and Development.

World Investment Report 2006: FDI from Developing and Transition Economies: Implications for Development.

World Investment Report 2005: Transnational Corporations and the Internationalization of R&D

World Investment Report 2004: The Shift Towards Services

World Investment Report 2003: FDI Policies for Development: National and International Perspectives

World Investment Report 2002: Transnational Corporations and Export Competitiveness

World Investment Report 2001: Promoting Linkages

World Investment Report 2000: Cross-border Mergers and Acquisitions and Development

World Investment Report 1999: Foreign Direct Investment and the Challenge of Development

World Investment Report 1998: Trends and Determinants

World Investment Report 1997: Transnational Corporations, Market Structure and Competition Policy

World Investment Report 1996: Investment, Trade and International Policy Arrangements

World Investment Report 1995: Transnational Corporations and Competitiveness

World Investment Report 1994: Transnational Corporations, Employment and the Workplace

World Investment Report 1993: Transnational Corporations and Integrated International Production

World Investment Report 1992: Transnational Corporations as Engines of Growth

World Investment Report 1991: The Triad in Foreign Direct Investment

7.2.3 国际直接投资对国际贸易的影响

国际直接投资对国际贸易的影响主要表现在国际贸易规模、国际贸易格局、国际贸易方式及国际贸易政策等四个方面。

1. 国际直接投资促进了国际贸易规模的扩大

从一般意义上讲，国际直接投资对国际贸易规模的影响可归纳如表 7-6 所示。

表 7-6 国际直接投资对国际贸易规模的影响

输出国部门	输入国部门	贸易规模的变化
出口部门	出口部门	输出国出口产品生产缩减，出口量减少；输入国出口产品生产扩大，出口量增加。国际贸易总规模基本不变
出口部门	进口竞争部门	输出国出口产品生产缩减，出口量减少；输入国进口竞争产品生产扩大，进口量减少。国际贸易总规模都萎缩
进口竞争部门	出口部门	输出国进口竞争产品生产缩减，进口量增加；输入国出口产品生产扩大，出口增加。国际贸易的总规模扩大
进口竞争部门	进口竞争部门	输出国进口竞争产品生产缩减，进口量增加；输入国进口竞争产品生产扩大，进口量减少。贸易的总规模变化不大

由此可见，国际直接投资对国际贸易规模的影响是比较复杂的。但在实践中，资本国际流动总体上对国际贸易起着促进作用。这是因为：第一，国际资本流动本身往往直接或间接地带动商品的进出口，因为对外直接投资会直接启动设备、技术及关键原料的出口。第二，资本输出国在减少了资本输出部门国内生产的同时，往往发展起新的效率更高的部门，而资本输入国也因资本输入而增强了生产能力，提高了收入，双方的进出口能力最终都会因为资本的输出和输入而提高。

当然，国际直接投资促进国际贸易规模扩大的事实并不能否认前者对后者一定程度上的代替作用。

2. 国际直接投资影响国际贸易格局

首先，战后的国际直接投资改变了国际贸易的地理格局。从当代国际经济情况看，国际资本流动的方向也就是国际贸易的主要方向。20 世纪 50 年代以前，国际资本主要从发达国家流向发展中国家，因此，那时发达国家与发展中国家之间的贸易在国际贸易中占主要地位。60 年代以后，随着资本输出的主要对象转向发达国家和新兴市场经济国家，发达国家之间以及发达国家与新兴市场经济国家之间的贸易额也相应扩大，并占了全球贸易额的主要部分。

其次，国际资本流动也改变了国际贸易的商品结构。20 世纪 50 年代中期以后，随着资本输出的主要部门由初级产品部门转向制造业和服务业部门，工业制成品贸易和服务贸易在国际贸易中的份额日益上升，初级产品的比重不断下降。同时，国际资本流动部门结构的改变还加快了发展中国家的工业步伐，提高了工业制成品生产能力，优化了出口商品结构。在当今，随着跨国公司主导的国际直接投资的发展，服务于跨国公司全球生产链条分工的需要，中间产品、零部件贸易在国际贸易中的比重上升。

3. 国际直接投资带来了新的贸易方式

战后，随着跨国公司的日益增多，其内部及相互之间的贸易额不断扩大，在国际贸易中的比重也逐步上升，使得贸易中间商、代理商的地位日趋降低。例如，20 世纪 60 年代，随着日本一些大企业纷纷建立自己的国内外贸易机构，其综合商社的地位急剧下降，当时在日本甚至出现了“综合商社夕阳论”的提法，公司内贸易对传统贸易方式的冲击由此可见一斑。在当代，跨国公司的公司内贸易已成为国际贸易的重要形式。

此外，国际资本流动还产生了一系列新的国际贸易方式。这些方式在 20 世纪六七十年代主要有补偿贸易、加工贸易、国际租赁贸易。90 年代以来，随着资本流动与国际分工的深化，进一步产生了制造业外包、服务业外包等新的分工与贸易方式，国际贸易的性质也由最初为获取商业利润、互通有无而开展的“为贸易而贸易”，演变为满足跨国公司生产所需要的“为生产而贸易”。

4. 国际直接投资推动了战后的贸易自由化

国际直接投资是推动国际贸易自由化的一个重要力量。跨国公司通过对外直接投资实行全球化经营，在全球范围内配置资源，安排生产和销售，以获取投资收益最大化。只有在自由贸易的条件下，才能做到这一点。因此，跨国公司出于自身利益成为自由贸易的积极主张者。同时，跨国公司也有实力促使贸易政策的自由化。这是因为，首先，资本雄厚，能通过各种渠道影响政府决策。而在东道国，其子公司往往能凭借强大的经济实力，影响甚至左右当地的经济与政治决策，迫使发展中国家放弃或减少某些贸易保护措施。其次，直接投资能绕过贸易壁垒，使关税和非关税措施在一定程度上失去效力，从而客观上起到打破贸易保护的效果。最后，从积极意义上讲，国际直接投资对经济发展的重要性，迫使各种类型的国家，特别是发展中国家，放松对贸易的干预与控制，以改善投资环境，吸引外资流入，促进本国经济增长。

7.3 国际直接投资理论

二战后，尤其是进入 20 世纪 60 年代以后，随着跨国公司的迅速发展，对外直接投资的规模不断扩大，西方经济学界对这一领域进行了大量的探讨和研究，形成了许多观点各异的跨国公司国际投资理论。

7.3.1 主要的跨国公司投资理论

1. *垄断优势理论*

垄断优势理论(theory of monopolistic advantage)是关于大公司依仗其特定的垄断优势拓展对外直接投资的一种跨国公司理论。20 世纪 60 年代初，美国学者海默在其博士论文《国内企业的国际经营：关于对外直接投资的研究》中最早提出垄断优势论。其在解释对外直接投资时提出了两个基本命题，即垄断优势和市场不完全。后经其导师查尔斯・P・金德伯格的发展而形成理论体系，并得到广泛的重视，成为研究国际直接投资最早、最有影响的独立理论。

海默的研究对象以美国跨国公司为主，其在对美国 1914—1956 年对外投资资料的实证分析中发现美国对外直接投资与寡占的部门结构有着密切的联系。美国从事对外直接投资的企业主要集中在资本集约程度高、技术先进、产品差异性强的一些制造业部门，而这些部门都是寡占程度较高的部门，进行海外投资的企业也多是这些部门中的主要生产厂家。因此海默主张放弃传统国际资本移动理论中关于完全竞争的假设，从不完全竞争角度来解释对外投资。

所谓不完全竞争，是指由于规模经济、技术垄断、商标及产品差异等引起的偏离完全竞争的市场结构。寡占是不完全竞争的主要形式。由于不完全竞争的存在，企业才能在海外生产中拥有和维持各种垄断优势，以抵消在海外经营中的不利因素，取得高于当地企业的利润。

不完全竞争究竟带来了什么垄断优势呢？查尔斯・P・金德伯格曾详细地列举了投资海外企业拥有的各种垄断优势。这些优势分为四类：一是来自产品市场不完全的优势，如产品差别、商标、销售技术与操纵价格等；二是来自要素市场不完全的优势，包括专利与工业诀窍、资金获得的优惠条件、管理技能、原材料优势等。专利和专有技术可以使企业的产品区别于同类产品，从而获得对价格和销售量的控制能力，同时还可以限制竞争者进入，维护公司的垄断地位；三是企业拥有的内部规模经济与外部规模经济。水平或垂直的一体化经营，可以使跨国公司取得当地企业不能达到的生产规模，从而降低成本。当一体化经营达到一定程度之后，还可以对产品价格或原材料价格拥有一定的控制力，进而谋取利润。另外，跨国企业可以通过国际专业化生产，利用各国生产要素价格的差异，合理布置生产区位以取得企业内部与外部规模经济，获得一定的竞争性优势；四是由于政府干预特别是对市场进入及产量限制所造成的企业优势。

海默与查尔斯・P・金德伯格的垄断优势理论为西方直接投资理论的发展奠定了基础。在 20 世纪 60 年代与 70 年代初期，西方学者主要是沿着他们的思路，进一步补充和发展垄断优势理论。其中主要有两个方面：一是进一步论述跨国经营企业的各种垄断优势；二是论证跨国经营企业在出口、直接投资与许可证交易三种方式中选择直接投资的根据与条件。

2. *比较优势理论*

比较优势投资论(the theory of comparative advantage to investment)也被称为“小岛清”模式，最先由日本经济学家小岛清提出，主要从企业比较优势的动态变迁来解释日本企业的对外直接投资。后来比较优势理论被推广，用来解释跨国公司对外直接投资。

20世纪70年代，日本学者试图运用垄断优势理论去解释日本大规模的对外直接投资，但是发现该理论对日本并不适用。鉴于此，日本著名的国际经济学家小岛清通过分析日本企业对外直接投资的特点，在其代表作《对外直接投资论》(1979年)、《跨国公司的对外直接投资》和《对外贸易论》(1981年)中，阐述了自己的观点，即比较优势论。小岛清利用国际分工的比较成本原理，详细分析和比较了日本型对外直接投资与美国型对外直接投资的不同，提出了解释日本对外投资的理论模型。该理论以国家为基本考察单位，进行了国际间优势比较及国家经济发展水平的分析，是有代表性的国际直接投资的宏观理论。

比较优势理论围绕着以下三个基本命题展开。

(1) 赫－俄模型中的劳动与资本要素可以用劳动与经营资源来代替。经营资源是一种特殊要素，既包括有形资本，也包括技术与技能等人力资本。如果两国劳动与经营资源的比率存在差异，那么在两种商品中的密集程度也有差异，结果将导致比较成本的差异。

(2) 比较利润率的差异与比较成本的差异有关。凡是具有比较成本优势的行业，其比较利润率也较高。对外直接投资和国际贸易一样，既受比较成本，又受比较利润率的支配，日本型的对外直接投资就是受比较利润率的支配。因此可以根据国际分工原理对国际贸易与对外直接投资进行分析。

(3) 美国型对外直接投资与日本型对外直接投资不同。美国式的对外直接投资是将最具有比较优势的产业转移至国外。

比较优势理论的核心是，对外直接投资应从投资国已经处于或即将处于比较劣势的产业部门(即边际产业部门)依次进行，而这些产业正是东道国具有明显或潜在比较优势的部门，投资国的投资可以使东道国因缺少资金、技术和管理经验等条件而没有显现的潜在比较优势显现出来或增强起来。也就是说，本国所有趋于比较劣势的生产活动都应通过直接投资依次向国外转移。

小岛清认为，国际贸易是按既定的比较成本进行的，而对外直接投资由于以从趋于比较劣势行业开始的原则进行，因此可以扩大两国的比较成本差距，使双方实现利益更大、数量更多的贸易。另外，边际产业的概念还可以扩大，不仅包括已趋于比较劣势的劳动力密集型部门，还包括某些行业中装配或生产特定部件的劳动力密集型生产过程或部门。日本的传统工业部门之所以能够比较容易地在海外找到有利的投资场所进行国际生产，就是其向该部门具有比较优势的国家和地区进行直接投资的结果。这种投资是“日本式的、顺贸易的对外直接投资”。

小岛清的比较优势理论从国际分工的角度来解释对外直接投资，与其他理论相比有其独到之处。该理论是针对20世纪六七十年代尚处于初期阶段的日本对外直接投资状况而提出的，具有较强的时代特色。80年代后，日本经济实力增强，产业结构变化，对发达国家制造业的直接投资逐渐增加，该理论不再适用。

3. 内部化理论

20世纪70年代中期，英国学者彼得·丁·巴克利、马克·卡森和加拿大学者艾伦·M·拉格曼等人将R·H·科斯的交易成本理论引入对外直接投资领域，提出了内部化理论

(internalization theory)，目前该理论已成为当代西方较有影响的跨国公司理论。虽然都是以市场不完全为分析前提，但内部化理论的分析方法和结论与海默的垄断优势理论很不相同。

该理论认为跨国公司是市场内部化过程的产物，而中间产品市场的不完全则是导致企业内部化的根本原因。公司在进行跨国经营活动时，通过外部市场进行中间产品的交易，会面临许多障碍，从而提高了交易成本。为了克服这些障碍，实现利润的最大化，公司通过直接投资方式在异地设立分支机构，将各种交易不经过外部市场而在公司所属的企业间内部市场内进行，从而可以弥补外部市场机制的缺陷。当这种内部化跨越了国界，跨国公司和国际直接投资就产生了。因此，内部化动机是企业进行对外直接投资的主要原因。

市场不完全是内部化理论的关键性假设，和垄断优势理论中的不完全竞争相比，有着全新的解释。内部化理论认为，市场的不完全不仅仅表现在由规模经济、寡占或关税壁垒等带来的最终产品的不完全，更重要的是表现在知识等中间产品市场的不完全。中间产品是相对于最终产品而言的，是生产过程中的投入要素，不仅包括半加工的原材料和零部件，更重要的是包括各种技术、专利、管理技术等知识产品。而知识、技术形态的中间产品，由于其自身所具备的整体性、共享性、质量不确定和不可检验性等特性，对市场的完善程度有很高的要求。一旦外部市场难以保障中间产品市场交易有效进行，交易成本和市场失效(market failure)就会迫使企业进行内部化。内部化就是建立企业内部市场，利用管理手段来协调企业内部资源配置与产品交换，使中间产品在企业内部网络中自由转移，以避免外部市场不完全对企业经营的影响。这样既避免了市场交易成本，提高了企业经营效率，又能防止技术优势流失，维护了企业的特定优势。

内部化理论有助于说明各种类型跨国公司及其直接投资的形成基础。例如，知识产品市场化形成了研究与发展同生产及销售一体化的跨国公司；原料加工等多阶段生产过程的内部化形成垂直一体化的跨国公司；各国货币制度及政策的差异引起的国际金融市场不完全则促成了跨国银行的发展。

内部化理论还可用来解释战后跨国公司的增长速度与阶段、盈利率变动，所以又被视为跨国公司的长期理论。知识产品的内部化保证了企业可以在研究与开发领域连续投资，为了吸收这些研发的成果，公司的生产与销售规模也应有同速度的扩大。相应的，跨国公司生产与销售的增长也越来越快，对外投资势必会出现高速增长。反之，在公司现有研究与开发领域的潜力枯竭时，跨国公司的增长速度将下降，盈利率减少，海外投资速度也降低，该公司很可能会被其他公司并购。此时，研究与发展范围广泛的公司，可以将研发能力转移到其他领域，以获得新的增长源泉。20 世纪 70 年代中期，许多跨国公司的增长速度下降，合并现象增多，经营多样化程度提高的原因大致在此。

4. 国际生产折衷理论

1977 年，英国里丁大学教授约翰·邓宁发表了其代表作《贸易、经济活动的区位与多国企业：折衷理论探索》，提出了国际生产折衷理论(eclectic theory of international production)。邓宁认为，早期的国际直接投资理论，无论是垄断优势理论、比较优势理论，还是内部化理论，都是建立在对不同时期和不同国家对外直接投资的实证分析基础之上的，这些理论对特定时期内所研究国家的跨国公司行为具有较强的解释力，但都不具有普遍意义，不能成为跨国公司的一般理论。邓宁强调，对外直接投资、出口和许可证交易往往是同一企业面临的不同选择，不应将三者割裂开来，应该建立一种综合性的理论，以系统地说明跨国公司对外直接投资的动因和条件。

邓宁提出，在研究跨国公司和国际生产活动时要吸收区位理论，并融入俄林的要素禀赋论和巴克利与卡森的内部化理论，形成折衷的分析方法和研究体系。因此，折衷理论的核心在于强调跨国公司从事国际生产会同时受到所有权优势、内部化优势和区位优势的影响，对外直接投资是这三项优势整合的结果。这三个方面的特定优势称为折衷范式(eclectic paradigm)或 OIL(ownership, internalization, location paradigm)范式。

所有权优势(ownership advantage)，是指厂商在国际市场上拥有的优越于其他国家厂商的特定优势。主要包括技术优势、厂商规模优势、组织管理优势和金融货币优势等。

内部化优势(internalization advantage)，是指厂商将其特定资产所有权优势内部化的能力。内部化的条件包括签订和执行合同需较高的费用，买者对技术出售价值的不确定性，需要控制产品的使用。如果以上这些条件存在，企业将通过内部市场使用其特有优势，而不是向其他国家企业出售其特有优势。

区位优势(location advantage)是指东道国固有的要素禀赋优势。主要包括东道国丰富的自然资源，低成本、有效率、有技艺的劳动力，市场较大的规模和较快的发展，限制进口的贸易壁垒，政府制定的吸引外国投资的政策。

邓宁认为，不流动的国际资源在各国间的不均衡分布和市场的缺陷是形成跨国公司三大优势的主要根源，东道国政府的管理政策也会对跨国公司的对外直接投资行为产生重要影响。企业必须同时具备上述三种优势，才能从事有利的对外直接投资而成为跨国公司。所有权优势是跨国公司进行国际扩张的基础，但如果不同时具备其他两种优势，跨国公司也只能采用其他形式来利用所有权优势。邓宁在其著作中用表格的形式表达了这种关系，见表 7-7。

表 7-7 可选择的国际经济活动方式

国际经济活动方式	所有权优势	内部化优势	区位优势
对外直接投资	√	√	√
出口销售	√	√	×
许可合同	√	×	×

注：√表示具备该项优势，×表示不具备该项优势。

邓宁的国际生产折衷理论具有较强的解释能力，既可以解释发达国家的对外直接投资行为，也可以解释发展中国家的对外直接投资行为。该理论还将对外直接投资、对外贸易和对外技术转让结合起来，被认为是当代最完备的对外直接投资理论。

7.3.2 发展中国家国际直接投资理论

20 世纪 80 年代中期以后，发展中国家对外直接投资有了很大发展，许多研究发展中国家国际直接投资的理论相继出现。其中以美国经济学家威尔士提出的小规模技术理论，英国经济学家拉奥提出的技术地方化理论和坎特威尔与托兰惕若的发展中国家跨国公司技术创新产业升级理论最有影响。

1. 小规模技术理论

美国经济学家路易斯·威尔士于1977年在题为《发展中国家企业的国际化》一文中提出小规模技术理论。1983年威尔士在其专著《第三世界跨国公司》中，对小规模技术理论进行了更详细的论述。威尔士认为，发展中国家跨国公司的竞争优势主要体现在三方面。第一，拥有为小市场需要服务的劳动密集型小规模生产技术。低收入国家商品市场的一个普遍特征是需求量有限，大规模生产技术无法从这种小市场需求中获得规模效益，而许多发展中国家正是开发了满足小市场需求的生产技术而获得竞争优势。第二，在国外生产民族产品。发展中国家对外投资主要是为了服务于国外同一种族团体的需要而建立。第三，产品低价营销战略。生产成本低，物美价廉是发展中国家跨国公司形成竞争优势的重要原因，也是抢占市场份额的重要武器。与发达国家跨国公司相比，发展中国家跨国公司往往花费较少的广告支出，采取低价营销策略。

小规模技术理论被西方理论界认为是发展中国家跨国公司研究中的早期代表性成果。威尔士把发展中国家跨国公司竞争优势的产生与这些国家自身的市场特征结合起来，在理论上给后人提供了一个充分的分析空间，对于分析经济落后国家企业在国际化的初期阶段怎样在国际竞争中争得一席之地是颇有启发的。但从本质上看，小规模技术理论是技术被动论。威尔士显然继承了维农的产品生命周期理论，认为发展中国家所生产的产品主要是使用“降级技术”生产在西方国家早已成熟的产品。结果，发展中国家跨国公司在国际生产中的位置则永远处于边缘地带和产品生命周期的最后阶段，在技术上的创新活动也仅限于对现有技术的改造。

2. 技术当地化理论

英国经济学家拉奥在1983年出版了《新跨国公司：第三世界企业的发展》一书，提出用技术当地化理论来解释发展中国家的对外投资行为。他认为，以下几个条件可以使发展中国家形成和发展自己的特定优势。

(1) 在发展中国家，技术知识的当地化是在不同于发达国家的环境下发生的，是同发展中国家的要素价格和质量相联系的。

(2) 发展中国家的产品适合于其自身经济条件和需求。

(3) 发展中国家企业的竞争优势还来自其在产品创新活动中所产生的技术在小规模生产条件下会具有更高的经济效益。

(4) 在产品特征上，发展中国家企业往往能开发出与名牌产品不同的消费品以满足相应消费者的品位和购买能力。

(5) 以上优势还会由于民族或语言因素而得到进一步的加强。

拉奥的结论是，不但生产技术上的原创性研究可以使企业具有优势，根据企业本身具有的生产环境，对技术进行相应的改进也可以使企业具有竞争优势。发展中国家企业在引进技术后又对其进行适当的改造、消化和创新，使其更加符合当地的要素结构、产品质量、品质要求、消费品位、价格和购买力，因而从这一点上说，发展中国家的产品比发达国家的产品更具有竞争优势。

3. 技术创新产业升级理论

坎特威尔和托兰惕若进一步研究了发展中国家跨国投资的行为，提出了技术累积——技术改变的理论。他们认为，发展中国家技术能力提高与其国际直接投资累积增长相关联，技术能力的存在和累积是国际生产活动模式和增长的重要决定因素。发展中国家对外投资的顺序应为，首先在周边国家投资，积累海外投资经验；然后从周边向其他国家扩展直接投资；最后在经验积累的基础上为获得更加复杂的技术开始向发达国家投资。

该理论表明，发展中国家的企业从事海外直接投资，是在引进外资和技术以及积累经验的基础上，利用自身的生产要素创造某些优势，从而提高了竞争力和综合优势来实现的。由于这个理论比较全面地解释了20世纪80年代以后的发展中国家，特别是亚洲新兴工业化国家和地区的对外直接投资现象，因而具有一定的普遍意义。

4. 投资发展周期理论

为了从动态角度解释各国在国际直接投资中的地位，邓宁实证分析了67个发达国家和发展中国家1967—1978年直接投资流入与流出量和经济发展阶段之间的联系，并于1981年在《投资发展周期》一文中提出了投资发展阶段论(investment development path theory)。该理论是国际生产折衷理论在发展中国家的运用和延伸，认为国家的对外直接投资不仅取决于其OIL优势，而且其净对外直接投资是该国经济发展水平的函数，其中“净对外直接投资”是指对外直接投资总额减去引进外国直接投资总额的差值。

邓宁根据人均国民生产总值将一国的投资发展划分为四个阶段。

第一阶段，人均国民生产总值在400美元以下。处于这一阶段的国家最贫穷，对外资的吸引力很小，也无任何对外直接投资能力，因此净对外直接投资为负值。

第二阶段，人均国民生产总值在400～2 000美元之间。随着基础设施的改善，经济结构的调整和外贸体制的改革，引进外资规模不断扩大，本国对外直接投资开始出现，但投资水平仍很低，净对外直接投资呈负增长。

第三阶段，人均国民生产总值在2 000～4 750美元之间。进入这一阶段后，该国形成了较强的所有权优势，一些拥有知识资产优势的企业开始对外投资，对外直接投资有所增加，并有可能大幅上升，但国内技术水平和劳动力工资水平的提高使该国作为东道国的区位优势逐渐减弱。虽然外国对本国的直接投资量仍大于本国的对外直接投资量，但后者增加速度快于前者，所以净对外直接投资仍为负数但不断缩小。

第四阶段，人均国民生产总值在4 750美元以上。在这一阶段，该国进入了发达国家行列，拥有强大的所有权优势，对外直接投资的增长速度高于引进外国直接投资的增长速度，净对外直接投资为正值。

由此可以看出，一国的经济发展水平决定了其“三优势”的强弱，而“三优势”的均衡决定了一国的净国际直接投资地位。

7.3.3 跨国公司投资理论的新发展

1. 投资诱发要素组合理论

投资诱发要素组合理论是当代西方经济学家提出的较新的、影响较大的理论。该理论认为，任何类型对外直接投资的发生，都是由直接诱发要素和间接诱发要素组合而产生的。

直接诱发要素指的是投资国和东道国拥有的各类生产要素，包括劳动力、资本、技术、管理和技能等。如果投资国拥有某种诱发要素的优势，可以通过对外直接投资将该要素转移出去，以谋取利益，如果东道国具有某种诱发要素优势，而投资国不具备该优势，这也能刺激投资国的对外投资，从而获得并利用该优势。间接诱发要素是指除直接诱发要素之外的其他非生产要素，包括投资国的鼓励性投资政策及法规、政治稳定性；东道国的投资软硬环境及优惠与激励政策；世界经济环境和科学技术发展等。一国的对外直接投资是建立在直接诱发要素和间接诱发要素的组合之上，而间接诱发要素在当今国际直接投资中的作用越来越重要。该理论认为，发达国家的对外直接投资主要受直接诱发要素的作用，而发展中国家在很大程度上是受间接诱发要素的影响。

投资要素组合理论先前的研究往往注重投资目的、动机和条件因素的研究，而忽视国内和国际环境对投资决策的影响，投资要素组合理论将研究重点转向了外部因素对发展国际直接投资的影响，为克服这种片面性做出了努力。

2. 波特的竞争发展理论

竞争发展理论是哈佛商学院教授迈克尔·波特提出来的。在其著名的《国家竞争优势》一书中，波特将一个国家竞争力的发展分为四个特征明显的阶段：资源要素导向阶段、投资导向阶段、创新导向阶段和财富导向阶段。

1) 资源要素导向阶段

波特认为，当一个国家处于竞争发展的起始阶段，即使是在国际生产中取得成功的企业也只能从诸如自然资源、成本廉价的劳动力等基本生产要素中汲取竞争优势，企业本身没有能力创造技术。具有这些特征的阶段属于资源要素导向阶段。在这一阶段，推动一国经济发展的是丰富的自然资源和廉价的劳动等生产要素，虽然也可能在较长时间内维持人均高收入，但资源要素导向性的经济确是一种生产率增长基础薄弱的经济。

2) 投资导向阶段

在资源要素导向阶段基础上，一国无论是国家还是企业，都有主动投资的意愿，同时也具有吸收并改良外国技术的能力。通过改进基础设施和引进技术的投资，利用资源要素低廉的优势，推动国家突破资源要素导向阶段向创新导向阶段迈进。

3) 创新导向阶段

在这一阶段，企业不仅利用和改进其他国家的技术和方法，而且也对技术和方法进行发明创造。处于创新导向阶段的企业，继续在成本上进行竞争，但这一成本并非取决于要素成本，而是取决于同技能和技术有关的生产率。

4) 财富导向阶段

这一阶段是一个最终导致衰落的阶段，持续投资和创新动机已经削弱，从而妨碍了增长方式的转移。

波特认为，随着一国竞争力的不断发展，其参与国际经济活动的方式也随之发展。波特的竞争发展理论将经济发展、比较优势和国际直接投资作为互相作用的三种因素结合起来分析。不仅强调了国家在不同发展阶段以不同模式参与跨国投资的必要性，而且还提出了选择原则和实现的步骤，这是其对国际直接投资理论的一大贡献。

3. 小泽辉智的动态比较优势理论

小泽辉智在 1992 年提出的动态比较优势理论，试图将跨国公司对经济增长的推动作用与开放经济发展理论结合在一起，理论的核心是强调世界经济的结构特点对经济运行特别是对投资的影响，同时还结合了迈克尔·波特的竞争阶段论的成果。

小泽辉智认为，世界经济的结构特点主要表现在：①每个经济实体内部的供给方和需求方存在差异；②企业既是各种无形资产的创造者也是交易者；③各国经济发展的水平和实力差距明显；④各国经济结构升级和发展具有相应的阶段性和继起性；⑤各国政策中有一种从内向型向外向型转变的趋势。

其中③和④尤为重要，既然各国发展水平具有阶梯性的等级结构，这就为发达国家创造了转移知识和技术的机会，也为发展中国家和欠发达国家提供了赶超的机会。

根据世界经济结构的特征并结合竞争阶段理论，小泽辉智认为，国际直接投资是一种与经济结构变动相适应的资本的有序流动。具体表现在以下几方面。

(1) 处于要素导向阶段的国家吸引的外国直接投资一般都属于资源导向型或劳动力导向型。

(2) 当一国处于从要素导向阶段向投资导向阶段过渡时，吸引外资的行业集中在资本品和中间产品行业，同时还会出现劳动密集型产品制造业向低劳动力成本的国家转移，进行海外直接投资。

(3) 从投资导向阶段向创新阶段过渡时期，吸引外资的行业集中在技术密集型行业，而中间品行业将向海外转移，发生对外直接投资。

7.4 国际直接投资的经济效应及评价

7.4.1 国际直接投资的经济效应

国际直接投资的经济效应，分析的是国际资本流动对资本输出国、输入国及整个世界生产和国民收入分配的影响。其代表理论是麦克杜格尔在其 1960 年的一篇论文中提出的麦克杜格尔模型，后经肯普的发展，成为分析国际资本流动的一般理论模型。

G.D.A.麦克杜格尔和 M.C.肯普认为，国际间不存在限制资本流动的因素，资本可以自由地从资本要素丰富的国家流向资本要素短缺的国家。资本流动的原因在于前者的资本价格低于后者。资本国际流动的结果将通过资本存量的调整使各国资本价格趋于均等，从而提高世界资源的利用率，增加世界各国的总产量和各国的福利。下面通过图 7.1 对此加以说明。

假设世界由资本输出国(A 国)和资本输入国(B 国)组成。在封闭经济条件下，两国存在充分的竞争，资本的价格由资本的边际生产力决定。由于资本边际生产力存在递减的现象，资本供应丰裕的输出国的资本边际生产力低于资本输入国。

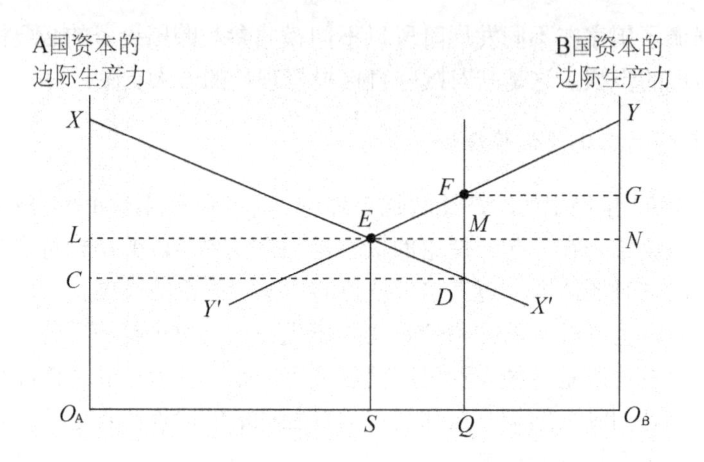

图 7.1 国际资本流动经济效应——麦克杜格尔模型

在图 7.1 中，横轴代表资本量，纵轴代表资本边际生产力。O_A为资本输出国 A 国的原点，O_AQ 为 A 国拥有的资本量，XX' 为 A 国的资本边际生产力曲线；O_B 为资本输入国 B 国的原点，O_BQ 为 B 国拥有的资本量，YY' 为 B 国的资本边际生产力曲线。O_AO_B 是世界资本总量。

在资本流动前，A 国使用 O_AQ 量的资本，生产总量为$S_{梯形O_AXDQ}$，资本的价格(即资本的边际生产力)为 O_AC；此时 B 国使用 O_BQ 的资本，生产出$S_{梯形O_BYFQ}$的产量，资本的价格为 O_BG。很明显，A 国的资本价格低于 B 国的资本价格。由于资本可以在国际间自由流动，于是资本价格较低的 A 国的资本便会流向资本价格较高的 B 国，直到两国的资本边际生产力相等，即 $O_AL=O_BN$ 时才会停止。这个过程中，有 SQ 量的资本从 A 国流入 B 国，最后导致两国的资本生产力趋于相等，即资本边际生产力最后都等于 ES 。

资本流动的结果，A 国的生产量变为$S_{梯形O_AXES}$，B 国的生产量为$S_{梯形O_BYES}$。与资本流动前的总产量($S_{梯形O_AXDQ}+S_{梯形O_BYFQ}$)相比，世界的总产量增加了 $S_{\Delta DEF}$ 部分。这表明，资本国际流动有利于增进全世界的产量和福利水平，是生产资源在世界范围内得到优化配置的结果。

对于向外输出资本的 A 国来说，其国内产量因对外投资而减少了$S_{梯形ESQD}$，但其国民收入并没有下降，而是增加了。因为在国内产量减少的同时，该国又获得了$S_{长方形ESQM}$ 的对外投资总收益(对外投资量×资本的边际生产力)。只要对外投资收益大于因国内生产缩减而损失的收入，资本输出国的国民收入就会增加。图 7.1 中，A 国的收入净增加了$S_{\Delta EMD}$ 部分。一般来说，对外投资的收益率都会高于国内投资，从纯收入的角度进行分析，输出资本很少会使一国的总收入因此减少。

而对于输入资本 B 国来说，由于使用了 SQ 部分的外资，其总产量增加了$S_{长方形ESQF}$部分。其中$S_{长方形ESQM}$ 作为外资收益支付给 A 国，$S_{\Delta EMF}$ 部分是 B 国国民收入的净增加。对于资本输入国来说，只要引进资本后增加的产量大于必须支付给外国投资者的报酬，该国的净收益就会增加。

由此可见，国际资本流动使资本输出国和资本输入国同时分享了世界总产量增加所带来的利益。但另外一方面，资本流动对 A、B 两国不同要素所有者的影响是不同的。对于 A 国来说，资本收入因资本输出带来的资本边际生产力的提高而增加了。但对劳动者来说就不那么走运了，他们会因国内生产、就业的减少而降低收入。在图 7.1 中，A 国的资本收入在资本流动前为 $S_{长方形O_ACDQ}$，流动后为 $S_{长方形O_ALMQ}$ (国内部分 $S_{长方形O_ALES}$ +国外部分 $S_{长方形SEMQ}$)，净增了 $S_{长方形CLMD}$ 部分。而劳动者的总收入在资本流动前为 $S_{\Delta XCD}$，资本流动后减少为 $S_{\Delta XLE}$，有 $S_{梯形LCDE}$ 部分的收入转移到了资本所有者手里。B 国的情况与此恰恰相反，其国内资本收入因外资流入带来的资本边际生产力降低而减少，劳动者的收益则因此增加。在图 7.1 中，B 国的资本收益由资本流动前的 $S_{长方形O_BGFQ}$ 变为 $S_{长方形O_BNMQ}$，减少了 $S_{长方形NGFM}$，而劳动者的收入却由 $S_{\Delta YFG}$ 增加到 $S_{\Delta YEN}$，增加了 $S_{梯形GFEN}$ 部分。

虽然麦克道格尔的新古典主义分析模型中考虑的影响资本收益的因素比较简单，但这个模型却从理论上证明了国际直接投资同时对投资合作的双方有利，因此也对世界经济发展有利这样一个基本结论。

7.4.2 国际直接投资流入业绩与潜力评价

自 2002 年起，贸发会议在其每年发布的《世界投资报告》中开始采用外国直接投资流入业绩指数(inward FDI performance index)和外国直接投资流入潜力指数(inward FDI potential index)两项指标，描述和评价各国吸引 FDI 的现实状况和前景，并通过指数大小的排序来客观反映某一经济体上述业绩潜能在全世界的名次和地位。

1. 业绩指数

贸发会议给业绩指数下的定义：一段时期内(通常为一年)，一国 *FDI* 流入量占全球 *FDI* 流入量的比例与该国 *GDP* 占全球 *GDP* 的比例的比值。其计算公式如下：

$$IND_i = \frac{FDI_i / FDI_w}{GDP_i / GDP_w} \tag{7-1}$$

式中，IND_i = 第i个国家的FDI流入业绩指数；

FDI_i = 第i个国家的FDI流入量；

FDI_W = 全球FDI流入总量；

GDP_i = 第i个国家的GDP；

GDP_W = 全球GDP总量。

若 IND_i >1，表示该国吸引的 *FDI* 在全球所占规模较其 *GDP* 所占规模要大，即业绩突出；

若 IND_i <1，表示该国吸引的 *FDI* 在全球所占规模较其 *GDP* 所占规模要小，即业绩低下；

若 IND_i =1，表示该国吸引的 *FDI* 在全球所占规模较其 *GDP* 所占规模相当，即业绩正常。

2. 潜力指数

贸发会议设计的潜力指数是一国八个经济、社会、政治指标得分的平均数。指标得分的计算方法是，先求出一国某一指标的数值与各国该指标最小值的差，再求出各国该指标

的最大值与最小值的差，最后求出两个差的比值，该比值即为一国在该指标上的得分。其计算公式为

$$Score = \frac{V_i - V_{min}}{V_{max} - V_{min}} \tag{7-2}$$

式中，$Score$ = 一国第i个指标的得分；

V_i = 一国第i个指标的数值；

V_{min} = 各国第i个指标中的最小值；

V_{max} = 各国第i个指标中的最大值。

贸发会议选择的是影响 FDI 决定的主要因素，当然由于数据的可得性，这套指标变量没有涵盖所有影响 FDI 的重要因素。这套指标变量是基于邓宁 1993 年对 FDI 决定因素的研究成果选取的。下面是贸发会议选择的八个指标。

(1) 人均 *GDP*(GDP per capita)。该指标反映一国经济总体发展水平。人均 GDP 越高，劳动生产率越高，创新能力越强。

(2) 近 10 年实际 *GDP* 增长(real GDP growth for the past 10 years)。该指标预示一国未来市场规模的大小。

(3) 出口额占 *GDP* 比例(export as a percentage of GDP)。该指标反映一国生产的国际化程度, 也反映一国的开放程度及竞争优势。

(4) 每千个居民拥有电话数(number of telephone lines per 1000 inhabitants)。该指标反映一国通信基础设施的完善程度。

(5) 人均商业能源使用情况(commercial energy use per capita)。该指标反映一国能源可获性大小和成本高低，对效率寻求型 FDI 尤为重要。

(6) R&D 支出占国民总收入比例(R&D expenditures as a percentage of gross national income)。该指标反映一国科技实力尤其是创新能力的高低，是影响创新资产寻求型 FDI 的重要因素。

(7) 接受高等教育人数占总人口比例(students in tertiary education as a percentage of total population)。该指标反映一国劳动力知识水平和相关技能掌握情况。

(8) 国家风险(country risk)。该指标包括政治风险和商业风险，反映了一个国家政治、经济和社会的稳定程度。

3. 指数排序和归类

贸发会议在计算业绩指数和潜力指数的基础上，又根据其数值大小进行交叉归类，将各经济体划分为四类国家：领先国家(front-runners)——业绩指数值和潜力指数值都较高；未发挥出潜力国家(below potential)——业绩指数值较低，潜力指数值较高；超水平发挥国家(above potential)——业绩指数值较高，潜力指数值较低；落后国家(under-performers)——业绩指数值和潜力指数值都较低。

上述分类中所说的指数值的高低是以所有国家业绩指数值和潜力指数值的排序为参照的，当某国的业绩指数或潜力指数的数值大于处在排序中点国家的相应指数值时，就称其指数值较高，反之则较低。

表 7-8　部分国家 FDI 流入业绩指数和潜力指数，1990—2010

Economy		Brazil	China	France	Germany	India	Japan	Russian Federation	South Africa	United Kingdom	United States
业绩指数	1990	84	57	42	90	96	99	..	106	15	58
	1995	98	17	66	104	95	130	102	80	60	86
	2000	43	62	65	10	115	130	108	117	21	68
	2005	101	70	55	103	120	134	104	80	21	123
	2006	113	91	85	108	100	137	88	138	42	111
	2007	101	104	89	105	112	134	79	114	47	121
	2008	93	97	100	133	80	126	62	81	78	102
	2009	90	83	105	110	67	136	65	85	59	112
	2010	69	86	105	104	97	136	60	128	76	96
潜力指数	1990	54	42	5	4	86	13		46	3	1
	1995	80	49	8	4	97	6	34	55	7	1
	2000	69	48	17	10	92	12	37	66	5	1
	2005	70	34	18	7	84	24	19	65	3	1
	2006	73	33	19	5	83	24	14	66	4	1
	2007	70	32	19	5	85	27	9	67	4	1
	2008	65	30	18	4	86	26	9	74	8	1
	2009	62	27	20	6	79	26	8	75	11	1
	2010	..	..	..	..	..	..	..	..	..	..

注：“..”表示数据不可得。

(资料来源：http://www.unctad.org/Sections/dite_dir/docs/WIRII_Web%20tab%2028.pdf，2012-4-22.)

本 章 小 结

本章主要介绍了跨国公司和国际直接投资的相关知识。二战后，跨国公司的发展进入了高速增长期，对国际经济贸易产生了深刻的影响。跨国公司是国际直接投资的載体，二战后国际直接投资经历了波动式的增长，最近的直接投资量下滑发生在美国金融危机导致全球性衰退的近几年，2010 年已止跌回升。

1960 年，美国经济学家斯蒂芬·海默在大量实证研究的基础上对传统理论提出挑战，认为必须摒弃完全竞争假设，在市场不完全的理论前提下将产业组织理论中的垄断原理应用于对跨国公司行为的分析，并提出“垄断优势理论”，开创了跨国公司与对外直接投资理论研究的先河。之后，众多经济学家又沿着不同的角度和思路对跨国公司的直接投资行为进行了理论解释，提出了多个不同的理论。传统的国际直接投资理论主要有垄断优势理论、比较优势理论、内部化理论、国际生产折衷理论、投资发展阶段理论等，针对发展中国家对外投资的理论解释主要有小规模技术理论、技术当地化理论和技术创新产业升级理论等；结合当代直接投资特征的新理论主要有投资诱发组合理论、竞争发展理论及动态比较优势理论等。

对国际直接投资的经济效应分析，具有代表性的理论是麦克杜格尔在其1960年的一篇论文中提出的麦克杜格尔模型，后经肯普的发展，成为分析国际资本流动的一般理论模型。另外，联合国贸发会议还提出了一套评价国际直接投资流入的指标体系，包括国际直接投资流入业绩指数与潜力指数。

习　题

一、单项选择题

1．联合国使用以下哪个词汇来表述“跨国公司”？(　　)

A．Multinational Enterprises　　B．International Corporations

C．Global　Enterprises　　D．Transnational　Corporations

2．下列关于跨国公司的说法，错误的是(　　)。

A．跨国公司是世界直接投资的主体

B．目前跨国公司的绿地投资成为直接投资的主要方式

C．跨国公司的研发国际化的趋势不断加强

D．跨国公司的当地化战略成为重要趋势

3．由于东道国实行贸易保护主义，因而企业在当地设厂，就地销售，此种投资动机属(　　)。

A．分散投资风险导向型　　B．优惠政策导向型

C．技术与管理导向型　　D．市场导向型

4．国际直接投资的突出特征是(　　)。

A．投资方式　　B．投资利润高

C．投资风险大　　D．投资者拥有有效控制权

5．市场不完全理论首先由美国学者(　　)于1960年在其博士论文中提出来的。

A．金德尔伯格　　B．海默　　C．巴克利　　D．邓宁

6．小岛清运用国际分工的比较优势原理，从宏观角度考察了跨国公司对外直接投资的决定因素。总结出所谓的“日本式对外直接投资理论”，称为(　　)。

A．边际产业扩张理论　　B．国际生产折衷理论

C．产品生命周期理论　　D．内部化理论

7．根据内部化理论，跨国化就是企业(　　)。

A．加强内部组织管理　　B．内部化过程超越国界的表现

C．特定优势即垄断优势的体现　　D．内部关系和对外关系的协调统一

8．“小岛清理论”中的边际产业是指(　　)。

A．已经或即将丧失比较优势的产业　　B．具有比较优势的产业

C．具有潜在的比较优势的产业　　D．能够带来边际利润的产业

二、问答题

1. 研发国际化对发达国家和发展中国家分别有哪些好处？
2. 什么是国际直接投资，其发展趋势是什么？
3. 跨国公司基于哪些动机进行对外直接投资？
4. 根据国际生产折衷理论，企业国际化的方式及其对应的条件有哪些？
5. 什么是麦克杜格尔模型？其主要内容是什么？

三、计算题

根据联合国贸发会议提出的方法，计算中国近年的外商直接投资流入业绩指数与潜力指数。相关数据请查阅各年《中国统计年鉴》。

四、案例应用分析

案例 7.1　欧洲迪斯尼乐园的教训

1984 年，美国的沃特·迪斯尼集团在美国加州和佛罗里达州迪斯尼乐园经营成功的基础上，通过许可转让技术的方式，开设了东京迪斯尼乐园，获得了巨大的成功。

东京迪斯尼的成功，大大增强了迪斯尼集团对于跨国经营的自信心，决定继续向国外市场努力，再在欧洲开办一个迪斯尼乐园。在巴黎开设的欧洲迪斯尼乐园与东京迪斯尼乐园不同，迪斯尼集团采取的是直接投资方式，投资了 18 亿美元，在巴黎郊外开办了占地 4 800 公顷的大型游乐场。但奇怪的是，虽然有了东京的经验，又有了由于占有 49%股权所带来的经营管理上的相当大的控制力，欧洲迪斯尼乐园的经营至今仍不理想，该乐园第一年的经营亏损就达到了 9 亿美元，迫使关闭了一家旅馆，并解雇了 950 名雇员，全面推迟第二线工程项目的开发，欧洲迪斯尼乐园的股票价格也从 164 法郎跌到 84 法郎，欧洲舆论界戏称欧洲迪斯尼乐园为“欧洲倒霉地”。

问题：试用邓宁的 OIL 理论的有关原理分析欧洲迪斯尼乐园失败的原因。

案例 7.2　比较优势陷阱

根据日本经济学家小岛清的比较优势理论，发达国家的劳动密集型产业同发展中国家相比具有比较优势，故劳动密集型产业可作为率先对外投资的边际产业。而中国接受了大量西方发达国家转移来的劳动密集型产业，正在逐渐成为世界工厂。2005 年中国进出口总额达到了 1.42 万亿美元，然而由于缺乏品牌价值和创新内涵，加工贸易的附加值较低，赚的都是“辛苦钱”。加工贸易占据中国贸易方式半壁江山的情况影响了整体利润水平，降低了中国贸易竞争力。发展中国家片面崇拜比较优势理论，在国际分工中过于偏重劳动密集型产品，虽然依旧能获得些许利益，但在长期中却会面临贸易结构不稳定的问题，陷入总是落后于人的“比较陷阱”。这一陷阱以两种方式出现，一是发展中国家由于长期在国际分工中处于低附加值环节，使得贸易利润下降，缺乏改善贸易结构的物质基础，并形成了对劳动型产品生产的路径依赖；二是发展中国家在发展高新技术产业贸易时过于依赖发达国家的技术引入，进而缺乏创新能力，以至于长期陷于技术跟进状态，被迫受制于人。

问题：根据以上材料并结合国际直接投资理论，请分析中国现在应采取什么方法才能免陷于“比较优势陷阱”？

案例 7.3 英特尔公司增加在华投资

英特尔(中国)有限公司是美国英特尔公司于 2007 年在上海投资设立的投资性公司，注册资本 1.6 亿美元，是英特尔公司的中国地区总部。目前，英特尔公司除了把中国区总部设在上海外，还在上海设有亚太研发中心。

美国英特尔公司在 1985 年进入中国市场，目前该公司在中国 16 座城市拥有超过 6 000 名员工，这些员工主要从事装配、测试、研发和销售等工作。然而，大多数国外芯片制造商都是用中国的廉价劳动力来从事低技术芯片的测试和装配工作，几乎没有芯片制造商把先进的产品带入中国进行生产。英特尔目前正计划在中国设厂生产高端芯片，这也将是英特尔目前在华的最大一笔投资。

英特尔计划新建的工厂将生产 65 纳米多核处理器，这将是英特尔在亚洲首次设立此类生产设施。目前，65 纳米芯片被认为是批量生产中最先进的技术之一。英特尔目前已在华投资约 10 亿美元，并在上海和成都设有大型的检测和装配工厂。据有关人士称，英特尔此次新工厂的投资规模将达到数十亿美元。

由于在过去几年中，英特尔在处理器市场中的份额一直被竞争对手 AMD(超微半导体公司)所蚕食，英特尔目前正处于调整当中，其中就包括调整产品价格、削减员工总数并向市场推出新的产品。

英特尔从 2007 年开始进行销售与市场运作，并独立向美国总部报告。这也反映出，作为紧随美国之后的英特尔第二大消费市场，中国已变得越来越重要。

英特尔公司同时决定对位于上海的投资性公司英特尔(中国)有限公司追加 1.1 亿美元的注册资本，以增强其在华的投资运营。英特尔(中国)将向商务部申请认定为国家级跨国公司地区总部。

英特尔公司表示，上海浦东的封装测试工厂整合到成都工厂中去，这一变化将增加成都工厂的生产活动，而浦东工厂的员工人数将相应减少。预计本次调整将使大约 2 000 名员工受到影响。英特尔愿意为受影响的员工提供在成都工厂，正在建设中的大连工厂和英特尔(中国)其他部门中的转岗机会。英特尔也计划增加在大连新工厂的投资，使其具备许可的最先进的芯片生产技术。英特尔公司强调，上海仍然是英特尔最主要的研发基地和英特尔在中国的地区总部。

问题：试分析英特尔公司在华增加投资的动因及适用的理论。

阅读材料 7-1

中国吸引外资与对外投资

中国自改革开放以来，在吸收 FDI 方面有了飞速的发展，FDI 的流入规模在世界上居领先地位。近年来，在对外投资方面也呈现出迅速增长的趋势。

1. FDI 流入状况及其对中国经济的影响

中国吸引外资的历程大致可以分为五个阶段：第一阶段为起步阶段(1979—1985 年)。在这一阶段，中国颁布了第一部外资法——《中华人民共和国中外合资经营企业法》(1979 年)，先后设立了四个经济特区，开放了 14 个沿海港口城市。这一阶段的投资主要来自香港和澳门的劳动密集型制造业、宾馆和饭店等项目。第二阶段为逐步发展阶段(1986—1991 年)。这一阶段外资法律框架进一步完善，颁布了《中华人民共和国外资企业法》(1986 年)、《中华人民共和国中外合作经营企业法》(1988 年)及其他涉外法律法规，并修订了《中华人民共和国中外合资经营企业法》(1990 年)。同时，开放的区域逐步扩大，向北扩大到辽东半岛、山东半岛、渤海湾，向南海南独立建省并成为第五个经济特区，向东则开发上海浦东。第三阶段为高速发展阶段(1992—1997 年)。1992 年邓小平南方谈话成为中国对外开放和利用外资的催化剂，主要表现为，一是发达国家的跨国公司开始向中国投资，大规模的资本技术密集型项目迅速增长，二是FDI从沿海向内陆扩展，三是政府不仅关注外资的数量，而且更加关注外资的质量。第四阶段为调整阶段(1998-2001年)。这一阶段外资流入量下滑，直到2001年才止跌回升。针对这一情况，主要的调整措施包括进一步完善法律法规，鼓励外资技术开发和创新，加大中西部引资力度，并进一步扩大外商投资领域。这一阶段虽然外资总量有所下降，但大型跨国公司投资增加较快，对外资的"国民待遇"原则逐步落实。第五阶段为新的发展阶段(2002年至今)。2001年11月中国正式加入世贸组织，随后，中国开始逐步落实"入世"承诺，扩大服务贸易的对外开放，加强对知识产权的保护，允许外资通过并购方式在中国设立企业。这一阶段外商投资的数量和质量都有了明显的提高，金融、证券、保险等第三产业吸纳的外资大幅度攀升，电子信息、生物工程、新材料、航空航天和新技术农业等高科技产业成为外商投资新的增长点，跨国公司500强中有400多家落户中国。中国各年的FDI流入量和存量见图7.2。

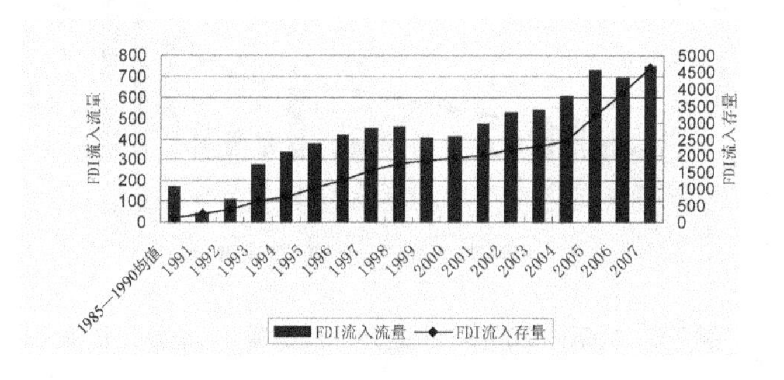

图7.2　1985—2007年各年中国FDI流入量和存量　　(单位：亿美元)

(数据来源：UNCTAD, FDI/TNC database (www.unctad.org/fdistatistics)
其中2006、2007年数据来自商务部网站http://www.fdi.gov.cn/pub/FDI/wztj/default.htm)

FDI流入分布于中国的各次产业，但大部分流向了第二产业，这些流向第二产业的FDI又集中于制造业。1997—2007年累计FDI流入流向第一产业的仅占1.51%，流入第三产业的占28.97%，其余69.52%全部流向了第二产业，其中90%以上流向了制造业，占到全部流入量的63.25%。

FDI流入对中国经济产生了诸多影响，从宏观的角度看，在资本构成、出口、工业产出、就业、税收等方面，外资企业都发挥了重要的作用，见表7-9。

表7-9　FDI对中国经济的贡献

项　目	1992	1996	2000	2004
FDI占中国资本形成总量的比重	7.4%	17.0%	10.3%	8.2%
外资企业出口占中国出口总额的比重	20.4%	41.0%	47.9%	57.1%
外资企业工业产出占中国工业产出总额的比重	7.1%	15.1%	22.5%	35.9%
外资企业就业人员(百万)	6.0%	17.0%	20.1%	23.0%
外资企业税收占税收总额的比重	4.3%	11.9%	17.5%	20.9%

(数据来源：根据2005年《中国统计年鉴》，*World Investment* Report by UNCTAD(1993，1997，2001，和2005)相关数据计算．)

2．FDI 流出的发展及特征

中国的对外直接投资(指非金融类对外直接投资，下同)始于 1979 年，但长期以来发展缓慢，一直徘徊在二三十亿美元的低水平上。自进入 21 世纪以来，中国的对外直接投资有了较大的发展：从投资流量看，2005 年中国对外直接投资首次超过 100 亿美元，达到 122.6 亿美元，2006 年同比增长 43.8％，达到 176.3 亿美元的历史新高水平；从投资存量上看，经过 20 多年的发展，中国的对外投资已具备一定的规模，截至 2006 年底，中国对外投资存量达到了 750.2 亿美元；从对外投资的母公司数量上看，20 世纪 90 年代初期(1993 年)为 379 家，到 2005 年母公司数已发展到 3 429 家，增长了 805%。

图 7.3　1990—2007 年中国 FDI 流出量　(单位：亿美元)

(数据来源：《2006 年度中国对外直接投资统计公报》，
2007 年数据来自商务部网站 http://www.fdi.gov.cn/pub/FDI/wztj/jwtztj/t20080128_89251.htm
UNCTAD，FDI/TNC database(www.unctad.org/fdistatistics))

经过 20 多年的发展，中国对外投资在投资区位、行业以及投资主体、动因和方式上呈现出了以下一些特征：①地区分布特征。中国的对外投资已经投向了世界 172 个国家和地区，但投资活动相对集中。自 2002 年东南亚国家联盟(简称东盟)成立后，中国的投资才更多地转向亚洲发展中国家。②行业分布特征。20 世纪 90 年代以前，对外投资以贸易性投资为主，投资集中于贸易、餐馆、工程承包、咨询服务等行业。20 世纪 90 年代以后，投资领域逐渐拓展，涉及到第一、二、三产业的各个行业。③投资主体特征。一直以来中国对外投资的主体都是以国有企业为主，2001 年中国最大的 12 家跨国公司皆为国有企业。近年来，民营经济开始走向海外，对外投资已触及 40 多个国家和地区，较为成功的有华为公司、万向集团、正泰集团等民营企业。目前中国对外投资主体已呈现出明显的多元化格局。④投资动因特征。在中国对外投资的初期，以贸易性投资为主，其动机是贸易导向型的。随着投资主体和投资行业的多元化，投资动因也呈现出多元化特征，包括以海尔投资美国为例的市场导向型投资，在澳大利亚、南美洲等地开发铁矿、油田、铝矿等的资源导向型投资，以及以海信、TCL、康佳和科龙等在发展中国家建立生产基地的效率型投资。⑤投资方式特征。从投资方式看，产权形式上以合资企业为主，进入方式上以绿地投资为主。近年来，并购形式的 FDI 迅速发展，开展并购的主体是那些实力较雄厚，已有一定跨国经营和管理经验的中国跨国公司。

(资料来源：节选自冯跃．FDI 促进中国制造业技术进步：机制与效应[M]．清华大学出版社，2008.p1-7).

本田在欧盟的跨国经营

日本本田公司是一家全球性的摩托车和汽车制造公司。公司总部设在日本，其研发、生产和销售网络遍布亚洲、欧洲、大洋洲以及美洲四大洲的150多个国家，共有100多个分支机构参与其市场营销、研发以及生产的全过程。

1961年，本田公司在德国开展营销和服务活动，从此开始了对欧洲的直接投资。1963年，本田公司在比利时开办了第一家海外生产分公司。虽然这家分公司现在只生产汽车零部件，但却给本田公司提供了十分宝贵的经验。公司学会了如何利用西方当地的劳动力，生产出既适合当地喜好又适合世界市场的产品。其汽车生产是在位于英国的两家最先进的工厂进行的。

本田利用欧盟国家之间贸易往来便利这一优势条件，将其在欧洲的业务一体化为一个庞大的网络。在这一网络中，有些工厂专门为整个欧洲市场生产某些类型的摩托车。设在不同国家的工厂根据欧洲市场或其他市场的需要，生产不同型号的摩托车。大约有60%的产品销往欧洲以外的地方，主要为中东和非洲地区。并不是所有的工厂都生产所需的全部零部件。也有一些工厂向其他国家的工厂提供零部件。例如，其在西班牙的分厂 Montessa Honda 自己不生产发动机，所需的发动机大多数来自设在意大利和法国的分厂。其研发中心设在德国和英国，最近刚刚建成的摩托车研发基地则是建在意大利。

本田公司的欧盟网络如图7.4所示。

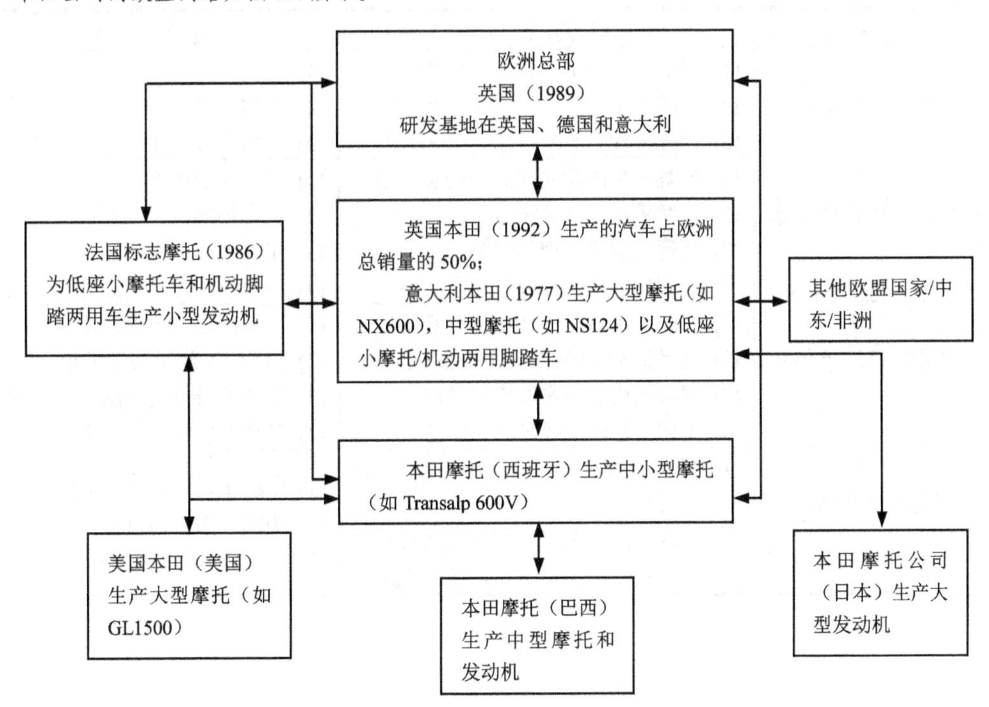

图7.4 本田公司的欧盟网络

（资料来源：Based on Honda Motor Company，2003. http: //www.world.honda.com/UNCTAD. “Foreign direct investment soars 40 percent as corporations become more global.” Press release. September 24.）

第 8 章　区域经济一体化

教学目标

通过本章的学习，要求学生理解区域经济一体化的涵义和类型，理解掌握关税同盟理论、大市场理论、协议性国际分工理论等区域经济一体化的主要理论和观点。了解经济一体化的实践。了解欧盟、北美自由贸易区、亚太经济合作组织和东盟等不同的区域经济一体化组织的发展及其影响。

教学要求

知识要点	能力要求	相关知识
区域经济一体化概述	(1) 理解区域经济一体化的内涵 (2) 理解区域经济一体化的形式及实质 (3) 理解区域经济一体化的特点及趋势	(1) 区域经济一体化内涵 (2) 区域经济一体化形式与实质 (3) 区域经济一体化特点及趋势
区域经济一体化的基本理论	(1) 理解关税同盟的静态、动态效应 (2) 理解大市场理论核心 (3) 理解工业偏好理论缺陷 (4) 理解协议性国际分工约束条件	(1) 关税同盟理论 (2) 大市场理论 (3) 工业偏好理论 (4) 协议性国际分工原理
主要的区域经济一体化组织	(1) 理解运用欧盟一体化实践经验 (2) 运用北美自由贸易区的做法和经验 (3) 理解东南亚国家联盟的做法 (4) 了解其他区域经济组织	(1) 欧盟扩张的历程及特点 (2) NAFTA 的做法及经验 (3) 东盟的特点及优惠贸易安排 (4) 其他有影响的区域组织
区域一体化进程中的中国	(1) 理解中国参与区域经济一体化的必要性 (2) 理解中国—东盟的自由贸易协定 (3) 理解中国和周边国家的区域贸易协定	(1) 中国参与经济一体化的必要性 (2) 中国—东盟的自由贸易协定 (3) 中国和周边国家的区域贸易协定

关税同盟可以使生产厂商获得重大的内部与外部规模经济利益。

——贝尔·巴拉萨

自由贸易区　关税同盟　共同市场　经济同盟　贸易创造效应　贸易转移效应　欧盟　北美自由贸易区　亚太经济合作组织　中国—东盟自由贸易区

世贸组织法律框架中关于区域贸易协定的规定

众所周知，世贸组织基本的法律原则就是无条件的最惠国待遇原则，规定成员国在与其他成员国进行贸易往来时，必须给予一视同仁的贸易待遇。以关税税率为例，成员国将某种产品的最低关税率用于某个世贸组织成员国时，也要将此优惠税率用于所有其他成员国，不得有所歧视。但是，在关税同盟和自由贸易协定中有关区域内成员国间的关税规定，则是违反世贸组织最惠国待遇原则的。对此，世贸组织有关协定采取“例外原则”来进行处理，条件是其在促进区域内贸易流动的同时不得提高对集团外部非成员国的贸易壁垒。

世贸组织协定中有关区域贸易的内容体现在关贸总协定第 24 条，服务贸易方面体现在服务贸易总协定第 5 条上。如关税与贸易总协定在第 24 条中规定，在区域贸易集团条件下允许将最惠国待遇作为例外，并对这种例外附加了三个条件：第一，不能因签订自由贸易协定而提高对第三国的贸易壁垒；第二，自由贸易协定成员国间撤出关税贸易壁垒的范围应包括所有贸易领域；第三，自由贸易协定应该在适当期限(10年)内完全形成。同时，为了有效监督和评估区域经济合作组织对多边经济合作产生的影响，以及区域贸易协定与多边贸易体制的关系，1996 年 2 月 6 日，世贸组织总理事会专门设立了区域贸易协定委员会。应该说，正是以世贸组织为代表的多边贸易体制在法律上的承认和允许，才使得目前区域经济一体化、集团化趋势得以迅速发展。

(资料来源：张鸿，文娟. 国际贸易：原理、制度、案例. 上海：上海交通大学出版社，2006；周学明. 国际贸易概论. 北京：清华大学出版社. 2009.)

8.1　区域经济一体化概述

自 20 世纪 50 年代以来，国际经济关系中出现了一种引人注目的新现象，即区域经济一体化。区域经济一体化不仅是各国提高自身在国际经济和政治舞台上地位的重要手段，而且对全球贸易格局也产生了深远的影响。

8.1.1 区域经济一体化的内涵

近几十年来，区域经济一体化大潮汹涌澎湃，滚滚而来。但是迄今为止，区域经济一体化并没有一个公认的内涵。

一些学者从“经济一体化”(economic integration)这个角度对其进行界定。所谓“经济一体化”，是指通过共同的商品市场、生产要素市场或两者的结合达到生产要素价格的均等、自由流动及成员国之间的宏观经济政策一体化。

同时，一些学者又从制度性一体化和功能性一体化进行阐述。前者是指通过一定的条约和协定，建立起某种超国家的组织形式的一体化。后者是指在现实经济领域中，由于人们之间的经济活动关系日益密切而导致市场扩大，各种贸易壁垒的消除所形成的一种客观的融合。制度性一体化和功能性一体化是当代世界经济中同时发展的两个趋势，两者互为因果。功能性一体化的发展来自于生产力提高和世界经济进步的内在要求，当其发展到一定阶段时，必然要求制度性一体化给予进一步的保障和促进；制度性一体化则会加深功能性一体化的程度，进而要求成员方之间采取各种消除贸易壁垒，实现生产要素自由流动的经济政策。一般说来，功能性一体化是实际需要，而制度性一体化是实现这种实际需要的制度保证。

因此，区域经济一体化定义为在世界经济一体化的过程中，两个或两个以上地理或经济制度邻近的国家和地区通过让渡自己的部分经济或政治主权，建立起超国家的管理机构，以集团的力量参与国际市场竞争，对内实行贸易投资自由化和经济技术合作，对外构筑种种显性或隐性的贸易壁垒的一种追求地区利益和民族利益的思潮和行为。区域经济一体化的结果便是形成了各种形式的区域经济集团。

知识链接

作为世界经济领域的一种新现象，“区域经济一体化”始终与世贸组织所推行的“世界经济一体化”思潮相伴相生，既矛盾又统一。从矛盾处看，“区域经济一体化”是对关贸总协定和世贸组织所倡导的“世界经济一体化”的一种倒退，直接导致了世界经济出现一个个排他性的区域经济集团，是贸易保护主义的一种新的表现形式。从统一处看，“区域经济一体化”和“世界经济一体化”一样均着眼于开放市场，取消贸易壁垒，提倡自由贸易。并且随着商品、劳务、资金、劳动力统一大市场的出现，生产要素得以自由流动，资源配置得以改善，直接满足了企业对生产链整合和区域市场扩大的要求。因此“区域经济一体化”在阻碍世界范围内自由贸易发展的同时，通过拓展地区贸易和经济技术合作，又从另外一个角度补充和推动了自由贸易。

8.1.2 区域经济一体化的形式与实质

1. 区域经济一体化的形式

按照经济一体化的发展程度的高低，区域经济一体化有优先贸易安排、自由贸易区、关税同盟、共同市场、经济同盟和完全的经济一体化等六种类型。

1) 优惠贸易安排

优惠贸易安排(preferential trade arrangements)是指在成员国之间通过签署优先贸易协定或其他安排形式，对其全部贸易品或部分贸易品互相提供特别的关税优惠，对非成员国之间的贸易则设置较高的贸易壁垒的一种区域经济安排。这是最松散的一种区域经济一体化组织形式。例如，1932年英国与其自治领、殖民地建立的帝国特惠制，战后东盟早期的合作形式都是优先贸易安排的典型代表。由于优先贸易安排一体化的发展程度较低，现在许多区域经济集团大多直接以自由贸易区为起点进行经济一体化。

知识链接

帝国特惠制是20世纪20年代末30年代初世界经济大危机时，英国为维持其势力范围的产物，二战后改称为英联邦特惠制，1977年英国加入欧洲共同体过渡期届满，英联邦特惠制随之解散。

2) 自由贸易区

自由贸易区(free trade area)是指在两个或两个以上的国家或地区之间通过达成自由贸易协议，相互取消进口关税和非关税壁垒，但对非成员方仍保留独立的贸易保护措施而形成的一种经济一体化组织。自由贸易区也是一种较为松散的区域经济一体化组织，其最重要的特征是一体化组织内部的自由贸易。在自由贸易区内，商品可以自由地输出入，成员国之间相互取消商品贸易的障碍，真正实现商品的自由流通，但是它严格地将这种贸易待遇限制在成员国之间。自由贸易区的另一个重要特征是成员国之间没有共同的对外关税，各成员国均可保持独立的关税结构。在此，一体化组织内部的自由贸易并不妨碍各成员国针对非自由贸易区成员方(或第三国)采取其他的贸易政策，自由贸易区成员国也并不按照共同的关税对非成员方商品征收进口关税。

自由贸易区最典型的例子是1960年由英国、澳大利亚、丹麦、挪威、葡萄牙、瑞典、瑞士(芬兰在1961年也加入了该协定)等国倡导建立的欧洲自由贸易联盟(European Free Trade Association，EFTA)，另一个典型例子是由美国、加拿大和墨西哥在1993年建立的北美自由贸易区。

贸易实践

自由贸易区成员国之间没有共同对外关税，随之而来的问题是，在执行自由贸易政策时很难分清某种产品是来成员国，还是来自自由贸易区外的非成员国或第三国。因此，容易导致这样一种情况出现：来自自由贸易区外的商品从对外关税较低的成员国进入自由贸易区市场后，再转而进入关税水平较高的成员国，从而造成较高关税成员税收流失和对外贸易政策失效。为了解决这一问题，自由贸易区通常采取“原产地原则”。这一原则的基本内容是，只有产自成员国内的商品才享有自由贸易及免征进口关税的待遇。一般来说，所谓原产地商品，是指商品价值的50%以上是在自由贸易区内部成员国生产的。有些区域经济一体化组织对某些敏感产品的原产地规定更加严格，要求商品价值的60%，甚至75%以上产自成员国时才符合原产地规则的规定。

3) 关税同盟

关税同盟(customs union)是指在自由贸易区的基础上，成员国通过签署协议，彼此之间减免关税，并对非成员方实行统一的进口关税或其他贸易政策措施的一种区域经济一体化组织。比之自由贸易区，关税同盟的不同之处是成员国在相互取消进口关税的同时，设立共同对外关税，成员国之间的商品流动无须再附加原产地证明，它把区域经济一体化的进程又向前推进了一步。关税同盟作为较高层次的区域经济一体化组织，对成员国的约束力比自由贸易区大，已具有一定的超国家性质。

贸易实践

从经济一体化的角度看，关税同盟也具有某种局限性。随着成员国之间相互取消关税，各成员国的市场将完全暴露在其他成员国厂商的竞争之下。为保护本国的某些产业，各成员国往往采取一些更加隐蔽的措施，如非关税壁垒来保护本国的厂商。尽管关税同盟成立之初已经明确规定取消非关税壁垒，然而非关税壁垒措施没有一个统一的判断标准。因此，关税同盟包含着鼓励成员国增加非关税壁垒措施的倾向。同时，关税同盟只解决了成员之间边境上的商品流动自由化问题。当某一成员国商品进入另一个成员国境内后，各种国内限制措施仍然构成了自由贸易的障碍。因此，解决这一问题的最好办法是向“共同市场”迈进。

4) 共同市场

共同市场(common market)是指在两个或两个以上的成员国之间，不仅完全取消了关税和非关税壁垒，建立了共同对外关税，实现了自由贸易，而且还实现了服务、资本和劳动力等生产要素的自由流动。

共同市场最典型的例子是欧洲共同市场，它于1957年由西德、法国、意大利、比利时、荷兰、卢森堡六国倡导，经过十几年的努力才得以形成。作为比自由贸易区和关税同盟更高一级的区域经济一体化形式，共同市场的主要特点是成员国之间不仅实现了商品的自由流动，还实现了生产要素和服务的自由流动。

共同市场的建立需要成员国让渡多方面的权利，包括进口关税的制定权、非关税壁垒，特别是技术标准的制定权、干预资本流动权等。这些权利的让渡表明一国政府干预经济的权利在削弱，而区域经济一体化组织干预经济的权利在增强。然而，由于各成员国经济有差别，统一的干预政策往往难以奏效，超国家的一体化组织的干预能力也是有限的，因而成员国之间生产要素自由流动的中介——货币的统一就显得尤为必要了。

5) 经济联盟

经济联盟(economic union)是指在成员国之间不但废除了贸易壁垒，建立了统一的对外贸易政策，实现了商品、生产要素的自由流动，而且在协调的基础上，各成员国还制定和执行了许多共同的经济政策，并采取某些统一的社会政策和政治纲领，从而将一体化的程度从商品交换扩展到生产、分配乃至整个国民经济的一种区域经济组织。经济联盟的一个例子是比荷卢，它是在二战后由比利时、荷兰和卢森堡倡导形成的；另一个完全经济货币同盟的例子就是当今的欧洲联盟(简称欧盟)。

经济联盟的主要特征是成员国之间在形成共同市场的基础上，进一步协调成员国之间的财政政策、货币政策和汇率政策，一些超国家的机构(如中央银行)开始出现并行使职能。由于货币往往与财政政策、货币政策和汇率政策等宏观政策交织在一起，当这些政策的协调达到一定的程度，以致需要建立成员共同使用的货币或统一货币时，经济联盟又称为经济货币联盟。

贸易实践

经济联盟与共同市场最大的区别是各成员国必须把许多经济主权移交给超国家的机构统一管理，这意味着各成员国不仅让渡了建立共同市场所需让渡的权利，更重要的是成员国让渡了使用宏观经济政策干预本国经济运行的权利。这些政策制定权的让渡对共同体内部形成自由的市场经济，发挥“看不见的手”的作用是非常有意义的。

6) 完全的经济一体化

完全的经济一体化(perfectly economic integration)是指成员国在实现了经济联盟的基础上，进一步实现经济制度、政治制度和法律制度等方面的协调，乃至形成统一的经济体的一体化组织形式。如果说其他五种形态是经济一体化过程的中间阶段的话，那么完全的经济一体化就是经济一体化的最终和最高阶段。

完全的经济一体化的特征是形成一个类似于国家的经济一体化组织。就其过程而言是逐步实现经济及其他方面制度的一体化。从结果上看，完全经济一体化的形式主要有两种：一是邦联制，其特点是各成员国的权利大于超国家的经济一体化组织的权利，如今后的欧盟。二是联邦制，其特点是超国家的经济一体化组织的权利大于各成员方的权利。联邦制的国际经济一体化组织类似于一个联邦制的国家。

自由贸易区、关税同盟、共同市场、经济联盟和完全的经济一体化是处在不同层次上的国际经济一体化组织，根据让渡国家主权程度的不同，一体化组织也从低级向高级排列，但是这里不存在低一级的经济一体化组织向高一级经济一体化组织升级的必然性。各成员国可以根据自身的具体情况决定经过一段时期的发展是停留在原有的形式上，还是向高一级经济一体化组织过渡。关键是各成员国需要权衡自己的利弊得失。

2. 区域经济一体化的实质

1) 区域经济一体化是通向“世界经济一体化”的一个必经阶段

区域经济一体化是战后第三次科技革命所推动的社会生产力发展的必然结果，也是战后国际分工不断深化的结果。区域经济集团在二战后的兴起表明，生产力发展在客观上要求打破国家地理边界对资源配置的限制，要求地理上邻近的国家在经济上相互联系、相互渗透，实现对资源的跨国配置。在此过程中，一体化与主权国家对国民经济控制权的冲突，不同经济发展水平国家合作的障碍，更深层次的文化、意识形态障碍等，都使世界经济一体化的进展步履维艰。

未来的世界经济是走向全球一体化的经济，所显示的发展方向是全球范围的商品贸易，生产要素流动，资源优化配置，金融投资的自由化和财政、金融体制的分工协调，即构成一个类似于放大了的国民经济的运行体制。这就决定了世界经济一体化将面临重重障碍。但世界经济发展的客观趋势决定了一体化是必由之路。在以贸易自由化为代表的世界经济一体化艰难探索的同时，以特定区域，即经济发展水平接近、文化背景相似、社会政治体制相融的地区为突破口，率先尝试建立区域的多边体制，并以此为基础不断地吸收周边国家，从而以区域的经济一体化为样板，在区域经济一体化走向成熟的基础上，较为顺利地实现全球经济一体化。因此，可以说正是世界经济的发展要求在区域范围率先进行一体化经济功能和体制的培育，为世界经济一体化作阶段性准备。

从这个意义上说，区域经济一体化及其载体——区域经济集团是通向未来的“世界经济一体化”的必经阶段，而“世界经济一体化”则是区域经济一体化的结果和最终目标。相较于“世界经济一体化”及其影响下的关贸总协定和世贸组织所推行的多边投资贸易自由化体制而言，区域经济一体化及区域经济集团具有更多的现实性和可行性。

2) 区域经济一体化是一种次优选择

世界经济一体化是一个逐渐趋同、融合的过程，区域经济一体化则是在谋求已有趋同基础上的区域内融合。由于存在着对区域外非成员国的歧视和一般均衡分析下的福利损失，尽管区域经济一体化的目标不是最优的制度安排，但因为其存在着动态和局部福利的增进，更易促进区域内成员国局部福利的全面提高，因此，区域经济一体化往往被视为次优。同时，正因为世界经济一体化面临种种障碍，障碍相对较小的区域经济一体化也就顺理成章地成为世界经济一体化发展过程中的一种次优选择。

从公共选择学派的观点来看，区域经济集团的组建，作为一种公共产品，需要付出一系列成本，如集体行动的成本和组织管理的成本等。正如奥尔森在《集体行动的逻辑》一书中论证的大集团的无效性和小集团的成功性一样，成员国的行为是自利的，成员国集体行动的考虑取决于其成本、收益及其产品外溢程度。在此，经济一体化往往被视为一个集团的组建过程。如果该集团边际产出是基于边际个体成本与边际个体收益的均衡考虑，而不是基于边际个体成本与边际集团收益的均衡考虑，这时公共产品产出供应将面临短缺。而这一影响经济一体化目标实现的公共产品供应短缺问题在集体行动中是普遍存在的，因为公共产品的个体收益与集团收益的差距始终是存在的，成员国行为的自利性也是不可避免的。同时这种供应短缺的程度也是随集团状况的不同而有差异。首先这种公共产品供应的短缺程度与集团成员数量正相关，成员数量越多，个体收益与集团收益的差距就越大，供应短缺程度也就越大；其次，这种公共产品供应的短缺程度同集团成员国间规模差距负相关，规模差距越大，个别成员国(大国)规模也就越接近于集团总规模，该成员国的个体收益同集团总收益越接近，供应短缺程度就越小；再次，经济一体化的组织成本是集团中成员国数量的一个单调递增函数，成员数量越多，组织成本越大。于是，整个经济一体化集团的成败与否，就决定于集团成员数量和集团成员间相对规模的差距。

因此，对于世贸组织、国际货币基金组织这类全球性经济集团而言，成员国个体数量多而且相对规模小，集体行动成本和组织管理成本就大，无法指望成员国会出于自利的激励而为创造公共产品作出贡献，成员国更愿充当“免费搭乘者”，从而降低公共产品的产出水平，降低这类组织成功的可能性。因此，达成全球性经济贸易集团尽管是最优的，但在现实中却很难实现。而在规模相对较小的区域经济集团中，由于成员数量少，相对规模大，组织成本低，而且由于个别成员规模很大，有能力承担绝大多数集体行动成本，单方面提供公共产品，减少了“免费搭乘”现象，从而成为具有可操作性的次优选择。

3) 区域经济一体化是一个矛盾体

在区域经济集团内部，自由贸易和保护贸易是一对既相互排斥又相互依存，既相互斗争又相互促进的矛盾体。从有利于自由贸易的角度看，区域经济一体化集团的建立，使联合起来的集团经济实力增强，在国际贸易谈判中能以统一的声音同非成员国谈判，敢于同任何一个大国或集团进行抗衡。并且随着其贸易流向与投资流向的改变，贸易规模与投资规模的扩大，还会使国际贸易格局发生变化。但是，区域经济一体化无论是成立的目的，还是其所制定的政策与措施，都是充满了矛盾的。

以美国为中心的发达国家在二战后构建的布雷顿森林体系试图为世界制订一套规范，完全消除国家间资本、劳动力、商品、服务等自由流动的障碍，但是成效甚微。人类几千年来就存在的政治、文化、宗教、民族等方面的差异性和资源禀赋、经济发展水平的不同不是旦夕之间就能消除的。国际货币基金组织在解决现代金融危机方面的束手无策，关贸总协定在推动“东京回合”和“乌拉圭回合”谈判上的低效率，或世贸组织在启动新一轮全球贸易谈判方面的旷日持久，都显示很难找到一个能够为大家都接受的方案，一揽子解决问题的可能性不大，实现人类大同还是一个遥远的美丽梦想。

而邻近的国家由于经济发展水平接近，政治、文化、宗教背景具有某些共同性，利益共同点比较多，容易达成共识。在他们之间先进行区域内部整合，消除贸易壁垒，相互开放市场，并通过贸易创造和贸易转移效应，提高集团内的经济运行效率和社会福利，提高集团对外竞争力，造成集团外国家面临日益狭小的国际市场和日益激化的国际竞争，从而迫使集团外的国家急切地投身于营造自己的地区集团。这样，区域经济一体化在发展过程中必然会表现出种种不同程度的排他性，主要表现在以下几个方面：

(1) 在邻国间减免关税，并不意味着对其他国家也如此。对集团外国家来说，即使其原来的关税水平没有改变，相对关税水平却被提高了。即集团内国家贸易条件得到改善，而集团外国家的竞争能力却相对下降了。

(2) 由于市场规模是有限的，对集团内成员国开放市场，减少贸易壁垒，就必然意味着集团外国家进入这个市场更加困难。

(3) 一个地区的国家形成集团后，势必使集团内外国家的经济实力出现悄然变化，从而迫使许多集团外国家面临两难选择：要么被迫接受不利的贸易条件，要么违背自由贸易初衷，营造自己的经济集团，如美国从推崇全球自由贸易转向组建北美自由贸易区即是如此。

(4) 区域经济组织在实施共同财政、货币和汇率政策，甚至启动单一货币之后，降低了集团内企业的投资风险、运营成本和交易成本，却提高了集团外企业进入这个地区市场的门槛。

8.1.3 区域经济一体化的特点和趋势

由于区域经济一体化与世界经济一体化之间还存在一个漫长的过渡阶段，在主权国家趋于消亡之前，区域经济一体化将在很长时间内作为一种次优选择存在。随着世界经济的发展，区域经济一体化与世界经济一体化的关系，可能在一个时期内以竞争为主，在另一个时期内又以互补为主。在竞争与互补的交替作用下，形成一个相互转化、互促互容的格局。进入 21 世纪以来，伴随经济全球化的发展，区域经济一体化表现出一些新的特点和发展态势。

1. 区域经济一体化与经济全球化并行发展

世界各国由于经济发展基础、区位条件、体制因素等，其参与全球经济分工的程度是不均衡的。在激烈的国际竞争中，地区国家之间需要通过联合发挥地缘优势，增强自己的经济实力，提高国际竞争能力和谈判能力。因此，经济全球化在各地区之间发展不平衡，从而产生了经济区域化、集团化。区域经济一体化具有协调和化解因经济全球化带来的某些矛盾和问题的作用，是经济全球化不可或缺的重要补充。

2. 区域经济组织合作形式多样化，合作机制灵活化

区域经济组织合作形式的多样化以及合作机制灵活化主要体现在以下方面：

1) 一体化协议名称多样化，合作方式不断创新

虽然目前的区域经济一体化组织安排以自由贸易协定的形式为主导，但是其他名称的区域经济组织不断出现。例如，新加坡和朝鲜签订的投资保障协议，泰国和巴基斯坦签订的紧密经济伙伴关系，韩国和印度签订的经济伙伴关系协定等。

2) 一体化组织空间范围扩大，地区、跨洲际的区域组织不断出现

传统的经济一体化组织要求各成员国地理位置相接近，然而进入21世纪以来，区域合作打破了原来狭义的地域相邻概念要求。北美自由贸易区、亚太经济合作组织、中国—东盟自由贸易区、欧盟与地中海自由贸易区等区域经济组织的出现和成功运作，说明了区域经济一体化组织在合作方式上有了新的突破。另外，部分区域经济一体化组织互相交叉重叠，大区域组织包容次区域组织，或者是一个国家或地区参加多个不同层次的区域经济一体化组织，相互关系错综复杂。

3) 区域经济一体化在运作机制上更加灵活

制度性区域经济组织和功能性区域经济组织并存，制度性区域经济组织是指各成员国以贸易协定、条约等法律契约形式为基础，而功能性区域经济组织则为各成员国相互进行信息交流、经济联系、协调各方面贸易政策等提供一个舞台。虽然，在一定程度上制度性区域经济组织占据主导地位，但是功能性区域经济组织的出现给区域经济一体化的发展带来了新的活力。例如，亚太经济合作组织就是功能性区域经济组织一次成功的尝试。

3. 区域经济组织合作程度更深，范围更广

新一轮的区域经济组织在合作程度上表现得更为深入，合作范围更为广泛。在合作程度上，传统的区域经济组织主要以货物贸易自由化为发展目标，而新形势下的区域经济组织合作程度不断加深，不仅包括货物贸易的自由化，而且还包括了服务业的投资、贸易争端解决机制、统一的竞争政策、共同的环境标准和劳工标准、知识产权保护标准、超国家制度安排等。

可以看出，新形势下的区域经济组织所涉及的自由化领域明显超出早期的区域贸易协定。在合作范围上，传统的区域经济组织要求成员国具备社会政治制度相似，经济发展水平相近以及具有共同的历史文化背景等同质性条件，而新一轮的区域经济组织已经拓宽了合作范围，混合型区域经济组织的不断出现表明全球区域经济合作正在步入一个新的发展

阶段。另外，区域经济组织成员国不再单单追求在组织内部获得经济利益，国际区域经济合作中的非经济因素凸显。区域经济合作中的非经济因素主要表现为政治利益，新一轮区域组织的各成员国政治因素往往是其签订区域贸易协定的重要考虑因素，而且新时期的区域贸易协定开始出现越来越多的政治条款。

4. 区域经济组织合作的开放性趋势日益加强

新一轮的区域经济组织摒弃了传统区域经济组织的封闭排他性，更强调组织的开放性，实行“开放的区域主义”，并且认为多边贸易体制与区域经济一体化绝非对立和相互排斥。新时期下的区域经济组织内部不再仅仅局限于一地区少数国家的参与，区域经济组织间也并不存在单一的纯粹竞争，而是组织内部不断延伸和扩大组织的同时，努力寻求与区外经济组织之间的合作。区域经济组织间的竞争和合作，深化与开放是交织在一起的。随着国家分工的不断深化以及市场经济的深入发展，区域经济组织加快自身一体化进程以及增强对外开放的力度将成为新时期区域联合形态的主流。

贸易实践

欧盟的跨区合作

目前，各区域经济集团内部一体化在向纵深发展的同时，区域经济集团之间进行经济合作、跨区域经济联系的活动日益频繁。近几年，欧盟部分取代美国而成为巴西等南美国家的主要贸易伙伴，在此基础上与由巴西、阿根廷、乌拉圭和巴拉圭四国组成的南方共同市场进行跨洋合作。1995年12月，欧盟和南方共同市场两大集团领导人正式签署《欧盟—南方共同市场地区间合作框架协议书》。它以“政治、经济和贸易均衡”为基础，逐步实现两大地区之间工业和服务贸易自由化，最终建立由两大地区集团组成的自由贸易区。同时，欧盟为加强同中美洲国家之间的经济合作，决定把其普惠制扩大至安第斯国家和中美洲国家。欧盟还积极与美国磋商，筹划建立由欧盟与北美自由贸易区组成的“大西洋共同体”，并将这一构想进一步扩大到南方共同市场，形成由这三大地区组织组成的世界上最大的“大西洋自由贸易区”。此外，欧盟与东盟和东亚各国的经济联系也在进一步加强。

5. 区域经济一体化组织的成员结构发生了变化

从理论上来说，区域经济集团成员经济水平越接近，消除市场障碍和实行专业化分工而带来的经济利益越均匀，越能产生共同的经济需求。否则，经济利益和需求差距悬殊，出现的矛盾和分歧不易协调。因此，过去都是发达国家之间或发展中国家之间各自组成区域经济组织，如早期的欧盟和南方共同市场。但是，由于国际市场竞争加剧和贸易保护主义上升，区域一体化出现了一种新现象，即经济发展水平悬殊的发达国家与发展中国家共同建立南北区域型经济合作组织。例如，1993年，经济高度发达的美国和加拿大与经济水平相对落后的墨西哥签署了北美自由贸易协定，建立自由贸易区，从此开创了打破经济发展水平差异组建区域经济集团组织的先例。

8.2 区域经济一体化的基本理论

随着经济的发展，区域经济一体化正在成为改变世界经济的重要力量，各种理论也层出不穷。除了范纳的“关税同盟”理论外，1958年欧内斯特·哈斯总结了舒曼莫内等学者的学术思想，在此基础上阐述了“职能外溢”理论，论证了经济一体化会自动地触发政治一体化的观点，推动了欧洲煤钢共同体向欧共体的发展。同时，美国耶鲁大学教授卡尔·多依奇在其著作《国际关系分析》中提出了“相互依赖对称与平衡”理论，从国际关系学的角度对经济一体化问题进行了解释。随后产生的大市场理论和工业偏好理论，其动态分析颇具新意，使人们对区域经济一体化前景日益看好。20世纪70年代，日本学者小岛清阐述了“协议性国际分工原理”的思想，打破了西方经济学者的传统思路。除此之外，1989年彼得·罗伯逊在《国际一体化》中提出了自由贸易区有关理论等。

为体现区域经济一体化理论从静态分析到动态分析、从实证分析到规范分析的演进过程，本节拟介绍关税同盟理论、大市场理论、工业偏好理论和协议性国际分工原理等。

8.2.1 关税同盟理论

关税同盟是区域经济一体化中比较成熟和稳定的一种形式，其对内实行贸易自由化，对外筑起统一的贸易壁垒，充分显示出贸易集团的内外有别的性质。关税同盟理论是以贸易创造效应和贸易转移效应来说明贸易集团的主要经济影响的。其理论渊源可上溯到19世纪德国李斯特的保护贸易理论，因为关税同盟实质上是集体保护贸易。系统提出关税同盟理论的主要有美国普林斯顿大学经济学教授范纳和K.G.李普西。1950年，范纳在其名著《关税同盟问题》一书中鲜明地提出：关税同盟的经济效应在于贸易转移(trade diversion)和贸易创造(trade creation)所取得的实际效果，关税同盟理论主要研究关税同盟形成后，关税体制的变更即对内取消关税，对外设置共同关税的问题及国际贸易的静态和动态效果。这突破了传统观点中关税减让、贸易自由化对经济具有积极作用的论点，并从此将关税同盟理论从定性分析发展到定量分析阶段。

范纳的关税同盟理论使用的是局部均衡分析方法。在模型中，它假设世界上有A、B、C三个国家：A国是主要的分析对象，B国是和A国结盟的国家，C国代表关税同盟外的国家。为分析简化，设A国是一个贸易小国，其进出口不会影响世界市场价格。按照范纳的说法，完全形态的关税同盟应具备三个条件。第一，完全取消各成员国之间的关税；第二，对来自成员国以外地区的进口设置统一的关税；第三，通过协商方式在成员国之间分配关税收入。因此，关税同盟有着互相矛盾的两种职能：对成员国内部是贸易自由化措施，对成员国以外则是差别待遇措施。当所实施的关税同盟具备对内取消关税，对外设置统一税率，成员国共同分享关税收入的条件时，关税同盟将会产生静态的经济效应与动态的经济效应。

1. 关税同盟的静态效应

关税同盟的静态效应主要是指贸易创造效应(trade creating effect)、贸易转移效应(trade diverting effect)及其所带来的福利效应(welfare effect)。

1) 贸易创造效应

贸易创造效应是指缔结关税同盟后，因成员国之间相互减免关税而带来的同盟内部的贸易规模扩大与生产要素重新优化配置所形成的经济福利水平提高的效果。在此，贸易创造表现为由于关税同盟内实行自由贸易后，产品从国内成本较高的企业生产转往成本较低的成员国生产，从而使进口增加，新的贸易得以“创造”。其效果是，第一，由于取消关税，每一成员国由原来生产并消费本国的高成本、高价格产品，转向购买其他成员国的低成本、低价格产品，从而使消费者节省开支，提高福利。第二，提高生产效率，降低生产成本。从每一成员国看，扩大的贸易取代了本国的低效率生产；从同盟整体看，生产从高成本的地方转向低成本的地方，同盟内部的资源得以重新优化配置，提高了要素的利用效率。

同时，在关税同盟缔结之前，各国对来自境外的商品征收较高的关税以限制其进口，这样就过度地保护了以较高成本生产的国内企业和产品，导致既不能提高生产要素的产出率，又损害了消费者利益。建立关税同盟后，由于在成员国之间取消了关税，使部分原属本国企业以较高成本生产的产品转向同盟内以较低成本生产的其他成员国的产品，这样不仅进出口双方国家都可以重新优化配置资源，提高生产要素的产出率，而且进口国家的消费者可以购买到价廉物美的商品，同时降价还可以扩大消费量。为此出口国家可以扩大出口，增加国民收入。因此说，贸易创造从生产(重新优化配置资源，提高生产要素的产出率)与消费(购买价廉物美的商品和扩大消费量)两方面提高了福利水平。

关税同盟的贸易创造效应及其福利效应的大小主要取决于以下因素。第一，原有的关税水平越高，关税同盟使进口商品价格下降的幅度就越快，从而其扩大贸易量的作用便越大；第二，该国供给和需求弹性越大，同等量的削减关税对供给量和需求量的影响就越大，即其对扩大贸易量的作用便越大；第三，其他成员国的生产效率越高，即其的生产成本与该进口国的成本差距越大，取消关税对扩大贸易量作用便越大，第四，一国在参加贸易集团之前贸易自由化的程度越低，参加关税同盟后贸易量的增加幅度就会越大；第五，成员国的经济结构越相似，关税同盟的贸易创造效应就越大。反之，如果该国与其他成员国有较大的结构差异，自己完全不生产某种进口商品，那么，取消关税只能从扩大需求量方面增加贸易量，关税同盟的贸易创造效应便会较小。

2) 贸易转移效应

贸易转移效应是指缔结关税同盟后，由于对内减免贸易壁垒，对外实行保护贸易而导致某成员国从世界成本最低的国家进口转向同盟内成本最低的国家进口所造成的整个社会财富浪费和经济福利水平下降的效果。在此，贸易转移表现为由于建立了关税同盟，成员国之间的相互贸易取代了成员国与非成员国之间的贸易，导致从外部非成员国较低成本的进口，转向从成员国较高成本的进口，发生“贸易转移”。其效果是，第一，由于关税同盟阻止从外部低成本进口，而以高成本的供给来源代替低成本的供给来源，使消费者由原来购买外部的较低价格商品转向购买成员国的较高价格商品，导致增加了开支，造成福利损失；第二，从全世界的角度看，这种生产资源的重新配置导致了生产效率的降低和生产成本的提高。

由于这种转移有利于低效率生产者，使资源不能有效地优化配置，结果使整个世界的福利水平都降低了。因为在关税同盟缔结之前，每一国对来自任何国家的同种产品征收同等税率的关税，因而成本最低的国家可获得贸易机会。而建立关税同盟后，因受关税同盟制约，需首先转由向同盟内成员进口，倘若该成员出口商品成本不是世界上最低的，则不仅同盟中的进口利益受损，而且从世界范围看，也不利于生产要素和资源的优化配置，从而产生了消极的消费效应和消极的生产效应，导致福利水平下降。

贸易创造与贸易转移效应见图 8.1，假设有 A、B、C 三国，均生产和消费某种商品，在建立关税同盟前，A、B、C 三国无贸易，A 国自给自足，AB 成立关税同盟后，内部实行自由贸易，对外执行共同关税。

在图 8.1 中，P 和 Q 分别表示该商品的价格和数量，D 和 S 分别表示 A 国对该商品的需求和供给曲线，E 表示该商品不进行国际贸易时的均衡点，P_A、P_B、P_C 分别表示封闭状态下，A、B、C 三国的该商品价格。假设 P_A 高于 P_B，P_B 高于 P_C。因此，在没有成立关税同盟时，A 国将从 C 国进口商品。设单位关税为 P_CP_{1C}，则进口商品价格为 P_{1C}。在进口竞争下，A 国企业生产的商品只能按 P_{1C} 出售。在这种价格下，其国内产量将为 OQ_2，需求量为 OQ_3，二者的差额 Q_2Q_3 表示 A 国从 C 国的进口量。在这种情况下，A 国的福利总量由消费者剩余 $MP_{1C}N$、生产者剩余 $P_{1C}GH$ 和关税收入$(a+b)$三部分组成。

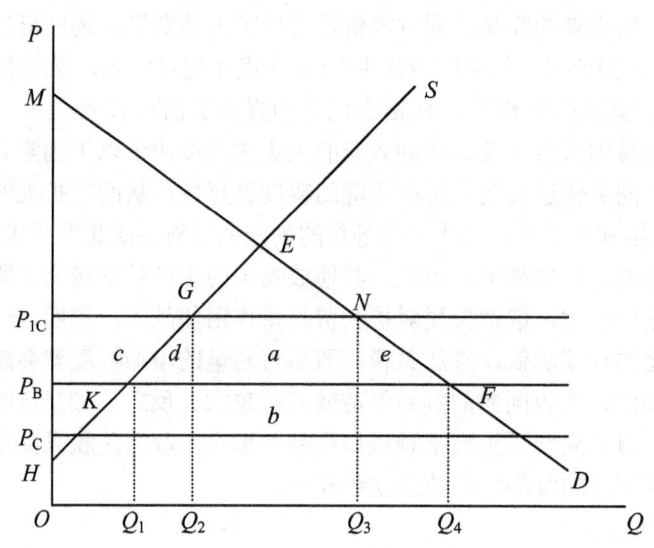

图 8.1 贸易创造和贸易转移效应

在 A 国和 B 国结成关税同盟之后，情况发生很大变化。由于 A 国取消对 B 国的关税，在 A 国市场上 B 国商品的竞争力可能超过 C 国，如果出现这种情况，A 国会将进口由 C 国转向 B 国。在 P_B 这种价格下，A 国产量为 OQ_1，需求量为 OQ_4，进口量为 Q_1Q_4。在 Q_1Q_4 的进口中，原有的 Q_2Q_3 是贸易转移，新增的 $Q_1Q_2+Q_3Q_4$ 是贸易创造。在这种情况下，A 国的福利总量由消费者剩余 MFP_B、生产者剩余 P_BKH两部分组成。贸易创造可以使净福利增加$(e+d)$部分，而贸易转移会使福利水平下降，由于进口由 C 国转向 B 国，A 国丧失了$(a+b)$这一部分关税收入。其中，a 部分转化为该国的消费者剩余，还不属于福利的净损失。

但是，b 部分关税收入是一种福利净损失，因为 B 国的成本高于 C 国，关税同盟助长了这种缺乏效率的资源转移。

贸易转移效应及其所造成的福利损失的大小主要取决于以下因素。第一，原有关税水平越低，关税同盟对非成员国的贸易歧视程度越低，由此而产生的贸易转移的可能性越小。第二，成员国在关税同盟建立之前的贸易往来越密切，贸易转移的余地便越小。第三，关税同盟的成员国越多，贸易转移的可能性越小。第四，成员国与非成员国之间的成本差异越大，贸易转移所可能带来的福利损失便越大。

3) 福利效应

一般说来，贸易创造效应是关税同盟的主要经济效应，其积极作用明显超过贸易转移效应的消极影响。但就其所带来的福利效应而言，不同国家的生产者和消费者并不是相同的。

对于不同出口国来说，组成关税同盟后，高成本出口国出口增加，产量上升，贸易创造效应明显大于贸易转移效应，福利效应增加；而低成本出口国则会减少出口和产出，其福利也必然因贸易规模缩小而下降。

对进口国来说，则会出现消费者福利改善，而生产者福利增加的现象，但其净福利是否增加，还取决于以下几个因素的影响。第一，进口国供需弹性的大小。进口国的供给价格弹性和需求价格弹性越大，其贸易创造减去贸易转移所带来的净福利效应就越大。第二，进口国原有的关税水平的高低。组成关税同盟前，进口国的关税税率越高，则组成关税同盟后，其贸易创造减去贸易转移所带来的净福利效应就越大。第三，高、低成本出口国出口价格的差别。两类出口国的价格越接近，则其贸易创造减去贸易转移所带来的净福利效应就越小。

如图 8.2 所示，进口国 A 国消费者剩余增加(a+e+c+d)，生产者剩余减少 c。另外，原来从 C 国进口的关税收入(a+b)现在因为改从同盟国进口而丧失。综合起来，关税同盟对 A 国的净福利效应=$(a+e+c+d)-c-a+b=(e+d)-b$。

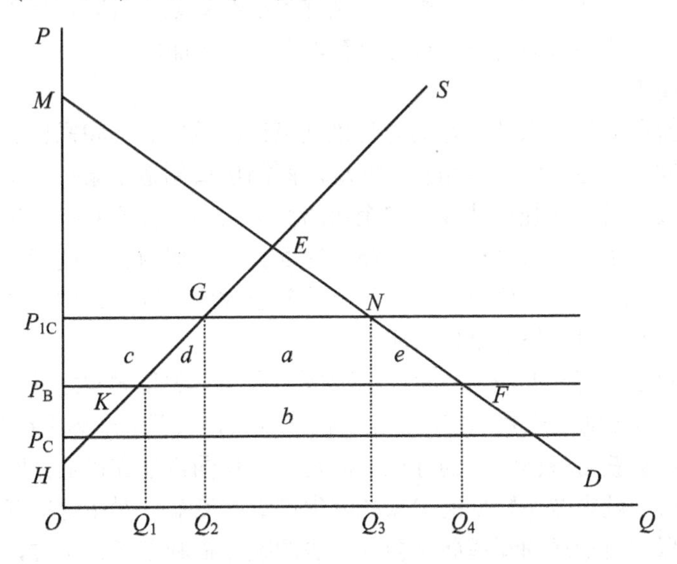

图 8.2 贸易创造和贸易转移的福利效应

在此，$(e+d)$为贸易创造的福利效应。其中 d 表示因同盟内成本低(B 国)的生产替代了成本高(A 国)的生产而导致的资源配置效率的改善，e 表示同盟内废除关税后进口价格下降，国内消费扩大而导致的消费者福利的净增加；b 则表示贸易转移的福利效应。因贸易转移意味着同盟内成本高的生产替代了原来来自同盟外成本低的生产，故 b 表示这种替代所导致的资源配置扭曲，即贸易转移减了 A 国的福利。这样，关税同盟对 A 国福利的净影响可表示成贸易创造的福利效应减去贸易转移的福利效应。加入关税同盟对 A 国是否有利，取决于贸易创造的福利效应能否抵消贸易转移的福利效应。

关税同盟模型采用了与自由贸易模型和关税模型类似的许多假设条件，如充分就业等，这些条件不完全符合现实情况。此外，关税同盟并不一定增加福利，所进行的只是静态分析，没有考虑到动态效应。但是，其基本结论和简化的分析方法，仍然具有一定的借鉴意义。

4) 贸易条件效应

关税同盟还会对成员国的贸易条件带来影响，产生贸易条件效应。假如关税同盟的建立会影响到同盟对世界其他地区的进口需求，同时，世界其他地区的商品供给不是完全弹性的，那么可能会出现同盟相对于外部的贸易条件发生改善的现象，即同盟从外部进口的商品价格下降，从而减少贸易转移所导致的福利损失。

关税同盟各成员国可以利用同盟的力量有效地影响其贸易条件，这种方式甚至可能比成员国各自独立地制定关税时所取得的效果更好。关税同盟成员国越多，实力越强，在与非成员国进行关税协商时谈判能力就越强。关税同盟往往有利于成员国改善贸易条件，促进自由贸易的发展。范纳指出，在其他条件相同的条件下，关税同盟所覆盖的经济区域越大，同盟相对于世界其他非成员国的贸易条件就越有可能得到改善。

2. 关税同盟的动态效应

关税同盟的动态效果，是指关税同盟成立后，对成员国贸易以外的就业、国民收入、国际收支、国内生产和物价水平等的影响，又称为次级效果。有时，这种动态效应比其静态效应更为重要。关税同盟的动态效果主要有以下几个方面。

1) 规模经济效应

建立关税同盟最大的动态效应是其能带来规模经济效应。关税同盟建立以后，在排斥非成员国进口的同时，也为成员国相互之间增加商品出口创造了条件。所有成员国企业可以在扩大了的区域市场内增强对非成员国企业的竞争实力，并不断扩大生产规模，降低企业的平均单位生产成本，获得规模经济效益。这增强了同盟内企业的竞争能力，进而带来成员国之间贸易量的上升，从而进一步产生贸易创造效应。同时，同盟内企业竞争力的上升有可能导致此种产品对区外的出口增加。

关税同盟的建立有可能促成新的垄断的形成。在建立关税同盟之前，对于部分消费品来说，可能由于成员国的生产效率较低，完全依靠进口，从而生产集中在其他高效率国家，使得商品的生产能够获得规模经济的好处。但是，关税同盟建立以后，对非成员国的歧视性关税有可能使得区域内效率较低的国家能够生产这些商品，对于这些商品而言，生产的集中度降低了，保护所形成的新垄断又会使同盟的整体福利下降。不过，从部门间关联的角度来说，这种新垄断的形成恰恰是同盟内部发展相关工业的途径。

总的来看，考虑规模经济，关税同盟的福利改善效应可能有所增强。一方面关税同盟的建立使得成员国能够利用以前未被利用的规模经济，这将提高区域内生产的集中度和厂商规模，降低厂商的生产成本。另一方面，关税同盟建立以后，成员国将生产更多的差异产品。如果可利用的规模经济效应足够大，那么关税同盟的建立将不仅促进区域内贸易，还会提高整个区域向外部世界的出口。

2) 竞争促进效应

美国经济学家蒂博・西托夫斯基认为，关税同盟建立后，商品的自由流通可以加强竞争，打破垄断，从而提高经济福利。关税同盟建立以前，成员国国内某些重要行业可能会形成某种程度的垄断；建立关税同盟后，由于各国之间相互取消关税，市场相互开放，各国厂商面临着来自于其他成员国同类厂商的竞争。对于这些集中度较高的行业来说，成员国竞争厂商的成功进入将提高行业的竞争程度。各成员国厂商为在竞争中取得有利地位，必然会纷纷改善生产经营效率，增加研究与开发投入，增强采用新技术的意识，不断降低生产成本。与此同时，竞争还使成员国之间的专业化分工程度加深，资源使用效率提高，推动成员国产业结构的调整和升级。

3) 投资刺激效应

关税同盟成立后，可以从三个方面刺激投资。首先，随着市场规模的扩大，不确定性和风险会降低，获利预期会提高，因而吸引成员国厂商增加投资。其次，由于同行业竞争的加剧和规模经济的存在会促使成员国厂商增加投资，改进产品质量，降低生产成本，提高竞争力。再次，关税同盟的建立意味着对非成员国产品的排斥，同盟外的国家为了避免贸易转移的消极影响，可能会到同盟区域内设立避税工厂，即以直接投资取代出口贸易，以绕开统一的关税和非关税壁垒。这样客观上便产生了一种伴随生产转移而生的资本流入，关税同盟将吸引大量的外国直接投资。

4) 资源配置效应

关税同盟成立后，市场趋于统一，资本、劳动力、技术等生产要素可以在成员国间自由流动，提高了要素的流动性。在要素价格均等化定律的作用下，技术、劳动力和资本从边际生产率低的地区流向边际生产率高的地区，从而人尽其才，物尽其用。技术、资本等生产要素的流动还能促使企业家精神在成员国之间传播和发扬，导致管理创新和制度创新。这些都将使生产要素配置更加合理，从而实现资源的最佳配置。

3. 关税同盟的长期增长效应

根据经济增长理论，长期经济增长的源泉是要素的积累和技术的进步，建立关税同盟具有长期经济增长效应。组建关税同盟所带来的各成员国生产效率总水平的上升，将在一定程度上影响成员国要素积累的过程，导致其物质资本的加速形成，从而加速成员国的经济增长。更重要的是，贸易的扩张和生产要素的区域内跨国流动，将引起知识在区域内的扩散，以及各成员国研发部门的调整，或者通过规模收益递增部门的规模经济效应直接或间接地影响各成员国长期经济增长率。

8.2.2 大市场理论

系统提出大市场理论的代表人物是美国经济学家蒂博·西托夫斯基和 J.F.德纽。与静态的关税同盟理论相比较，大市场理论更具有动态性，也更注重贸易自由化。该理论主要是针对共同市场而言的，其规模经济和激发竞争的观点也比关税同盟论述的一体化要进一步。下面从两个方面介绍该理论的主要观点。

1. 打破分割，扩大市场范围，获得规模经济效应

在组建区域经济集团之前，各国之间推行狭隘的贸易保护政策，把国际市场分割成几个孤立的市场，企业面对的是细小且缺乏适度弹性的市场。而共同市场的形成就是为了打破贸易保护主义的短视行为，把分散、孤立、缺乏联系的封闭市场统一起来，实现大批量生产，专业化分工和新技术的广泛应用，进而获得规模经济利益。蒂博·西托夫斯基针对当时西欧国家的企业满足于狭窄的国内市场和受保护而缺乏竞争的情况，提出了“小市场的恶性循环”命题。他认为，在狭窄的市场中，企业行为保守，新兴企业无法进入，在这样一个缺乏竞争的垄断市场中，商品价格高，社会公众缺乏购买力，因而销售量小，企业资本周转率降低，无法大批量生产，为获得高利润不得不采取高价格，这样就陷入了高利润、高价格、低资本周转率、狭小市场的恶性循环的怪圈之中。而要打破这种循环就只有在大市场内开展自由贸易以激化竞争，这样才可产生：组建大市场→大量生产→规模经济效应，降低生产成本→扩大消费，利润提高→激发竞争、进入企业增多→积极扩张，最后出现新一轮良性循环。

2. 激发竞争，促使经营观念与制度环境发生转变，获得规模经济

共同市场为企业获得规模经济提供了保证，但不是大市场所追求的目标。蒂博·西托夫斯基认为，大市场的经济效应主要来源于激发竞争所产生的动态经济效应。大市场的建立是为企业展开自由竞争，激活创新能力提供服务和外部环境的，只有通过大市场激发竞争而获得规模经济才是大市场理论的核心和目标，这也是自由贸易精神的体现。这一点与关税同盟理论所认为的通过贸易转移和贸易创造产生静态经济效应是有区别的。德纽认为，大市场能使机器设备充分利用，并随着规模经济和新技术的应用，进一步激活竞争，形成价格下降、消费扩大、投资增加的滚雪球式的扩张。在这样的环境中，规模较小、实力较弱的企业将逐渐被淘汰，只有那些大企业才能生存下来，并进入规模经济为主导的市场扩大、竞争加剧的良性循环中。

大市场理论的核心内容主要是规模经济和激化竞争。规模经济是大市场的结果，为了获得此结果只能通过自由竞争而建立，激化竞争才是大市场的目标，并通过规模经济为激化竞争创造条件。从这点来看，大市场理论仍属于传统贸易理论的范畴，其发展和补充了范纳的关税同盟理论，反映了自由贸易的思想。

大市场理论对于共同市场提供强有力的理论基础，但仍不十分完备。原因有以下几方面：第一，大市场理论无法解释国内市场存量相当大的国家也在同其他国家实行区域经济一体化。第二，大市场理论所强调的扩大市场后出现的累积的动态过程，不一定要通过共

同市场的形态才能完成。根据大市场理论，建立共同市场是为了克服企业家的保守态度，但从国内经济政策入手，克服国内的行业垄断弊端，不一定建立共同市场，同样可使市场更具竞争力。第三，即使不组成共同市场，只要有世界性的自由贸易，也可以取得大规模市场的各种利益。第四，将竞争激化的规模经济作为共同市场产生的依据有些牵强。

8.2.3 工业偏好理论

加拿大经济学家H·G·约翰森、C·A·库珀和B·F·马赛尔等学者在修正范纳的关税同盟理论过程中，提出了“偏好工业生产”的假设，并由此形成了工业偏好理论。该理论遵循的是传统的比较利益的思路，从工业生产和工业品贸易(即资本品贸易而非消费品)的角度来解释一体化。其内容主要有以下几方面。

(1) 世界上绝大多数的国家在经济发展过程中都存在优先发展现代工业的偏好。对工业产业的偏好促使这些国家以关税或其他贸易政策来保护工业生产，如高关税、出口补贴、奖出限入政策等，偏好程度相近的几个国家结成关税同盟等经济一体化组织后，就形成了地区间的国际专业分工，并通过增加互惠贸易来扩大本国的工业生产规模。

(2) 各国政府都有意识地加速工业化进程。成员国一旦享受到国际专业分工的好处后就更有提高同盟的工业偏好倾向，他们往往通过直接补贴，成员间关税减免及对外贸易保护等措施引导资金向本国工业生产转移，使之获得更好的发展条件，从而进一步增加公共福利，使区域间的一体化程度越来越紧密。

工业偏好理论是以比较工业生产成本为出发点，那么，哪些国家比较容易结成关税同盟呢？库珀等人认为，那些有强烈工业偏好的国家一般在国际市场竞争中只有较弱的比较成本优势，但通过结盟取消相互间关税后，往往会认为本国的产品比盟国的产品更具有比较成本优势，从而偏好进入盟国市场以扩大工业生产规模。因而，根据该理论，那些具有相似工业偏好，相似工业生产成本水平，在国际市场上比较成本相对处于弱小优势的国家间往往倾向于形成经济一体化(如关税同盟)组织。欧盟是该理论在实践中的最好说明，相比于美、日产品，欧共体工业品生产成本优势略逊一筹，但同盟内各成员国都有一些与其他成员国相比有比较成本优势的工业产品，这促使他们走到一起建立区域经济一体化组织。

工业偏好理论在阐述关税同盟的原因方面确有独到之处，该理论不仅能很好地说明欧盟的形成，对广大的正处于工业化进程中的发展中国家经济一体化也具有一定的实践指导意义。因为与发达国家相比，广大发展中国家劳动效率低，技术水平差，在国际市场上工业品生产成本不占优势，但都有强烈的工业偏好倾向，为加速经济增长，这些国家很需要同一些与本国生产要素结构、工业生产水平相似的国家进行区域性的专业分工。同时，在世界市场上，发展中国家与发达国家仍处于一种初级工业品和制成品的国际分工体系中，所以，工业偏好理论所形成的“第二级的经济一体化”具有实用性，毕竟发展中国家进行的经济一体化是简单工业品的国际分工。从以上分析可看出，依据“工业偏好理论”形成的一体化具有如下缺点。

(1) 两个生产要素结构、工业生产水平相似的国家进行区域性的专业分工时，是以牺牲非成员国(通常在国际市场上最具比较成本优势)利益来保护同盟利益的。该理论违背了古典经济学倡导的以比较成本为原则的自由贸易思想。

(2) 工业偏好理论无法解释一些最具比较成本优势的国家的区域经济一体化问题。例如，美、日两国的工业生产成本在国际市场上占绝对优势，但也都在积极寻求与其他国家进行经济一体化，美国除了组建美加墨自由贸易区外，还积极在亚太经济合作组织(简称亚太经合组织)中发挥作用，日本则雄心勃勃欲组建东亚经济圈，这都是工业偏好理论所无法解释的。

总之，工业偏好理论在解释一些具有较弱比较成本优势的国家的区域经济一体化问题上较有说服力，但在说明一些最具比较成本优势的国家的区域经济一体化原因时，则显得苍白无力。

8.2.4 协议性国际分工理论

协议性国际分工原理是日本著名学者小岛清于 20 世纪 70 年代提出的。针对以往的经济一体化理论中，西方经济学者总是遵循古典经济学家大卫·李嘉图等人提出的“比较利益”说的思路，把“规模经济”、“大市场”、“激化竞争”、“生产成本比较”等作为研究核心，用比较优势原理来说明一体化的经济效应，忽视规模经济和激化竞争效应所带来的企业垄断与内部贸易扩大问题的缺陷，小岛清在其代表作《对外贸易论》中对此进行批判，并从新的角度提出“协议性国际分工原理”，用于解释区域经济一体化。其主要观点有以下三个。

(1) 在一体化内部仅仅依靠比较成本优势来形成国际分工，并通过竞争机制来实现规模经济是有害无益的。因为在区域内部，通过自由贸易来实现企业的规模经济极易导致集中与垄断，并导致生产成本上升，甚至引起各成员国经济失衡，反过来竞争的负面效应又会伤害规模经济。

(2) 小岛清认为，必须引进共同市场的内部分工原理，并在其指导下通过两国间的协议来实现国际专业化分工。与比较优势原理不同，协议性国际分工原理认为规模经济中既有内部规模经济也有外部规模经济，即生产成本存在长期递减规律。在此，该原理假设两国在生产两种商品时，各有专攻。如果两国通过签定协议进行分工，相互为对方提供专业化生产商品所需的大市场，必将使两种商品的生产成本都得以大幅下降，获得规模经济，进而可引出除激化竞争之外带来规模经济的另一途径。若考虑到成本降低后两国需求增加的贸易创造效应，实际经济利益会更加明显。

(3) 协议性分工不能指望通过价格机制自动地实现，而必须通过当事国的某种协议来加以实现。所谓的协议性国际分工，是指两国达成互相提供市场的协议,一国放弃某种商品的生产并把国内市场提供给另一国，而另一国则放弃另外一种商品的生产并把国内市场提供给对方，即通过制度性一体化把协议性分工组织化的一种国际分工。例如，中美洲共同市场实行的统一产业政策，是由国家间的计划决定的分工，就是典型的协议性国际分工。

小岛清“协议性国际分工理论”的实质是国际经济关系中的妥协性行为，该理论并不反对自由贸易下的竞争，而是反对在现实情况中，各国以自由贸易之名，行保护贸易之实，为维护本国经济利益，在与各国的矛盾冲突中人为扭曲价格竞争。协议性国际分工通过国际经济协调，达成国际分工协议，相互提供市场实现专业分工，其理论基础仍是比较成本理论，但却更符合一些国家要求合作，特别是东亚地区的儒家文化传统和精神理想。

与关税同盟理论相比，协议性国际分工原理缺少强制力，其要求成员国之间互相妥协，为了长远的利益，放弃一些眼前利益。因此，并不是所有的国家和地区都能实现协议分工的，而且这种妥协不是单纯依靠经济力量所能操纵，还有文化、信仰、历史、政治等多方面因素影响，因而，该原理只能为区域性经济一体化提供指导。只有具备下列条件的国家和地区才会形成协议性分工。

(1) 两个或两个以上国家或地区的资本、劳动资源禀赋相近，工业化水平和经济发展阶段大致相似，协议分工后的产品能在每一个国家或地区生产。

(2) 协议分工生产的商品，必须能实现规模经济，即双方相互提供的市场容量要大。

(3) 利益均等。在每一个国家或地区生产或出让给另一成员生产的商品，应没有优劣区别，产业之间不存在较大的利益差别。

知识链接

20世纪80年代以后，随着经济一体化在世界范围内的迅速发展，人们开始从更广阔的视野关注和研究区域经济一体化所涉及的方方面面的内容。特别是作为迄今为止已经进入经济一体化最高发展阶段的欧盟的发展，已经远远超出了经济领域本身，成为一个涵盖了政治、法律、文化、社会等方面的多元化的范畴，相应地，人们对经济一体化的研究领域也呈现出一种综合性和多学科的特点。区域经济一体化理论的研究框架得到更大范围的拓展。具体有：①以保罗·克鲁格曼为代表的新经济地理学，其对区域经济一体化的贡献在于他们从对经济活动的地理集中现象的关注中考察了区域经济一体化进程中的产业集中问题。②新区域主义理论，对20世纪90年代以来区域经济一体化发展出现的新特点解释了原因：在一些实力更强大的国家和实力相对弱小的国家之间签订的贸易协定中，后者对前者作出了更大的让步。例如，北美自由贸易区，加拿大和墨西哥被要求知识产权保护，能源政策等方面做出适应美国的调整。这种小国对大国做出单方面让步的现象被称为新区域主义。③出现了解释发展中国家参与区域经济一体化现象的比较有影响力的代表性理论，如中心—外围理论、国际依附理论及综合发展战略理论。④区域经济一体化和世界经济一体化的关系研究，应该成为区域经济一体化理论未来的研究内容之一。

8.3 世界主要区域经济一体化组织

8.3.1 区域经济一体化组织的特征

作为区域经济一体化的载体和结果，在当前仍能有效运转的区域经济一体化组织中，既有像欧盟这样高度成熟的地区经济组织，也有如中国与东盟这样刚刚开始搭建的自由贸易区；既有像欧洲经济区这样纯粹的“北北”合作组织，也有如南方共同市场这样纯粹的“南南”合作组织，还有北美自由贸易区和美洲自由贸易区这样发达国家与发展中国家混搭的“南北”合作组织。亚太经合组织甚至大力推广“开放式地区主义”这一概念，将“地区”二字的含义解释为远远超出亚太经合组织各成员的地理疆界。

尽管如此，这些区域经济一体化组织仍然呈现出许多共性。

1. 成员资格的区域性

典型的区域经济集团总是首先在相邻或相近国家建立起来，并不断沿“同心圆”规律向外拓展，即便是后续加入的成员也多是同一地区的地理邻近国或经贸、经济体制、文化习俗上极其相近的国家和地区。近年来，随着“跨区域经济组织”和“跨区域双边自由贸易区”的涌现，以上特征已不甚鲜明。

2. 内部的开放性

各区域经济集团虽然在合作形式、合作规模、合作程度、合作范围、合作机制等方面存在差异性，但总是推行相互间全面降低关税，取消非关税壁垒，实现商品的自由流通，并放宽内部的投资限制，促进地区的资本和其他生产要素的自由流动，从而达到改善资源配置、降低生产成本、互相得益的目的。

3. 对外的排斥性

区域经济一体化组织建立的目标是为了形成一个封闭性的经贸集团，以集团的力量抢夺国际市场，对外实行共同的关税，并利用天时(周边关系、市场自然联合)、地利(地缘政治、资源禀赋)与人和(政治、经济制度和文化习俗相近)的有利条件，实施种种显性和隐性的贸易保护主义措施来约束、限制与集团外成员经贸关系的发展。但是随着1992年亚太经合组织推行“开放性地区主义”原则和1995年世贸组织全球多边贸易自由化体制确定以来，这一特征开始模糊化。

4. 利益的放大性

区域经济一体化的根本出发点是谋求使每一个成员方能获得比单独一方更大的利益。对每一个成员而言，降低关税，削减非关税壁垒的目的不仅仅是顺应生产要素自由流动的内在要求，而且是按照规模经济原理，从最佳的国际生产分工出发，实现资源的优化配置，提高效率，增强与区域外国家或经济集团对抗的实力。例如，2007年27国的欧盟与1993年12国的欧盟相比，整体GDP从6.7万亿美元增长至13万多亿美元，经济总量与美国不相上下。2000年美国的GDP为98 729亿美元，商品与服务贸易额为25 122亿美元，而欧盟国家中经济实力最强的德国同期数字分别为18 749亿美元和12 660亿美元，仅相当于美国的18.8%和54%，显然无法与美国相抗衡。但同年欧盟的GDP为8.1万亿美元，虽尚未超过美国，但商品与服务贸易额高达2.9万亿美元，比美国高出15%。在市场扩大的效应下，欧盟国家涌现出奔驰、大众、壳牌、空中客车、西门子等一大批著名跨国企业和品牌。很难想象在单一市场条件下，欧洲企业能够取得如此大的佳绩。

8.3.2 世界主要区域经济一体化组织

进入20世纪90年代以来，随着世界政治经济格局的转变和经济全球化的迅猛发展，区域经济一体化的发展日益成为全球化趋势。根据世贸组织的统计，截至2010年2月，向世贸组织通告的区域贸易协定有462项。在这些区域贸易协议中，自由贸易协定占90%，关税同盟占10%。

目前影响比较大，涉及范围比较广的区域经济一体化组织有欧盟、北美自由贸易区、亚太经合组织等。

1. 欧盟

欧盟(European Union，EU，简称欧盟)的前身是欧洲共同体(European Communities，EC，简称欧共体)。EC是根据1950年“舒曼计划”和1957年《罗马条约》，由欧洲煤钢共同体、欧洲原子能共同体和欧洲经济共同体组成的。最初成员只有法、德、意、荷、比、卢六国。EC的成就主要包括于1968年7月1日起取消内部关税，建立了关税同盟；自1962年起实行共同农业政策，对农产品实施统一的价格政策，1969年完全取消了农产品内部关税，对外征收差价税，实现了主要农产品在区内自由流通；建立了共同财政政策，使EC具备超国家的经济力量来干预内部经济；创立了欧洲货币单位(European Currency Unit，ECU)；先后于1973年吸收英国、丹麦、爱尔兰，1981年吸收希腊，1986年吸收西班牙和葡萄牙为EC成员。在1985年召开的卢森堡12国首脑会议上，EC确定了于1992年底建成统一大市场的计划，进而在次年签订了《单一欧洲法案》。在1991年12月各成员国又草签了建立经济与货币联盟的《马斯特里赫特条约》(简称“马约”)，“马约”于1993年11月正式生效，EC从此更名为欧盟。欧盟建立在三个基础之上，即经济与货币联盟、共同外交与安全政策、协调各国内政与司法事务。到2007年为止，欧盟经过第六次扩大，成员国现已发展到总人口约4.99亿，涵盖27个国家，整体国内生产总值达13万亿美元的联合体。同时，欧盟已经开始与克罗地亚、土耳其、塞尔维亚和黑山的入盟谈判。

此外，1994年，欧盟与EFTA共同建立了欧洲经济区；1995年，欧盟宣布同地中海沿岸国家建立全面伙伴关系，2010年建立“欧盟—地中海大自由贸易区”；1999年，欧盟与南方共同市场商讨争取2005年在两集团间建立自由贸易区问题，但谈判2004年终止，预计谈判今后还会重启；2009年，第四届欧盟—拉美峰会取得实质进展，欧盟与中美洲六国和安第斯共同体四国同意启动自由贸易区谈判。

2. 欧洲自由贸易联盟

欧洲自由贸易联盟(European Free Trade Association，EFTA)是由原EC“外围七国”即奥地利、丹麦、挪威、葡萄牙、瑞士、英国和瑞典于1960年根据斯德哥尔摩公约建立起来，后有冰岛和列支敦士登加入。目前由于丹麦、英国、葡萄牙、奥地利和瑞典已先后加入欧盟，EFTA成员仅留挪威、瑞士、冰岛和列支敦士登四国。由于地缘上与欧盟同属欧洲，政治制度、经济发展水平、文化风俗相近，因而EFTA从一建立起就与欧盟的经贸往来十分密切。EFTA是欧盟的第一大贸易伙伴，而欧盟在EFTA的进出口贸易总值中所占比重也在50%左右。早在1972年双方就签订了工业品自由贸易协定，在从1973年至1984年的10余年间，全部取消了双方工业品的关税。1992年，该联盟与EC签署了建立自由贸易区的协定，1994年正式建立欧洲经济区，2007年欧盟第六次扩大后，把自由贸易制度扩大到欧盟27国和冰岛、列支敦士登和挪威，瑞士通过瑞士—欧盟双边协议参与欧洲单一市场。

3. 北美自由贸易区

北美自由贸易区(North American Free Trade Area，NAFTA)的前身是由美国和加拿大两国建立的美加自由贸易区。进入20世纪80年代后，美加之间的经济关系获得了进一步发展，双方在贸易、投资上相互渗透、相互依赖关系加深。然而，两国在经济上的矛盾频频发生并不断扩大，以致危及双方的经济利益。双方逐步认识到，只有通过双边自由贸易，才能避免矛盾的进一步激化，并获得自由贸易的好处。双方经过23轮，历时一年零四个月的谈判，于1988年1月2日签署了《美加自由贸易协议》，该协议于1989年1月1日正式生效。

美国在签订了《美加自由贸易协议》后，又在1990年6月与墨西哥磋商美墨自由贸易协议事宜。1990年9月加拿大参加进来，三国于1991年6月正式开始谈判。经过14个月的讨论和协调，1992年8月12日，签订了《北美自由贸易协议》。该协议于1994年1月1日正式生效。该自由贸易区拥有人口3.6亿，整体国内生产总值约12万亿美元，是典型的南北经济区域集团化模式。《北美自由贸易协议》计划在15年内取消所有的关税和进口限制，实现资本、货物的自由流动。但鉴于某些商品的敏感性和墨西哥经济相对落后的实际，关税减让表采取分阶段实施的原则。北美自由贸易区所涉及的领域涵盖了货物贸易、服务贸易和投资领域，规定了非常严格的知识产权保护原则，并加入了环保条款。同时，为防止第三国商品经由墨西哥进入美加市场，还制定了严格限制性的原产地规则。

在美加墨三国决定开展北美自由贸易协议谈判后，美国政府提出了“美洲倡议”，意在把自由贸易范围扩大至美国的“后院”——拉丁美洲，建立美洲自由贸易区。但是，在“美洲自由贸易区”发展的每一阶段都遭到强烈的反对，谈判一直停留在议程和框架层面上。2005年，第四届美洲国家首脑会议举行，未达成任何关于“美洲自由贸易区”的协议。目前，美洲自由贸易区谈判进展不大。

4. 亚太地区经济合作与发展组织

亚太地区经济合作与发展组织(Asian-Pacific Economic Cooperation，APEC，简称亚太经合组织)是20世纪80年代在澳大利亚建议下建立起来的。1989年11月，亚太地区的12个国家(美国、日本、澳大利亚、加拿大、新西兰、韩国、马来西亚、泰国、菲律宾、印度尼西亚、新加坡和文莱)在澳大利亚堪培拉举行第一届部长会议，拉开了亚太地区广泛开展区域经济合作的序幕。此后，该经济组织成员不断增加，1991年吸收了中国，1993年，墨西哥和巴布亚新几内亚加入；1994年，智利加入，1998年俄罗斯、秘鲁、越南加入，现已达到21个成员国。据统计，亚太经合组织人口占世界人口总数的40.5%，国内生产总值约占世界国内生产总值的56%，进出口总额占世界贸易总额的近50%，是当今世界最大的区域经济合作组织。这一组织在全球经济活动中具有举足轻重的地位。

亚太经合组织最初只是一个松散的经济合作论坛，经过20多年的发展，已逐渐演进为开展实质性经济合作的组织形态。截至2009年11月，亚太经合组织已举行了21次部长级会议，会议内容涉及了亚太地区的贸易及投资自由化、贸易投资自由化时间表、促进技术经济合作、应对国际金融危机、转变经济发展方式、支持多边贸易体制、加快区域经济一体化和亚太经合组织未来发展等问题。亚太经合组织的运行模式不同于其他区域经济一体化组织，在很多方面有其独到之处，如开放性、灵活性、多层次性和渐进性等。其中，单边行动计划在实现贸易投资自由化和便利化过程中起着核心作用。

5. 东盟与东盟自由贸易区

东盟(Association of Southeast Asian Nations，ASEAN)的前身是1961年由马来西亚、菲律宾和泰国三国建立的东南亚联盟，1967年，东南亚联盟三国加上新加坡和印度尼西亚，成立了东盟。最初是政治性区域组织，但随着国际形势的变化，逐步转为以政治、经济合作为主的区域集团。现有10个成员国，包括印度尼西亚、新加坡、泰国、菲律宾、马来西亚、文莱、缅甸、越南、老挝和柬埔寨。在1992年1月于新加坡举行的由印度尼西亚、马来西亚、菲律宾、新加坡、泰国、文莱等六国参加的东盟贸易部长会议上，决定从1993年起，逐步削减关税，在15年内，即2008年前建立东盟自由贸易区(ASEAN Free Trade Area，AFTA)。

在经济全球化的压力下，东盟越来越感到有必要加速自身的一体化，近年来提出了建立“东盟共同体”的目标。2007年11月，东盟10国领导人在东盟第13届首脑会议上签署了《东盟宪章》。2008年《东盟宪章》正式生效，明确东盟共同体将在2015年建成。2009年2月，在第14届东盟首脑会议上签署了《东盟共同体2009—2015年路线图宣言》，为在2015年建成东盟共同体勾画出完整的图景。根据东盟出台的有关文件，东盟共同体将拥有“政治和安全共同体”、“经济共同体”和“社会文化共同体”三个支柱。按照《东盟宪章》的规定，东盟共同体建成后，东盟将“具有一个目标、一个身份和一个声音”。

另外，东盟积极与亚洲其他国家开展区域经济合作。20世纪90年代初，东盟率先发起东亚区域合作进程；2002—2009年间，中国和东盟先后签署了《全面经济合作框架协议》、《货物贸易协议》、《中国—东盟争端解决机制协议》、《服务贸易协议》和《投资协议》，标志着中国—东盟自由贸易区的谈判已经完成。2010年1月1日，中国—东盟自由贸易区正式启动。该自由贸易区是世界上人口最多的全球第三大自由贸易区，也是由发展中国家组成的最大自由贸易区。该自由贸易区启动之日起，中国和东盟六个老成员国之间有超过90%的产品实行零关税，四个新成员国将在2015年实现90%的产品零关税。

6. 南方共同市场

南方共同市场(South American Common Market，MERCOSUR)，1991年3月，阿根廷、巴西、巴拉圭和乌拉圭四国在巴拉圭首都亚松森签署了《亚松森协定》，决定建立由四国参加的南方共同市场，于1995年1月1日正式启动运转。1996—2004年，智利、玻利维亚、南非、秘鲁、哥伦比亚和厄瓜多尔成为南方共同市场的联系国。2006年7月，南方共同市场成员国签署议定书，决定吸纳委内瑞拉为正式成员，但截至2009年12月，该议定书仍未获得巴拉圭和巴西议会的批准。因此，委内瑞拉尚未成为南方共同市场的正式成员。

南方共同市场是仅次于欧盟、北美自由贸易区和亚太经合组织的世界第四大区域经济组织，也是仅次于欧盟的全球第二大关税同盟。但近年来，南方共同市场成员国贸易保护主义抬头，争端不断，多项协议未得到落实，南方共同市场一体化进程处于停滞不前状态。

在加强内部合作的同时，南方共同市场积极发展同本地区及世界主要国家和集团的合作。2004年10月，南方共同市场同安第斯共同体签署了自由贸易协定，同年12月，南方共同市场同安第斯共同体成员国及另外三个国家成立了南美国家共同体，2010年3月，巴西正式批准以色列与南方共同市场签署的自由贸易协定，这是南方共同市场首次同地区外贸易伙伴签署自由贸易协定。目前，南方共同市场同中国、欧盟、日本、俄罗斯和韩国等建立了对话或合作机制。

7. 安第斯共同体

1969年5月，哥伦比亚、智利、厄瓜多尔、秘鲁和玻利维亚政府的代表在哥伦比亚的卡塔赫那城举行会议，讨论本地区经济一体化问题，5月26日在哥伦比亚首都签署了《卡塔赫纳协定》，同年10月16日协定生效。1973年2月，委内瑞拉加入。1976年10月，智利退出。1992年秘鲁中止对伙伴国承担经济义务，1996年，秘鲁政府宣布全面加入安第斯一体化体系，承担成员国所有义务。1996年3月，正式更名为安第斯共同体(Andean Community)。1997年8月1日，安第斯共同体开始正式运作。

2006年4月，委内瑞拉因秘鲁和哥伦比亚与美国签订自由贸易协定而退出该组织。截至2010年6月，安第斯共同体拥有秘鲁、玻利维亚、厄瓜多尔和哥伦比亚四个成员国，巴西、阿根廷、乌拉圭、巴拉圭、智利是联系国，墨西哥和巴拿马为永久观察员国。2010年2月，安第斯共同体四国外交部长和外贸部长在利马举行会议，通过了安第斯地区一体化进程指导方针及加强地区合作的战略议程。战略议程涉及地区一体化和边境地区发展、环境保护、旅游、文化、能源和自然资源一体化及安第斯共同体体制建设等内容。

8. 曼谷协定

曼谷协定签订于1975年，全称为《亚太经社会发展中成员国贸易谈判第一协定》，是在联合国亚太经社会主持下，在发展中成员国之间达成的贸易优惠安排。其核心内容和目标是通过相互提供优惠关税和非关税减让来扩大相互间的贸易，促进成员国经济发展。现有成员国为印度、韩国、孟加拉国、斯里兰卡、老挝和中国。《曼谷协定》是中国参加的第一个具有实质意义的区域性优惠贸易安排。2003年，中国和印度在北京达成了《中国与印度关于〈曼谷协定〉的双边磋商纪要》，成功解决了中国与印度在《曼谷协定》中的相互适用问题。中国加入后，通过相互提供优惠关税和非关税减让，促进了与曼谷协定成员国之间的贸易，从而进一步增强曼谷协定的作用，增强了《曼谷协定》的活力。

8.4 区域经济一体化进程中的中国

区域经济一体化已经成为当今世界经济发展的一个潮流，对我国既有积极的一面，也有消极的一面。积极的一面是在一个成员国投资生产的产品可以方便地进入整个区域市场，促进区域内部的国际分工和技术合作，促进区域内部的贸易增长，有利于吸引外资等，消极的一面则是指贸易的转移效应和投资转移效应，另外，在多边贸易谈判中势单力孤，孤掌难鸣。鉴于区域经济一体化对我国经济存在正负两方面的影响，我们要认真研究对策，扬长避短，为我国的改革开放和经济发展服务。

8.4.1 中国参与区域经济合作的必要性

面对世界迅速发展的区域经济一体化浪潮，中国亟需寻找一条适合中国国情的融入世界经济的道路。中国在20世纪90年代初选择一种折中的道路，即积极参与多边贸易体系，融入世界经济的同时，逐步重视区域经济合作。具体体现就是在区域合作中坚持“开放的地区主义”原则，即在推进区域合作的同时，对区域组织外的国家实行非歧视的政策。但是，2008年7月29日，美国、印度、中国三方无法达成共识，世贸组织总干事拉米宣布历时七年之久的多哈回合谈判以失败告终。在维系自由贸易体制的前提下，各国顺应区域经济一体化潮流，纷纷加强了多边、双边的区域经济合作。中国也应顺势而为，积极参与区域经济一体化，以拓展对外经济和贸易增长空间，发挥比较优势，加快经济发展。具体表现在以下方面。

1. 发展双边关系的战略需要

积极参与区域经济合作是深化我国与世界各国，特别是与发展中国家双边关系的战略需要。经济实力的增强和对外贸易的增长提高了我国对周边地区的经济影响力，在互利、共同发展原则下的经济相互依赖性增强，巩固彼此之间业已建立的政治友好关系，有利于加强我国与发展中国家之间的南南合作。同时，我国与发达国家在互利互惠的原则下开展合作、建立互动关系，也有利于世界多极化进程。因此，以更加紧密的经贸关系为纽带，以优势互补、共同发展为目标，积极参与区域经济合作，不仅符合我国政治、外交和安全上的利益，也可为我国的现代化建设创造一个良好的周边国际环境。

2. 有助于我国市场多元化战略的实现

积极参与区域经济合作有助于我国出口市场多元化战略的实现，带动“走出去”战略的实施。出口是拉动国民经济增长的重要因素，在传统的主要出口市场日趋饱和的情况下，如果有选择地与其他一些国家和地区，特别是周边的国家和地区建立自由贸易安排，可以使我国产品以更加优惠的贸易条件进入对方市场，从而拓宽出口渠道，分散市场风险，推进市场多元化进程。与此同时，参与区域经济合作将使我国得以在更大的地域范围内实现资源的优化配置，发挥我国产业的比较优势，提高国家的整体实力，在新世纪中实现“走出去”战略的宏伟目标。

3. 共同抵御风险

积极参与区域经济合作有利于共同抵御全球化带来的风险。随着经济全球化的迅猛发展，与机遇并存的各种风险也将在全球范围内快速传播。城门失火，殃及池鱼，一个国家仅凭自身的实力难以应对全球化的挑战。因此，走区域经济合作的道路，联合起来，分享收益，共担风险，已成为世界上大多数国家的普遍选择。随着对外开放程度的不断提高，我国通过参与区域经济合作，密切同其他国家在经济政策方面的协作与配合，可以筑起防范风险的第一道防波堤，共同抵御来自区域外的各种冲击。

8.4.2 中国与周边国家的边境贸易合作

改革开放以来，中国实施了多层次的区域开放措施，其中包括以发展边境贸易为主的沿边开放。尤其是20世纪90年代初期，中国在14个沿边城市设立了14个边境经济合作区，使中国与周边国家的区域合作进入了一个快速发展时期。经过近20年的发展，以这些合作区为基地，中国与周边国家开展了广泛的经贸合作，积累了丰富的经验，为进一步拓展区域性合作，促进区域经济一体化奠定了基础。

目前，边境贸易发展比较好的区域主要集中在以下三个方向。

1. 中国与东北亚的边境贸易合作

主要以中国的辽宁省、吉林省和黑龙江省的沿边城市为基础，开展了与朝鲜、俄罗斯远东地区的合作。主要有丹东、黑河、绥芬河、珲春、满洲里边境经济合作区。图们江地区国际区域合作正在向广度和深度发展。这一区域的边境贸易合作具有较强的互补性，发展前景广阔。

2. 中国与东南亚国家的边境贸易合作

主要以中国的广西壮族自治区、云南省的边境城市为基础，开展了与越南、缅甸、老挝等国家的区域合作。主要有凭祥、东兴、瑞丽、河口、畹町边境经济合作区。近年来澜沧江—湄公河国际区域经济合作呈现出强劲的发展势头。这一地区边境贸易的发展对中国西南地区沿边地区的开发与社会经济发展具有重要意义。

3. 中国与中亚周边国家的边境贸易合作

主要以中国的新疆维吾尔自治区的边境城市为基础，开展与哈萨克斯坦等中亚国家的合作。主要边境经济合作区有塔城、伊宁、博乐等。从发展趋势看，这一区域的边境经济合作具有较好的前景。

8.4.3 中国与东盟的区域经济一体化

进入21世纪，经济全球化进程不断加快，同时，世界范围内地区一体化进程也在加快。在亚洲地区，各国签署双边自由贸易协定的趋势风起云涌，成为地区合作中的一个亮点，引起国际社会越来越多的关注。

目前的东亚区域合作包括两个方面：一个是东盟与中国对话与合作机制(简称“10+1”)，一个是东盟与中国、日本、韩国对话与合作机制(简称“10+3”)。

自1991年中国与东盟所有国家建立或恢复外交关系以来，双方关系发展良好，政治互信日益巩固。1996年，中国成为东盟全面对话伙伴国。1997年，江泽民主席和东盟领导人在出席首次中国与东盟领导人会议时发表联合声明，宣布建立面向21世纪的睦邻互信伙伴关系。1998—2000年中国与东盟10国分别签署或发表了面向21世纪的双边关系框架文件与合作计划。2001年11月，中国与东盟领导人就10年内建成中国—东盟自由贸易区达成共识。2002年11月，中国和东盟10国领导人签署了《中国—东盟全面经济合作框架协议》，决定到2010年中国与东盟老成员建成中国—东盟自由贸易区，东盟新成员可享受最多五年的过渡期，到2015年建成自由贸易区。随后，分别在2004年、2007年和2009年签署了自由贸易区的《货物贸易协议》、《服务贸易协议》和《投资协议》，2010年1月1日中国—东盟自由贸易区正式全面启动。农业、信息产业、人力资源开发、相互投资和湄公河开发被确定为新世纪的“10+1”合作重点领域。

在东亚地区，中国一直主张并积极推进将“10+3”合作框架建设成为东亚区域合作的主要形式。1995年东盟曼谷首脑会议决定推动举行东盟与中、日、韩领导会议。1997年，首次东盟与中国、日本、韩国(当时东盟有9个成员，称“9+3”。柬埔寨加入东盟后始称“10+3”)领导人非正式会议在吉隆坡举行。之后，每年召开一次的东亚领导人会议从非正式转向正式，形成了“10+3”合作框架。在“10+3”框架下已开辟17个合作领域，建立48个合作机制。“10+3”合作目标是建立东亚自由贸易区，更远的目标是建立东亚共同体。“10+3”已成为推动东亚经济一体化的主要渠道。

“10+3”合作机制的主要进展如下。

第一，1999年11月，第三次东盟与中国、日本、韩国领导人会议发表了《东亚合作联合声明》，确定了合作的原则和目标。将经济、货币与金融、社会及人力资源开发、科技发展、经贸合作、文化和信息、政治安全、跨国问题等八个领域确定为合作重点。

第二，2000年5月，东盟“10+3”财长共同签署了《清迈会议》，该协议的基础是双边货币互助互换。

第三，2007年11月，第11次东盟与中、日、韩领导人会议，签署了旨在深化东盟与中、日、韩合作基础的《第二份东亚合作联合声明》。该声明为“10+3”合作设定了未来方向。

第四，2009年2月，“10+3”特别财长会议承诺加快《清迈会议》多边化进程，提出扩大筹建中的区域外汇储备库规模，体现了东亚加强合作，应对金融危机的信心和决心。

但由于“10+3”框架内部的历史问题、领导权问题、经贸关系等问题在短期内还不能很好地解决，严重制约了东亚区域经济一体化进程。鉴于中国、日本、韩国在东亚地区的重要地位(2007年三国的国内生产总值约占东亚的90%)及三国紧密的经济关系(三国之间的贸易密切程度既高于世界平均水平，也高于亚洲的其他国家)，可以预见，中国、日本、韩国三国今后经济合作的动向决定着今后东亚经济共同体的未来。

8.4.4 中国与其他地区或周边国家的区域经济合作

中国与其他或周边国家的区域经济合作始于20世纪90年代初期，到目前已经走过了近20年，在区域资源共同开发、经贸往来、技术交流等方面取得长足进展，也为未来的区域经济合作积累了经验。

1. 澜沧江—湄公河国际区域经济合作

澜沧江—湄公河是亚洲的一条重要国际河流，中国境内称为澜沧江，境外称为湄公河，发源于我国青海高原唐古拉山，自北向南经我国(青海、西藏、云南)和缅甸、老挝、泰国、柬埔寨、越南，并于胡志明市注入南海。该区域合作主体为缅甸、老挝、泰国、柬埔寨、越南和中国云南省，总面积233万平方千米，人口约2.46亿。

1) 澜沧江—湄公河区域经济合作

目前，我国主要参与了两个机制项下的澜沧江—湄公河国际区域经济合作。一是亚洲开发银行倡导的大湄公河次区域合作，二是东盟倡导的东盟—湄公河流域开发合作。

(1) 大湄公河次区域经济合作。大湄公河次区域经济合作机制是亚洲开发银行于20世纪90年代初开始倡导并形成的合作机制，合作的范围包括澜沧江—湄公河流域柬埔寨、老挝、缅甸、泰国、越南和中国云南省。1992年到现在已先后召开了11次部长级会议，先后确定了能源、交通、通信、环境保护、旅游、人力资源开发、贸易与投资、农业等八个主要合作领域。在亚洲开发银行的推动和各国的共同努力下，次区域合作不断深入，级别进一步提高。2002年11月在柬埔寨成功召开了大湄公河次区域经济合作第一次领导人会议，会议批准了由第11次部长级会议提交的大湄公河次区域未来十年发展战略框架。会议决定，今后每三年在成员国轮流举行一次大湄公河次区域领导人会议。大湄公河次区域经济合作领导人会议的举行，标志着澜沧江-湄公河次区域经济合作进入了一个更新、更高的阶段。2005年7月4—5日，大湄公河次区域经济合作第二次领导人会议在云南昆明举行，会议主题为“加强伙伴关系，实现共同繁荣”，会议通过了《昆明宣言》。2008年3月30—31日，大湄公河次区域经济合作第三次领导人会议在老挝万象举行，六国领导人围绕“加强联系性、提升竞争力”的主题，就加强基础设施互联互通，贸易运输便利化，构建伙伴关系，促进经贸投资，开发人力资源，增强竞争力，可持续的环境管理，次区域合作与发展伙伴关系等六大方面的合作构想交换了意见。

(2) 东盟—湄公河流域开发合作。东盟—湄公河流域开发合作始于1996年。其合作范围主体为东盟10国和中国的云南省。东盟—湄公河流域开发合作第一次部长级会议于1996年6月17日在马来西亚首都吉隆坡举行。参加会议的有东盟及非东盟湄公河沿岸国，即文莱、印度尼西亚、菲律宾、新加坡、马来西亚、柬埔寨、老挝、缅甸、泰国、越南和中国等11国。会议通过了《东盟—湄公河流域开发合作框架》等文件。会议确定了基础设施建设、投资贸易、农业、矿产资源开发、工业及中小企业发展、旅游、人力资源开发及培训、科学技术等八大合作领域。东盟—湄公河流域开发合作组织核心实际上就是东盟10国加中国、日本、韩国三国的区域合作格局。

东盟—湄公河流域开发合作虽然起步较晚，但进展比较快。目前该合作主要围绕“泛亚铁路”和组建“合作基金”等项目开展有关活动，并取得了积极成果。东盟—湄公河流域开发合作有利于我国加深与东盟国家特别是湄公河沿岸国家睦邻友好关系，为中国在东南亚拓展新的经济空间。

2) 澜沧江—湄公河国际区域经济合作的主要成就与展望

澜沧江—湄公河国际区域经济合作已走过近20年的历程，取得了积极的成果。第一，强化了我国面向东南亚国家的合作态势，尤其是促进了云南省开发和外向型经济的发展，云南已成为我国与次区域国家开展贸易量最多的省份之一。第二，促进了国际性基础设施的建设，如湄公河航道的整治、昆明—曼谷公路建设、泛亚铁路前期工作、泰国—中国合资建设云南景洪电站等。第三，改善了合作的软环境，为开展更广泛的重大项目合作提供了保障，如签订交通、电力、农业等多种协定。第四，促进了我国与相关国家的经贸往来和技术交流，发展了我国与周边国家的睦邻友好关系。

当前，区域经济一体化已和经济全球化共同成为当今世界经济发展的两大主要趋势。在国际竞争日趋激烈的情况下，加强区域一体化和密切经济合作，有助于提高区域合作各国的竞争力，澜沧江—湄公河次区域经济合作正好顺应了这个历史潮流，在加强经济合作、共谋发展、促进区域经济融合的共识下，通过建立各种优惠的经贸安排，寻求更大的经济发展空间。对于次区域国实现优势互补、联合自强，增强在国际经贸事务中的地位，区域经济合作前景具有十分重要的意义。

2．图们江地区国际区域经济合作

图们江地区指中国的吉林省延边朝鲜族自治州、俄罗斯滨海边疆区的中南部、朝鲜的罗津—先锋地区。图们江地区开发主要指图们江下游的中、俄、朝三国接壤地带。从1991年开始，联合国开发计划署把该地区开发作为东北亚各国合作的关键项目纳入议事日程，制定了开发计划。1995年12月，中、俄、朝三国政府签署了《关于建立图们江地区开发协调委员会的协定》，中、俄、朝、蒙、韩五国政府签署了《关于建立图们江地区开发区及东北亚开发协商委员会的协定》和《图们江地区经济开发及东北亚环境准则谅解备忘录》，表明了图们江地区相邻国家共同开发该区域的政治承诺，标志着图们江地区的开发逐步由前期研究向规划实施阶段推进。多年来，经过有关国际组织和国家的共同努力，图们江地区周边国家包容、平等和渐进的区域合作意识逐渐增强，开放、互利的合作局面开始形成；以珲春为中心的图们江地区陆海通道网络已初步构成；图们江地区各国间双边及多边合作已有实质性进展，特别是双边合作，取得了明显实效。

图们江地区的开发开放对于我国社会经济发展和国家安全具有重要的战略意义，特别是对于我国实现图们江出海，维护我国在日本海的政治经济权益，发挥图们江地区的区域优势，积极参与东北亚地区的经济合作，巩固东北边疆安全和民族团结有着十分重要的政治和经济意义。

3．中亚区域经济合作

中亚区域经济合作的动议，最早始于1996年。当时，亚洲开发银行根据其章程的有关规定，提出了开展中亚区域经济合作的倡议，其目的是通过促进相关国家的经济联系，推动各国的经济发展。中国作为亚洲开发银行成员国和中亚地区重要周边经济体参与了这一合作机制，对中国西北地区的向西开放具有重要意义。亚洲开发银行借鉴大湄公河开发机制，提出了建立中亚区域经济合作部长级会议机制的设想。中国于2000年正式加入该机制。目前这一合作机制已发展为中亚区域经济合作计划，现有哈萨克斯坦、乌兹别克斯坦、吉尔吉斯斯坦、塔吉克斯坦、阿塞拜疆、中国等10个成员国。

2002年3月，亚洲开发银行牵头的中亚区域经济合作第一次部长级会议在其总部马尼拉召开。中国、哈萨克斯坦、乌兹别克斯坦、吉尔吉斯斯坦、塔吉克斯坦、阿塞拜疆等中亚合作成员及蒙古国观察员国出席了会议。会议通过了《中亚区域经济合作部长级会议声明》，确立了合作的机制和重点。合作机制包括部长级会议、高官会、行业部门协调委员会。合作重点领域为交通、能源、贸易便利化与人力资源开发。会议决定成立中亚海关合作协调委员会，并尽早建立交通和能源部门协调委员会。今后，本地区合作要在“上海合作组织”的基本原则下开展工作。

2011 年 6 月 9 日，来自中亚区域经济合作计划 10 个成员国的高级官员于 6 月 8 日在阿塞拜疆巴库会晤，推进《中亚区域经济合作 2020 战略》的最终修订完成。该战略框架将在未来 10 年内帮助进一步发展区域交通网络，推动区域贸易，并帮助获取可靠、高效的能源。本次高官会总结评估了该计划自 2001 年正式成立之后所取得的各项业绩，并对《中亚区域经济合作 2020 战略》做了最后的修订，这一战略将引导合作伙伴关系未来 10 年的发展。同时该战略还包含一项涉及交通、贸易便利化和能源领域的重点区域投资五年规划。2011 年 11 月《中亚区域经济合作 2020 战略》正式通过并被采用。

亚洲开发银行中西亚局局长胡安・米兰达说：“中亚区域经济合作成员国比以前任何时刻都更加团结紧密，而《中亚区域经济合作 2020 战略》也将加速这一进程。通过这一战略，中亚将恢复其国际贸易和商务交通枢纽的重要地位。”亚洲开发银行官员介绍说，中亚区域经济合作伙伴关系包括 10 个国家：阿富汗、阿塞拜疆、中国、哈萨克斯坦、吉尔吉斯斯坦、蒙古国、巴基斯坦、塔吉克斯坦、土库曼斯坦和乌兹别克斯坦，以及六个多边组织：亚洲开发银行、欧洲复兴开发银行、国际货币基金组织、伊斯兰开发银行、联合国开发计划署和世界银行。

据悉，中亚区域经济合作推广在交通、能源、贸易便利化和贸易政策领域基于项目的合作。截至 2011 年 6 月，这一区域计划在以上领域开展了超过 150 亿美元的中亚区域经济合作相关投资，包括新建和改造了 3 600 公里公路和 2 000 公里铁路，以及港口和重点口岸。中亚区域经济合作计划改善了区域内能源的保障、效率和分配。

4. 中国与新加坡的合作

2008 年 10 月，中国和新加坡政府签署了《中华人民共和国政府和新加坡共和国政府自由贸易协定》(简称《协定》)，《协定》涵盖了货物贸易、服务贸易、人员流动、海关程序等诸多领域，是一份内容全面的自由贸易协定。双方在中国—东盟自由贸易区的基础上，进一步加快了贸易自由化进程，拓展了双边自由贸易关系与经贸合作的深度和广度。双方还在医疗、教育、会计等服务领域作出了高于世贸组织的承诺。

5. 中国与南亚地区的合作

2006 年 11 月，中国与巴基斯坦签署自由贸易区协定。2009 年 2 月，两国签订了《中国—巴基斯坦自由贸易区服务贸易协定》，建成一个涵盖货物贸易、服务贸易和投资等内容全面的自由贸易区。

6. 其他

在拉美地区，2005 年，中国和智利签署了《中智自由贸易协定》，该协定包括与货物贸易有关的所有内容。2008年，两国签署了《中智自贸协定关于服务贸易的补充协定》(即《中智自贸区服务贸易协定》)，这是中国和拉美国家签署的第一个自贸区服务贸易协定。根据该协议，两国从2006年7月起，全面启动货物贸易的关税减让进程，两国还将在经济、中小企业、文化、教育、科技、投资促进等方面进一步合作。2009年，中国和秘鲁签订了《中国—秘鲁自由贸易协定》，是中国与拉美国家签署的第一个一揽子自由贸易协定。

在大洋洲，中国与新西兰于2008年4月签订了《中华人民共和国政府与新西兰政府自由贸易协定》，这是中国和发达国家签署的第一个自由贸易协定，也是中国和其他国家签署的第一个涵盖货物贸易、服务贸易和投资等多个领域的自由贸易协定。标志着中国建设自由贸易区进入有新阶段。

中国与海湾合作委员会、冰岛、澳大利亚及南部非洲关税同盟的自由贸易谈判在积极推进中。此外，中国完成了与印度的区域贸易安排联合研究，与挪威的自贸区联合研究，正开展与韩国、哥斯达黎加等国的自贸区联合研究。

多边、多形式、多层次的区域合作大大推进了中国参与区域经济合作的深度和广度，促进了中国对外经济贸易的稳定发展和经济增长，为中国参与经济全球化提供了新平台。

知识链接

上海合作组织

上海合作组织简称上合组织，前身是“上海五国”会晤机制。1996年4月26日，中国、俄罗斯联邦、哈萨克斯坦、吉尔吉斯斯坦、塔吉克斯坦五国元首在上海举行首次会晤。从此，“上海五国”会晤机制正式建立。2001年6月14—15日，“上海五国”元首在上海举行第六次会晤，乌兹别克斯坦以完全平等的身份加入“上海五国”。并在16日，六国元首举行首次会晤并签署《上海合作组织成立宣言》，上海合作组织正式成立。上海合作组织是致力于经济的政府间区域性国际组织。

截至2011年6月，上海合作组织已经召开了11次峰会，合作涉及政治、安全、经济和人文等领域。上海合作组织奉行对外开放的原则，致力于同其他国家和国际组织开展各种形式的对话、交流与合作。上海合作组织已与联合国、东南亚国家联盟、独立国家联合体、阿富汗建立了正式联系。此外，成员国正在研究和商谈上海合作组织与联合国开发计划署、亚太经合组织、集体安全条约组织、亚欧经济共同体、欧盟、世界海关组织和经济合作组织建立联系的问题。

本 章 小 结

区域经济一体化是以一定的组织形式存在的。各参加国(或地区)根据各自的具体情况、条件、目标和要求，组成了不同形式的区域经济一体化组织。区域经济一体化组织可以从不同的角度分类。按照贸易壁垒取消的程度或成员间合作的深度可以分为优惠贸易安排、自由贸易区、关税同盟、共同市场、经济同盟和完全经济一体化六种形式。不同的组织形式反映了经济一体化的不同发展程序和成员之间经济干预和联合的深度和广度。

伴随着区域经济一体化实践的发展，引起许多学者对这一现象的研究和探讨，形成了一系列的理论。代表性理论有关税同盟理论、大市场理论、工业偏好理论和协议性国际分工理论。关税同盟理论阐述了建立同盟后，同盟内会产生静态、动态和长期经济增长效应；大市场理论解释了欧共体通过建立大市场，获得的规模经济和激发竞争的利益；工业偏好理论在阐述关税同盟的原因和处于工业化进程中的发展中国家经济一体化方面较有说服力；协议性国际分工理论则研究了同一经济发展水平国家间容易建立协议性国际分工的机理。

在世界区域经济一体化实践中，最有影响的，也是当今世界上最大的三个区域经济一体化组织是欧盟、北美自由贸易区和亚太经合组织。它们是三种不同层次一体化组织的典型代表。虽然，严格地说，亚太经合组织不是一体化组织，但从宽泛的一体化定义，及该组织建立的目的、意义和发展趋势来看，可视为区域经济一体化组织。此外，还有东盟、南方共同市场、欧洲自由贸易联盟、安第斯共同体和曼谷协定等有影响的区域经济一体化组织。

区域经济一体化已经成为当今世界经济发展的一个潮流，对我国既有积极的一面，也有消极的一面。对此，中国应顺应潮流，积极参与，大力推进区域经济合作进程。

习　题

一、问答题

1．根据成员国经济联合的紧密程度不同，区域经济一体化有哪些形式？

2．举例说明关税同盟的贸易创造效应和贸易转移效应。

3．简述关税同盟的动态效应。

4．简述关税同盟理论和协议性国际分工理论。

5．分析欧盟东扩的原因，并论述其东扩所产生的影响。

6．有人说亚太经合组织是世界三大自由贸易区之一，你如何评价？

二、案例应用分析

中国—东盟一体化

二战结束后，世界经济发展的“奇迹”大多出现在东亚地区。自20世纪50年代开始，日本在战争的废墟上逐渐成为世界第二大经济强国。由日本发动起来的“工业化动力”，迅速波及到东亚其他国家和地区，并在产业领域形成“国际水平产业分工体制”，于是20世纪60—70年代，韩国和新加坡相继成为“新兴工业化经济体”。20世纪80—90年代，马来西亚、泰国、印尼和菲律宾亦加速经济发展，力争步入NIES群体。

1．东亚经济发展的三个新变化

1997年东亚爆发金融危机之前，该地区经济增长不仅速度快，而且持续的时间长，人均产出增长一倍所用时间比发达国家短得多。东亚现拥有世界上最大的造船厂(造船量占世界70%)及最大的钢铁厂(钢铁产量占世界的40%)。家电产量即使不把日本计算在内，东亚也是世界上最大的家电生产基地。东亚的经济规模、对外贸易和主要产品生产均已接近或超过世界30%的水平，这三个30%是东亚经济地位提高的重要标志。但是，自20世纪90年代开始，东亚经济发生了新的变化。

(1) 日本经济持续不景气。日本政府为阻止其经济恶化采取的财政赤字政策未能奏效，日本央行将利率降至接近零利率的低点，也未能使企业多融资，消费者多增加消费支出，引导经济步入以民间需求为主导的自律轨道。再加上景气对策失去效力，财政状况继续恶化，不良债权难以消除等因素的综合作用，使20世纪90年代成为日本“失去的10年”。尽管如此，迄今日本依然是世界第二大经济强国，拥有世界一流的制造技术，在微电子、半导体、计算机、工业机器人、超导应用、光纤通信等新兴产业和高技术领域，以及在碳纤维、纳米技术等新材料领域都具有相当的优势，即使是某些传统产业也维持着绝对优势。因此，日本的经济潜力依然是巨大的。

(2) 在经济全球化加速发展的时代，东亚经济遭遇“寒流”。在经济全球化加速发展的时代，美、日、欧世界经济三大支柱经济同步趋缓或衰退，以及日元大幅贬值，使东亚多数发展经济体继金融危机后，又再次面临经济灾难，呈现出口减少、投资减少、需求减少和就业减少的“四少”现象。东亚经济遭受到的“寒流”，不是由于货币投机者的狙击所致，“病根”出在自身存在的结构性因素：①出口市场过于集中，导致经济剧烈波动。一方面是日本对美国市场的依赖，美国作为日本最大出口市场的地位始终没有动摇；另一方面是东亚发展经济体对美、日市场的依赖。这些国家和地区的出口商不仅按照美、日消费者的爱好和市场的技术标准去组织生产，而且接受美、日金融机构的出口信贷。因此，美、日经济波动以及贸易保护的抬头，对东亚发展经济体具有极大的杀伤力。②债务结构不合理，不良债权难以消除。金融危机爆发后，东亚国家通过调整外债结构，加强资金监管，较为有效地缓解了不良债权的压力。但包括日本在内的东亚国家的不良债权依然十分严重，而且导致金融危机的基本因素并未消除。③未能摆脱严重依赖进口能源的结构性约束。日本、韩国、中国等“能源依赖型国家”的能源进口在进口中占有较高的比重，高油价被打入企业生产成本，将导致产品价格上涨，削弱出口竞争力。④技术创新不足，高速增长难以为继。美国斯坦福大学经济学教授克鲁格曼在1994年就指出，东亚经济的高速增长是建立在投入的大量增加和资源的惊人动员上，不是建立在效率和知识提升的基础上，因而高速增长的局面难以持久。从技术创新角度看，东亚经济发展的技术源泉主要来自美国和日本。日本在基础科学研究和尖端技术研究方面与美国相比还有一定的差距，因而其经济发展显得后劲不足。

(3) 中国与美、日等发达国家相比，还存在巨大的差距。中国经过30余年的改革开放，其经济体制和运行机制逐步与世界经济“接轨”。就经济总量而言，中国已跃居世界第六位。但是，一个国家的经济总量不能完全反映一国的经济发展水平与质量。今后的国际竞争不仅仅是经济总量的竞争，而是更加着重于经济质量、科技水平、人力资源素质以及参与国际经济活动的程度及影响的全面较量，即综合国力的竞争。与发达国家相比，中国在综合国力方面，还存在巨大的差距。

上述三个变化表明，20世纪90年代以来，东亚经济的高速增长受到了抑制，中国经济表现虽然不错，但对东亚经济的上拉作用是有限的。然而，国际社会依然看好东亚经济发展前景，英国《经济学家》和日本经济研究中心都预测今后10—20年，东亚年均经济增长率仍可保持在5%—6%。值得提及的是贸发组织首次编发的发展中国家50家大型企业，2/3集中在东亚，有人甚至预测21世纪中期前后，世界500家大公司至少有一半将把总部设在东亚。东亚经济前景看好的主要依据：首先，东亚具有良好的传统，包括工作勤奋、习惯于储蓄等；重视教育和人力资源开发；积极融入经济全球化。其次，金融危机虽伤其“元气”，但并未摧毁几十年高速增长所奠定的基础。区域“内循环能力”的增强将进一步加强东亚参与国际分工、合作与竞争的能力。再次，尽管新世纪伊始，世界经济可谓开局不利，但今后10年，世界经济基本面依然良好，全球经济年均增长率虽低于2000年的周期性高点，然而将高于20世纪90年代的平均值。

日本东京工业大学渡边利夫教授曾撰文指出，今后即使是日本经济不景气，也会出现替代日本的“主导国群”带动后进国的经济增长，以维持整个东亚经济的繁荣。为此2001年日本政府发表的《贸易白皮书》首次承认，以日本为领头雁的“雁行模式已经崩溃”，“亚洲进入大竞争的时代”。

2．加强东亚区域合作是地区经济发展和时代潮流的要求

金融危机的经历使东亚认识到，要想克服上面所提及的经济“瓶颈”，再创经济辉煌，必须加速自身的经济调整与改革，必须加速区域经济一体化的步伐。

区域经济一体化是当今时代世界经济发展的重要趋势之一。贝尔·巴拉萨认为经济一体化既是一个过程，又是一种状态。就过程而言，它包括旨在消除各国经济单位之间的差别待遇和种种措施。就状态而言，则表现为各国间各种形式差别待遇的消失。经济一体化最初是用于经济的微观层次，其主体是企业，即由各国企业出面实行的经济联合。20世纪50年代初区域经济一体化开始转向以政府为主导的国与国之间在社会再生产的某些领域实行联合，如西欧国家建立的欧洲煤钢联营。经过半个世纪的发展，经济一体化的含义又有新的变化，一是指在国际分工的基础上，世界各国和地区之间通过商品、资本、技术、劳务等的流动而实现的相互开放，相互融合。二是指在客观的国际经济联系及结合的基础上，两个以上国家和地区为谋求共同利益或解决矛盾，通过条约、协议、谈判等而实现的经济联合。因此，区域经济一体化是地域相邻近的国家，在经济联系愈益紧密的基础上，相互采取比区域外国家更为开放、更为自由的政策，并在体制框架、调节机制上结合成经济联合组织或国家经济集团。贝尔·巴拉萨最早提出了区域经济一体化的五种形式，亦即自由贸易区、关税同盟、共同市场、经济联盟和完全经济一体化。他认为一体化的终极目标是全球统一，将不同国家的经济整合成一个经济实体。严格地说，区域经济一体化组织形式是从低级阶段向高级阶段发展的过程。从一体化涉及的地域范围及广度考量，一体化分为区域一体化、次区域一体化、跨区域一体化。按其成员国而言，有发达国家组成的或以发达国家为主导建立的一体化经济组织，也有发展中国家组建的一体化经济联合体。

目前，全球究竟有多少区域一体化经济合作组织，各方的统计口径和数字不一。1994年，在世贸组织登记的区域协定有109个，1996年增至144个，但国际货币基金组织的统计为68个，日本贸易振兴会的报告为101个，其中欧洲39个，南北美洲40个，亚洲六个，非洲八个，大洋洲一个，跨区域组织七个。尽管统计口径不同，但区域一体化组织雨后春笋般地涌现，则是无须争论的现实，而且多是20世纪90年代的产物，主要集中在欧美地区。东亚地区称得上真正区域经济合作组织的，实际上只有1967年8月由印度尼西亚、马来西亚、菲律宾、新加坡和泰国五国组建的东盟。1984年和1995年文莱和越南先后加入。1997年东盟成立30周年时，缅甸、老挝、柬埔寨同时宣布加入，从此“小东盟”扩大到“大东盟”。

35年来，东盟所取得的业绩，获得国际社会的普遍肯定。随着世界范围内区域经济一体化趋势的快速发展以及东亚经济形势的变化，马来西亚首相马哈蒂尔于1990年倡议建立“东亚经济核心论坛”，其成员包括东盟和中、日、韩。1995年，由于推动亚欧合作，东盟和中、日、韩领导人开始加紧磋商，并于1997年12月在吉隆坡举行了首届东盟和中、日、韩领导人非正式会议，就东亚发展前景、亚欧会议及金融危机问题进行了广泛地讨论。1998年12月，东亚领导人又在河内聚会，会议议题是加强地区合作，克服金融危机，恢复地区经济增长等问题。1999年12月，东亚领导人在马尼拉会议上发表了《东亚合作联合声明》，对其合作的原则、方向和重点领域达成了广泛共识。2000年11月在新加坡举行第四次东亚领导人会议，就落实马尼拉《东亚合作联合声明》提出了促进合作的具体措施，肯定了清迈金融合作协定，并同意就建立东亚自由贸易区和全面加强经济合作问题进行研究和磋商。2001年11月，在文莱举行了东盟与中、日、韩领导人以及中国与东盟领导人会议。朱镕基总理在“10+1”会议上提出三项建议，一是确

定中国与东盟之间的重要合作领域；二是建立中国与东盟自由贸易区；三是加强政治互信与支持。由此可见，东亚金融危机以来，东亚各国领导人加快了区域经济合作的步伐。

据东盟秘书处的一项研究报告，中国与东盟自由贸易区对其双方相互投资、贸易及经济增长都将产生正面和积极的影响，使双方的经济发展达到双赢，并能加速推动日本、韩国与东盟的经济合作及中、日、韩东北亚经济合作机制。

问题:

(1) 阐述东亚区域经济一体化面临的问题及主要障碍。

(2) 分析中、日、韩之间的区域经济合作存在哪些障碍？如何解决？

阅读材料 8-1

欧盟实施区域共同发展的经验

欧盟内部各成员国之间的发展水平一直存在巨大差异，成员国之间在产业结构、投资水平、劳动生产率、就业状况以及经济增长率等方面存在着明显的差别。多年来，欧盟一直把促进地区经济协调发展作为一项重要任务，设立了专门机构，制定了扶持计划，并安排了专项资金。

第一，专设协调地区发展的机构，不断完善区域管理体系。欧盟在区域政策方面设置了职能机构和顾问机构。在欧盟委员会中专设一个委员负责地区经济发展，下设一个地区政策总司，专门负责制定和执行地区经济政策。此外，欧盟顾问机构还设立了区域委员会，对欧盟的区域政策和社会发展进行咨询和评价，提出协调区域发展等领域的政策建议，供欧委会和欧洲议会参考。

第二，分期实施规划，明确规划目标，完备各项措施。20 世纪 90 年代以来，欧盟始终坚持通过规划安排资金和项目。通过规划制定阶段性目标，不断加大人力资源开发力度，促进人均 GDP 低于欧盟平均水平 75%的落后地区的经济发展和结构调整。

第三，规范问题区域划分标准，明确区域援助对象、援助领域、援助力度。欧盟首先根据人均 GDP 将欧盟划分成 250 个地区，然后再根据各区域综合因素划分成六个目标区域，制定了六类目标区域结构基金的预算分配标准。在欧盟所有 250 个区域中，依次分为最具活力地区、经济最不发达地区、相对劣势地区、特别不利地区、社会困难群体聚居区、发展滞后地区等，在不同时期确定不同的援助次序和支持力度。

第四，提供多种形式的资本支持，发挥政府在区域发展中的主导作用。在欧盟解决区域问题的基本思想指导下，各成员国不断发挥协调区域经济关系的主导作用，根据本国实际，制定了相应的区域政策，为问题区域提供政策指导，审查问题区域的区域发展计划，监督区域政策的实施过程。通过各种形式的直接拨款、优惠贷款和减税，对有志于开发问题区域的企业进行经济补偿。

阅读材料 8-2

国家间和国内区域经济一体化

“区域经济一体化”最初始于 20 世纪 50 年代欧洲共同市场的建立，其区域指的是国家与国家之间的空间范围。在Wikipedia(维基百科)百科全书中，区域经济一体化(regional integration)被定义为国家之间为了减少国际性冲突紧张状态的发生，移除自由贸易壁垒和人员自由流动国界的过程。该定义明确了区域经济一体化是一个动态的过程，是国与国之间产品和要素流动障碍的消除，是整个世界再生产过程各阶段上国际经济障碍的消除过程，它是在经济市场内各经济体发展到一定程度上，为了各个经济体共同利益而产生的客观要求。

除了国家与国家之间的区域经济一体化，区域内部经济一体化发展也越来越得到重视。区域内部经济一体化指在一国范围之内，以大都市带、城市群为中心的区域经济一体化，或称之为大都市圈的经济一体化。20世纪90年代，法国地理学家戈特曼提出了著名的“大都市圈(带)”理论。他认为，大都市圈就是具备特定条件地区出现的，沿着特定轴线发展的巨大多核心城市系统。它由存在着各种形式的密切交互作用、空间形态相连的多个异质子系统(都市区)构成。“大都市圈”以数个大城市为核心，一般集中全国15%～20%的人口(至少在2 500万人以上)。大都市圈成为区域内各种发展轴线的枢纽和思想、技术创新的孵化器。全球范围内已经形成五个国际化大都市圈：纽约都市圈、多伦多和芝加哥都市圈、东京都市圈、巴黎和阿姆斯特丹都市圈、伦敦和曼彻斯特都市圈(见表8-1)。如今各大都市圈，均在国家和世界经济发展中发挥了重要的枢纽作用。例如，美国纽约都市圈的GDP占全美国的份额达到67%，日本东海岸东京都市圈的GDP占全日本的份额达到70%。大都市圈通过推进区域经济一体化，增强了区域内成员在经济全球化进程中的地位和作用，提高了区域整体的竞争力，获得了更多的全球化利益。

表8-1　世界五大都市圈及其特点

都市圈	特点
纽约都市圈	世界上产业分工布局最完善、最有序的大都市圈
北美五大湖都市圈	产业升级和可持续发展能力的重建
伦敦和曼彻斯特都市圈	创意产业和区域经济
巴黎和阿姆斯特丹都市圈	依靠规划疏解城市人口压力，合理使用土地，提高城市生活质量，均衡发展
日本东海岸东京都市圈	交通港口一体化

国家间的经济一体化与国家内部区域经济一体化，两者之间既有联系又有区别。两者的共同点在于：无论国家间的经济一体化还是内部经济一体化都是按照区域发展总体目标，在比较优势原理作用下，充分发挥各个国家或地区的优势，通过合理的分工、生产要素的优化配置，推动区域经济协调发展来提高区域经济总体效率的动态过程，其目的在于解决行政区域存在的经济运行低效率问题。世界范围内区域经济一体化成功推进的经验也表明，有效推行区域经济一体化发展能够极大提高区域的经济效率。

国家间的经济一体化与国家内部各行政区域之间的经济一体化也存在着不同之处。国家间的经济一体化主要围绕着国际贸易问题，包括关税、贸易政策等。在国家内部各个行政区域之间的一体化上，发达国家各行政区划之间的关系远比国家层面上的关系简单、易于处理。我国行政区划管理体制存在着关系错综复杂的问题，对我国而言，区域经济一体化是国家内部各个行政区关系演变的一个过程，区域经济一体化的焦点不是关税壁垒、贸易政策的问题，而是各个区域之间经济利益的分配问题，如重大产业的分布、重大基础设施建设、地方保护政策等诸多问题。这些问题不曾出现在国家间的经济一体化中，而对于国家内部区域经济一体化却是极为关键的问题。

从世界范围来看，欧盟、北美自由贸易区在不断拓展范围，东盟和拉美自由贸易区等新的区域经济一体化组织正在形成。2004年5月1日，波兰、匈牙利、捷克等10个东欧国家正式加入欧盟，欧盟已成为一个涵盖27个国家、4.53亿人口、450万平方公里土地和GDP总量超过8万亿美元、外贸总量达到4万亿美元的一体化组织；在北美，20世纪90年代即已建立北美自由贸易区，除古巴以外所有美洲国家在内的全球最大的自由贸易区——美洲自由贸易区也即将建成；许多新的区域经济一体化组织正在孕育，如东盟自由贸易区、东盟与澳大利亚、新西兰自由贸易区和拉美国家自由贸易区等。

从一个国家内部来看，以大都市圈、城市群为中心的区域经济一体化正在迅速发展，如长三角经济一体化的发展，正使以上海为核心的长三角城市群成为继纽约、多伦多与芝加哥、东京、巴黎与阿姆斯特丹、伦敦与曼彻斯特为核心城市的五大都市圈后的“世界第六大都市圈”。通过推进区域经济一体化来增强区域成员在全球化竞争中的地位和作用，面对这样一种国际大趋势，国内区域经济一体化也是参与国际竞争、适应经济全球化的必然选择。

第9章 国际服务贸易

教学目标

通过本章的学习，要求学生了解服务的定义、当代服务贸易发展的特点及原因，理解服务的特征、国际服务贸易的定义、特点、形式与类别，了解世界服务贸易发展概况，以及发达国家和发展中国家在服务贸易发展上的差异，了解国际服务贸易的体制和协议；掌握国际服务贸易壁垒的定义及分类，对发达国家和发展中国家服务贸易自由化的政策取向加以理解。

教学要求

知识要点	能力要求	相关知识
国际服务贸易基本概念	(1) 理解服务与商品特征的区分 (2) 理解国际服务贸易的定义及形式 (3) 能够判断国际服务贸易的类别	(1) 服务的定义及特征 (2) 国际服务贸易定义及特点 (3) 国际服务贸易的形式 (4) 国际服务贸易的类别
当代国际服务贸易	(1) 理解当代服务贸易发展的特点 (2) 了解世界服务业和服务贸易发展的趋向 (3) 比较发达国家和发展中国家服务贸易	(1) 当代服务贸易发展的特点 (2) 发达国家服务贸易特点 (3) 发展中国家服务贸易特点
国际服务贸易体制	(1) 理解世贸组织体系 (2) 理解及运用服务贸易总协定(GATS) (3) 理解及运用区域服务贸易协定	(1) 世贸组织体系的形成 (2) 服务贸易谈判的分歧 (3) GATS 的基本内容 (4) 主要区域服务贸易协定的内容
国际服务贸易壁垒与自由化	(1) 理解国际服务贸易壁垒定义及形式 (2) 理解国际服务贸易自由化 (3) 理解发达国家和发展中国家服务贸易自由化政策取向	(1) 国际服务贸易壁垒的定义和种类 (2) 国际服务贸易自由化定义 (3) 发达国家服务贸易自由化政策取向 (4) 发展中国家服务贸易自由化的政策取向

名人名言

服务是提供时间、地点和形态效用，同时给服务接受者或其所有物带来一种变化的经济活动。

——D·瑞德尔

基本概念

服务　物化服务　国际服务贸易　服务外包　服务贸易总协定　最惠国待遇　国民待遇　市场准入　服务贸易壁垒　服务贸易自由化

导入案例

印度的软件业——发展中国家现代服务优先发展的实例

一、印度软件和服务外包行业发展概况

2007年，全球软件与信息服务业规模达到9 400亿美元，同比增长7.4%。

印度：世界最大的软件和服务外包市场

主要市场：北美和西欧

业务领域：应用软件开发和维护、证券研究、生物技术研发、法律服务等。

发展规模：印度2007财年计算机软件和相关服务出口税收为314亿美元，增长了33％，整个信息产业税收达400亿美元，增长31％。2008年，印度软件业出口约达500亿美元，在世界上仅次于美国，排名第二。印度软件三大巨头塔塔资讯、印孚瑟斯和微波罗技术公司积极开拓海外其他市场以规避汇率风险，同时大力开发本国市场。2010年印度软件和服务外包产业的规模约600亿美元。其中1/3的产值来自有“印度硅谷”之称的班加罗尔。

发展战略：①立足自身发展；②并购扩张实力；③转换角色，实施“再外包”。

二、印度软件与服务外包行业崛起的原因

1．产业层面：明确的全球化定位

以经营模式而言，很多公司最初都是以本国市场作为主要阵地，即使向外扩张也是以国内市场作后盾，而印度的软件外包公司一开始就面向全球市场，这种商业模式便于企业将价值链分解，利用国内市场的低成本优势来获取海外市场的丰厚利润。

2．政府层面：有效的政策引导

20世纪80年代初，拉吉夫·甘地政府明确提出“要用电子革命把印度带入21世纪”，其政策切入点就是软件业，从税收、财政、金融等方面扶持该产业的发展。

3．市场层面：低廉而优质的人才资源

软件开发成本中70%是人力资源成本，降低人力资源成本将有效地降低软件开发成本，印度软件外包产业的发展得益于低廉而优质的人才资源。

9.1 国际服务贸易概述

二战以来，随着世界经济的发展，各国服务业得到了长足的发展。20 世纪 70 年代以来，国际服务贸易迅速发展，在世界贸易中的比重日益上升。服务业和服务贸易的发展水平已经成为衡量一国现代化水平的重要标志之一。

9.1.1 服务的定义及其特征

1. 服务的定义

“服务”是人们经常使用的词语。从日常使用的简单性看，服务就是为了集体(或别人的)利益或为某种事业而工作，它不以实物形式而以提供活劳动的形式满足他人的某种特殊需要。这种服务可以是无偿的劳动，也可以是获取报酬的行为。

但从给服务以经济学意义上的精确定义看，首先，服务难以和有形商品区分开来，服务往往依附于有形商品。其次，经济学家探索服务定义经历了漫长的历程，至今尚没有一个大家普遍接受的定义。但综合这些观点(见表 9-1)，我们需要对服务下一个简单而又明确的定义：服务是对其他经济单位的个人、商品或服务增加价值，并主要以活动形式表现的使用价值或效用。

表 9-1 经济学家关于服务的定义

经 济 学 家	服务的定义
亚当・斯密(1776)	服务业生产的易消失性是个现实问题，在其发挥职能的短时间内便消失。这方面使得它既不能储存，也不能进一步交易。生产与消费的同时性使从事的工作失去价值，(服务)很少留下什么痕迹和价值
让・巴蒂斯特・萨伊(1803)	无形产品(服务)是人类劳动的果实，同时又是资本的产物，获得一种技能，总须先作一番钻研，而从事钻研就非预付资本不可
约翰・穆勒(1848)	服务是指劳动产生的效用并未固定或体现在任何物体中，即给予一种快乐，消除不便或痛苦，时间可长可短，但不会使人或物的性质得到永久性改善。劳动是用于直接产生一种效用，而不是提供某种别的东西来给予效用
弗雷德里克・巴斯夏(1850)	劳务是一种努力，对于甲来说，劳务是他付出的努力，对于乙来说，劳务则是需要和满足。劳务必须含有转让的意思，因为劳务不被人接受也就不可能提供，而且劳务包含努力的意思，但不去判断价值是否同努力成比例
长尔・亨利希・马克思(1862)	服务这个名词，一般地说，不过是指这种劳动所提供的特殊使用价值，同其他商品一样。但是这种劳动的特殊使用价值在这里取得了“服务”这个特殊名称，是因为劳动不是作为物，而是作为活动提供服务的
维克托・R・富克斯(1968)	服务“就在生产的一刹那间消失”，它是在消费者参与的情况下提供的，它不能运输、积累和储存

2. 服务的特征

学术界普遍认同的服务特征主要有以下方面。

1) 服务的无形性

服务的无形性是指服务本身在实际使用之前，是不可感知的，其空间形态基本上是不固定的，无形的。甚至在购买和使用之后也很难对其质量作出评价。服务具有经验属性和信任属性。经验属性是指购买和消费以后可获得的那些属性，如度假、餐饮等服务产品。信任属性是指购买和消费以后也得不到的那些属性，如电器维修、汽车修理、法律咨询等。服务的无形性特征并不是绝对的。其实，随着科学技术的发展，有些无形的服务变得“有形化”了，如“物化服务”。物化服务的概念是加拿大经济学家 H·格鲁伯和 M·沃克于1989年提出的。以唱片、软盘作为服务的载体，载体本身的价值相对其提供的整个价值来说，可以忽略不计，其价值的主体是服务，这就是“无形”的“有形”化，服务的物质化。

知识链接

美国经济学家F·尼尔森将产品品质区分为两大类，即寻找品质和经验品质。寻找品质是指顾客在购买之前就能够确认的产品属性(如颜色、款式、质感等)及产品的价格；而经验品质则是指那些只有在购买之后或在消费过程中才能体会到的产品属性，如耐用程度等。1973 年达比和卡内两人又在这种商品品质二分法的基础上增加了信任品质，它是指那些顾客即使在购买和消费之后也很难作出评价的属性。例如，外科手术，由于病人通常不具备足够的医学知识，病人即使在接受手术之后，也很难判断这种手术是否必要或者施行得是否得当。显然，不同的商品表现出不同的品质特征。一般说来，从有形产品到服务，再到专业性服务，商品的特征逐渐从较强的寻找特征向经验特征和信任特征过渡。随着这一过渡，消费者对商品的评价由易变难，消费者在购买或消费时承担的风险也逐步加大。其根本原因在于服务的异质性、无形性等特征。

2) 服务的生产消费同时性

商品一旦进入市场或流通过程便成为感性上独立的交易对象，生产过程在时间上和空间上同它分割开来。相反，服务要么同其提供者不可分，要么同其消费者不可分。这种不可分性要求服务提供者或(和)服务购买者不能与服务在时间上或(和)空间上分割开来，如做手术的医生不可能远离他的病人。当然，在物化服务的情况下，服务的生产和消费可以不同时发生。

3) 服务的不可储存性

由于服务生产消费的同时性，因而服务具有不可储存性。也就是说，一个时期不使用的量不能储存到将来某个时期使用。商品却可以在被生产出来之后和进入消费之前这一段时间处于库存状态，而且这不一定给商品所有者造成损失。

知识链接

日本学者江见康一将服务的这一特征(不可储存性)导致的社会组织现象概括为服务的供给和时间的调节。因为服务的供给和需求普遍地需要同时产生，作为社会化的组织方式，靠时间调节来达到服务供求一致的方法，在医疗部门体现为预约系统，在学校则为授课时间表，这些服务全都规定着服务的时间。无论服务的提供者还是服务的消费者，都必须在特定的时间内共同行动。但是，在同一时间内服务的供给或需求的任何一方过于集中，都会产生供过于求或供不应求的现象，这也是公共汽车在高峰时会拥挤、铁路运输在春运时压力过大等现象发生的原因。

4) 服务的异质性

异质性即同一种服务的质量差别。商品的消费效果和品质通常是均质的，同一品牌的家电或服装，只要不是假冒，其消费效果和品质基本上没有差异。而同一种服务的消费效果和品质往往存在显著差别。这种差别来自于供求两方面。其一，服务提供者的技术水平和服务态度，往往因人、因时、因地而异，他们的服务随之发生差异；其二，服务的消费者对服务也时常提出特殊要求，消费者的不同服务要求会造成对服务质量满意程度的差异。所以，同一种服务的一般与特殊的差异是经常存在的。统一的服务质量标准只能规定一般要求，难以确定特殊的、个别的需要。

9.1.2 国际服务贸易的概念

服务业作为一个传统的产业部门已有数千年的发展史，但“服务贸易”(trade in services)这一概念的提出相对于古老的货物贸易而言，则相对较为短暂。根据文献记载，“服务贸易”一词最早出现在 1972 年 9 月经济合作与发展组织的一份有关《高级专家对贸易和有关问题的看法》的报告中。

1. 国际服务贸易的定义

目前，由于服务的界定本身就很复杂，此外不同的国家和研究人员从各自的立场出发有不同的视角，因此关于国际服务贸易，各国统计和各种经济贸易文献并无统一的、公认的定义。下面介绍两种有代表性的定义。

1) 传统的进出口角度的定义

当一国(地区)的劳动力向另一国(地区)的消费者(法人或自然人)提供服务时，并相应获得外汇收入的全过程，便构成服务的出口；与此相对应，一国(地区)消费者购买他国(地区)劳动力提供服务的过程，便形成服务的进口。各国的服务进出口活动，便构成国际服务贸易。其贸易额为服务总出口额或总进口额。这样的定义涉及国籍、国界、居民和非居民等问题。因此，需要注意以下几点：这里的劳动力含义较广，它既可以以单个的形式、也可以以集体形式；“劳动力”与“消费者”的不同国(地区)籍问题也应作广义的理解，如跨国公司在境外设立分支机构，雇佣当地居民并向当地消费者提供服务时，这时的“劳动力”，应理解为该外商机构的股权持有人，单个的本地劳动力以“集体”形式，是“代表”外商机构在提供服务；这里的服务进出口，是相对过境，未必发生真正的过境，如电信服务只需要服务“过境”而无须“国民移动”。

2) 《服务贸易总协定》对服务贸易的定义

关税与贸易总协定乌拉圭回合多边贸易谈判的一个重要结果是产生了《服务贸易总协定》(general agreements on trade in services,GATS)，GATS 对服务贸易定义：

(1) 从一缔约方境内向任何其他缔约方境内提供服务。

(2) 在一缔约方境内向任何其他缔约方的服务消费者提供服务。

(3) 一缔约方在其他缔约方境内通过提供服务的实体性介入而提供服务。

(4) 一缔约方的自然人在其他任何缔约方境内提供服务。

GATS 中的“服务提供”包括任何部门的任何服务，但实施政府职能活动所需的服务提供除外，包括任何生产、分销、营销、销售和传递一项服务。

“影响服务的措施”包括购买、支付或使用一项服务；与提供服务有关的准入和使用，包括分销、传递系统及公共电信传递网与服务；一缔约方的服务提供者在另一缔约方境内现场提供服务，包括商业存在。

“服务提供者”指该缔约方提供服务的任何自然人或法人；“服务消费者”指该缔约方接受或使用服务的任何自然人或法人。

需要指出的是，上述定义很宽泛，有些互相交叉，这是因为，谈判委员会在一些发达国家的要求下，尽可能多地把服务贸易纳入谈判内容。另外，服务的交易又往往不是以一种方式完成的，而是几种方式的互相结合。此外，这种定义，使各缔约方在贸易谈判中更富有弹性，从而尽可能多地把服务项目纳入协定的法律框架之中。因此，该定义与其他定义相比，不能不说是一大进步。

2. 国际服务贸易的特点

国际服务贸易是伴随着国际货物贸易的不断发展而发展起来的，但两者之间存在着很大的差异。服务贸易与货物贸易相比，其交易基础、交易主体及价值转移方式完全不同。具体表现为以下几个方面。

(1) 贸易标的一般是无形的，具有不可触摸性。这就导致服务出口方式的多样化。其基本表现形式不是有形商品与货币的交换，而是活劳动的物化产品与货币的交换。

(2) 服务的生产与消费往往是同时发生的。因此，通常无法事先生产并存储起来以待交易，所以服务的生产和出口过程一定程度上讲也就是服务的进口和消费过程。但活劳动的物化产品则是可以存储的，同时发生不是服务的必要条件。

(3) 服务贸易的交易方式和贸易主体的多重性。国际货物贸易的实现方式单一，只有货物过境贸易才能实现。而服务贸易标的无形，因而实现方式多样，人员、资本和技术中的任何一项发生移动即可实现贸易；服务的卖方往往就是服务的生产者，并作为服务消费过程中的物质要素直接加入服务的消费过程；服务的买方则往往就是服务的消费者，并作为服务生产者的劳动对象直接参与服务产品的生产过程。

(4) 服务贸易更多地依赖于生产要素的国际移动和服务机构的跨国设置。无论服务贸易的形式如何，都与资本、劳动力和信息等生产要素的跨国移动密切相关。

(5) 服务贸易的统计数据和货物贸易一样，在各国国际收支表中得到体现。但是，服务贸易的统计数据无法像货物贸易那样，在各国海关进出口统计上显示。

(6) 对服务贸易的监控往往只能通过国家立法和制定行政法规来达到目的，因此它所涉及的法规形式和强度都远远超过货物贸易。

(7) 服务贸易市场的高度垄断性。服务行业多，范围广，服务贸易涉及服务进口国家的主权、安全和伦理道德等极其敏感的领域，因此，国际服务贸易市场多由国家控制或直接经营，具有较强的垄断性。此外，垄断性还指发达国家在技术密集型服务业中拥有垄断地位，仅美国、欧盟和日本三强就占全球服务贸易总额的2/3。

(8) 贸易保护方式的刚性和隐蔽性。各国政府对本国服务业的保护常常无法采取关税壁垒的形式，而代之以立法手段的市场准入等非关税壁垒。刚性指法律和行政措施等难以改变，隐蔽性指法律和行政措施等缺乏透明度。

(9) 贸易惯例和约束的相对灵活性。相对于商品贸易，服务贸易总协定将服务贸易的惯例、约束分为一般性义务和具体承诺的义务两类。前者必须执行，如最惠国待遇、透明度；后者只在承诺开放的行业内执行，如国民待遇。服务贸易总协定还对发展中国家给予了更为灵活的政策空间。

3. 国际服务贸易的形式

国际服务贸易的出口表现为提供，进口表现为消费。因此，国际服务贸易进出口是以服务提供的地点和消费地点划分。GATS 根据国际服务贸易的提供方式给出了四种形式。

(1) 过境交付(cross-border supply)，是指从一成员方境内向任何其他成员境内提供服务。其特点是服务的提供者与消费者都不跨越国境，服务产品从服务提供国流向服务消费国。这种形式的典型代表是电信服务或基于电信服务为手段的服务，如国际长途电话等。

(2) 境外消费(consumption abroad)，是指在一成员方境内向来自其他国家的消费者提供服务。其特点是服务提供者不移动，服务消费者进入到服务提供国获取服务消费，服务是在服务提供者实体存在的那个国家(地区)生产的。“境外消费”强调服务提供者通过广告、自我推销等形式“引导”消费者到自己所在地来购买(或消费)服务。这种形式的典型代表是境外旅游、境外留学和境外就医等。

(3) 商业存在(commercial presence)，是指一国的服务提供者在其他国家境内以各种形式的商业或专业机构提供服务。其特点是服务的消费者不移动，服务提供者到服务的消费国提供服务。这种服务主要涉及市场准入和对外直接投资，即在一缔约方境内设立机构，并提供服务取得收入，从而形成贸易。“商业存在”重点强调通过自己的生产要素(人员、资金、服务工具)移动到消费者居住地提供服务而产生贸易。这种形式常见的有在境外设立金融服务分支机构等。

(4) 自然人流动(movement of personnel)，是指一国的服务提供者以自然人的方式在其他国家境内提供服务。其特点是服务消费者不移动，消费者不是所在国的消费者，服务的提供者以自然人的身份到服务消费国提供服务。例如，A 国的医生到 C 国治疗来自 B 国的患者，在该服务交易中，由于患者要向医生居住国 A 国和手术进行国 C 国支付服务费用，所以采取三国之间交易的形式。很明显，如果患者是 C 国的公民，则贸易形式就变成了“商业存在”。因此，从这个意义上说，“自然人流动”服务贸易具有完善逻辑性的意义，也就是使概念更为周延。

根据世贸组织公布的 2004 年的数据，以跨境交付、境外消费、商业存在和自然人移动方式提供的国际服务贸易在整个国际服务贸易总额中所占的比例分别为 35%、10%～15%、50%、1%～2%。从数字中可以看出，国际服务贸易主要以商业存在和跨境交付的方式提供，以自然人流动方式提供的所占比例很小，就是说国际服务贸易与服务提供方的海外直接投资结合在一起，国际服务贸易是 FDI 的直接结果。

4. 国际服务贸易的类别

GATS 把服务贸易分为 12 大类和 149 个分部门。这 12 大类包括商务服务、通信服务、建筑及相关工程服务、销售服务、教育服务、环保服务、金融服务、保健及社会服务、旅游及与旅游相关的服务、娱乐、文化和体育服务、运输服务和其他未包括的服务。

(1) 商业性服务。指在商业活动中涉及的服务交换活动，服务贸易谈判小组列出的六类这种服务，其中既包括个人消费的服务，也包括企业和政府消费的服务。分别是专业性(包括咨询)服务、计算机及相关服务、研究与开发服务、不动产服务、设备租赁服务和其他服务。

(2) 通信服务。主要指所有有关信息产品、操作、储存设备和软件功能等服务。主要包括邮政服务、速递服务、电信服务、视听服务和其他电信服务。

(3) 建筑服务。主要指工程建筑从设计、选址到施工的整个服务过程。具体包括选址服务；国内工程建筑项目；建筑物的安装及装配工程；工程项目施工建筑；固定建筑物的维修服务；其他服务。

(4) 销售服务。指产品销售过程中的服务交换。主要包括商业销售，主要指批发业务；零售服务；与销售有关的代理费用及佣金等；特许经营服务；其他销售服务。

(5) 教育服务。指各国间在高等教育、中等教育、初等教育、学前教育、继续教育、特殊教育和其他教育中的服务交往，如互派留学生、访问学者等。

(6) 环境服务。指污水处理服务；废物处理服务；卫生及相似服务等。

(7) 金融服务。指银行和保险业及相关的金融服务活动。

(8) 健康及社会服务。指医疗服务，其他与人类健康相关的服务；社会服务等。

(9) 旅游及相关服务。指旅馆、饭店提供的住宿、餐饮服务，膳食服务及相关的服务；旅行社及导游服务。

(10) 文化、娱乐及体育服务。指不包括广播、电影、电视在内的一切文化、娱乐、新闻、图书馆和体育服务，如文化交流、文艺演出等。

(11) 交通运输服务。包括货物运输服务，如航空运输、海洋运输、铁路运输、管道运输、内河和沿海运输、公路运输服务；航天发射以及运输服务；客运服务；船舶服务(包括船员雇用)；附属于交通运输的服务，主要指报关行、货物装卸、仓储、港口服务和起航前查验服务等。

(12) 其他服务。

9.2 当代国际服务贸易

20 世纪 70 年代以来，随着科学技术的发展和国际经济合作的加强，国际服务贸易快速增长，在世界总贸易中的比重不断提高，在国际经济领域中的地位越来越重要。

9.2.1 当代国际服务贸易发展的特点

国际服务贸易经历半个多世纪的快速发展，呈现出以下特征。

1. 国际服务贸易持续快速增长

世贸组织历年统计显示，自 20 世纪 80 年代以来，国际服务贸易进入快速发展时期。从长期看，全球服务贸易总额从 1993 年的 9 482 亿美元扩大到 2008 年的 38 000 亿美元，其间增长了 4 倍多，年均增长 9.7%。从表 9-2 可以发现：①全球服务贸易增长速度快于货物贸易增长速度；②相对于货物贸易，服务贸易表现出更好的稳定性，当全球货物贸易急剧下滑时，服务贸易降幅较小；③运输服务贸易与货物贸易的波动类似(运输贸易与货物贸易紧密相关)。表 9-3 则反映了近 10 年世界服务出口、进口增长情况，显示服务贸易进入稳定增长期。

表 9-2 世界贸易增长状况(2005—2009)

年份	2009 年	2005—2009 年	2005 年	2006 年	2007 年	2008 年	2009 年
项目	金额(10 亿美元)	年增长率(%)					
商品	12 147	4%	—	—	16%	15%	-23%
服务	3 312	7%	12%	12%	20%	12%	-13%
其中：运输	704	5%	13%	9%	20%	16%	-21%
旅游	854	6%	7%	9%	15%	11%	-11%
其他商业服务	1 754	10%	14%	15%	23%	12%	-10%

(资料来源：《世界贸易报告 2010》)

表 9-3 2000—2008 年世界服务贸易增长情况

项目	增长率								
年份	2000	2001	2002	2003	2004	2005	2006	2007	2008
服务出口	6.2%	0.35%	7.3%	14.6%	20%	10.9%	10.6%	19%	11%
服务进口	6.5%	1.2%	5.9%	14%	18.9%	10.6%	10.3%	16%	11%

2. 国际服务贸易结构加速调整升级

1) 新兴服务贸易比重增加

早期的国际服务贸易仅限于国际运输、国际旅游、贸易结算和劳务输出等少数传统领域。20 世纪 80 年代以来，由于新兴服务行业的兴起，服务贸易结构发生了很大变化，逐渐由传统的自然资源或劳动密集型服务贸易，转向知识、智力或资本密集型的现代服务贸易。虽然现阶段运输、旅游和其他商业服务(主要包括通信服务、建筑服务、计算机和信息服务、保险、金融、专利权使用和特许、咨询、会计、文化和休闲服务等)仍然是服务贸易中最重要的三大类别，但是各种类别的服务在服务贸易总额中的比重发生着变化。代表现代服务部门的其他商业服务的贸易份额不断扩大，其在服务贸易总额中的比重不断增加，超过了传统服务贸易，在国际服务贸易中居首要位置(见表 9-4)。

表 9-4　1993—2009 年全球服务贸易部门构成情况

项　目	金额(亿美元)			比　重				
年份	2006	2007	2009	1993	2006	2007	2008	2009
全球服务贸易总额	53 304	32 570	33 120	100%	100%	100%	100%	100%
其中：运输	13 722	7 420	7 040	35%	25.7%	22.8%	23.4%	21.3%
旅游服务	14 292	8 620	8 540	30%	26.8%	26.5%	25.4%	25.8%
其他服务	25 288	16 530	17 540	35%	47.5%	50.7%	51.2%	52.9%

(资料来源：WTO 统计资料)

2) 服务产品的技术、知识密集趋向日益强化

以计算机和互联网为代表的信息技术的飞速发展，为国际服务贸易提供了坚实的技术载体与物质基础，而以新技术为基础的新型服务业对知识、人才的要求比以往任何时期都要高，由此推动着服务业向技术、知识的密集化发展。

3. 国际服务贸易的发展不平衡

(1) 发达国家与发展中国家发展的不平衡。由于发展阶段和发展水平的不同，各国在服务贸易规模和竞争力方面差异悬殊，发达国家仍占据国际服务贸易的主导地位，占全球服务贸易的 75%以上；发展中国家占的比重较小且多为逆差(见表 9-5)。2008 年，世界服务出口和进口前 10 位中除中国外其余均为发达国家；2009 年，所有发展中国家所占服务贸易份额不到 25%，而原欧共体 15 国和北美自由贸易区三国之和达到了全球总额的 62%。

表 9-5　发达国家与发展中国家服务贸易所占比重

项　目	服务贸易出口比重			服务贸易进口比重		
年份	1990	2000	2004	1990	2000	2004
世界服务贸易份额	100%	100%	100%	100%	100%	100%
发达国家	80.5%	74.8%	74.8%	76.8%	71.5%	71.5%
发展中国家	18.5%	23.4%	22.7%	21.3%	26.4%	25.5%

(资料来源：薛荣久. 国际贸易. 北京：对外经济贸易大学出版社，2008.)

(2) 行业发展不平衡。随着服务贸易全球市场的迅速扩展，在服务业的行业区别越分越细的同时，行业发展速度则高低不同。传统的全球运输服务业增长趋缓趋于下降，旅游业增长趋于稳定；而金融服务、电信服务及专利等的增长较快。2000 年，其他商业性服务在服务贸易总额中占到了 45%，2004 年达到 47%，2006 年达到 45%，2009 年则达到了 52.9%，均超过传统服务贸易，在国际服务贸易中居首要位置。

(3) 新兴工业化国家发展势头良好。就总体而言，发展中国家在服务贸易领域处于明显的劣势，除了旅游业和劳务汇回款等个别项目(即基于劳务输出之上的项目)之外，其在服务贸易上几乎全部是逆差。但是，随着发展中国家和地区经济的发展，特别是新兴工业化国家的迅速崛起，带动了服务业的较快发展，已成为国际服务贸易中一股不可忽视

的力量。近年来，新加坡、韩国、中国、泰国均跨入了全球服务贸易出口前20名行列。

4. 国际服务贸易越来越受到各国的重视

由于国际服务贸易自20世纪70年代以来的迅速发展，国际服务贸易市场的竞争日趋激烈，各国为了自己的利益都加大了国际服务贸易的发展力度，并加强了对国际服务贸易领域的研究。特别是自1986年国际服务贸易成为“乌拉圭回合”新议题以来，国际服务贸易和国内服务业的发展更成为政府、工商界和学术界关注的热点。许多发达国家政府拨款资助学术界和智囊机构对这一领域进行专项研究。而发展中国家一方面对开放金融、保险及商业销售等市场仍持谨慎的保护主义态度；另一方面，也开始重视这一领域的研究，力图在这一新的国际经贸领域中，真正做到知己知彼。

贸易实践

全球服务外包迅猛发展

20世纪90年代之后，随着经济全球化、专业分工的日益细化，市场竞争程度的提高，越来越多的企业纷纷将非核心服务活动外包给其他企业，以降低成本，优化产业链，提升企业核心竞争力。作为一种新的国际商务模式，全球服务外包进入快速发展时期，已成为国际服务产业转移的重要形式和一些国家扩大服务贸易出口的重要途径。

当前，全球扩张最快的国际服务外包领域是计算机信息、人力资源管理、媒体公关管理、客户服务和市场营销。从行业角度看，软件与信息服务业和金融业是国际外包最集中、表现最突出的行业。综观服务外包发展过程，服务外包还远未进入成熟阶段，目前国际外包业务只占全部业务流程的1%—2%。世界最大的1 000家公司中，约有2/3的企业尚未向其他国家外包任何商务流程，而且，多数服务外包仅处于国际产业重组的起始阶段，还有相当大的发展空间。

9.2.2 当代国际服务贸易发展的原因

当代国际服务贸易迅速发展的根本原因，在于世界经济结构发生了历史性的变化。20世纪60年代兴起的新科技革命，加速了这种历史演变的进程，从而导致世界贸易结构和人们社会生活方式的改变。具体说来，当代国际服务贸易的发展主要有以下几个方面的原因。

1. 世界产业结构升级

按照发展经济学的经济增长阶段论，随着国家经济能力的增长，该国的产业结构将依次提升，逐步由农业经济过渡到工业经济，再由工业经济发展到服务经济，这也是人类社会发展的必然历史进程。20世纪60年代初，主要西方国家都已完成了本国的工业化进程，开始步入后工业化的发展阶段，即国内经济重心向服务业偏移。由各国经济能力增长所带动的产业升级，使得世界产业结构发生大规模的调整。在这一过程中所形成的新的世界经济结构不平衡，导致了对国际服务的更大规模的需求，使全球服务性产业的贸易总额有了高速增长的潜力。

2. 国际货物贸易和国际投资的增长

战后半个多世纪以来，国际货物贸易流量不断扩大，以世界货物贸易出口总值为例：1950年总计为611亿美元，1990年达33 949亿美元，40年时间增长了近56倍，远远超过了同期世界工业生产和国民生产总值的增长速度。在货物贸易高速增长的带动下，同货物进出口直接关联的传统服务贸易项目，如国际运输服务、国际货物保险、国际结算服务等都相应地在规模上、数量上成倍增长。而国际投资的迅速扩大和向服务业倾斜，不仅带动了国际货物贸易的增长，而且带动了国际服务贸易的迅猛增长。

3. 科学技术的进步

新科技革命特别是20世纪60年代兴起的信息技术革命，有力地推动了国际服务贸易的发展，特别是新兴服务贸易的发展。首先，高新技术的发展广泛应用到了服务产业，使许多原先“不可贸易”的服务转化成“可贸易”的服务，从而使国际服务贸易的种类增加、范围扩大。例如，一些传统的教育服务、健康服务一向被认为是“不可贸易”的，现今可被储存在磁盘或软件中进行买卖。其次，科学技术革命加快了劳动力和科技人员的国际流动。特别是促进了专业科技人员和高级管理人才向他国流动，推动国际服务贸易流量的扩大。最后，随着科技的进步，发达国家的产业结构逐渐向技术密集、知识密集和资本密集的高科技产业转移，把劳动密集型产业转移到新兴工业化国家和部分发展中国家，形成大规模的服务输出。

4. 跨国公司的发展

20世纪60年代后，跨国公司迅速发展，带动了资本、技术和人才的国际性流动，从而推动了服务贸易的国际化进程。首先，以跨国公司为依托的直接投资是当今世界的主流之一，服务贸易的快速发展和 FDI 对服务业的高投入密切相关。1985年以后，每年世界FDI流量的50%进入服务业。20世纪90年代初期，全球FDI存量的50%是在服务部门，服务业FDI的发展直接推动了国际服务贸易的发展。其次，通过跨越国境数据资料的流动和世界信息网的建立，使跨国公司有能力提供越过其传统部门的各种服务。再次，跨国公司通过扩大其活动和经营范围为顾客提供继续服务，如银行、咨询等服务。总之，跨国公司的发展提高了其供应世界市场服务的能力，为跨国服务公司的建立和发展提供了条件。

5. 服务贸易的自由化

“乌拉圭回合”谈判达成的GATS倡导的服务部门自由化于1995年启动，2000年在世贸组织主持下的服务贸易谈判加速了这一进程。GATS 的生效和自由化进程的加快促进了服务贸易的发展。此外，双边、多边和区域性贸易自由化的发展，如欧盟、北美自由贸易协定、东盟等区域性组织，在推进服务贸易自由化方面取得的成就，也促进了服务贸易的发展。

6. 政府的支持和促进

由于服务业和服务贸易在维护一国经济及政治利益方面均处于重要的战略地位，因此，各国政府普遍大力扶植服务业和促进服务贸易的发展，采取了诸多保护本国服务市场和鼓励服务出口的措施。但是，应该看到，由于服务贸易本身的特点和各国服务贸易发展水平的严重不平衡，为了自身利益，许多国家对服务贸易实行的贸易保护也会在一定程度上阻碍服务贸易发展。

7. 世界经济一体化和社会生活国际化

服务业中的生产者服务和分配服务是围绕着企业生产活动与商品贸易进行的，经济全球化、劳动分工和专业化的加深导致生产分散度的提高与生产者服务贸易、分配服务贸易的发展；而随着人均收入的增长，人们生活需求发生了量和质的变化是消费者服务急速发展的重要原因。此外，现代人的社会生活越来越国际化，出国旅游、接受教育以及人才交流等不再遥不可及，同社会生活国际化相关的服务贸易也得到了长足的发展。

9.2.3 服务贸易的国际比较

自 20 世纪 60 年代以来，世界经济结构的重心开始转向以服务业为主。服务业成为经济增长的主要动力，其发展必然推动国际服务贸易的增长。服务贸易日渐成为世界各国获取外汇收入，改善本国国际收支状况的重要手段，在很大程度上决定了一国国际贸易的发展状况和在国际市场上的竞争能力。

1. 发达国家的服务贸易发展

在国际服务贸易的发展过程中，由于发达国家的服务业比较发达，服务贸易政策相对比较宽松，导致发达国家服务贸易进出口总额高，发展速度快，在世界服务贸易中长期占据主导地位。

1) 发达国家服务贸易在世界服务贸易中处于支配地位

世界服务贸易一直是以发达国家为中心而发展的。2005 年在世界服务贸易中位居前 10 位的国家和地区主要是发达国家，美国、英国、德国、法国和日本稳居服务贸易进出口前五位；服务贸易出口前十位国家和地区中只有中国为发展中国家。2007 年世界服务贸易进出口前十位中，只有中国属于发展中国家。2008 年世界服务贸易出口前十位中，发展中国家仅中国、印度名列其中；进口中，除中国、韩国外，其余均为发达国家。发达国家在国际服务贸易中的支配地位主要体现在以下几个方面。

(1) 发达国家服务贸易发展规模优势突出。与国际商品贸易领域相比，全球各地区和各国服务贸易发展的不对称性十分突出。国际服务贸易主要集中在欧洲、北美和东亚三大地区；1990、2005 和 2006 年发达国家服务贸易出口占世界服务贸易出口总额的比重分别为 70.1%、73.6%和 72.7%；而 1990、2005 和 2006 年发展中国家服务贸易出口占世界服务贸易出口总额的比重分别为 18.6%、23.8%和 24.5%。可以看出，发展中国家所占的份额是相当小的。

(2) 发达国家服务贸易结构具有竞争实力。发达国家服务贸易代表国——美国的服务贸易结构中，2005 年的运输、旅游和其他服务贸易的比例分别为 17.8%、28.8%和 53.3%，其它发达国家也有近似的贸易结构；发展中国家服务贸易代表国——中国2005年上述三类服务贸易所占的比重分别为20.9%、39.6%和39.5%，其他发展中国家也有近似的贸易结构。由此可见，发达国家服务贸易的比较优势主要集中在以通信、计算机和信息服务、金融、保险、专有权利使用费和特许为代表的其他服务类型，发展中国家在服务贸易总体结构上则存在明显的劣势，其比较优势主要体现在旅游业。

知识链接

服务贸易通常被分成运输、旅游和其他商业服务三大类别。其他商业服务具体包括通信服务、建筑服务、保险、金融、计算机和信息服务、专利权使用和特许、咨询、会计、法律、广告及文体娱乐服务等，其他商业服务属于现代服务贸易范畴，是世贸组织国际贸易统计中常用的分类。

(3) 发达国家总体在服务贸易收支上存在巨额顺差。发展中国家和发达国家的差距不仅体现在总量和贸易结构上处于比较劣势，而且还体现在发展中国家的服务贸易收支存在大量逆差，而发达国家则存在大量顺差。1980—2006年，发达国家一直保持顺差状态，且顺差增加。相比之下，发展中国家的服务贸易收支逆差状态严重。

2) 美国在世界服务贸易中独占鳌头

长期以来，美国一直稳居全球服务贸易第一位。①美国服务贸易的进出口总额历年都是世界第一；②美国在世界服务贸易中的地位是出口好于进口。自1971年起，美国服务贸易年年保持顺差，2008年顺差更是高达1880亿美元；③美国服务贸易的比较优势还表现在服务贸易构成方面，特别是在其他商业性服务领域占据明显优势。实际上，自二战以后，美国每年都能从服务贸易中取得大量盈余。长期以来巨额的服务贸易盈余，不仅在较大程度上抵消了商品贸易的巨额赤字，改善和加强了国际收支地位，而且为国内劳动力市场创造了大量的就业机会，从而有力地支撑着美国经济的增长和对外经济关系的发展。

美国服务贸易特别是服务出口取得如此巨大的成功，原因是多方面的。一方面得益于美国自身在知识、技术和资本密集型服务行业创造和积累的比较优势；另一方面得益于经济全球化的蓬勃发展和以信息技术为代表的新技术革命发展的机遇；同时还和美国企业的市场扩张努力，以及美国政府的大力支持分不开。

(1) 有效的管理及服务支撑体系。为了促进和扩大服务出口，美国商务部在国际贸易署专门成立了四个办公室，负责服务贸易政策协调和促进工作。主要职责包括参与有关服务贸易的多边和双边贸易谈判和贸易协定的监督执行；向美国公司提供服务出口信息；分析海外出口市场；负责分析重要的服务产业、贸易状况和竞争能力，提供政策信息等。

此外，美国政府的许多部门，如贸易谈判代表办公室(负责双边、多边协议的签署和执行工作)、财政部、运输部、能源部、旅游管理局、进出口银行、国际开发署等，与制造业和服务业密切合作，为其提供有关市场、外国经贸法规等信息咨询服务，并为其与外商牵线搭桥，帮助打入国际服务市场，提高在全球服务市场中的占有率。

(2) 注重增强本国服务业竞争力。本国服务业的强大是赢得国际市场的前提。1994年10月5日，克林顿总统在向国会递交的《国会出口战略实施报告》中指出，美国政府将集中力量支持国内服务业的发展。美国政府主要通过宣传、立法、设立专门机构等手段，建立起较为完善的服务贸易法律法规体系和管理机制，为服务业和服务贸易的健康、迅速发展创造一个良好的制度环境。

(3) 执行“服务先行”策略促进服务出口。自 20 世纪 70 年代，美国政界和经济界就已认识到，美国国际贸易的比较优势已从商品领域转向服务领域，扩展服务出口对美国实现经济增长和增加就业的目标极为重要。

1974 年美国国会通过的《外贸法》首次提出，国际贸易既包括商品贸易，也包括服务贸易。该法案第 301 条款授权总统对阻碍美国商务扩张的外国进行报复。鉴于 20 世纪 70 年代美国服务业已成为美国的主导产业和有国际竞争力的产业，里根政府上台后，将服务贸易置于优先地位，专门成立了服务咨询委员会来协调政府和产业界在服务贸易上的立场。1984 年美国国会通过了《贸易与关税法》，1988 年又通过了《综合贸易与竞争法》，这两个法案都把服务贸易与商品贸易并列作为扩大出口的两项内容。1994 年，美国政府制定了新的对外贸易法案——《乌拉圭回合协定法》，毫不掩饰地揭示了美国政府欲求扩大其服务出口的努力。1995 年 6 月，美国政府着力推行“服务先行”策略。这一发展动向向世人宣称：美国将在未来长期内注重其服务贸易的拓展；更进一步结合总体出口战略，借助于服务业的先导作用，增强美国企业在世界市场上的竞争优势，为新兴市场的开拓打开通道。

(4) 开展双边和多边的贸易谈判，抢占外国服务市场。在多边关系领域，美国始终是服务贸易自由化的最热心的推动者，致力于建立一个类似于关税与贸易总协定的全球性规则。1994 年 4 月 15 日在摩洛哥正式达成并签署的第一个服务贸易国际规范框架——《服务贸易总协定》，为美国在服务领域方面开辟了广阔的国际空间。

在区域关系方面，美国积极与加拿大、墨西哥进行自由贸易谈判，先后签定了《美加自由贸易协定》和《北美自由贸易协定》，把实现区域内服务的自由流动作为重要内容。协定生效后，美国在服务贸易方面较加拿大所具有的明显竞争优势得到发挥，特别是计算机和基于通信网络的增值服务、金融服务等最具活力的领域受益显著；《北美自由贸易协定》的达成和生效又为美对墨服务出口扫清了障碍。

在双边关系领域，美国在 1975—1988 年间，曾 11 次援引贸易法 301 条款处理双边服务贸易争端，涉及航空运输、海上运输、广告、广播、电影发行、建筑与工程、保险等部门。迫使日本、韩国等国开放保险市场、建筑市场，迫使东南亚国家开放航空市场，迫使发展中国家开放潜力巨大的保险、电信、金融、专业服务等市场。美国还通过谈判，与欧盟及其他欧洲国家，与日本、韩国、中国、菲律宾等亚洲国家，与拉美各国以及与南非等国就某些具体服务部门的市场准入问题达成或将要签订大量的双边协定。

美国政府对其服务贸易的干预是广泛而深入的。美国的经验表明在服务贸易发展过程中，尤其在服务贸易发展的初期，政府行为的有效介入是十分必要的，也是十分重要的，它可以起到保护新生，促进成长，形成优势的重要作用。

2. 发展中国家与地区的服务贸易发展

1) 发展中国家服务贸易总体状况

从总体上来说，发展中国家的服务贸易规模与发达国家相比较小，但是，近 20 年来发展速度是相当迅速的。据世贸组织国际贸易统计数据显示，2000—2006 年，世界服务出口额平均年增长速度为 10%，发展中国家增速明显快于世界水平，非洲服务出口年均增长率为 13%，中东为 11%，亚洲为 12%。世界服务进口额平均年增长速度为 10%，发展中国家增速也明显快于世界水平，非洲服务进口年均增长率为 13%，中东为 12%，亚洲为 10%。

从贸易差额方面看，大多数发展中国家的服务贸易普遍存在巨额逆差。据世贸组织贸易统计数据显示，除新加坡在少数年份保持高额顺差外，中国、印度尼西亚、韩国和马来西亚等国家均为高额逆差，且有加剧的趋势。而且，发展中国家在服务贸易发展方面的差异要远远大于发达国家之间的差异，其原因在于国内服务业发展水平相对落后。

2) 发展中国家服务贸易国别状况

发展中国家不同群体的服务贸易发展速度存在着很大差异。近年来，中国、印度、俄罗斯和巴西正成为世界经济增长的新动力，与此同时，这些国家的服务贸易发展也很突出。中国服务贸易发展迅速，贸易规模不断扩大，国际地位不断上升。中国在世界服务贸易出口中的排名由 2000 年的第 12 位上升到 2006 年的第八位；中国在世界服务贸易进口中的排名由 2000 年的第 10 位上升到 2006 年的第七位。但是，中国服务贸易发展与发达国家相比，在绝对量、人均水平、对外直接投资、服务贸易出口增长速度和服务出口对商品出口的比重等指标上还有很大差距。

印度则是 21 世纪以来增长最强劲的国家。2000—2005 年期间，印度服务贸易出口年均增长 33%，进口年均增长 29%，为发展中国家增速最高；2006 年服务进口、出口额增幅达到 40%和 34%，出口排世界第 10 位，进口排世界第 12 位；2007 年，服务进口、出口额增幅达到 24%和 15%；而且，2005、2006 和 2007 年服务贸易均保持顺差并逐年增加。

近年来，俄罗斯服务进出口增速保持在 20%左右，2000—2006 年，俄罗斯服务出口平均增速达到 21%，进口平均增速为 18%，发展速度居发展中国家的第三位。

巴西作为中南美洲地区最大的服务贸易国，2000—2006 年其服务出口年均增长 12%，进口年均增长 9%；2007 年服务进口、出口增速均为 25%左右，高于本地区和全球服务贸易的平均增速。

3) 发展中国家服务贸易行业构成

在服务贸易商品结构方面，发展中国家服务出口主要集中在劳务输出、工程建筑承包、旅游服务等劳动密集型服务领域。近年来，大多数发展中国家的服务贸易开始向资本密集型服务业转变。例如，马来西亚、新加坡和泰国等国的航空公司在世界优秀航空企业排名表上常名列前茅；中国的旅游业也得到快速发展；印度、墨西哥等国在大力发展通信业和信息业等。然而与发达国家相比，发展中国家的服务业和服务贸易不仅规模小，而且贸易结构也不具备竞争优势。

9.3 国际服务贸易体制

目前，服务贸易已成为全球经济中增长最快的部门，而且服务业的产值已超过全球 GDP 的 2/3。根据世贸组织的多边自由贸易基本原则，各成员方应遵守最惠国待遇、国民待遇、透明度、渐进式自由化，以及国内法规等原则。但在多哈回合谈判中，由于以美国为代表的发达成员和以巴西、印度等国为代表的发展中成员之间立场、利益矛盾重重，导致多哈回合服务贸易谈判陷入僵局。

在上述背景下，近年来，许多世贸组织成员转向签署区域贸易协定，并以服务贸易为重点内容。区域贸易安排在局部推进服务贸易自由化中发挥着一定的作用，也在相当程度上制约服务贸易自由化的发展。

9.3.1 世贸组织体系

早在 1946 年，同盟国在筹组国际贸易组织时，就有代表提出过服务贸易的问题。在 1947 年通过的该组织“哈瓦那宪章”中，有些条款已经涉及了国际服务贸易问题。由于美国国会未通过“哈瓦那宪章”，“国际贸易组织”随即夭折。取代国际贸易组织的则是“关税及贸易总协定”，它成为二战后管理国际贸易的机构。

自“关税与贸易总协定”成立以后进行的前七轮贸易谈判中，主要涉及商品贸易的自由化问题。不过，协定的某些条款涉及影响商品贸易的一些服务。可以说，关税与贸易总协定基本上是为商品的国际贸易。

1. 关税与贸易总协定“乌拉圭回合”关于服务贸易的协议制定

随着服务贸易在国际贸易中所占地位的日益提高，如继续将服务贸易置于国际社会的管理之外显然不合适。因此，在 1982 年 11 月关税与贸易总协定第七轮“东京回合”的谈判行将结束，各成员国讨论下一轮谈判议程时，美国代表率先要求将“服务贸易”列入下一轮的谈判议题，其他发达国家经过研究同意了美国的提案，绝大多数发展中国家反映冷淡。原因在于，发展中国家认为它们在服务贸易自由化中得不到多少利益，相反它们担心，服务贸易自由化会使对它们来说十分重要和敏感的一些服务部门为发达国家所控制，或是被发达国家的服务所冲击。尽管如此，国际服务贸易问题最终还是列入了 1986 年 9 月开始的第八轮“乌拉圭回合”的贸易谈判。而且服务贸易问题成了“乌拉圭回合”谈判的中心议题。

2. 服务贸易谈判的分歧

1986 年 9 月“乌拉圭回合”谈判正式开始之后，各成员国就服务贸易问题展开了广泛的讨论。由于服务贸易的特殊性，谈判远比前七轮关于国际商品贸易的谈判艰难，尤其是来自于发达国家和发展中国家两大阵营之间在服务贸易自由化的许多方面存在着严重的分歧。这些分歧表现如下。

1) 谈判程序

“乌拉圭回合”服务贸易谈判一开始就在谈判程序问题上出现了尖锐对立。一方是以巴西和印度为代表的一些发展中国家和地区，另一方是以美国为首的发达国家和地区。分歧的焦点在于服务贸易谈判是按照传统惯例由关税与贸易总协定全体缔约方主持，还是另行组建谈判机构；谈判是在关税与贸易总协定原有规则体系的基础上再增加一项服务贸易协议，还是在关税与贸易总协定体系以外形成一项单独的服务贸易规则性协议。

对于服务贸易谈判程序，经过交锋与磋商，最终达成的意见基本上体现了欧共体的立场，即服务贸易问题与货物贸易问题分开，进行“双轨制谈判”。在具体谈判程序上，先征询各方对谈判内容的意见和审议各国现行服务贸易法规，然后讨论制定具有针对性的多边服务贸易原则和规则框架。

2) 服务贸易自由化的程度和领域

发达国家由于在国际服务贸易中占有绝对优势，因而主张扩大服务贸易自由化的程度；而发展中国家总体上对服务贸易自由化持消极态度，并要求充分考虑发展中国家的实际情况，在制定服务贸易协议时给予更优惠的待遇。在自由化的领域方面，发展中国家要求发达国家开放劳工与建筑承包市场，允许其劳工自由进入发达国家的劳动力市场；而发达国家则表示，愿意一定程度上开放本国的劳动力市场，但作为回报，发达国家则要求发展中国家开放其金融、通信等服务部门。

3) 知识产权问题

在“乌拉圭回合”谈判中，知识产权的谈判是一项单独的议题。美国等发达国家要求就知识产权保护问题制定一项多边的国际协议，但遭到以巴西、印度为首的发展中成员国的反对。双方在许多问题上存在巨大分歧。

首先，发展中国家认为，关于知识产权保护目前已有许多专门的国际协议和像世界知识产权组织这样的国际机构，因而没有必要在关税与贸易总协定之下另外订立新的有关知识产权保护的协议；但发达国家则认为，目前已有的有关知识产权保护的国际协议过于宽松，对自己的知识产权提供的保护很不够，因而有必要重新订立更为严厉的保护知识产权的国际协议。

其次，发展中国家认为，知识产权同“人权”等基本权利不同，对其不应不计代价地予以保护，而应综合考虑知识产权所有人和消费者的各自利益，给予适当程度的保护。当然，对知识产权保护不力固然会挫伤人们发明创造的积极性，但保护过度则会损害消费者的利益。

贸易实践

CD丑闻

关于知识产权保护问题，发达国家和发展中国家一直存在着较大分歧。一般来说，知识产权保护过度无疑会损害消费者的利益。因为知识产权所有人会通过对含有知识产权的商品制定过高的垄断价格，或对知识产权的受让方索取高昂的特许费而牟取暴利。以CD唱片为例，CD唱片的制作成本其实并不比磁带高多少，但价格却是后者的10倍以上，以至于该种比磁带更优秀的音像制品自发明后迟迟得不到推广。这一现象甚至在西方国内都引起了广泛的不满。有名英国议员甚至斥之为“CD丑闻”，并率领一些消费者举行了抗议游行。可以认为，盗版唱片之所以在全世界泛滥，唱片公司的暴利行为本身也是难辞其咎的。

4) 外国投资问题

发达国家认为，由于服务贸易的特殊性，往往要求服务的生产者和消费者的直接接触，而这除了要求人员的国际流动外，只有通过对外直接投资才可以做到。因此，国际服务贸易同外国直接投资密不可分，要实现服务贸易的自由化就不能不涉及对外投资的自由化问题。

有鉴于此，发达国家主张在关税与贸易总协定之下根据关税与贸易总协定的基本精神制定一项有关国际投资自由化的协议。但发展中国家认为，国际投资本身并不是贸易，因此，在主管国际贸易的关税与贸易总协定谈判中讨论该问题不合适，应仅就影响贸易的投资政策(trade related investment measures，TRIMs)举行谈判。这一观点终为所有缔约国所接受。

贸易实践

关于对外国直接投资进行讨论的态度

实际上几乎所有国家都会对外国投资采取限制措施。采取这些措施的目标不一，如保护消费者利益，维持经济独立性，保护本国的民族经济等。由于上述目标在各国政府眼中具有举足轻重的地位，因而在没有更好的替代方法之前，各国政府是不愿意放弃这些政策的。尤其是发展中国家，鉴于殖民时期的惨痛教训，对于维持经济独立，摆脱外国资本控制十分重视，对外国资本采取严格的限制措施是可以理解的，这也是发展中国家非常不愿意讨论外国投资问题的主要原因。

5) 关于多边框架问题

美国等主张建立一项内容涵盖所有服务行业的关于服务贸易的多边协议，该协议内容应包括最惠国待遇、国民待遇、透明度、纪律、协商和争端解决机制等关税与贸易总协定的基本原则和内容。在此基础上，再根据此一般协议的精神拟定各服务部门的专门协议。但一些发展中国家和欧洲国家则认为，鉴于范围广泛的一般协议的达成十分困难，谈判应先就一些服务部门制定协议，然后再协商签订一般性的服务贸易协议。

由于缔约国之间分歧很大，“乌拉圭回合”成为关税与贸易总协定成立以来争论最激烈、延续时间最长的一次谈判。加之受部分国家在农产品贸易方面的突出矛盾，致使“乌拉圭回合”谈判未能如期结束。尽管如此，“乌拉圭回合”谈判终于达成了一套新的多边贸易体制的基本规则，建立了世贸组织，形成了新的多边贸易体制。在经济全球化、区域经济一体化进程迅速发展的今天，这些规则和框架将对世界经济和贸易发挥着深刻和广泛的影响。

9.3.2 GATS 的主要内容

随着服务对一国经济发展与增长的重要性的日益加强，许多国家力求通过单边、双边、区域性或多边谈判的方式推进服务贸易的自由化进程。在美国和西欧发达国家的积极推动下，将服务贸易自由化纳入了多边贸易体制之下，1986 年 9 月“服务贸易”新议题被列入乌拉圭回合多边贸易谈判议程，由此拉开了服务贸易多边谈判的序幕。关税与贸易总协定乌拉圭回合关于服务贸易经过七年的艰难谈判和多边协调，直到 1994 年 4 月 15 日 GATS 才最终得以通过。该协定作为“乌拉圭回合”一揽子协议的组成部分和世贸组织对国际贸易秩序的管辖依据之一，于 1995 年 1 月 1 日与世贸组织同时生效。

1. 《服务贸易总协定》概述

GATS 有广义和狭义之分。广义的 GATS 指与服务贸易有关的附件及补充协议等，包括以下五个部分。①适用于所有成员的一般规则与纪律的原则性框架文件，即协定条款；

②作为GATS有机组成部分，涉及各个具体服务部门特殊情况的附件，共八项。包括第二条豁免附件，根据本协议自然人提供服务活动的附件，空运服务附件，金融服务附件，金融服务第二附件，海运服务附件，电信服务附件，基础电信谈判附件；③附在GATS之后的，初步自由化承诺的具体承诺表；④关于服务贸易自由化的九项有关决议；⑤世贸组织框架下后续谈判过程中达成的三项协议，即《全球金融服务协议》、《全球基础电信协议》和《信息技术协议》。

狭义的GATS仅指协定正文及其附件。协定条款的内容包括六个部分，29项具体条款。正文之前的简短“序言”确定了各成员参加及缔结GATS的目标、宗旨及原则。第一部分(第一条)为“范围和定义”，其内容是就协定中的服务贸易予以界定。第二部分(第2—15条)为“一般义务与纪律”，确定了服务贸易应遵循的基本原则，是各成员在服务贸易中各项权利和义务的基础。第三部分(第16—18条)为“具体承诺”，是该协定的中心内容，包括“市场准入”和“国民待遇”两个方面，规定了各成员应承担的特定义务。第四部分（第19—21条）为“逐步自由化”，主要确定服务贸易自由化的进程安排和具体承诺表制定的标准，规定各成员尤其是发展中国家服务贸易自由化的原则及权利。第五部分(第22—26条)为“组织条款”，主要内容有协商机制、争端解决与执行、服务贸易理事会、技术合作及与其他国际组织的关系等。第六部分(第27—29条)为“最后条款”，内容是就该协定中的重要概念作出定义，并规定了各成员可拒绝给予该协定各种利益的情形。协定的五项附件为：第二条(最惠国待遇)豁免的附录，提供服务的自然人流动附录，以及金融、电信和航空运输三个部门附录。此处仅介绍协定正文及主要附件。

2. 狭义GATS的主要内容

1) GATS正文

(1) 序言：确定了各成员参加及缔结GATS的目标、宗旨及原则。

(2) 服务贸易的定义及其范围。

该协定第一条第二款将服务贸易定义为通过以下四种方式提供的服务：过境服务、境外消费、商业存在和自然人流动。

另外，GATS第一条第三款还指出，其所规范的服务指除政府当局为实施职能所需的服务之外的所有部门的一切服务。

(3) 世贸组织成员在服务贸易领域的一般责任与纪律。“一般责任与纪律”规定了各成员必须遵守的责任和纪律，其中最主要的有以下几点。

① 最惠国待遇。最惠国待遇不仅是关税与贸易总协定对货物贸易所确立的首要原则，也是服务贸易的基本原则。第二条第一款规定“每一成员方给予任何其他成员方的服务或服务提供者的待遇，应立即无条件地以不低于前述待遇给予其他任何成员方相同的服务或服务提供者。”

与货物贸易原则一样，GATS规定边境贸易可以成为最惠国待遇的例外。这样就防止各成员方利用边境贸易的例外，过分扩大边境贸易的规模与范围以规避多边原则，取得额外收入。该条款体现了GATS的灵活性。

② 透明度原则。第三条规定，各成员方在服务贸易领域中的各种法律与管制措施应具

有透明度，具体规定如下：立即公布相关措施；每年向理事会报告新的或更改的措施；设立咨询点。

对于透明度原则，总协定有例外规定，即所谓“紧急状态下”的豁免。但是，即使由于总协定认可的原因，使得一成员不能按照要求公布“所有措施”，该成员也应公布这一消息以使各方了解此情况，便于做出相应决策。

③ 发展中国家更多参与。第四条规定，各成员方要通过谈判具体承诺的方式来促进发展中国家的更多参与，承诺涉及如下内容：着重通过商业基础上的技术准入方式提高发展中国家的国内服务能力及其效率和竞争力；改进发展中国家的销售渠道和信息网络；对于发展中国家具有出口利益的各部门和供给方式给予市场准入的自由化；发达的成员方在世贸组织协定生效后的两年内，应建立向发展中成员方的服务提供者提供信息的联络点；其他的成员方在可能的范围内亦应如此；为最不发达的成员方参与服务贸易规定了优惠条件。

④ 促进经济一体化原则。第五条对如何促进全球服务贸易一体化发展作出了具体规定。

⑤ 国内规章。第六条为成员方的国内规章规定了一般纪律：各成员方在其作出具体承诺的领域，应保证各种有关服务的一般适用措施以合理、客观和公正的方式实施；各成员方应尽可能维持或建立司法、仲裁、行政法庭或程序以便应有关服务提供者的请求及时审查影响服务贸易的行政决定，并为服务提供者提供公正、适当的补偿；当一项具体承诺中的服务供应需经授权时，成员方应在合理的期间内，如认为服务提供者的申请符合国内法律或规章，将其决定通知申请者；为确定成员方有关资格与程序、技术标准与执照不对服务贸易构成不必要的障碍，服务贸易理事会制定必要的纪律；各成员方在涉及服务方面已作出具体承诺的领域，应制定核实任何其他成员方职业人员能力的适当程序。

⑥ 对限制竞争行为的约束。第八条“垄断及专营服务提供者”和第九条“商业惯例”对限制竞争的行为作出了约束。

(4) 世贸组织成员可援引的例外。灵活性是 GATS 的特征之一，主要表现为例外条款的规定，包括以下几项。

① 紧急保障措施。主要指世贸组织成员在由于没有预见到的变化，或由于某一具体承诺而使某一服务进口数量太大，以至于对本国的服务提供者造成严重损害或产生严重损害的威胁时，可以部分或全部地中止此承诺以减缓或消除损害。

② 为保障国际收支平衡的例外条款。允许世贸组织成员在其国际收支严重失调和对外财政困难或因此受到威胁的情况下，就其作出具体承诺开放市场的服务贸易采取限制性措施，或对与这种服务贸易有关的支付或货币转移作出限制，尤其对金融地位比较脆弱的发展中国家，为实现其发展目标而维持其外汇储备的要求给予充分的考虑。

③ 政府采购与补贴。协定规定，原则上该协定有关国民待遇和市场准入的各项规则不适用于成员方涉及政府采购的法律、规章和要求，不过政府采购只能是为政府的目的，用于商业转卖或服务提供中商业销售的政府采购不在其内。

④ 一般例外和安全例外。GATS 规定的一般例外和安全例外条款的基本内容源于《关税与贸易总协定》，同时也是世贸组织几乎所有多边协定的一般规定。总协定允许成员方出现以下原因对服务贸易采取必要的限制措施：为维护公共道德或维持公共秩序；为保护人

类、动植物的生命和健康；为防止欺诈与假冒行为或处理合同的违约事情；保护个人隐私和有关个人资料的处理与扩散，以及保护个人记录和账户的秘密及安全问题等。

⑤ 此外，GATS还有两款关于征税问题的例外。

(5) GATS的具体承诺。对市场准入和国民待遇的具体承诺是GATS制度下各成员方的特定义务，根据总协定的规定，市场准入和国民待遇不是自动适用于各服务部门，而是要通过谈判由各成员方具体确定其适用的服务部门；各成员方的承诺表分为两个单独栏目，将能够开放的部门、分部门及给予国民待遇的资格、条件等分别列出。

① 市场准入。GATS规定，在服务贸易中的市场准入方面，每个成员给予其他任何成员的服务和服务提供者的待遇，不得低于其承诺表中所同意和明确规定的期限限制和条件。

② 服务贸易领域的国民待遇不是一般义务，而是一项特定义务，各成员方只在自己承诺开放的服务部门中给予外国服务和服务提供者以国民待遇。

此外，《总协定》就国民待遇的规定还涉及本国服务提供者与外国服务提供者的公平竞争机会问题，但这一概念十分宽泛，发达国家往往借此将触角伸入发展中国家的国内政策领域。例如，许多发展中国家对外国银行在其境内提供银行服务往往有业务范围和地域的限制，而发达国家则认为在发展中国家营业的该国银行与当地银行处于不公平的竞争地位，因而认为没有得到国民待遇。

③ 具体承诺表的制订与修改。《总协定》第20条规定，各成员方应根据《总协定》第三部分制定各自的具体承诺表。在已作出承诺的部门，承诺表应具体包括以下内容：有关市场准入的内容限制和条件；有关国民待遇的条件和要求；有关其他具体承诺的履行；各项承诺实施的时间框架；各项承诺生效的日期。

《总协定》第21条为具体承诺表的修改作出了规定。其中指出，一成员方在具体承诺生效的三年后的任何时候可修改或撤销其承诺表中的任何承诺；但是，修改成员方应至少在实施修改或撤销前三个月将此项意向通知服务贸易理事会。还规定，受此修改或撤销影响的成员方可请求修改成员方给予必要的补偿调整，而修改成员方应就此举行谈判。在此谈判和协商中，有关成员方应努力维持互利义务的总体水平不低于谈判前具体承诺表中所规定的标准。

(6) GATS的争端解决机制。乌拉圭回合达成的《争端解决规则与程序谅解》(简称“争端解决谅解”,)所确立的统一的争端解决机制适用于服务贸易领域的争端解决，同时GATS第22条“磋商”和第23条“争端解决和实施”作为专门针对服务贸易争端解决的条款，是上述统一争端解决机制的补充。

2) GATS附件及协议

作为GATS不可分割的一部分，GATS涵盖了金融服务、电信服务、航空运输服务、自然人流动等附件，以及世贸组织框架下后续谈判过程中达成的三项协议，即《全球金融服务协议》、《全球基础电信协议》和《信息技术产品协议》。这些附件或协议充分考虑了服务的复杂性和提供方式的差异性。以附件或协议的方式，对特定服务部门确立了具有针对性的补充规定，为实现进一步自由化的后续谈判提供了指导。

(1) 关于金融服务的附件及其协议。GATS关于金融服务有两个附件，即《金融服务附件》和《金融服务第二附件》。金融服务附件主要有五个方面内容，它们是：①对金融服务、金融服务提供者、金融服务的提供方式和对金融服务有影响的各种措施的规定。②对各成员为审慎原因而采取的措施及要求成员披露信息方面的规定。③包括成员方可以认可任何其他国家在决定该成员的金融服务措施如何适用方面的审慎措施。承认可以依据与有关国家的协定或安排，通过协调或其他方式实现，也可自动给予。④规定有关金融服务贸易的争端解决应在世贸组织协定和 GATS 制定解决机制之上，组成具有金融服务技能的专家组进行处理。⑤对金融服务的定义、范围及具体内容的详尽规定。关于《金融服务的第二附件》，主要是对金融服务贸易谈判时间安排的规定。

关于金融服务，还有一项在发达国家的提议下达成的《关于金融服务承诺的谅解》(简称《谅解协议》)，所有经济合作与发展组织国家已经按照该《谅解协议》就金融服务的市场准入和国民待遇作了特定承诺。另外，在世贸组织的主持下，于 1997 年 12 月 13 日由世贸组织 70 个国家和地区签署了《金融服务市场协议》。该协议主要包括允许外国公司在国内建立金融服务机构并享受与国内公司同等的进入市场的权利；取消对跨境金融服务的限制；允许外国资本在本国投资项目中所占比例超过 50%等。这个协议涵盖了 95%以上的金融服务市场，总共有 132 个世贸组织成员方在此领域承诺逐步自由化。

(2) 电信服务贸易的附件及其发展。电信服务贸易的附件及发展包括电信服务附件条款和基础电信协议两部分内容。电信服务附件主要包括：①对电信服务范围的规定；②对电信、公共电信传输服务、公共电信传输网络和公司内部通信的定义；③规定了每一成员应保证可公开获得关于影响进入和使用公共电信传输网络和服务条件的有关信息，即透明度；④对公共电信传输网络和服务的进入和使用的规定；⑤对有关技术合作的规定；⑥对与国际组织和协定的关系的规定。

关于基础电信协议，由于电信涉及国家主权和安全，因此在“乌拉圭回合”的服务贸易谈判中，各国都对电信市场的开放持慎重的态度。最后承诺开放电信服务市场的国家有 69 个，但大多数成员只承诺开放增值业务或增强型业务市场，如在线数据处理、在线数据库存取、EDI 等。而包括语音电话、数据传输、电传、电报、传真、移动通信等基础电信的谈判延期进行。后来参加基础电信谈判的有 70 个成员，在协议上签字的 69 个。《全球基础电信协议》于 1998 年 1 月 1 日开始生效。主要条款涉及保护竞争、互联、普遍服务条件、许可证审批标准的公开性、独立的管制机构及其决策和程序的公正性、稀缺资源的分配和使用等重要方面。该《协议》涵盖全球 90%以上的基础电信市场份额。

(3) 《信息技术产品协议》。《信息技术产品协议》，于 1997 年 3 月 26 日由世贸组织 40 个成员方签署，于 1997 年 4 月 1 日生效。它由世贸组织成员、申请加入国或单独关税区自愿参加，各签约方承诺自 1997 年 7 月 1 日至 2000 年 1 月 1 日前取消包括计算机、计算机软件、通信设备、半导体、半导体设备和零部件、科学仪器在内的六类约 200 种信息技术产品的关税。实现主要技术产品贸易的零关税，该《协议》涵盖了全球 92.5%以上的信息技术产品市场。在参加主体上，它类似于诸边贸易协议，在适用对象上，与多边贸易协议相同，称为“次多边贸易协议”。

知识链接

《信息技术产品协议》——关税削减机制

《信息技术产品协议》实际上只是一个关税削减机制。虽然协议规定要审议非关税壁垒，但不需要作出约束承诺。成为《信息技术产品协议》的参加方，必须遵守四条原则：第一，承诺必须涵盖协议所列全部产品，对于产品范围不存在例外，但对于敏感产品，可以延长降税实施期；第二，所有产品必须削减至零关税；第三，其他税费必须约束在零，削减非关税措施；第四，在《信息技术产品协议》承担的义务是在最惠国待遇基础上实施，参加方削减信息技术产品进口关税的措施也适用于世贸组织其他成员。换言之，尚未参加该协议的世贸组织其他成员只享受权利(免费搭车者的好处)，不承担义务。

3. GATS的重要意义

GATS 的制定是自关税与贸易总协定成立以来在推动世界贸易自由化发展问题上的一个重大突破，它将服务贸易纳入多边体制，标志着多边贸易体制渐趋完善。GATS 对全球服务贸易发展的促进作用是毋庸置疑的。

首先，它是国际服务贸易迈向自由化的重要里程碑，为服务贸易的逐步自由化提供了体制上的保障，进一步谈判的基础和更为稳定的贸易往来关系。

其次，《总协定》对发展中国家给予了适当的照顾。总协定将一般义务和特定义务分开规范的特别规定，使发展中国家服务贸易自由化可以分部门、分阶段进行。

再次，《总协定》有利于促进各国在服务贸易方面的合作与交流。总协定提供了各国在服务贸易方面开放、对话、信息交流与技术合作的机制与机会。

最后，《总协定》体现了各成员方的利益和要求。《总协定》将一般义务与特定义务分开规范的做法，使成员方在服务贸易领域既要遵守共同的原则和普遍的义务，又可根据本国服务业发展的实际情况安排服务市场开放的步骤，使本国服务业和经济发展不致受到严重打击。这些体现了原则性与灵活性的统一，从而，既可以推动各成员方在具体服务部门的谈判中迅即进入实质性阶段，也便于体现各成员方的利益和要求。

9.3.3 主要区域服务贸易协定

目前越来越多的区域贸易安排逐渐将服务贸易纳入其管辖范畴。近年来由于多哈回合谈判受阻甚至一度中止，区域贸易协定的签订风潮再度兴起。根据世贸组织的官方统计，截至 2007 年 10 月，向世贸组织及其前身关税与贸易总协定通知备案的自由贸易协定总计达 389 个，其中归于 GATS 第五条项下的有 47 个。

目前受区域服务贸易规则及相关承诺约束的服务贸易已经占到世界服务贸易总量的80%以上。但区域贸易协定发展重点及适用范围仅限于区域双边、多边与次多边，在一定程度上偏离作为世贸组织基石的最惠国待遇和非歧视原则，但总体而言，区域集团国家间更为紧密的经济联系将使全球经济从中获益。因此，将区域自由贸易协定纳入世贸组织规则的框架体系之中，使其尽可能朝着与多边自由贸易相一致的方向发展无疑是明智的选择。

1.《北美自由贸易协定》有关服务贸易规则的主要内容

该《协定》的目的是通过在自由贸易区内扩大贸易及投资机会，来促进美、加、墨三国的就业机会和经济增长，增强三国在全球市场的竞争力。自《协定》生效之日起，美、加、墨在 15 年的过渡期内全部取消商品、服务及投资领域的所有关税及非关税壁垒。《北美自由贸易协定》突破了贸易自由化的传统领域，纳入了服务贸易，并在自由化步伐上迈得更大，在一定程度上成为乌拉圭回合谈判 GATS 的范本。

1) 服务的范围

《协定》采用列举“否定清单”方式来规定其适用的服务部门的范围，即如果一个服务部门没有被明确排除在《协定》调整范围之外，那么该服务部门就会自动地适用。该章明确规定不适用于下列服务和活动：金融服务、与能源或基础石油化工有关的服务；航空服务及其支持服务；跨境劳工贸易，政府采购，政府补贴，成员国政府所进行的与法律执行、收入保障、社会福利和国家安全有关的活动。至于其他部门，允许各成员方作出不同程度、全部或部分的保留。通过列举“否定清单”的方式，使北美形成了一个较为开放的服务贸易市场，其自由化程度超过了国际多边服务贸易谈判所能达到的程度。就服务提供方式而言，《协定》完全覆盖了 GATS 项下有关提供服务的四种方式。

2) 国民待遇和最惠国待遇

各成员国在协定生效或生效后的一段时间内，要消除与国民待遇原则和最惠国待遇原则相抵触的限制服务贸易自由的措施。其中“投资”、“跨境服务贸易”、“电信服务”和“金融服务”部分规定了国民待遇原则和最惠国待遇原则。

该《协定》要求成员国遵守上述原则的规定，较 GATS 项下规定有过之而无不及。《协定》对各成员国采取或维持的与上述原则不一致的措施采用了“否定清单”的规定方式，未列入该清单的部门和措施均属应实行自由化的范围。

3) 市场准入

《协定》的核心原则之一国民待遇原则保证了来自另一成员国的服务提供者将与所在成员国的服务提供者享受同等待遇。这一规定使服务提供者在进入另一国服务市场时，有了更广泛的服务提供方式选择。《协定》的“跨境服务贸易”还规定了“非歧视性数量限制”，要求每一成员国把在某一行业限制服务提供者数量或活动的非歧视性措施列明，任何另一《协定》成员国均可要求对这些措施进行咨询以及就这些限制性措施的自由化及取消进行谈判。

4) 透明度原则

区域内几乎所有的服务领域均受《协定》约束，因此，成员国不可能像在 GATS 体制下那样不列出某一部门即可隐藏其限制性措施。而且，协定还有一个总体性要求，即每一成员方须保证其与《协定》相关的法律、法规、程序及行政规章及时出版或以其他方式公布。

5) 许可及证书

《协定》规定一成员国对其他成员国国民的许可和证书要求，不应构成对服务贸易不必要的壁垒。成员国对许可和证书的要求及核准应基于客观、公开的标准，以能够保证提供服务的质量为限，而不应构成对所涉服务的限制。《协定》还规定了相互承认许可和证明的机制，但成员国没有义务对另一成员国颁发的许可证予以承认。

6) 垄断性行业的服务提供者

对于垄断及国有企业的服务提供者,《协定》规定:不得采取与协定义务不一致的措施;在购买或提供垄断性服务时,必须仅依商业考虑行事;对于其他缔约方的服务提供者不得给予歧视;不得滥用垄断优势直接或间接在非垄断性市场上采取不正当竞争手段。

7) 政府采购

《协定》对每一成员国的联邦政府部门、机构及联邦政府企业所从事的采购规定了具体的约束纪律,为另一成员国的服务提供者打开了一成员国大部分政府采购市场。

8) 争端解决机制

《协定》没有特别的服务贸易争端解决机制,服务贸易争端适用与其他类别一样的争端解决机制。《协定》的中心机构即由各国任命的部长或内阁级官员组成的贸易委员会,负责管理协定的执行,解决因《协定》适用和解释产生的任何纠纷。解决争议的途径有:协商,贸易委员会的调停、调解或其他方法,发起小组诉讼等。与 GATS 不同的是,所解决的争端不仅包括缔约国间的争端,还包括投资者或服务提供者与缔约国之间的争端。

9) 其他

该《协定》对电信服务、金融服务、陆地运输和专业服务等领域做了更为详尽的规定。

2. 欧洲联盟的服务贸易协议

欧盟服务贸易的发展面临两大问题:一是为形成内部统一大市场,各成员国之间服务市场彼此开放的问题;二是如何以整体力量占领国际服务贸易市场的问题。这两大问题的实质就是欧盟服务贸易的内部自由化和外部自由化问题。因此,有关服务贸易的协议主要涉及两个内容:一是成员国间在各服务部门的互相开放和规则的统一;二是欧盟作为整体对其他国家开放服务市场以及利益协调。

1) 欧盟内部统一市场的服务贸易协议

在欧盟以区域经济一体化推动地区经济发展的步伐中,服务领域的一体化和便利化,是欧盟一体化进程的重要内容。因此,在积极参与多边框架下的服务贸易谈判的同时,欧盟更加注重提升其内部服务业市场的一体化程度,消除壁垒,破除垄断,确保盟内各国的服务企业充分竞争,以增加其服务领域在全球的整体竞争力。

(1) 欧盟服务领域市场管理的法律基础。《罗马条约》中首次提出建立欧洲共同市场,实现盟内"货物、人员、资本、服务"四大基本自由流动。

《欧共体条约》规定:共同体内任何限制自由提供服务的规定都必须被废止,包括关于设立服务企业和个人接受服务等方面。

2000 年,欧盟理事会里斯本首脑会议通过了"里斯本战略",提出"要在 2010 年以前将欧盟建设成为世界上最具竞争力和活力的知识经济为基础的经济体"的目标。按照"里斯本战略"的要求,同年底欧委会提出了"服务业内部市场战略",提出"两步走"的战略:首先是确认影响盟内服务业统一市场建立的因素,然后针对这些障碍提出解决方案。

2003 年 5 月欧委会出台的"2003—2006 年欧盟内部统一市场战略",决定促进盟内服务业市场一体化。

2004 年 5 月，欧委会提出了“关于服务业内部市场的指令”，希望建立一个有效地消除盟内阻碍服务领域自由化壁垒的法律框架，促进盟内服务业市场一体化的进程。

(2) 欧盟推动盟内服务贸易自由化的新举措——服务业指令。为了对消除盟内服务业市场壁垒，推动服务贸易自由化有一个系统、总体的安排，欧委会提出了“内部市场服务业指令”。该指令致力于消除服务贸易一体化过程中的壁垒，推动服务领域的跨境开业，以期增强不仅是服务企业，更是包括所有工业企业的竞争力。

“内部市场服务业指令”是一个全面的法律框架，是覆盖所有服务业领域的原则性总体规定。该指令具有以下基本内容：给予服务企业在行政许可上极大的简化；要求成员国政府全面检查自己国内法规有关服务市场歧视性、不透明的限制性规定，要求成员国政府执行和转化欧洲法院有关案例法；强调信息获取的便利化；建立成员国之间的合作与互信，界定服务输出国和接受国之间的监管责任，避免对跨境提供服务产生重复管辖；明确服务产品消费者在一体化市场中的权益，保证其充分享有服务业市场一体化的好处；执行手段上采取欧盟与成员国合作的形式，而非强制执行。

2) 欧盟对外服务贸易协议

欧盟在服务贸易方面虽较发达，但逊于美国，并受到日本、新加坡、韩国等新兴工业化国家的挑战。鉴于此，欧盟在推进服务贸易内部大市场的自由化和统一化的同时，对外偏重保护性，以防其他国家侵入统一大市场，占据过大份额。

欧盟对其他国家的服务贸易政策并不统一，对来自不同国家的服务提供者给予的待遇亦有所不同。目前，在服务贸易方面欧盟对外有两个特惠协议：一是在欧洲经济区(如挪威、冰岛、列支敦士登)里可自由提供跨境服务，在开业权方面享有国民待遇，人员可自由流动，用共同规则实施监督；二是在欧洲协议国家(保加利亚、罗马尼亚、波兰、匈牙利、斯洛伐克，其中后三个 2004 年加入欧盟，前两个 2007 年加入欧盟)中，逐步放宽跨境服务，人员可临时流动。对其他世贸组织成员方，欧盟则统一参加谈判，统一作出承诺。

(1) 欧盟对外金融服务贸易协议。欧盟有关金融服务的法律规范在调整对外关系方面一直体现着对等原则。1988 年，欧共体委员会在名为《欧洲——世界的伙伴》的文件中宣布，非成员国公司要想获得统一大市场的利益，其所在国就须保证向欧共体公司提供对等的，至少是非歧视的机会。1989 年第二项银行业指令也规定，如果一个国家未向欧共体银行提供国民待遇，欧共体亦不向该国金融机构颁发许可证。欧共体将向来自那些自愿或通过双边、多边协议开放或准备开放其市场的国家的企业提供统一大市场所带来的利益，不过这并不要求严格意义上的可能导致限制贸易自由化的对等互惠。欧盟对外金融服务贸易协议包括了对外银行业、对外保险业和对外证券业，内容多为行业指令性质。

(2) 欧盟对外运输服务贸易协议。该方面协议涉及海运服务和航空运输服务。海运方面，欧盟设立了商业性海运保护机制，允许成员国对别国的“特别行为”立即作出反应。欧盟的海运监管机制在 20 世纪 70 年代就已建立，1986 年制定了共同反倾销政策。航空运输方面，欧盟一直与美国就“互开天空”问题进行谈判，1997 年 4 月 1 日，欧盟内部航空市场统一化使得美国试图与欧盟整体达成双边协议。欧盟在对总协定的航空运输承诺中，对计算机订票和空运服务列出了最惠国待遇例外。

(3) 电讯业的对外协议。欧盟电信业受到美国电信业的竞争压力，因而在其对外开放方面一直有所保留。在进行电信服务谈判时，欧盟承诺开放各种先进的电信服务，包括增值电信服务、电子邮件、有声邮政、电子数据交换、代码和规程的更换等。1996年，欧盟通过了电信自由化计划，要求各成员国开放诸如有线网络等“另类基础建设”市场，自1998年1月1日起开放基本电话服务市场，结束欧盟各国国营电信事业垄断的历史。在1997年2月15日达成的全球基础电信协议生效后，欧盟也将在语音电话、数据传输、电传、电报、移动电话、移动数据传输和个人通信等方面开放市场。欧盟在电信业政府采购方面规定仅采购那些订有互惠条件的产品。该指令对所有提供公共电信网络和服务的公司都适用。

(4) 视听服务业的对外协议。20世纪80年代以来，欧盟各国政府纷纷取消了对电台和电视台的垄断权，通过发放商业播放许可证，使广播电视业出现了私有化、商业化浪潮。在这一过程中，最具竞争力的美国视听业引起了欧盟的担忧。因此，欧盟认识到必须对视听产品的进口设置一定壁垒，方能保护其视听业。欧盟使用的最重要的保护方式是影视配额制度和补贴制度。影视配额制度要求所有成员国的电视台在每天播放的节目中，欧洲原产的电视节目不得少于50%；对电台播放歌曲，法国甚至通过了一项法律，对所有广播电台实施法语歌曲播出数量最低限制制。这种名为“保护欧洲传统文化”的制度实为限制美国影视产品对欧盟市场的冲击。影视补贴制度几乎被欧盟各国所采用。法国采取的补贴计划是，对电影票房收入征收11%的税，然后补贴到电影制作中去，法国对录影带的销售和出租也征收同样的特别税。这种补贴制度成功地保护了法国电影业，使法国成为欧洲电影业最强的国家。

欧盟在“乌拉圭回合”谈判中没有就视听业的市场准入和国民待遇作出任何承诺，而是将其列为最惠国待遇的例外，以保护欧洲影视产品对本地市场的占领。

3. 中国和其他国家(或地区)签署的双边或区域服务贸易协定

2002年11月，中国与东盟10国签署了《中华人民共和国与东盟全面经济合作框架协议》。根据《协议》的安排，2004年11月双方签署了自由贸易区《货物贸易协议》和《争端解决机制协议》；2007年1月，签署了中国—东盟自由贸易区《服务贸易协议》(当年7月1日生效)，东盟10国12个服务部门的67个分部门和我国五个服务部门的26个分部门相互做出进一步开放承诺；2009年8月，中国与东盟10国签署了《投资协议》。随着自由贸易区货物、服务和投资《协议》的签署和实施，中国与东盟六国(文莱、印度尼西亚、马来西亚、菲律宾、新加坡和泰国)在2010年建立自由贸易区，与东盟新成员国(柬埔寨、老挝、缅甸和越南)在2015年建立自由贸易区。建立中国—东盟自由贸易区，是中国和东盟合作历程中历史性的一步，它体现了中国和东盟之间不断加强的经济联系，是中国和东盟关系发展中新的里程碑。

2008年4月7日，中国和新西兰签署《中华人民共和国政府和新西兰政府自由贸易协定》(简称《协定》)。《协定》涵盖了货物贸易、服务贸易、投资等诸多领域。双方就服务贸易做出了高于世贸组织的承诺，并对包括技术工人在内的人员流动做出了具体规定。

中国与海湾合作委员会、澳大利亚、新加坡、冰岛、秘鲁等的自贸区谈判也在不同程度地推进。另外，中国参与了亚太经合组织、亚欧会议、10+3合作、上海合作组织、大湄公河次区域合作等区域合作机制活动。

区域贸易协定对GATS的影响具有双面性，既有积极影响，如为GATS起到“实验田”的作用；但作为贸易自由化的次优选择，其消极影响也是毋庸置疑的，如一定程度侵蚀多边贸易体制，区域性服务贸易自由化将拉大发展中国家和发达国家在世界服务贸易格局中的差距。对此，中国应积极开展区域层面的服务贸易自由化合作，提升自身竞争力；同时，继续努力推动多边服务贸易自由化的发展。只有区域和多边经贸关系协调发展，才能使中国在不同经贸利益诉求下，灵活而合理地选择运用不同层面的策略工具，达到促进竞争和增进福利的目的。

9.4 国际服务贸易壁垒与自由化

9.4.1 国际服务贸易壁垒

在经济全球化进程不断加快的今天，各国政府仍然对服务贸易设置壁垒，究其原因，首先是政府出于安全的考虑，对外国资本进入本国的基础性服务领域心存疑虑。其次，政府认为对国内幼稚服务部门的必要扶持是一国获取长期经济与政治利益的一个重要选择。

1. 国际服务贸易壁垒的定义

国际服务贸易壁垒是指一国政府对外国服务或服务提供者设置或实施的有障碍作用的措施，既包括政策措施，也包括法律措施。由于服务贸易在跨国界移动时是以人员、资本、服务产品、信息等的流动表现出来的，一般不进行海关登记，故利用关税和配额等边境措施保护本国的服务业不受外来冲击未必有效。相反，限制外国服务者的法律、法规和行政措施，则变成了主要的保护手段，并成为国际服务贸易发展的障碍。

2. 国际服务贸易壁垒的特点

概括起来，服务贸易壁垒有以下主要特点：以国内政策为主；较多对“人”(自然人、法人及其他经济组织)的资格与活动的限制；由国内各个不同部门掌握制定、庞杂繁复，缺乏统一协调；灵活隐蔽，保护力强；除了商业贸易的利益外，还强调国家的安全与主权利益等作为政策目标。

服务贸易壁垒

并不是一切限制服务进口的都是服务贸易壁垒。例如，政府对本国生产者和外国生产者采取不同的规章制度区别管理来实现其某些国内经济目标，达到限制服务进入的目的。又如，政府为了保护保险服务的购买者而对保险公司的财务状况进行定期审计，而在外国注册的保险公司的财务很难审计，所以，政府便规定此保险公司必须在当地银行有一定数额的存款来加以管理。这种情况下，政府对外国和本国的企业采取不同的规章，目的不是为了歧视，而是为了国内政治经济目标而必须这样做，所以，这种措施尽管限制了服务进入，但不应视为服务贸易壁垒。

相反，在某些情况下，对外国生产者和本国生产者采取相同的法规，但却具有高度的歧视性，这种措施应被视为服务壁垒。例如，外汇管制对本国服务提供者和外国服务提供者表面上都适用，但却足以阻止外国服务进入本国市场。

3. 国际服务贸易壁垒的种类

国际服务贸易壁垒一般有两种分类：一种是按照乌拉圭回合谈判采纳的方案进行分类；一种是把服务贸易提供模式与影响服务提供和消费的壁垒结合起来进行考虑。

下面按这两种分类方法对国际服务贸易壁垒进行介绍。

1) 按照乌拉圭回合谈判采纳方案的分类

按照乌拉圭回合谈判采纳的方案，服务贸易壁垒可分为影响市场准入的措施和影响国民待遇的措施两大类。

(1) 影响市场准入的措施。所谓市场准入措施是借助一国政府行政权力，禁止或限制外国企业进入本国某个服务行业，或对外国企业进入该行业提供服务给予若干限制，从而抑制市场竞争的措施。这类限制的措施具体有以下几种。

① 开业权限制。开业权限制即是否允许外国服务提供者以商业存在的形式进入本国服务市场。这方面的壁垒同服务业的市场准入原则有联系，是开展国际服务贸易的最大阻碍。目前开业权壁垒的形式主要有不允许外国服务提供者在特定服务领域设立经营机构；限制外国服务提供者在本国的企业形态；限制外国服务提供者在企业中的股份、权益和投票权；对外国公司的活动进行限制等。

② 标准、许可的限制。外国服务提供者必须事前获得某种资格或许可，这是提供服务的前提条件。这一规定主要针对一些专业性和商业性服务，需要获得许可的行业领域包括法律、会计、医疗等，这些行业需要获得政府或专业机构颁发的许可证。在服务领域，标准方面的限制对国际服务贸易的影响主要表现在对国外的服务不认可，如外国服务提供者在国外授予的资格或专业性资质不被认可。有时对国外服务适用歧视性标准，使国外服务提供者难以达到或需要支付更高的成本，或缺乏统一的、相互承认的标准和管理规定从而达到对本国服务业的保护。

③ 数量限制。数量限制是一种最有效的服务贸易壁垒。其目的在于保护本国的服务业或服务者免遭外国服务提供者的竞争压力。数量限制主要包括限制外国服务提供者的数量；限制服务交易的数量；限制外商进入领域的数量；限制外商股权参与比例。

④ 政府采购限制。在一些国家规定政府或公共领域的服务只能向本国服务商购买，从而对外国服务和服务提供者构成歧视。

⑤ 资本移动限制。资本移动限制主要涉及商业存在问题，即东道国是否允许外国企业在本国设立机构开展业务。

(2) 影响国民待遇的措施。影响国民待遇的措施是指有利于本国企业但歧视外国企业的措施，包括为本国服务生产者提供成本优势，或增加外国生产者进入本国市场的成本。影响国民待遇的措施实际上属于经营限制，是通过对外国服务实体在本国的活动权限进行规定，以限制其经营范围、经营方式，甚至干预其具体的经营决策。值得注意的是，随着服务贸易自由化的逐步推进，以开业权限制等为表现形式的绝对的进入壁垒正面临越来越大的国际压力，而对具体经营权限的限制则既体现了适度的对外开放，又往往能有的放矢地削弱外国服务经营者在本国的竞争力和获利能力。因此，这将成为国际服务贸易的一种十分重要的壁垒形式。并且，这还是一种“可调性”较强的壁垒，各种经营限制的内容及限制的程度、方式等均可依本国社会经济及产业发展的要求和国际服务贸易自由化推进的要求而不断做出相应的变化和调整。

2) 服务贸易提供模式的分类

把服务贸易模式与影响服务提供和消费的壁垒结合起来，服务贸易壁垒可分为四种形式：产品移动壁垒、资本移动壁垒、商业存在壁垒和人员移动壁垒。

(1) 产品移动壁垒：指对服务产品过境贸易进行限制。各国对服务产品移动设置的壁垒主要有数量限制、当地成分要求、本地要求、政府补贴、政府采购、歧视性技术标准和歧视性税收政策等。

(2) 资本移动的壁垒：主要包括服务贸易交易过程中涉及的外汇管制、浮动汇率和投资收益汇出的限制等，这些限制或者增加了经营的成本，或者削弱了消费者的购买力，使服务成本不再具有竞争性，从而影响国际服务贸易。

(3) 商业存在壁垒：即服务生产者开业权的壁垒，包括禁止外国服务提供商进入某些服务行业或地区设立机构或提供服务，政府对某些服务行业实行政府垄断，禁止外国服务人员进入本国从事职业服务工作，或者对外商进入部门、使用雇员和投资比例规定诸多限制等。具体分为资格限制、股权限制、经营业务限制和许可证限制四个方面。

(4) 人员移动的壁垒：包括各种形式的移民限制和繁琐的出入境手续等。由于各国移民法及工作许可、专业许可的规定不同，限制的内容和方式也不同。

国际服务贸易在世界各国都受到政策法规、国家财政和特殊障碍的限制。服务贸易壁垒无论从形式上，还是从内容上，都远比货物贸易来得复杂。同时还存在一系列的信息流动壁垒，与服务贸易有关的货物贸易移动壁垒以及对外国服务提供者实行不平等待遇的壁垒等。

9.4.2 国际服务贸易的自由化

1. 国际服务贸易自由化的含义

国际服务贸易自由化是旨在减少以至消除各国妨碍服务贸易自由、公平进行的法律法规，扩大本国服务市场的准入程度，最终使服务业在各国或各地区间无障碍的自由流动。

2. 国际服务贸易自由化的进程

(1) 早在关税与贸易总协定东京回合谈判中，美国就开始推动把服务贸易纳入多边贸易谈判的范畴。

(2) 1986 年 9 月开始的关税与贸易总协定“乌拉圭回合”多边贸易谈判中，服务贸易被列入了谈判议题，经过近八年的谈判，于 1994 年 4 月 15 日达成《服务贸易总协定》。

(3) 乌拉圭回合后，世贸组织各成员方就一些服务行业的贸易自由化进行了进一步的磋商与谈判，作为 GATS 的后续谈判成果，于 1997 年通过了三项行业协议，即《全球基础电信协议》、《全球金融服务协议》和《信息技术产品协议》。上述协议文件规定了各国在国际服务贸易中应遵循的原则与规则，旨在解决服务业的开放和服务贸易自由化的问题。

3. 服务贸易自由化的政策选择

基于商品贸易的传统国际贸易理论认为，自由贸易在理想状态下能够带来经济福利的增加，自由化政策的不同选择，在很大程度上会给贸易国带来不同的福利收益和成本。而服务贸易自由化的福利影响要比商品贸易来得复杂。这里仅从国家整体角度探讨服务贸易自由化的影响。

1) 服务贸易自由化的宏观影响

无论发达国家还是发展中国家，服务贸易都是一把双刃剑，它既可能危及国家主权和安全，也可能因为能够提高国家竞争力而又最终维护国家安全。虽然，服务贸易自由化的福利效应分析已然证明，服务贸易自由化给贸易国带来的福利收益大于同等条件下商品贸易自由化给贸易国带来的福利收益，但服务贸易自由化进程需与国家竞争力和商品贸易自由化发展相适应。

(1) 服务贸易自由化与国家安全。服务贸易自由化进程中一个最为敏感的问题就是国家安全问题，服务贸易比商品贸易更多地涉及国家安全问题。

对于发达国家，服务贸易自由化主要从以下四方面影响国家安全。第一，可能削弱、动摇或威胁国家现有的技术领先优势，提高竞争对手的国家竞争实力；第二，可能潜在地威胁国家的战略利益；第三，可能造成高技术的扩散而给国家安全造成潜在威胁；第四，可能危及本国所在的国际政治与经济联盟的长远利益。基于这些理由，发达国家认为有必要长期保持其在国际市场中的技术领先地位，并期望通过限制先进技术等服务的出口长期保持对技术落后国的信息优势，于是，发达国家出台了各种限制服务出口的政策措施。

对于广大发展中国家，尽管它们迫切需要进口现代服务，但又不能不考虑进口服务带来的各种可能危及国家安全的负面影响。印度学者 V·潘查姆斯基将服务贸易自由化对发展中国家的影响概括为九个方面：使发展中国家丧失其对经济政策的自主选择权；将进一步加深发展中国家对发达国家的经济依赖；削弱发展中国家政府在金融货币管理领域发挥的积极作用；使发展中国家在服务领域永远依赖发达国家；发展中国家一旦放弃对服务贸易的控制权，其新兴服务业可能直接暴露于发达国家厂商的激烈竞争中；服务进口大国可能面临国际收支困难；可能从多方面影响就业；信息服务贸易不仅导致一种依赖，可能损害国家主权；可能会损害发展中国家的国家利益和消费者利益。综合上述，服务贸易自由化可能从经济独立性、国家政权稳定性、国家主权及民族文化的独立性等几个方面影响发展中国家的国家安全。

(2) 服务贸易自由化与国家竞争力。一般来说，获得低成本优势和寻求产品差异性是服务贸易自由化提高厂商乃至国家竞争力的基础。在此基础上，服务贸易给予厂商或国家竞争优势的基本要素可以分解为服务技术要素、服务资源要素、服务管理要素、服务市场要素、服务资本要素和服务产品要素。把上述六要素与迈克尔·波特的国家竞争优势理论结合起来，则会形成一个网状的竞争力钻石体系。迈克尔·波特认为，需求条件、生产因素、相关与辅助产业、厂商策略、机会和政府构成一国竞争力的基本因素。在这些因素形成的竞争力钻石体系的演变过程中，迈克尔·波特指出国家经济竞争力的提高一般经历四个阶段：第一阶段是生产因素主导阶段；第二阶段为投资因素主导阶段；第三阶段是创新主导阶段，第四阶段是丰裕主导阶段，该阶段竞争力来自于前三阶段财富与创新技能的积累。如果说，波特理论在一定程度上反映国家竞争力变化过程的话，那么，服务贸易将对除第一阶段外的三个阶段的发展产生影响，而且这种影响随着国家经济竞争力的不断提升而不断加深。

贸易实践

服务贸易自由化领域的选择性

在实践中，服务贸易自由化本应囊括所有服务贸易形式，但以美国为首的发达国家最为关心的，则是国际服务贸易中增长最快的领域——生产者服务贸易的自由化，如银行、电信、计算机软件和数据处理，以及其他专业性服务的贸易自由化。这种关心反映在“乌拉圭回合”多边服务贸易谈判中。可以这样说，各国专注于服务贸易自由化的领域就是其认为具有较强竞争实力的领域或行业。

总之，服务贸易自由化既与一些敏感性问题，如国家主权和经济安全等密切相关，又对国家经济竞争力的提高发挥着越来越强烈和越来越广泛的影响。正因为如此，目前还没有一个国家(包括美国)愿意完全开放本国服务市场，也没有一个国家倾向于执行严格的服务进口替代政策。

2) 服务贸易自由化的政策取向

(1) 发达国家服务贸易自由化的政策取向。发达国家对发展中国家开放本国服务市场的条件是以服务换商品，即发展中国家以开放本国服务市场为交换条件要求发达国家开放其商品市场，而对于同等发达程度的国家或地区，则需要相互开放本国服务市场，这就是所谓的“服务贸易补偿论”。另外，发达国家还以维护国家安全和竞争优势为借口，强调有必要对本国服务出口采取管制政策。

特别提示

服务贸易自由化效应并非免费蛋糕

理论上，从静态角度，服务贸易自由化可以带来福利改进效应；从动态角度，服务贸易自由化可以创造或实现规模经济效应、竞争优势效应、经济刺激效应和学习效应等。

从国家角度来看，发达国家因其国内服务业竞争力较强，一般主张服务贸易自由化，要求或强迫其他国家开放服务市场，以便其有竞争力的服务业进入其他国家的服务市场，以及限制本国涉及敏感性问题的服务出口，都是建立在自身利益最大化基础之上，对此发展中国家应有清醒的认识和应对之策。不仅因为服务贸易自由化的经济效应非免费蛋糕，其取决于贸易国在世界商品贸易和服务贸易市场中的竞争地位，还有国家竞争力因素等。

(2) 发展中国家服务贸易自由化的政策取向。总体上看，服务贸易自由化对发展中国家的影响是利弊共存的。然而，在服务贸易自由化大趋势下，发展中国家能否从中获利，很大程度上取决于自身的政策取向。需要指出的是，发展中国家在权衡时不仅要做理论上的推理与分析，也要考虑到实际的制约因素。首先，国际经济环境的制约。服务贸易自由化能够向发展中国家提供更好的服务，以提高发展中国家出口商品的竞争力。但是，在实际生活中，发展中国家出口竞争力最强的领域往往也是发达国家贸易保护最强的领域。因此，发展中国家由于出口竞争力的提高本应得到的利益可能在很大程度上被发达国家的贸易保护所抵消。其次，技术水平的制约。贸易自由化能够促进发展中国家的服务业提高竞争力，减少贸易壁垒，有利于发展中国家自身相对优势的服务进入国际市场。但是，现代服务业的竞争已从劳动力成本、地理环境优势的竞争转向了技术、管理的竞争，而技术落后、管理水平低恰恰是发展中国家的客观现实。在自由化中受惠最大的信息技术服务领域，发展中国家由于技术能力和管理水平的制约，如无有效的措施，发达国家的竞争力对发展中国家服务业发展的抑制作用可能大于促进作用。再者，服务业内部结构的制约。发展中国家服务业内部结构的弱点就是生产性服务不发达，因此，最需要从国际市场引进生产性服务，而信息技术服务恰恰是对国家经济安全影响最大的领域。发展中国家如果放任自流，将会导致其对发达国家的依赖。最后，比较优势陷阱。服务贸易自由化形成的竞争将迫使发展中国家只能发展具有相对优势的旅游、工程建筑承包等传统服务，发展中国家服务业结构的局限性又形成其对生产性服务进口的依赖。这样，一方面发展中国家进口信息技术等生产性服务，另一方面又依赖传统服务出口来换取外汇。服务贸易自由化很可能使这种格局固定化，这种格局的实质就是发展中国家用附加值低的服务来换取发达国家附加值较高的服务，用简单劳动与复杂劳动相交换。这意味着发展中国家的服务贸易只能局限在低增值的水平上。这种建立在比较优势基础上的服务贸易格局一旦长期延续下去，就会使发展中国家永远无法改变自身的落后地位。这是发展中国家在服务贸易自由化过程中面临的最严峻的现实问题。

基于以上分析，发展中国家制订服务贸易自由化对策的指导思想应打破原有比较优势的局限，改善自身服务贸易结构，从而尽可能利用服务贸易自由化促进本国服务业的发展，同时最大限度地减弱自由化的消极影响。以下几点值得发展中国家注意。

① 发展中国家的服务业立足点应当放在促进整个经济发展上。众所周知，当代服务业的竞争是与物质生产部门的竞争联系在一起的，国际服务贸易的强国也都是物质生产的强国。现代服务贸易的核心是以信息技术服务为主体的生产性服务。如果说传统非信息服务可以更多地依靠劳动力或者地理环境等因素来获得相对优势，那么信息化服务国际竞争力的提高，则是与整个社会生产力发展水平相联系的。因此，发展中国家不能把服务业和物质生产割裂开来。应当特别重视生产性服务的发展，把服务业的发展与物质生产发展有机地结合起来，相互促进，相互支持，让服务业在经济发展中发挥积极作用。当然，实施这种战略不能急功近利，对于某些对生产发展起重要作用的知识、技术密集型服务，应该加以扶持，只有这样才能保证服务业在国际竞争中的后劲。

② 发展中国家对于自身的廉价劳动力优势应当有清醒认识。随着社会生产力和科学技术的发展，人类进入了以信息、文化和知识为主要生产手段的时代——知识经济时代。这个时代，劳动力的优势不仅要看价格，还要看素质。发展中国家劳动力成本低，技术素质低，只能从事低附加值的劳动密集型服务，发达国家劳动力成本高，但从事的是高附加值的知识、技术密集型服务，创造的价值高。所以，发展中国家必须下大力气提高劳动力素质，为将来提高服务的技术层次创造条件。

③ 发展中国家应提高服务的技术层次。在服务贸易自由化过程中对发展中国家经济安全和国家主权冲击最大的是通信、金融、计算机服务等高技术信息化领域。而发展中国家又需要引进这类服务，也最有可能从这类服务中得到技术转让的好处。现实的选择是，在开放的条件下引进技术，培育自己的高技术服务业。当然，引进高技术服务无论是直接投资还是贸易引进，都会涉及有关国家主权和安全等问题，这就要求发展中国家采取适当的政策措施，趋利避害。

④ 争取国际谈判的主动权。在服务贸易自由化的国际谈判中，目前发展中国家常常处于被动地位。发展中国家应当在坚持差别待遇的原则基础上对现存服务贸易壁垒作出自己的分析，提出积极的建议。发展中国家应明确，在服务贸易自由化谈判中的主要目标应该有两个：一是坚持对本国服务业的适度保护；另一个是为本国服务业走向世界争取有利的条件。

总之，保护的立足点应当是提高本国服务业的技术层次，培植自己的高技术服务业；开放的立足点应当是引进技术，必须看到，技术转让是发展中国家可能从服务贸易自由化中得到的最大利益。

本章小结

本章主要介绍了国际服务贸易的有关概念、当代服务贸易的发展、国际服务贸易体制、国际服务贸易壁垒及自由化四部分内容。

国际服务贸易与国际货物贸易相对应，要掌握其概念，必须了解服务的定义及特征。从服务的特征看，服务具有生产和消费的同时性、不可储存性、无形性和异质性等。国际服务贸易有不同的范畴，狭义的概念、广义的概念，关键是掌握服务贸易总协定关于国际服务贸易的定义，总协定依据服务提供方式将国际服务贸易划分为跨境交付、境外消费、商业存在和自然人流动四种形式。目前，国际服务贸易的统计主要是依据《国际服务贸易统计手册》。

在当今世界经济中，服务贸易的重要地位日益凸显，各国政府都十分重视本国服务业和服务贸易的发展。近年来，国际服务贸易呈现以下特点：服务贸易规模快速增长，贸易结构加速调整升级，区域性不平衡继续存在等。原因不外乎世界产业结构的升级(服务化)、国际货物贸易和国际投资的增长、科学技术的进步、跨国公司的发展、服务贸易的自由化等。并对以美国为代表的发达国家和以金砖四国为代表的发展中国家的服务贸易作了比较。

由于关税与贸易总协定前七轮谈判未涉及服务贸易，故将服务贸易纳入乌拉圭回合(第八轮)谈判的新议题。由于服务贸易的特殊性，发达国家和发展中国家之间在服务贸易谈判上产生了严重的分歧，分歧主要有服务贸易自由化程度和领域、知识产权、外国投资、多边框架和发展中国家经济发展等。乌拉圭回合谈判最终达成了新的多边贸易体制——GATS。GATS包括协议正文和金融服务、基础电信、信息技术、航空运输和海运服务五个领域的附件及协议。此外，对目前最有影响的“北美自由贸易协定”、“欧盟服务贸易协定”和“中国和其他国家(或地区)签署的服务贸易协定”也作了介绍。

由于服务贸易的特殊性和敏感性，从维护国家利益和安全角度，世界各国，特别是发展中国家，都对本国的服务市场设置相应的服务贸易壁垒，对本国的服务产业进行保护。服务贸易壁垒按照服务贸易模式和影响服务的提供和消费的壁垒结合的分类标准，可以分为产品移动壁垒、资本移动壁垒、商业存在壁垒和人员移动壁垒四种；按乌拉圭回合谈判方案采纳的标准可分为影响市场准入的措施和影响国民待遇的措施两种。鉴于服务贸易自由化与国家安全及国家竞争力的关系，发达国家和发展中国家分别采取不同的服务贸易自由化政策。

习　题

一、单项选择题

1. 下列不是服务特征的是(　　)。
   A. 服务的生产消费同时性　　B. 不可储存性
   C. 品质的可事先预见性　　D. 异质性
2. 按服务贸易总协定对服务贸易的定义，服务提供者和消费者都不移动的服务是(　　)。
   A. 跨境交付　　B. 境外消费　　C. 商业存在　　D. 自然人移动
3. 根据《服务贸易总协定》的解释，国际服务贸易的部门不包括(　　)。
   A. 国际旅游　　B. 国际经济援助　　C. 国际租赁　　D. 国际咨询
4. 下列(　　)不是当代国际服务贸易发展的主要特点。
   A. 国际服务贸易的增长速度超过国际商品贸易增长速度
   B. 发达国家间双向对流的服务贸易发展慢于发达国家与发展中国家间的单向移动
   C. 新型国际服务贸易的发展远快于传统形式的服务贸易项目的发展
   D. 发达市场经济国家生产性服务贸易增长较快，而发展中国家劳务贸易发展较快。
5. 下列(　　)不是世贸组织框架下达成的服务贸易协议。
   A. 海运服务协议　　B. 金融服务协议
   C. 基础电信协议　　D. 信息技术产品协议

二、判断题

1. 服务贸易的统计数据无法像货物贸易那样，在各国海关进出口统计上显示。（　）

2. 物化服务是由美国经济学家V·富克斯提出的。（　）

3. 作为多边贸易体制下规范国际服务贸易的框架性文件——服务贸易总协定的出现是服务贸易自由化进程中的一个里程碑。（　）

4. 数量限制、歧视性技术标准均属开业权壁垒。（　）

5. GATS框架下的部门承诺是基于“肯定列表”方式，而越来越多的区域服务贸易安排开始倾向于选择“否定列表”的承诺方式。（　）

三、问答题

1. 服务的特征有哪些？

2. 服务贸易壁垒可以分为哪几种类型？

3. 简述美国服务贸易取得巨大成功的主要原因。

4. 简述当代服务贸易发展的特点。

5. 服务贸易总协定的重要意义是什么？

四、案例应用分析

中国服务贸易的现状与问题

改革开放以来，特别是20世纪90年代以来，中国的服务业有了长足的发展。中国服务业的迅速发展为中国服务贸易的发展创造了条件。1990年中国服务贸易进出口总额为102.07亿美元，1995年增至443.53亿美元，2002年为855亿美元。在1990—2002年的12年里，中国服务贸易的年平均增长速度为15.71%，中国GDP和同期的国内服务业的年平均增长速度分别为15.38%和16.17%。另外，中国服务贸易出口结构也有明显变化：在出口方面，1985年，运输、旅游、金融、保险和其他分别占42.65%、32.06%、6.42%、0.7%和18.92%；而2002年，运输、旅游、金融、保险和其他分别占29.5%、33.4%、0.2%、7.0%和37.0%。显然，运输和金融比重明显下降，而保险和其他服务贸易比重明显上升。与此同时，我国国际服务贸易的领域也逐步扩大，货物追加服务(如运输、国际结算)、通信、金融、保险、技术贸易、经营管理咨询、人员培训等服务进出口随之迅速发展，通过这些服务贸易的发展，引进了国外先进的管理方法、技术和经验，对中国式现代化建设发挥了积极作用。

但总体来看，我国国际服务贸易尚处于发展初期，仍存在着许多亟待解决的问题，主要有以下几个。

1. 服务业发展严重滞后

一国服务业的发展水平可用服务业产值占GDP的比重以及服务业就业人数占总就业人数的比重两个指标来衡量。目前，发达国家和地区服务业占GDP的比重为60%～80%。例如，美国约为75%；发展中国家服务业占GDP的比重为45%～55%。我国2002年为33.5%，这一比值不仅落后于发达国家，而且长期以来低于发展中国家的平均水平。发达国家服务业就业人数占总就业人数的比重在55%～75%之间，发展中国家的比重在30%～55%之间。据世界银行统计，12个中等收入的发展中国家服务部门的就业人数已超过全部劳动人口的50%，另外的21个中等收入的发展中国家中，至少有1/3的劳动力在服务部门就业。而我国1998年服务业的就业人数比重为26.7%。服务业的落后使我国服务贸易受到很大的制约。

2．服务贸易总体水平较低

由于我国服务业发展滞后，服务贸易缺乏产业基础，发展不快。1999年，我国服务贸易出口额在全球名列第14位，占世界服务贸易出口总额的2.0%。而我国同期商品贸易出口额在全球名列第九位，占世界商品贸易总额的3.5%。1995年世界货物贸易出口额与服务贸易出口额之比为4.2∶1；而我国对应的两者之比是8.1∶1，这说明我国服务贸易对货物贸易的匹配程度大大低于世界水平。

3．服务贸易出口结构层次比较低

我国服务业还主要集中在传统服务业，如旅游、劳务出口、远洋运输等劳动密集型部门和资源禀赋优势部门，而在全球贸易量最大的金融、保险、咨询、邮电等技术密集和知识密集服务行业，我国还是薄弱环节，仍处于初级发展阶段。1985—1996年在我国服务出口总额中，旅游一直居于首位，比重由27.6%升至36.15%，运输则由27.1%降至19%，其他服务包括海外工程承包所带动的劳务输出，比重由25.5%升至32.6%。2000年，我国服务贸易出口中，国际旅游收入占服务贸易出口总额的53%，国际运输收入占服务贸易出口总额的12%，两项合占65%。可见，旅游、运输是我国服务贸易的支柱，以信息技术为基础的新型服务业则是弱项。

4．服务贸易法律法规不健全

近年来，我国加快了服务贸易立法步伐，先后颁布了《海商法》、《商业银行法》、《保险法》、《广告法》、《民用航空法》、《注册会计师法》等一批涉及服务贸易领域的重要法律法规，对构筑适应国际通行规则需要的统一开放、有序竞争、规范管理的服务贸易体制起了重要作用。但是，同发达国家相比，仍存在较大差距，立法未成体系，不少领域仍空白，即使已颁布的一些法律法规，有的陈旧，有的则相互矛盾，有的缺乏可操作性，有的规定则表现为各职能部门的规章制度，不仅立法层次低而且影响到法律的统一性和透明度，一些规定与国际通行规则存在差距。

5．服务贸易管理落后

目前，我国对国际服务贸易的管理和协调由商务部负责，负责服务贸易的国际多边谈判、引进外资、对外工程承包和劳务合作等，这种管理在一段时间里对我国的服务贸易管理起过积极作用。但对照《总协定》的要求，这种管理体制是有缺陷的，如中央和地方在服务业国际贸易政策和规章方面的差别性，服务业各有关职能部门职责不明确，商务部管理多头、交叉且力量分散，容易造成行业垄断等。此外，由于管理落后，对服务业统计不规范，加之历史原因，我国对服务业的定义、统计口径，以及划分标准与国际惯例不一致等，所有这些，都是阻碍我国国际服务贸易发展的因素。

问题：

(1) 分析中国服务贸易发展中存在问题的原因。

(2) 给出解决中国服务贸易发展中存在问题的建议。

(资料来源：徐桂英．国际贸易：理论与政策．北京：经济科学出版社，2010．)

阅读材料 9-1

印度知识产权保护案

印度在独立以后的相当一段时间内，90%以上的印度制药业市场份额和所有权仍然掌握在外国公司手中。为了培育民族医药业，维护国民健康，印度政府采取了一系列促进性政策措施。1970年的印度专利法第五节确认了程序专利(即给予某一用以制造合成药物的程序以专利)，但并未确认产品专利(给予产品自身以专利)，对于食品、药品的物质不授予专利，但对制造方法授予专利。

1994年，在世贸组织成员方商讨签署《与贸易有关的知识产权协议》(agreement on trade-related aspects of intellectual property right，TRIPS)的时候，印度医药界就对TRIPS的影响进行了评估。但印度政府还是签署了这份协议，主要是权衡考虑“乌拉圭回合”谈判的其他协议还是有利于印度利益的。与此同时，印度也意识到1970年的专利法必须进行调整，由于当时议会休会，总统便颁布《1994年专利(修订)条例》，以临时适应TRIPS的要求。1995年3月印度临时适用的行政条例到期失效，永久条例又因议会被解散而没有建立起来，这一失效造成了印度与发达国家的矛盾。加入TRIPS协议后，印度政府在国内知识产权政策法规的调整上面临两难选择：一方面，印度应按照世贸组织的要求来重新立法；而另一方面，却面对消费者、民族工业的强烈反对。最后印度政府因为没有及时调整国内政策而被欧美告到了世贸组织。世贸组织判定印度没有执行TRIPS协议，在世贸组织的监督下，印度作出了调整。

印度的知识产权保护案例，表明了面对知识产权问题的发展中国家的两难：一方面，作为世贸组织的成员，国内的法律与世贸组织的规则必须一致，这是成员的基本义务。但是，另一方面，法制、法规的变革和政策的调整又会影响到国内某些利益。印度前总理英迪拉·甘地曾经讲过：“医疗发明将不设专利权，生死之间不能牟利。”当时印度担心特许权使用费的支付和产品价格的上升会提高药品的成本，使得穷人无法承担就医的费用。

但有些发达国家，为了保护知识产权，不惜将其与国际贸易结合、挂钩，对于违背知识产权保护的国家进行交叉报复。

(资料来源：黄卫平．知识产权保护带来的思考．经济日报,2001-10-11；
徐桂英．国际贸易：理论与政策．北京：经济科学出版社，2010．)

阅读材料 9-2

服务外包与中国

随着世界范围内产业升级以及服务领域国际竞争的加剧，一国服务贸易的发展水平成为衡量其国际竞争力的重要因素。承接离岸服务外包带动一国的服务出口，扩大其服务的国际市场份额，有利于提高一国服务贸易的竞争力。中国服务外包经过近年来的快速发展，在规模扩张的同时，承接服务外包的业务领域逐步扩大，服务外包业务的层级有所提高。从出口的情况来看，服务外包的发展带动了我国计算机和信息服务出口增长和竞争力的提升，进而促进了中国服务贸易出口结构的优化。尽管我国服务外包已经具备了一定的国际竞争力，但与印度等服务外包强国仍有差距。

从长远来看，我国发展服务外包的潜力巨大。这一领域的潜力不仅来自服务全球化引发的国际离岸外包市场的增长，而且还来自中国经济增长、结构转型和居民消费水平提高催生的持续扩大的国内需求。一方面，中国承接服务外包具有市场容量、产业体系、基础设施、智力资源、综合成本、投资环境以及制度条件等方面的优势；另一方面，也要在应对激烈竞争的同时，有效地克服服务业发展滞后、外包企业竞争力不强、人才结构不合理、商务成本上升、知识产权保护不到位等一系列问题。

(资料来源：王洛林.全球化：服务外包与中国的政策选择．北京：经济管理出版社，2010)

参 考 文 献

[1] 张二震，马野青．国际贸易学[M]．北京：人民出版社，2007．

[2] 罗伯特·C·芬斯特拉，艾伦·M·泰勒．国际贸易[M]．张友仁，译．北京：中国人民大学出版社，2011．

[3] 彭光明，邓安球．国际贸易概论[M]．长沙：中南大学出版社，2006．

[4] 杨玲，杨树旺．国际贸易与国际金融[M]．武汉：武汉大学出版社，2006．

[5] 王佳芥．国际商务：结合中国企业案例的分析[M]．北京：中国市场出版社，2010．

[6] 李坤望．国际经济学[M]．北京：高等教育出版社，2010．

[7] 张建辉，宋丽芝．国际贸易理论与实务[M]．北京：清华大学出版社，2010．

[8] 王丽萍，李创．国际贸易理论与实务[M]．北京：清华大学出版社，2010．

[9] 籍丹宁．国际贸易理论与实务[M]．北京：机械工业出版社，2011．

[10] 薛选登．从中美结构比较谈我国对外贸易的科学发展[J]．经济纵横，2009（12）：119-121．

[11] [美]迈克尔·波特．国家竞争优势[M]．李明轩，邱如美，译．北京：中信出版社，2007．

[12] 联合国贸易与发展会议．国际贸易发展和统计手册[R]．1995，1996，2007．

[13] 张锡嘏．国际贸易[M]．北京：中国人民大学出版社，2004．

[14] 海闻，P·林德特，王新奎．国际贸易[M]．上海：上海人民出版社，2003．

[15] 赵伟，严建苗，沈瑶．国际贸易理论与现实问题[M]．大连：东北财经大学出版社，2004．

[16] 张炳达，刘云．国际贸易理论与政策[M]．上海：立信会计出版社，2006．

[17] 陈同仇，薛荣久．国际贸易[M]．北京：对外经济贸易大学出版社，2001．

[18] 赵伟．国际贸易理论政策与现实问题[M]．大连：东北财经大学出版社，2004．

[19] 卜伟等．国际贸易与国际金融[M]．北京：清华大学出版社，2005．

[20] 范爱军．国际贸易：理论与政策[M]．济南：山东人民出版社，2009．

[21] 胡昭玲．国际贸易：理论与政策[M]．北京：清华大学出版社，2010．

[22] 姜波克．国际金融学[M]．北京：高等教育出版社，2004．

[23] 林康．跨国公司经营与管理[M]．北京：对外经济贸易大学出版社，2008．

[24] 冯跃．FDI 促进中国制造业技术进步：机制与效应[M]．北京：清华大学出版社，2008．

[25] 冯跃．江苏省各地区外国直接投资流入业绩与潜力评价及分析[J]．南京社会科学，2006(5)：151-155．

[26] 刘江．中国地区经济发展战略研究[M]．北京：中国农业出版社，2003．

[27] 华晓红．国际区域经济合作：理论与实践[M]．北京：对外经济贸易大学出版社，2007．

[28] 张鸿，文娟．国际贸易：原理、制度、案例[M]．上海：上海交通大学出版社，2006．

[29] [美]彼得·林德特．国际经济学[M]．上海：上海译文出版社，1994．

[30] 伍贻康，张幼文．全球村落：一体化进程中的世界经济[M]．上海：上海社会科学院出版社，1999．

[31] 张为付．国际经济学[M]．南京：南京大学出版社，2010．

[32] 高敬峰，邵文武，崔艳娟．国际经济学[M]．北京：对外经济贸易大学出版社，2010．

[33] 苑涛，林国禄．国际贸易：理论与政策[M]．北京：清华大学出版社，北京交通大学出版社，2011．

[34] 薛选登．国际贸易[M]．南京：南京大学出版社，2008．

[35] 朱彤，蒋玲媛．区域经济一体化的新浪潮特点和动因[J]．国际问题研究，2005（6）：44-50．

[36] [加]赫伯特·G·格鲁伯，迈克尔·A·沃克．服务业的增长：原因与影响[M]．陈彪如，译．上海：上海三联书店，1993．

[37] 陈宪，程大中．国际服务贸易：原理、政策、产业[M]．上海：立信会计出版社，2003．

[38] 邵渭宏，孙敏．国际服务贸易：理论与政策[M]．上海：上海财经大学出版社，2010．

[39] 程新章．国际服务贸易[M]．上海：立信会计出版社，2011．

[40] 王洛林．全球化：服务外包与中国的政策选择[M]．北京：经济管理出版社，2010．

[41] 徐桂英．国际贸易：理论与政策[M]．北京：经济科学出版社，2010．

[42] 罗余才，严俊．国际服务贸易操作技巧[M]．广州：广东经济出版社，2002．

[43] 陈漓高，齐俊妍，张燕．国际经济组织概论[M]．北京：首都经济贸易大学出版社，2010．

[44] 张永安，张鸿．区域经济一体化理论与实践[M]．上海：上海人民出版社，格致出版社，2010．

[45] 周学明，等．国际贸易概论[M]．北京：清华大学出版社，2010．

[46] 朱晓明．国际服务贸易手册[M]．上海：上海远东出版社，1997．

[47] 孙立宏．国际服务贸易自由化对发展中国家的影响及对策[J]．商业经济．2007（3）：63-65．

[48] 王粤．服务贸易自由化与竞争力[M]．北京：中国人民大学出版社，2010．